트렌드 코리아 2021

서울대 소비트렌드분석센터의 2021 전망

트렌드 코리아 2021

김난도
전미영
최지혜
이향은
이준영
이수진
서유현
권정윤
한다혜

미래의 창

서문

COWBOY HERO

날뛰는 소를 길들여내는 능숙한 카우보이처럼

2020년은 코로나 바이러스가 불러온 대유행병pandemic, COVID-19로 전 세계가 큰 상처를 입은 한 해였다. 마스크가 필수품이 된 것은 시작에 불과했다. 사회적 거리두기가 장기간 지속되면서 경기가 침체된 것은 물론이고, 일하고 공부하고 먹고 마시고 여행 가는 행태가 완전히 바뀌었다. 이러한 변화는 연쇄적으로 2차·3차 영향을 미치며, 소비트렌드뿐 아니라 전 세계의 정치·경제·사회·문화에 큰 변화를 몰고 왔다.

COVID-19 사태는 언제 끝날 것인가? 코로나 바이러스가 중국 우한에서 시작돼 인접 국가로 번져나가던 2020년 초만 해도 사람들은 당황하긴 했지만 SARS와 메르스 사태를 떠올리며 적어도 1~2개월 내에는 끝날 것으로 예상했다. 이후 더운 여름이 되면 사태가 개선될 것으로 기대했으나 그 역시 이루어지지 않았다. 5월, 8월의 재확산에서 보듯 백신이 개발되기 전까지 이번 사태는 자연종식이 어려울 것으로 보인다.

그렇다면 백신은 언제 나올 것인가? 지난 8월 러시아가 백신 개발에 성공했다고 발표했지만 안전 확보에 필수적인 3상 검증 작업을 거치지 않아 이에 대한 서방세계의 반응은 회의적이다. 백신은 치료제와 다르다. 치료제는 아픈 사람이 복용하기 때문에 다소 위험을 부담할 수 있지만 백신은 건강한 남녀노소 모두가 미리 맞는 것이다. 부작용 없이 확실한 효과가 보장돼야 한다. 그만큼 백신 개발은 어렵고 시간이 많이 걸리는 일이다. 백신이 개발되더라도 그것을 대량생산해 전 세계인이 접종할 수 있는 물량을 확보하는 것은 또 다른 문제다. 전문가들의 전망은 암울하다. 서울대 의대 감염내과 교수인 오명돈 신종감염병중앙임상위원회 위원장은 백신이 나오더라도 전염병 대유행을 끝내지 못할 것이라고 전망했고,[1] 영국 면역학계의 권위자 마크 월포트Mark Walport도 코로나19의 완전한 종식은 불가하다고 주장했다.[2] 백신 연구에 막대한 자금을 후원해온 마이크로소프트 빌 게이츠 창업자의 전망이 그나마 낙관적이다. 그는 앞으로 수백만 명이 더 사망하겠지만 2021년 말에는 종식될 것이라고 예측한 바 있다.[3] 이런 전망이 모두 옳다고 말하기는 어렵다. 하지만 결국 우리가 시간을 갖고 인내해야 한다는 사실에는 변함이 없어 보인다.

코로나19는 이제 삶의 일부가 됐다. 그렇다면 소비자의 생활은 어떻게 바뀌고 우리는 어떻게 대응해야 하는가? 코로나 사태 이후 가장 많이 언급된 단어는 '언택트untact'일 것이다. 언택트는 『트렌드 코리아 2018』에서 서울대 소비트렌드분석센터가 처음 명명한 트렌드다. 이 키워드는 이제 일상용어로 자리 잡을 만큼 폭발적인 관심을 받고 있다. 초기에는 콩글리시(한국식 영어)라는 비판도 일부 있었지만 세계적인 경제정보지 〈블룸버그〉나 프랑스의 유력 언론 〈르몽드〉에서도 사용하는 용어가 됐다. 언택트뿐만이 아니다. 〈트렌드 코리아〉의 2020년 키워드 '라스트핏 이코노미'·'스트리밍 라이프'·'편리미엄'·'업글인간', 2019년 키워드 '세포마켓'·'뉴트로'·'필환경시대'·'매너 소비자', 2018년 키워드 '소확행'·'케렌시아'·'각 관계', 2017년 키워드 '1코노미'·'각자도생' 등은 모두 이번 코로나 사태로 화제에 오른 키워드들이다. 지난 몇 년간 잔잔하게 유행하던 트렌드들이 금년에 유독 선명하게 다시 두드러졌다. 반면, 코로나19 이후 새로 등장한 트렌드 중에서 〈트렌드 코리아〉 시리즈가 언급하지 못했던, 깜짝 놀랄 만큼 새로운 키워드는 거의 없었다. 이러한 사실이 의미하는 바는 무엇일까? 코로나19와 관련된 소비트렌드 변화를 정리하다가 중요한 사실을 깨닫게 됐다.

"코로나 사태로 바뀌는 것은 트렌드의 방향이 아니라 속도다."

현실을 직시하되 믿음을 잃지 말라

변화하는 트렌드에 신속하게 대응해야 한다는 것이 이번 사태의 가장 큰 교훈이다. 그동안 꾸준히 트렌드 변화에 대비해왔다면 2020년의 충격을 한결 덜 수 있었을 것이라는 얘기다. "이 사태가 언제 끝날 것인가?"라는 질문은, 예전 비즈니스 모델과 사고방식을 품은 채 코로나19가 종식되면 그 이전으로 돌아가겠다는 것을 전제로 한다. 한

번 변화된 것은 과거로 회귀하기 어렵다. 작금의 트렌드를 면밀히 분석하고 거기에 충실하게 대응해 스스로를 바꿔나가는 것이 현재 우리가 할 수 있는 최선이자 유일한 대응이다.

현재의 상황은 '스톡데일 패러독스Stockdale Paradox'를 떠올리게 한다. 미국의 해군장교 제임스 스톡데일James Stockdale은 베트남전쟁 중 포로가 되어 1965년부터 1973년까지 약 8년간 온갖 고문과 고초를 겪었다. 포로수용소에서 그와 함께 혹독한 생활을 했던 사람들 중 "이번 크리스마스가 되면 풀려나겠지", 이어 "다음 부활절이 되면 풀려나겠지", 다시 "추수감사절이 되면 풀려나겠지"라며 희망을 버리지 않았던 일반적 낙관론자들은 기대가 좌절될 때마다 마음에 상처를 입었고, 결국 다수가 자살하거나 죽었다고 한다. 반면 비관적인 현실을 있는 그대로 냉정하게 받아들이는 동시에 강한 생존 의지를 보였던 합리적 낙관주의자들은 가혹한 포로 생활을 견뎌냈다. 이런 역설적인 측면 때문에 '패러독스'라는 단어가 붙었다.[4] 스톡데일 패러독스가 의미하는 것은 우리가 희망을 가지더라도, 현재 직면한 문제들을 외면해서는 안 된다는 사실이다. 조직 운영에 있어서도 마찬가지다. 미국의 컨설턴트 짐 콜린스Jim Collins는 세계적으로 성공한 기업들은 미래에 대해 단지 낙관적인 희망만을 가지는 것이 아니라, 현실을 자각하고 최적의 대처를 하기 위해 노력했다는 점을 지적한 바 있다. 콜린스는 이렇게 정리한다.[5] "냉혹한 현실을 직시하라. 그러나 믿음은 잃지 말라."

세계 경제가 마치 역병의 포로수용소에 갇힌 듯 탈출구를 찾지 못하는 형국이다. 이번 팬데믹이 종식되더라도 변종이 생기기 쉬운 바이러스의 특성을 감안할 때 더 강력한 COVID-21, COVID-22가 등장하지 않는다는 보장도 없다. 지금 우리에게 가장 필요한 것은 코로나19로 인한 트렌드의 변화를 냉철하게 인식하고 그에 대한 대응책을 신속하게 실행하면서도, 언젠가 펼쳐질 정상normal 경제에 대한 희망의 끈을 놓지 않는 것이다.

'백신'의 시작이 된 소

2021년은 신축년辛丑年 소띠 해다. 간지干支를 구성하는 열두 동물 중에 소만큼 친근하고 인간에게 도움을 주는 동물이 있을까? 소는 농경에 필수적인 노동력을 제공하는 일꾼이자 머리에서 발끝까지 귀한 식량이다. 근면하면서도 순박한 성품을 가진 소는 우직함과 충직함의 상징이기도 하다. 다시 말해 소는 노동력이고 식량이면서 재산이자 친구다.

소는 코로나 시대에 각별한 의미를 갖고 있다. 끝을 모르고 창궐하고 있는 COVID-19 바이러스 사태를 종식시킬 유일한 방안으로 백신vaccine 개발에 전 세계인이 희망을 걸고 있는데, 이 백신이란 말이 소vacca(암소를 뜻하는 라틴어)에서 유래했다. 인류를 천연두에서 구해낸 영국의 에드워드 제너Edward Jenner는 소의 젖을 짜다가 우두cowpox에 한번 걸려본 사람은 천연두에 걸리지 않는다는 사실을 발견하고, 사전 접종을 통한 예방 개념을 창안해냈다. 이러한 방법을 종두법 혹은 우두법牛痘法이라고 하는데, 이때 소 우牛자를 사용한다. 백신의 원조가 된 소는 바이러스로 신음하는 인류의 희망이다.

올해로 '내년의 10대 트렌드 키워드'를 발표한 지 벌써 15년째이지만, 2021년은 책의 부제를 짓는 데 그 어느 해보다도 격론이 있었다. 키워드의 두운을 조합해 그해의 띠 동물이 포함되도록 하는 작명의 전통이 있기는 하지만, 2020년의 코로나 사태를 분석하고 대처한다는 의미에서 'WITH CORONA'나 'AFTER COVID'로 해야 한다는 의견과, 관례를 지켜 소가 포함되는 10글자로 만들어야 한다는 의견이 팽팽하게 맞섰다. 연구원들 간의 긴 토론 끝에 전통을 따르기로 했다. 2020년 COVID-19 바이러스가 트렌드에 막대한 영향을 준 것은 사실이지만, 본서가 전망하는 2021년에는 이 사태가 종식되기를 바라는 마음도 있었고, 서점가에 코로나19 관련서가 쏟아져 나오는 현실에서 평정심을 유지하자는 뜻도 담았다.

소가 포함된 10글자의 후보로 'PURPLE COWS', 'BULL CHARGE', 'RAGING BULL'을 포함해 수많은 대안을 검토한 끝에, 금년의 부제는 'COWBOY HERO'로 정했다. 소를 직접 지칭하는 단어가 아니라서 약간 뜬금없기는 하지만, 날뛰는 야생의 소를 능숙하게 길들여내는 카우보이들처럼, 광우狂牛처럼 날뛰는 코로나 바이러스를 잡아내면 좋겠다는 소망을 담았다. 히어로HERO는 올 한 해 '덕분에' 챌린지에서 감사의 뜻을 표했듯, 이 사태를 헤쳐나가는 데 헌신적인 희생을 보여준 의료진과 시민들 같은 영웅들을 지칭한다. 무엇보다 단어가 주는 역동적인 이미지가 좋았다. 잡힌 듯하면 재확산되는 바이러스와의 오랜 투쟁에 지쳐가는 우리 모두에게 경쾌하고 힘 있는 제목을 선사하고 싶었다.

매년 달리하는 책의 표지 색깔도 희망 가득한 새벽의 색을 그라데이션으로 표현했다. 팬데믹으로 인한 절망은 뒤로하고 빠른 회복을 향한 희망을 담고 싶었기 때문이다. 새벽녘 어느 들판에서 느꼈던 보랏빛 하늘과 황토빛 땅이 만들어내는 그 경외감을 독자 여러분과 나누고 싶다.

2021년 10대 트렌드의 흐름

이번 10가지 트렌드의 전반적인 흐름을 설명할 때 가장 먼저 눈에 띄는 부분은 모든 트렌드가 코로나 바이러스 사태의 영향에서 자유롭지 못하다는 점이다. 트렌드는 사회의 반영이기에 매우 당연한 일이다. 그래서 초두에서 바이러스로 인한 트렌드 변화를 일목요연하게 정리할 필요가 있었다. '브이노믹스'가 첫 번째 키워드가 된 것은 필연적인 일이었다. 브이노믹스V-nomics는, 바이러스virus의 V에서 출발한 단어로 "바이러스가 바꿔놓은, 그리고 바꾸게 될 경제"라는 의미다. 예년에는 10대 키워드들이 3~4개 유형으로 묶이곤 했는데, 금년에는 이 키워드가 다른 9개의 트렌드를 정리하는 '벼리' 같은 역할을 한다.

바이러스의 창궐로 바깥 생활이 제한되고 위험해지면서 집의 역할이 새롭게 정의되고 있다. 하지만 집에 대한 관심이 커지고 집 근처에서 일하고 즐기는 사람이 늘어나는 현상은 〈트렌드 코리아〉에서 몇 년 전부터 논의해 온 문제다. '레이어드 홈'은 단순히 집에 머무는 시간이 늘어나는 것에 그치지 않고, 공간과 기능이 옷을 겹쳐 입는 레이어드 패션처럼 다층적으로 변화하는 현상을 잡아내고자 했다.

트렌드를 변화시키는 동력으로 기술·경제·인구·문화 등을 들지만, 가장 중요한 것은 역시 '사람'의 문제다. 몇 년 전만 해도 크게 주목받지 않던 '세대'의 문제가 요즘 부쩍 큰 관심의 대상이 되고 있는데 이 역시 그 세대를 구성하는 사람이 바뀌고 있기 때문이다.

새로운 세대의 변화하는 가치관을 가장 잘 설명하는 키워드는 '자본주의 키즈'다. 돈과 소비에 편견이 없고 자본주의적 생리를 잘 이해하는 소비자가 주류화됨에 따라 이들을 '자본주의 키즈'라고 이름 붙였다. 자본주의 키즈들은 물건을 구매하고 처분하는 방식도 남다르다. 오프라인에서 온라인으로 발전하던 상거래가 SNS 등을 기반으로 한 개인적인 '세포마켓'에서 활발해지더니, 이제는 중고거래 플랫폼을 이용해 사고파는 리셀resell·resale(다시 팔기)로 진화하고 있다. 단지 절약을 목적으로 하는 중고거래가 아니다. 몇 번을 사고팔아도 '신상(신상품)' 못지 않은 대접을 받고 있다고 해서 'N차 신상'이라는 이름을 붙였다. 리셀은 래플·드롭 같은 요즘 마케팅을 설명하는 열쇳말일 뿐만 아니라, 옴니채널-세포마켓의 계보를 잇는 새로운 거래 방식으로 자리 잡고 있다.

이러한 세대적 변화는 소비 문화도 재미있게 바꾼다. 가장 먼저 언급해야 하는 현상이 다름 아닌 운동이다. '#오하운, 오늘하루운동' 트렌드는 달라지고 있는 '요즘운동'의 특성을 요약한다. 요즘운동은 단지 몸을 건강하게 하고 면역력을 강화한다는 기본적인 목표를 넘어 경험과 자아와 관계의 확장에 기여하는 매우 특별하고 트렌디한 활동이 됐다.

실은 운동뿐만이 아니다. 최근 소비자들은 각종 테스트와 비유를 통해 자신에게 '레이블(딱지)'을 붙이고, 해당 유형에 속하는 라이프스타일을 추종한다. 최근 유행하고 있는 MBTI 테스트를 비롯해 마치 게임과도 같은 각종 자기진단 테스트들은 '레이블링 게임' 트렌드의 출발점이다. "자신을 어떻게 규정하는가?" 하는 정체성의 문제는 예전부터 소비 행태와 밀접한 관계를 맺어왔다.

'롤코라이프' 트렌드는 이러한 새로운 세대적 변화가 빠르고 짧은 요즘 문화와 만나는 지점에서 발생한다. 지금의 젊은 세대는 마치 롤러코스터를 타듯 유행하는 이벤트나 챌린지에 자발적으로 합류하고 상식적인 예측의 범위를 넘어서는 짧은 변주와 이색적인 협주(컬래버레이션)를 즐기며 하나의 유행이 끝이 나면 뒤돌아보지 않고 하차한 후 다음 유행으로 서둘러 갈아탄다.

이렇게 롤러코스터를 타듯 빠르고 아찔하게 오르내리는 트렌드 변화에 우리는 어떻게 대응할 수 있을 것인가? 세 가지 전략을 제안할 수 있다. 고객경험의 중시, 인간적 요소의 강화, 그리고 그 모든 것을 가능하게 하는 발 빠른 사업의 주축 전환이 그것이다.

먼저 고객경험이 매우 중요해졌다. 빅데이터의 시대, 알고리즘과 인공지능이 빠르게 발달하고 있지만 궁극적으로 추구해야 하는 지향점은 결국 고객의 경험, 즉 CXConsumer eXperience다. 고객은 어떤 데이터를 통해 어떻게 의사 결정이 내려진 상품인지 그 과정을 고려하지 않는다. 중요한 것은 어떤 경험을 하느냐다. 그런 의미에서 빅데이터를 비롯한 각종 기술은 목적이 아니라 수단일 뿐이다. 고객경험이 중심에 놓일 때 최근 화두가 되고 있는 디지털 트랜스포메이션Digital Transformation이 진정한 성과를 보일 수 있을 것이다.

두 번째 전략은 인간적 요소, 즉 '휴먼터치'의 강화다. 팬데믹 발생 이후 사람끼리 접촉하지 않는다는 의미의 언택트, 이제 모든 것이 온라인에서 이루어진다는 의미의 온택트ontact라는 용어도 등장하고 있지만, 그럴수록 사람의 온기가 더욱 그리워진다. 휴먼터치란 어떻게 하면 조직 관리와 경영의 많은 국면에서 최대한 사람의 숨결과 감성을 불어넣을 수 있을까를 고민하는 트렌드다. 디지털 셀링에서 소셜 셀링으로 이행하는 이 시점에서 휴먼터치는 '진실의 순간Moment of Truth'을 만드는 가장 강력한 수단이 될 것으로 보인다.

마지막이면서, 가장 중요한 전략은 사업의 방향 전환, 즉 '피보팅pivoting'이다. 피보팅은 축을 옮긴다는 스포츠용어지만, 코로나19 이후 사업 전환을 일컫는 중요한 경제용어가 됐다. 피보팅이란 제품·전략·마케팅 등 경영의 모든 국면에서 다양한 가설을 세우고 끊임없이 테스트하면서, 그 방향성을 상시적으로 수정해나가는 일련의 과정을 의미한다. 끊임없이 변하는 시장을 상대하기 위해 거침없이 피보팅할 용기가 필요해졌다.

몇 가지 변화와 감사의 말씀

COVID-19 사태는 이 책과 서울대 트렌드분석센터 운영에도 작지 않은 영향을 미쳤다. 우리 연구소의 트렌드헌터그룹 '트렌더스 날'은

10년 넘게 우리 사회 트렌드 변화를 감지하는 첫 작업을 맡아왔다. 1~2월에 선발 작업을 마치고 3월에 교육과 킥오프 미팅, 이후 트렌다이어리 작성, 8월에 키워드 선정을 위한 전체 워크숍을 갖는 것이 통상의 일정이었는데 2020년에는 대면 모임이 여의치 않아 킥오프 미팅·친선 번개모임·토론 워크숍을 비대면으로 진행하거나 생략했다. 서로 배우고 친목을 도모할 기회를 놓친 '트렌더스 날 2021' 여러분께 아쉬움의 뜻을 전한다. 하지만 그들이 매달 보내준 트렌드 추적 보고서 '트렌다이어리'는 여전히 키워드 선정에 큰 도움이 됐다. 큰 감사의 빚이 남아 있다.

작년으로 열두 동물을 모두 돌고, 새로 13번째 책을 내면서, 우리 책의 구성에도 '다음 년도의 전반적 전망' 부분을 생략하고 10대 트렌드 상품 원고를 제일 뒤로 보내는 등의 작은 변화를 주었다. 〈트렌드 코리아〉 시리즈는 2013년에 시험적으로 영문판을 출간한 적이 있고, 2020년판부터 영문 번역본을 〈2020 Consumer Trend Insights〉라는 제목으로 출간하고 있다. 간혹 외국인들을 상대로 〈트렌드 코리아〉의 내용으로 강의할 때가 있는데, 그때마다 이구동성으로 듣는 피드백이 "한국뿐만 아니라 자기 나라에서도 혹은 글로벌하게 공감할 수 있는 내용"이라는 것이었다. 서울대 소비트렌드분석센터에서도 프로젝트 수행과 책 집필을 위해 미국·유럽·일본·중국 등 해외 트렌드를 수집하고 있는데, 우리나라 트렌드와 진행 방향이 비슷하다. 트렌드의 동인이 되는 기술 발전과 SNS 등 전파 매체가 글로벌해졌기 때문일 것이다. 이에 〈트렌드 코리아〉도 한국의 맥락을 넘어서 글로벌 상황에서 읽힐 수 있도록 영문판을 발행하고, 내용과 사례도 보강하고 있다. 이번 책도 〈2021 Consumer Trend Insights〉라는 이름으로 국내외에서 종이책과 전자책 형태로 발간할 예정이다. 많은 관심과 소개를 부탁드린다.

개인적으로 가장 큰 변화는 '트렌드코리아TV'라는 이름으로 유튜브 채널을 개설한 것이다. 트렌드는 수시로 바뀌는데, 〈트렌드 코리아〉 책은 1년에 한 번씩 나오는 탓에 좀 더 자주 트렌드 정보를 전할 방안을 늘 고민해왔다. 홈페이지나 페이스북을 통한 정보 제공도 고려하지 않은 것은 아니지만, 생생하고 친근하게 트렌드를 전달할 수 있는 채널로 유튜브가 가장 적당하다고 판단했다. 요즘 인기 유튜버들처럼 재미있게 진행하지는 못하겠지만 유용한 정보를 전하기 위해 서울대 트렌드분석센터 연구진과 함께 최선을 다하고 있다. 독자 여러분의 큰 관심 부탁드린다.

책이 나오기까지 도움을 주신 분들께 감사의 말씀을 드리고자 한다. 여러 해 동안 함께 작업해주시는 분들이 많다. 거친 초고를 아름답고 바른 문장으로 다듬어준 조미선 작가, 여러 가지 행정일과 교정 작업을 도맡아준 김영미 연구원, 아름다운 프레젠테이션 파일을 제작해준 황선기 디자이너, 원어민의 입장에서 영문 키워드의 적정성을 검토해 주는 미셸 램블린Michel Lamblin · 나유리 교수에게 감사드린다. 서울대 소비트렌드분석센터와 소비자행태연구실 연구원들의 노고도 컸다. 집필 과정의 조정과 일부 원고까지 맡아준 이혜원 연구원, 10대 트렌드 상품 및 트렌드분석 기초자료 조사를 위해 헌신적 노력을 보여준 추예린 연구원, 중국 트렌드 관련 자료를 모으는 데 수고해준 임은주 · 고정 연구원에게 감사한다. '대한민국 10대 트렌드 상품'을 선정하는 과정에서 까다로운 조사를 신속하고 정확하게 실시해준 마크로밀엠브레인과 탄탄한 빅데이터 분석을 통해 키워드의 타당성을 높여주신 신한카드 임영진 사장님과 신한카드 빅데이터연구소에도 깊은 감사의 말씀을 드린다. 마지막으로 지난 13년간 변함없이 출간을 허락해주신 미래의창 성의현 사장님과 직원 여러분께도 신뢰의 마음을 전하고 싶다.

새로운 각오 앞에서

●

인류의 연대를 예수를 기점으로 BC Before Christ · AD Anno Domini로 나누듯, 이제는 코로나 사태를 전후로 BC Before COVID · AD After Disease로 나눠야 한다는 말이 나오기도 했다. 전술했듯이 한번 가속화된 변화는 뒤로 돌아가지 않는다. 코로나 사태가 종식되더라도 트렌드는 결코 그 이전으로 돌아가지 않을 것이다. 그렇다면 우리는 무엇을 준비해야 하는가?

어느 해보다도 숨 가빴던 2020년을 정리하면서 얻게 된 마지막 깨달음을 한마디로 요약하자면, 고객 트렌드와 함께 변화해가는 '학습능력'이 무엇보다도 중요해졌다는 것이다. 예전에는 많은 변수를 철저하게 고려해 실패하지 않을 합리적인 계획을 세워 그것을 충실하게 실행해나가는 것이 중요했다. 하지만 이 패러다임은 계획 수립에 시간이 많이 든다. 그 준비 기간 동안 고객과 트렌드가 변하지 않고 안정적이라면 실패를 최소화할 수 있는 합리적인 운영 방식이었다.

하지만 계획하는 사이에 시장 상황이 크게 변화해버렸다면? 치밀하게 세운 계획이 아무 의미가 없어지는 것이다. 이러한 여건에서 필요한 것은 일단 시도하고, 실패하든 성공하든 거기서 배워 다시 시도하는 일이다. 여기서 중요한 것이 가설 검증능력과 학습 역량이다. 이것이 말처럼 쉬운 일은 아니다. 조직 문화부터 바뀌어야 한다. 최근 조직 관리 영역에서 '실패를 수용하는 문화'를 자주 강조하는데, 이와 같은 맥락이다. 실패한 프로젝트에 담당자의 책임을 묻기 시작하면, 그 조직은 어떤 새로운 시도도 하지 않게 된다. 윗사람이 승인해줄 보고서, 즉 소비자 조사를 하고 파워포인트를 만들다가 시간이 다 가는 것이다. 이제 중요한 것은 실패했느냐 성공했느냐가 아니라, 무엇을 배워 어떻게 개선했느냐다. 핵심은 속도다.

단골로 드나들던 동네 가게가 하나둘씩 문을 닫은 모습을 발견할 때마다 마음이 아프다. 자영업의 위기가 정말로 심각하다. 사태가 조속히 종식될 수 없다면, 생존을 위해 견뎌내고 변화할 작은 용기라도 드릴 수 있으면 좋겠다. 이 책의 한 단어가 실낱같은 영감의 불씨가 되기를 간절히 희망한다.

견디자. 변화하자. 그럼으로써 새로운 도약을 준비하자.

2021년을 살아남아야 하는 우리에게 주어진 절체절명의 과제다.

2020년 10월

대표저자 김난도

CONTENTS

1 2020년 소비트렌드 회고

2 2021년 소비트렌드 전망

Coming of 'V-nomics' 브이노믹스

브이노믹스V-nomics는 바이러스가 바꿔놓은, 그리고 바꾸게 될 경제를 의미한다. 과연 V자 회복은 가능할까? 기존의 가치Value는 어떻게 변할까? 언택트 트렌드의 진화는 어디까지인가? 새로운 브이노믹스 패러다임에 얼마나 잘 적응하느냐가 장기화될 코로나 시대를 이겨내는 전략을 제공할 것이다.

Omni-layered Homes 레이어드 홈

집이 변한다. 의식주의 기본 기능에서 업무와 휴식, 놀이와 창의 기능을 겸하고 인근 동네로까지 공간이 확장된다. 집의 기본 기능 위에 다른 기능이 더해지는 다층적 공간으로의 변신을 '레이어드 홈'이라고 칭할 수 있다. 집의 변화는 변화하는 공간에서 거주하는 사람들의 사고방식에도 영향을 미친다. 미래 소비산업 변화의 요람은 단언컨대, 집이 될 것이다.

We Are the Money-friendly Generation 자본주의 키즈

돈과 소비에 편견이 없는 새로운 소비자들이 등장하고 있다. 어릴 때부터 광고·시장·금융 등 자본주의적 요소 속에서 자라 자본주의 생리를 몸으로 체득한 세대가 소비의 주체로 성장한 것이다. 이들에게 "돈 밝히면 못쓴다"는 말은 옛말이고 "돈에 밝지 않으면 정말 '못 쓰게' 된다"는 말이 생활신조가 되고 있다. 새로운 경제관념으로 무장한 자본주의 키즈는 브이노믹스와 그 이후 세상을 이끌어갈 주역이 될 것이다.

Best We Pivot 거침없이 피보팅

피보팅pivoting은 축을 옮긴다는 스포츠용어지만, 코로나19 이후 사업 전환을 일컫는 중요한 경제용어가 됐다. 제품·전략·마케팅 등 경영의 모든 국면에서 다양한 가설을 세우고 끊임없이 테스트하면서, 그 방향성을 상시적으로 수정해나가는 일련의 과정이 '피보팅'이다. 빠른 속도로 변하는 시장을 상대하기 위해서는 이제 거침없이 피보팅하라.

On This Rollercoaster Life 롤코라이프

아찔한 속도감, 짜릿한 재미가 특징인 롤러코스터는 오늘날의 돌발적인 Z세대의 라이프스타일과 닮았다. 이들은 유행하는 이벤트나 챌린지에 열광하고, 상식적인 예측의 범위를 넘어서는 짧은 변주와 이색적인 컬래버레이션을 환영한다. 아무리 재미있어도 다 즐기고 나면 미련 없이 하차하고 다음 놀거리로 갈아탄다. 이 같은 '롤러코스터 라이프'를 사는 '롤코족'은 더 이상 변덕스러운 젊은이들이 아니라 시장의 주요 플레이어가 되고 있다. 따라서 100% 완벽한 마케팅보다는 재빠르게 치고 빠지는 '숏케팅'이 중요해졌다.

COWBOY HERO

Your Daily Sporty Life #오하운, 오늘하루운동

운동이 붐이다. 등산로에는 레깅스로 치려입은 남녀노소의 발길이 이어지고, 소수의 전유물로 여겨졌던 골프와 서핑이 대중화되고 있다. 운동 열풍은 단지 코로나19의 영향으로 건강과 면역에 관심이 커진 것뿐만 아니라, 건강에 방심하지 않는 MZ의 세대적 특성, 정체의 시대에 운동으로 성취감을 찾으려는 경향, 관련 기기 및 플랫폼 시장의 성장 등이 복합적으로 작용한 결과다. 이제 브랜드는 소비자의 라이프스타일 전반을 설계하는 액티비티 디자이너로서의 역할이 강화될 것이다.

Heading to the Resell Market N차 신상

중고시장의 성장세가 심상치 않다. 요즘 사람들에게 중고품이란, 단순히 '남이 쓰던 상품'이 아니라 '여러 차례(N차)' 거래되더라도 '신상(품)'과 다름없이 받아들여지는 것, 즉 'N차 신상'이라고 부를 수 있다. 중고시장은 이제 투자처로서, 놀이터로서, 커뮤니티로서, 플랫폼으로서 지역사회의 다양한 역할을 수행하고 있다. 중고마켓에 열광하는 소비자의 감성을 끌어안는 보다 유연한 시도가 필요한 시점이다.

Everyone Matters in the 'CX Universe' CX 유니버스

고객이 접하는 상품과 브랜드의 수는 폭발적으로 증가하고 고객충성도는 갈수록 떨어지는 상황에서 가장 중요한 것은 '고객경험의 총체적 관리'다. 고객경험을 CXCustomer eXperience라고 하는데, 이 CX가 단편적인 접점 관리에 그치지 않고 마치 마블 유니버스처럼 특정 브랜드의 세계관을 함께 공유할 때, 이를 'CX 유니버스'라고 부를 수 있다. 팬덤을 만들고 충성도 높은 고객들과 함께 브랜드 세계관을 확장해나가고 싶다면, 2021년을 CX 고객경험 혁신의 원년으로 삼아야 할 것이다.

'Real Me': Searching for My Own Label 레이블링 게임

한 사람이 여러 정체성을 갖는 '멀티 페르소나'의 시대에 "나는 진정으로 무엇인가?"는 스스로도 대답하기 쉽지 않은 질문이 됐다. 자기정체성을 찾기 위한 방법으로 현대인은 '레이블링 게임Labeling Game'에 몰두한다. 내가 이런 사람이어서 이런 브랜드를 사는 게 아니라, 이런 브랜드를 사는 걸 보니 나는 이런 사람이라는 역의 인과관계가 만들어지고 있다. 소비자와 브랜드 사이의 정체성 동일시가 점점 중요해지고 있는 이유다.

'Ontact', 'Untact', with a Human Touch 휴먼터치

코로나19 사태로 언택트 트렌드가 더욱 조명을 받으면서 기술이 지향해야 할 방향이 인간과의 단절이나 대체가 아니라, 인간적 접촉을 보완해주는 역할이어야 한다는 점이 더 분명해지고 있다. 소비자가 구매 결정을 내리는 '진실의 순간,' 진정한 공감대를 이끌어낼 수 있는 것은 바로 인간적인 '감성'과 '공감'이다. 불가항력의 역병疫病이 창궐하고, 첨단 기술은 빛의 속도로 앞서나가며, 트렌드는 숨 가쁘게 바뀌는 어려운 시대, 이 변화의 삼각파도에 살아남기 위해 가장 중요한 것은 '진심이 담긴 인간의 손길', 즉 휴먼터치다.

1

2020년 소비트렌드 회고

M 멀티 페르소나

I 라스트핏 이코노미

G 페어 플레이어

H 스트리밍 라이프

T 초개인화 기술

Y 팬슈머

M 특화생존

I 오팔세대

C 편리미엄

E 업글인간

ME AND MYSELVES

멀티 페르소나

『트렌드 코리아 2020』의 예측 내용

현대인들이 다양하게 분리된 정체성을 갖게 되면서, 이제 '나 자신myself'은 단수單數가 아니라 복수複數, 즉 myselves가 됐다. 직장에서와 퇴근 후의 정체성이 다르고, 평소와 덕질할 때의 정체성이 다르며, 일상에서와 SNS를 할 때의 정체성이 다르다. SNS에서도 그것이 카카오톡이냐, 유튜브냐, 인스타그램이냐에 따라 다른 정체성으로 소통을 하고, 심지어는 하나의 SNS에서도 한 사람이 부계정·가계정 등 여러 개의 계정을 쓰며 자신의 모습을 이리저리 바꾼다. 마치 중국의 변검배우가 필요에 따라 가면을 순간순간 바꿔 쓰듯이, 현대 소비자는 매 순간 다른 사람으로 변신한다.

이 가면을 학술적으로 '페르소나persona'라고 한다. 원래 페르소나는 고대 그리스에서 배우들이 쓰던 가면을 일컫는 말인데, 현대 심리학에서 타인에게 비치는 외적 성격을 지칭하는 용어로 쓰이게 됐다. 인간은 페르소나를 통해 삶 속에서 자신의 역할을 바꾸어가며 주변 세계와 소통하고 관계를 형성한다. 현대사회가 복잡하고 개인화된 다매체 사회로 변하면서 페르소나가 중요한 개념으로 새삼 떠오르고 있다. 최근의 많은 트렌드는 "사람들이 자기 상황에 맞는 여러 개의 가면을 그때그때 바꿔 쓰고 있기 때문"이라고 분석할 수 있다. 이 복수의 가면을 '멀티 페르소나', 즉 '여러 개의 가면'이라고 부르고자 한다.

멀티 페르소나의 시대, 인간의 다원성은 확장됐지만 역설적으로 정체성의 기반은 매우 불안정해졌다. '나다움'이란 무엇인가? 진짜 나는 누구인가? 다매체 시대를 사는 현대인의 고민이 깊어지고 있다.

『트렌드 코리아 2020』 pp. 193–218

유산슬, 유고스타, 유두래곤, 지미유, 유르페우스, 닭터유…….

위 인물들의 공통점은 무엇일까? 연예가 소식에 관심이 많은 사람은 금방 맞힐 것이다. 모두 유재석의 '부캐(副캐릭터)'다. 다시 말해 위의 인물들은 모두 유재석이라는 것이다. '국민연예인'의 인기를 증명하듯, 그는 2020년 9월 현재까지 여덟 가지 캐릭터를 혼자서 소화한 바 있다. 그처럼 8개까지는 아니더라도 2020년을 기점으로 많은 연예인들이 본래의 정체성 대신 다양한 '부캐'를 선보였다. 연예인은 마치 정말 다른 사람인 것마냥 태연하게 부캐로 활동하고, 대중들도 알면서 모르는 척, 누가 또 어떤 정체성을 만들어 등장할지 궁금해하며 방송가의 캐릭터놀이에 흠뻑 빠져들었다. 부캐 현상은 2020년 연예가에서 가장 눈에 띄는 트렌드였다.

하나의 고유한 '메인 캐릭터'의 컨셉을 잡기 위해 부단히 노력하던 연예인들이 돌연 '다른 캐릭터'로 활동하는 트렌드는 어떻게 이해할 수 있을까? 그 답은 『트렌드 코리아 2020』에서 첫 키워드로 제시했던 '멀티 페르소나'에서 찾을 수 있다. 다양한 정체성으로 생활하는 것에 익숙해진 시청자들이 연예인들의 정체성 바꾸기에도 거부감을 느끼지 않고, 오히려 재미있게 받아들인 것이다. 사실, 멀티 페르소나는 유명인의 전유물이 아니다. 직장인들도 직장에서와 퇴근 후의 정체성이 다르고, 학생들도 일상생활을 할 때와 SNS를 할 때의 정체성이 다르다.

이제 직장에서의 정체성은 일상에서의 자아와 더욱 분리되고 있으며, 개인의 삶에서 취향 정체성이 직업 정체성보다 더 중요한 의미를 지니게 되고 있다. 전통적 기준이었던 나이와 성별로 인한 차이도 그 경계점이 모호해졌다. 다중역할놀이multiple role playing가 일상화된 현대인들은 그동안 무겁게 쓰고 있던 '사회적 가면'을 눈치 보지 않고 벗어던질 수 있게 됐다. 바야흐로 '다중이(다중인격자를 귀엽게 지칭하는 말)'들이 사랑받는 세상이다. 과연 멀티 페르소나는 소비자들의 어떤 가면을 벗겨냈고, 그들에게 어떤 가면을 새로 씌웠을까?

다양해진 정체성의 가면들

전술했듯이 부캐를 갖는 연예인뿐만 아니라, 2020년을 살았던 평범한 소비자들 역시 직장·취향 공동체·SNS·소비 등 여러 영역에서 다양한 모습으로 다중적 정체성을 즐기며 멀티 페르소나적 면모를 보였다. 그 생생한 모습들을 만나보자.

직업의 멀티 페르소나

일과 삶에서 자신의 정체성을 여러 개로 분리하는 모습이 직장인들에게서 뚜렷이 나타났다. 2020년 3월, 잡코리아가 직장인 559명을 대상으로 '멀티 페르소나 트렌드' 조사를 실시한 결과, 설문에 참여한 직장인 중에서 87.8%가 멀티 페르소나 트렌드에 공감한다고 답했다. 특히 이들 중 77.6%는 "회사에서의 내 모습이 평상시와 다르다"라고 응답했다. 이러한 답변은 40대 이상(71.2%)에 비해 20대(80.3%)와 30대(78%)에서 상대적으로 많이 나와 젊은 층에서 멀티 페르소나 현상이 더욱 강하게 작용했음이 드러났다. 젊은 세대의 정체성 전환은 생활 속에서 매우 유연하고도 신속하게 이루어진다. 예를 들어, 회사원이라는 가면을 언제 쓰는지에 대한 질문에는 "회사 건물에 도착해 엘리베이터를 탈 때"라는 답변이 40.6%로 가장 많았다. 물리적 경계를 넘어서는 순간 심리적 구별 짓기를 수행하며 빠르게 정체성을 전환하는 것이다.[1]

하나가 아닌 여러 개의 직업을 갖는 사람들, 이른바 'N잡러'도 늘어나고 있다. 코로나19의 여파로 고용 불안이 커지고 퇴사 시기가 빨라지면서 이후의 삶을 대비하기 위해 직장인들이 N잡러를 자처하는 것이다. 이러한 투잡족을 가리켜 '해가 지고 달빛이 비칠 때 일하는 사람'이라는 의미로 '문라이터moonlighter'라 부르기도 한다. 이들은 자신의 삶을 경제적으로 개선하기 위해서라면 추가 노동을 마다하지 않는다. 이처럼 외부의 경제적 요인에 의한 직업적 멀티 페르소나 현상이 심화되는 추세다. 게다가 플랫폼 비즈니스를 기반으로 비정규 임시 계약직 등의 근로 형태가 확산되는 경제, '긱 이코노미Gig Economy'가 부상하면서 필요할 때 부업을 하는 유연한 근무 환경이 적극적으로 조성되고 있다. 특히 조직에 얽매이기 싫어하는 젊은 층의 선호도가 높아 자신의 본 직업 외에 부가 직업을 만드는 현상은 더욱 활발해질 전망이다.[2] 이러한 경제 환경의 변화는 개인이 자신의 직업 정체성을 자연스럽게 복수로 인식하게 만들고, 이에 따라 직업적 멀티 페르소나 현상도 한층 강화될 것이다.

취향의 멀티 페르소나

예전에는 취미가 직업을 보완하거나 재충전하는 보조적인 역할을 했는데, 이때에는 해당 직업인으로서의 단일 정체성이 유지됐다. 하지만 최근 들어 취미가 직업보다 중요하다고 여기는 사람들이 늘면서 취미가 규정하는 정체성이 직업인으로서의 정체성 못지않게, 혹은 그 이상으로 중시되고 있다. 이런 이유로 취향은 현대인을 규정짓는 매우 중요한 페르소나로 자리 잡았다.

코로나19 사태에도 불구하고 취미를 즐기기 위한 소모임은 여전히 인기를 모았다. 이는 그만큼 취미를 즐기고자 하는 사람들이 많다는 것을 의미한다. 특히 앱을 이용한 소모임의 경우 주최자가 여가 활동을 함께할 사람들의 신청을 받아 진행하는 형태로, 독서·등산·서핑·주식 등 다양한 분야의 소모임들이 운영되고 있다. 이러한 취미 향유 증가 현상은 신한카드 빅데이터연구소 자료에서도 확인된다. 비대면으로 다양한 취미 클래스를 제공하는 온라인 취미 플랫폼과 재능이나 지식을 공유하고 활용할 수 있는 재능 공유 플랫폼 시장은 2019년 이후 꾸준히 성장 중이다. 2019년 상반기 대비 이용 건수 및 이용 금액 모두 눈에 띄는 증가율을 보였으며, 이용 금액 기준 온라인 취미 클래스는 138%, 재능 공유 플랫폼은 105% 증가했다. 이용자의 연령별로는 20~30대가 가장 많았으나 전년 대비 40~60대의 이용 비중도 증가하고 있어 멀티 페르소나 현상이 중·장년층으로까지 확대되고 있음이 엿보인다.

취미는 실제 수입을 창출하는 제2의 직업으로 이어지기도 한다. 인크루트가 운영하는 아르바이트 앱 '알바콜'이 성인 남녀 532명을 대상으로 조사한 결과, 3명 중 1명은 재능 거래 서비스를 이용한 경험이 있고 이 중 50.5%는 자신의 재능을 활용해서 부수입을 얻고 있었다. 이들에게 재능 거래는 단순히 이윤을 창출하기 위한 수단만은 아니다. 사람들에게 재능 거래를 하는 이유에 대해 물었더니 부가적인 수익 창출의 목적(33.4%) 외에도 본인의 능력을 발휘해서 자기계발을 하거나(27%), 향후 취업을 염두에 두고 진로를 계획하기 위해서(20.7%) 일한다고 응답했다. 하나의 직업만을 가지고 살던 시대가 저물고 다양한 정체성을 개척하며 끊임없이 자신을 업그레이드하는 '멀티 페르소나 업글인간'의 시대가 도래한 것이다.[3]

SNS의 멀티 페르소나

SNS를 중심으로 한 온라인 정체성은 현실의 오프라인 정체성과 매우 다른 양상으로 펼쳐진다. SNS에서는 여전히 셀카놀이가 인기인데, 이제 카메라 앱을 활용해 자신의 모습을 훨씬 더 예쁘고 이상적으로 바꿀 수 있게 됐다. 특히 인물 사진에 다양한 포토샵 효과를 간편하게 구현해주는 보정 애플리케이션의 인기가 매우 높다. 실제로 인스타그램·카카오스토리·스냅챗 등의 SNS에 올라와 있는 멋진 풍경이나 인물 사진들 중 대부분은 보정을 거친 이미지다. 얼굴을 뽀얗게 만들고 눈동자와 입술을 더 선명하고 아름답게 표현해주는 사진 필터링 기술이 도입되면서 소셜미디어 환경에서 새로운 미의 기준이 구축되고 있다.

문제는 그렇게 보정된 사진 속 자신과 실제 자신 사이의 괴리가 일반화되면서, SNS에서의 멀티 페르소나 현상이 현실로 전이된다는 것이다. 2018년 미국의학협회의 국제학술지JAMA, Journal of American Medical Association의 성형수술 분과에 실린 논문에서는 "필터링된 이미지가 현실과 환상 간의 경계를 허물고 자신의 실제 신체적 특징을 고쳐야 할 결함으로 인식해 이에 집착하게 만드는 정신 질환인 신체이형장애BDD, Body Dysmorphic Disorder를 유발할 수 있다"고 경고하기도 했다. 영국의 성형외과 의사인 티지온 에쇼Tijion Esho는 SNS로 인해 성형수술 환자들의 요구가 달라진 것에 주목하면서 '스냅챗 이형증Snapchat Dysmorphia'이라는 용어를 만들어냈다. 과거에는 환자들이 유명 연예인 사진을 들고 와서 그와 비슷하게 성형을 해달라고 했는데, 최근 카메라 앱 필터로 보정된 자기 사진을 들고 와서 이대로 고쳐줄 것을 요구하는 사람들이 늘었다는 것이다. 미국 얼굴성형·재건수술학회 회원을 대상으로 진행한 조사에 의하면, 환자의 수술 동기 중에서 "더 멋진 셀카를 찍기 위해서"라는 응답이 2016년에는 13%였는데 2017년에는 55%로 4배 이상 증가했다. 디지털 이미지의 페르소나가 현실의 실제 페르소나를 부정하고 전복시키는 움직임이 커지고 있는 상황이다.[4]

멀티 페르소나는 인스타그램 같은 SNS에서 더욱 분화된다. 한 사람이 여러 계정을 동시에 운영하며 계정마다 다른 정체성을 갖는 것이다. 첫 번째 계정에서는 페미니스트로서의 자아를 표현하고, 두 번째 계정에는 좋아하는 강아지 사진을 올려 자신의 취향을 보여주며, 세 번째 계정에서는 자신의 정치적 신념을 드러내는 식이다. 이들은 자신의 진짜 SNS에서는 오히려 정체성을 솔직하게 드러내지 않는다. SNS에서 자신의 진정한 신념은 커버링(사회의 주류에 부합하도록 타인이 선호하지 않는 정체성을 숨기는 것)covering해야 하는 대상이기 때문이다. 그래서 자신의 신념과 일상을 마음껏 올릴 수 있는 부계정이 별도로 필요하다. 결국 SNS 이용자들은 상대의 전체를 좋아하는 것이 아니라 조각조각으로 나뉘어 표현된 일부 모습만을 보고 '팔로우'를 하고 '좋아요'를 누르게 되는 것이다. 인스타그램의 '인싸'가 되는 것은 대중들이 좋아할 만한 이 '일부 모습'을 얼마나 잘 연출해내느냐에 달려 있다. 이를 위해 자신의 솔직한 심정이나 어두운 면들을 보여주는 부계정에서는 자신이 가능한 노출되지 않도록 관리한다. 실제로 인스타그램에는 '우울', '분노', '자해' 등의 키워드로 검색되는 게시물이 수십만 건에 이른다. 개인의 정체성이 SNS를 중심으로 다중적으로 분절되고 있다는 하나의 방증일 것이다.[5]

젠더 뉴트럴 현상

『트렌드 코리아 2020』에서 멀티 페르소나 트렌드의 영향으로 성적인 정체성이 흐려지며 '젠더 뉴트럴' 현상이 확산될 것이라고 전망했는데, 2020년 패션계에서는 실제로 이러한 현상이 다양한 영역에 걸쳐 나타났다. 일례로 성별의 구분이 없는 아동복 제품의 출시가 늘었다. 한 아동복 브랜드는 과거에 여아용으로 출시했던 분홍색 코트를 남녀 공용으로 타깃을 바꿔 다시 시장에 선보였다. 남자아이에게 분홍색 코트를 입히거나 딸을 둔 부모가 남아용 의류를 사는 등의 젠더리스 수요에 대응하기 위해서다. 이는 현대의 부모들이 관습적으로 굳어진 성 관념에서 벗어나 자녀로 하여금 양성평등의 균형적 사고를 지니게 하려는 태도를 갖게 된 것에 기인한다.[6]

젊은 여성들 사이에서는 일명 '아빠핏dad fit'이 주목받았다. 마치 아빠 옷을 걸친 듯 오버사이즈의 재킷 등을 입는 패션이 유행한 것이다. 이미 패션계에서는 색상이나 디자인을 선택할 때 남녀노소의 구분이 많이 사라졌다. 국내 홈쇼핑 업계에서도 남녀의 옷을 따로 구분하지 않고 동일한 디자인의 제품을 사이즈만 폭넓게 구성해 판매하는 경우를 흔히 발견할 수 있다.

메이크업 업계에서도 이러한 변화가 속속 목격되고 있다. 예쁜 여성 연예인이 도맡아오던 화장품 광고 모델 자리를 남성 아이돌이 차지하는 일이 점차 늘어나고 있는 것이 대표적인 예다. 가수 김우석은 핑크색 눈 화장을 하고 광고에 등장했고, 위아이의 멤버 김요한은 젠더리스 메이크업 화보를 선보였으며, 엑소의 백현은 화장품 브랜드 '티르티르'와 협업하여 메이크업 키트를 출시했다.[7] 이러한 변화는 외국에서도 일반적인 현상이다. 여성 유튜버들의 세상으로 여겨졌던 유튜브 뷰티 채널 분야의 세계 랭킹 1위에 남성 유튜버가 선정됐다. 2019년 〈포브스〉가 발표한 유튜버 수입 랭킹 5위에 오른 제프리 스타Jeffree Star는 1,700만 명이 넘는 구독자를 보유한 메이크업 아티스트로, 자신의 화장품 브랜드를 출시해 연간 200억 원의 매출을 올릴 만큼 큰 영향력을 지니고 있다.[8]

여성주의 물결이 퍼지면서 가요계에서도 사회가 강요해온 여성의 전형성이 서서히 깨지는 중이다. 여성 아이돌의 경우 '섹시'나 '청순' 이미지 일색에서 벗어나 내면의 목소리를 내는 데 적극적인 모습으로 변하고 있다. 예컨대 걸그룹 마마무는 더욱 강해진 여성, 당당한 여성의 모습을 보여준다. 타인의 시선을 상관하지 않는 주관성과 스스로를 사랑하는 모습 등을 노랫말에 담아 강조한다.

이런 사례는 모두 고정된 성 역할을 넘어 성별이나 성차를 없애버리는 성 중립성Gender Neutral의 예시다. 이러한 성 유동성Gender Fluid은 갈수록 더욱 중요해지고 있다. 성 역할은 고정된 것이 아니며, 개인의 성 정체성 역시 변화하고 선택 가능하다고 보는 것이다. 미국의 Z세대(15~24세) 2,013명을 대상으로 한 설문조사에서도 약 25%의 응답자가 정치 성향이 바뀌듯 "젠더 정체성이 일생에 걸쳐 변화할 것으로 예상한다"고 답했다. 남성성과 여성성의 기준이 시대와 장소에 따라 변화한다는 목소리가 커지고 있는 것이다.[9]

2020년 큰 인기를 끌었던 펭수도 대표적인 젠더 프리 캐릭터다. 그의 프로필에는 성별 항목이 아예 없고, 펭수 스스로 '남자도 여자도 아니다'라고 강조하기도 했다. '펭수의 성별을 따지면 꼰대'라는 말이 있을 정도다. 사실, 2019년 펭수가 인기몰이를 시작했을 무렵 언론의 관심을 모았던 것은 단연 '펭수의 정체'였다. 연예인부터 유튜버까지 다양한 사람들이 이른바 '펭수의 본체' 후보에 오르내렸다. 그런데 2020년의 대중은 더 이상 펭수를 연기하는 자가 누구인지 궁금해하지 않는다. '산타 할아버지는 사실 너희 아빠야'라는 진실을 아는 순간 맥이 빠져버린다는 것을 아는 대중들은 펭수는 펭수일 뿐이라며 오히려 펭수가 정체를 드러내지 않길 원한다. 펭수 캐릭터 그 자체를 보호하기 위해 팬들이 나서서 "눈치 챙겨!"라는 말을 건네며 정체를 언급하거나 들키지 말 것을 당부할 정도다. 대중이 펭수를 하나의 독립된 페르소나, 독립된 인격체로 받아들이고 있는 것이다.

소비의 멀티 페르소나

소비 행태도 양극화에서 양면적 지출로 변화하고 있다. 소비자가 상황에 따라 가면을 바꿔 쓰고, 그 페르소나의 성격에 따라 가성비냐, 프리미엄이냐를 결정하며 양면적 소비가 발생하는 것이다. 장기화된 저성장과 코로나19 사태는 소비자가 허리띠를 더 졸라매도록 만들었고, 최소한의 소비생활만을 하는 '연명형 소비자'까지 등장했다. 반면 자신에게 심리적 만족감을 줄 수 있는 소비에는 돈을 아끼지 않는 야누스적 면모도 보인다. 예를 들어, 마트에서는 조금이라도 저렴한 제품을 구매하려 애쓰지만, 자신에게 기쁨을 주는 프리미엄 제품의 구매는 주저하지 않는 식이다. 이러한 사람들의 대표적인 유형이 바로 '편백족'이다. 이 신조어는 편의점과 백화점의 앞글자를 딴 용어로, 생필품은 편의점에서 저렴하게 구입하고 백화점에 가서 값비싼 명품을 구입하는 소비 성향을 가진 사람들을 일컫는다.[10]

향후 전망

변화무쌍한 멀티 페르소나 소비자를 위한 재빠른 대응이 필요

●

멀티 페르소나 현상은 앞으로도 다양한 영역에서 더욱 자연스러운 현상이 될 것이다. SNS는 다원화되고, 직업은 다양해지는 등 빠르게 변화하는 환경 속에서 스스로의 정체성을 더욱 유연하게 변화시켜 대응하지 않으면 더 이상 생존하기 어렵기 때문이다.

취향의 시대를 맞이하여 소비자의 라이프스타일이 취미 위주로

재편되면서 성별·연령·직업 등 사회인구학적 변수를 통해 형성되는 정체성은 점점 더 의미를 잃을 것이다. 취향을 계발하는 과정을 통해 자신이 무엇을 좋아하고 어떠한 개성을 지니는지 더 잘 알게 되고 이를 미래의 직업을 선택하는 중요한 판단의 잣대로 활용하기도 한다. 정체성 의식이 점점 공허해지는 현대인에게 진정한 취향의 향유가 인생에 중요한 의미를 부여하는 새로운 계기가 되고 있는 것이다. 이에 따라 소비 시장에서도 개인의 취향을 고려하는 것이 시장 세분화를 위한 가장 중요한 기본적 토대가 되고, 상품과 서비스의 개선을 위해 우선적으로 고려해야 할 요소로 자리 잡을 전망이다.

이제 소비자는 쉽사리 규정하기 어려운 존재가 됐다. 전통적인 마케팅 기법인 사회인구학적 세분화segmentation 방법은 구시대의 유물이 되고 있다. 그만큼 현대의 소비자는 유동적이고, 그를 둘러싼 사회와 시장의 가치는 가변적이다. 무규정성의 특징을 지닌 소비자들의 예측불가능성이 커지며 초개인화 서비스도 진화할 것이다. 시시때때로 인공지능의 알고리즘을 통해 개개인을 데이터로 분해하고 분석하며 고객만족이라는 난해한 과제를 풀어야 한다. 마치 프리즘처럼 다채로운 색상으로 바뀌어 퍼져나가는 고객들의 라이프스타일을 극세분화시켜 시시각각 대응해야 하는 숙제가 모든 기업들에게 부여된 것이다. 소비자들이 빠르게 가면을 바꾸어 쓰듯이 기업도 제품과 서비스의 스토리를 유연하게 바꿔가며 고객들의 변화무쌍한 니즈를 만족시킬 수 있는 치열한 분석과 시도를 해야 한다. 수천, 수만 개의 가면을 돌려쓰는 멀티 페르소나 시대에 변덕스러운 소비자들의 마음을 얻고자 하는 기업들의 고민은 더욱 깊어지고 있다.

IMMEDIATE SATISFACTION: THE 'LAST FIT ECONOMY'

라스트핏 이코노미

『트렌드 코리아 2020』의 예측 내용

마지막 순간의 경험이 중요해졌다. '라스트 마일'은 원래 사형수가 집행장까지 걸어가는 마지막 거리를 뜻하는 말인데, 최근 유통 업계에서는 상품이 고객에게 전달되는 마지막 배송 접점을 의미하는 용어로 널리 쓰인다. 배송과 관련한 라스트 마일은 물론이고, 다양한 산업에서 고객의 마지막 접점에 대한 만족을 높이려는 시도가 이어지고 있다. 고객의 마지막 순간의 만족을 최적화하려는 근거리 경제를 '라스트핏 이코노미Last Fit Economy'라고 명명한다.

라스트핏의 유형으로는 ① 편리한 배송으로 쇼핑의 번거로움을 해소하는 '라스트 딜리버리Last Delivery', ② 주거지 근거리에서 문제를 해결하는 '라스트 에어리어Last Area', ③ 지하철역이나 버스 정류장에서 집까지의 편리한 이동을 중시하는 '라스트 모빌리티Last Mobility', ④ 배송을 받은 후 포장을 풀며 느끼는 감정을 중요시하는 '라스트 터치Last Touch', ⑤ 여행을 갈 때에도 항공편·숙박·명승지 관광보다 그곳에서의 액티비티를 중시하는 '라스트 트립Last Trip' 등이 있다.

이제 고객은 상품의 특성이나 브랜드가 주는 가치보다 주관적 효용을 기준으로 구매 의사를 결정한다. 제품 자체의 성능보다 제품과 소비자가 직접 맞닿는 그 접점에서의 만족이 더 중요해지고 있는 것이다. 기존의 제품 중심의 동어 반복적인 모방과 차별화 경쟁에서 한 걸음 나아가 고객과 접촉하는 내밀한 순간에 집중해야 한다. 그 마지막 순간을 잡는 자가 시장을 잡을 것이다.

『트렌드 코리아 2020』 pp. 219-242

소비자가 온라인으로 식료품을 주문한다. 마트 배송 직원이 주문한 제품을 상자에 담아 소비자의 집 현관 앞까지 배달한다. 여기서 끝이 아니다. 현관의 스마트 도어록smart door-lock에 일회용 비밀번호를 입력해 집 안으로 들어온 직원이 냉장고 문을 열고 식료품을 가지런히 정리한다. 정리가 끝나면 포장재를 수거해 집 밖으로 나간다. 소비자는 이 모든 과정을 직원의 몸에 부착된 카메라를 통해 지켜본다.

공상과학영화에서나 나올 법한 이 장면은 미국 최대 오프라인 유통 업체인 월마트가 실제로 시행하고 있는 '인홈 딜리버리InHome Delivery' 배송 서비스를 묘사한 것이다. 월마트는 이 이색적인 서비스를 뉴저지에서 약 5개월간 시범 운영한 후, 2019년 가을부터 미주리주 캔자스시티·펜실베이니아주 피츠버그·플로리다주 비로비치 등지에서 본격적으로 시행하고 있다.[1] 한국 소비자에게는 다소 낯선 인홈 딜리버리 서비스는 오프라인 기반 유통 기업인 월마트가 온라인 유통 공룡 아마존과 경쟁하고자 오롯이 소비자의 니즈에 집중하여 만들어낸 차별화 전략이다. 바쁜 직장인들이 겪고 있는 배송 시간 제약 문제, 식품의 신선도 문제를 해결하고자 소비의 마지막 순간에 집중한 것이다.

코로나19의 여파로 오프라인 시장이 꽁꽁 얼어붙었던 2020년, 사회적 거리두기가 장기화되며 사람들의 행동반경도 크게 좁아졌다. "고객의 마지막 순간의 만족을 즉각적으로 최적화하는 근거리 경제"를 의미하는 '라스트핏 이코노미Last Fit Economy'는 유통업을 비롯한 다양한 산업에서 독보적인 생존 전략이 됐다. 필요한 물건을 신속하

출처: 월마트

●●● 배달에서 냉장고 수납까지. 월마트가 선보인 인홈 배달 서비스

고 안전하게 배송받을 수 있는가의 문제가 탁월한 품질·가격·디자인·브랜드만큼이나 중요해진 시대이기 때문이다. 이제 2020년 우리 사회에서 발현된 라스트핏 이코노미 현상을 유형별로 살펴보고, 향후 어떤 모습으로 발전해나갈지 그 변화 양상을 예견해본다.

구매를 더 쉽고 간편하게, 배송의 라스트핏

마지막 순간의 만족도를 극대화하는 라스트핏 이코노미의 가장 대표적 유형은 바로 구매의 마지막 순간, 배송 편의를 높이는 '라스트 딜리버리Last Delivery'다. 과거에는 경쟁사 대비 얼마나 다양한 제품 구색을 갖추고 있는지, 가격이 얼마나 합리적인지가 유통업의 핵심 경쟁력이었다. 반면 최근에는 제품이 얼마나 신속하게 전달되는지의 배송 이슈가 유통업의 핵심 경쟁력으로 부상하고 있다.

2020년 코로나19의 대유행으로 어려운 시기를 지나면서 온라인 유통 업체는 그야말로 차별화된 배송 서비스에 목숨을 걸었다. 새벽

배송의 원조인 마켓컬리는 생산·입고·분류·배송까지 유통의 전 과정을 일정한 온도로 유지하는 '풀full 콜드체인' 시스템을 강화했다. 쿠팡은 신선식품 배송 서비스인 '로켓프레시'로 아침에 주문한 제품을 저녁에 받을 수 있도록 지원한다. 배달의민족은 우유 1팩, 사과 1개 등 초소량도 1시간 내에 배송하는 'B마트' 서비스를 수도권 및 지방 대도시로 확대했다. 네이버 역시 2020년 8월 '장보기'라는 서비스를 신설하며 신선식품 새벽 배송 시장에 뛰어들었다.

온라인 기반 유통 업체의 배송 경쟁에 더해, 편의점·마트·백화점 등 오프라인 기반 유통 업체들도 온라인 배송을 강화했다. 코로나19 사태의 발발로 언택트 소비가 일상화되면서 배송의 차별화 없이는 생존이 불가능한 환경이 조성된 까닭이다. 오프라인 동네 상권의 거점인 편의점 업계에서도 배달 서비스 경쟁이 불붙었다. CU는 배달 업체 '요기요'와 함께 배송 서비스를 선보인 데 이어 2020년 3월에는 '네이버 간편 주문'을 통한 배달 서비스를 시작했다. GS25는 '쿠팡이츠', '카카오'와 제휴해 배달 서비스 영역 확장에 나섰다. 세븐일레븐과 미니스톱도 '요기요'와 함께 배달 서비스를 시행하고 있다.

대형마트 역시 전국 점포망을 기반으로 배송 체계를 정비했다. 각 지역의 거점에 위치한 마트를 배송을 위한 물류 창고로 활용하는 전략이다. 롯데마트는 광고·중계점을 '디지털 **풀필먼트** 스토어'로 탈바꿈하며, 반경 5km 내에 있는 소비자가 주문하면 1시간 30분 안에 즉시 배달하는 '바로배송' 서비스를 선보였다. 홈플러스 역시 대규모 거점 물류 센터를 짓는 대신

풀필먼트Fulfillment
상품의 입고와 재고 관리, 분류·배송에서 반품까지 일괄 처리하는 서비스

각 지점에서 하루 여섯 차례 배송을 진행해 집과 가까운 점포에 온라인으로 주문을 넣으면 3시간 내에 물건을 받아볼 수 있는 '쇼킹점포' 서비스를 신설했다.

프리미엄 오프라인 유통업의 대표 주자인 백화점도 라스트 딜리버리로 차별화를 시도했다. 2020년 7월, 현대백화점은 식품관에서 판매하는 신선식품과 디저트 등을 새벽 배송하는 '투홈' 서비스, 전문식당가에서 즉석조리한 식품을 집으로 배달해주는 '바로투홈' 서비스를 론칭했다. 롯데백화점은 스위스 명품 시계 브랜드 '태그호이어'를 집까지 배송하는 서비스를 선보였다. 고가 제품인 만큼 내부에 전용 금고·CCTV·GPS 추적기·경보기 등이 설치되어 있는 차량을 이용하는 특수화물 전문 수송업체 '발렉스Valex'와 협업해 배송 서비스를 진행하는 점도 이색적이다.[2]

라스트 딜리버리 경쟁이 심화되자 배송과 동시에 반품을 지원하는 기업도 등장했다. 삼성물산 패션부문 'SSF숍'은 VIP 고객을 대상으로 '홈 피팅' 서비스를 제공한다. 예를 들어 95사이즈 티셔츠를 주문하면 90·100사이즈 제품이 함께 배송되는 방식이다. 소비자가 자신에게 맞는 사이즈를 직접 선택하면 나머지 제품은 무료로 수거해 간다. 한섬의 자체 온라인몰 '더한섬닷컴'도 VIP 고객이 상품을 3개 이상 주문할 경우, 직원이 차를 몰고 가서 사이즈별로 직접 보여주는 '앳홈' 서비스를 운영하고 있다. CJ오쇼핑은 TV홈쇼핑 판매 상품에 한해 당일 회수하는 서비스를 선보였는데 소비자가 반품할 시간대와 장소를 직접 지정할 수 있도록 했다.[3]

소비자의 동선을 최적화하는 이동의 라스트핏

●

라스트핏 이코노미의 두 번째 유형은 소비자의 움직임에 최적화하는 전략이다. 사람들의 이동 반경이 축소되어 제한된 공간 안에서 구매가 발생하는 '라스트 에어리어Last Area', 소비자가 이동하는 과정 중에서 가장 마지막 지점의 편의를 증진시키는 '라스트 모빌리티Last Mobility'가 여기에 해당된다.

주거지 근거리에서 문제를 해결하는 라스트 에어리어 현상은 2020년 발발한 코로나19의 영향으로 더욱 두드러졌다. 롯데카드가 2020년 3월 12일부터 4월 19일까지 약 4주간의 신용카드 결제 데이터를 분석한 결과에 따르면, 오프라인 가맹점의 카드 결제 건수는 2019년 같은 기간에 비해 6.9% 감소했음에도 불구하고 집 주소로부터 반경 500m 이내에 있는 가맹점에서 결제한 건수는 8%, 500m~1km 근처의 가맹점에서 결제한 건수는 0.4% 증가했다.[4] 사회적 거리두기 강화로 외출을 자제한 사람들이 대용량 구매는 온라인몰에서 해결하고, 소용량 구매를 위해서는 대형마트보다는 직접 걸어서 방문할 수 있는 동네 상점을 선호하는 경향을 보였기 때문이다.

슬리퍼를 신고 걸어서 갈 수 있는 거리, 즉 '슬세권' 중심으로 소비가 집중되는 라스트 에어리어 현상은 편의점 이용 행태에서도 나타났다. 신한카드 빅데이터연구소의 분석에 따르면, 주거지역에 위치한 편의점의 이용객 수는 2020년 상반기 기준 전년 대비 상승한 반면, 오피스 지역의 편의점 이용객 수는 감소했다. 재택근무·비대면

주거지역 편의점 이용 고객 수 증가율(2019년 상반기와 2020년 상반기 비교)

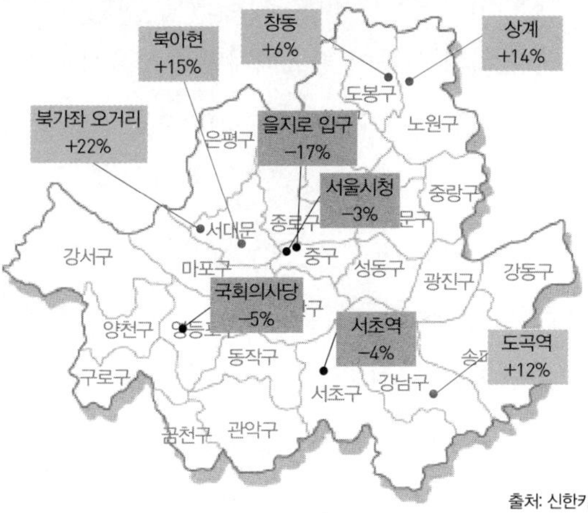

출처: 신한카드 빅데이터연구소

수업 등으로 집에서 시간을 보내는 사람들이 늘면서 슬세권 소비가 급증한 탓이다. 이러한 변화를 반영하듯, 최근 편의점은 택배 배송과 세탁물 수거는 물론이고, 전동킥보드·공유차량을 반납하는 플랫폼, 문서 작업을 지원하는 오피스, 심지어는 반려동물을 위한 펫숍으로 거듭나고 있다. CU는 전자문서를 인쇄·전송할 수 있는 무인복합기 서비스를 점포 내에서 운영하고 있으며, GS25에서는 반려동물을 위한 질병 체외검사 키트와 반려동물 보험도 판매하고 있다.[5]

소비자가 마지막 도착지까지 만족스럽게 이동할 수 있도록 지원하는 라스트 모빌리티 서비스도 한층 강화됐다. 걷기에는 멀지만 택시나 자가용을 이용하기엔 여러모로 마땅치 않은 거리를 공공자전거·전동킥보드 등을 이용해 편리하게 이동하고자 하는 사람들이 증가한 덕분이다. 서울의 '따릉이'·대전의 '타슈'·광주의 '타랑께'·창원의 '누비자'·안산의 '페달로' 등 누구나 쉽게 빌려 탈 수 있는 공공자전거는 이제 시민들의 편리한 이동 수단으로 자리 잡았다. 코로나19로 개인 단위의 이동이 중요해지면서 서울시 따릉이의 경우, 2020년 2~3월의 이용 횟수가 229만5,809건으로 전년 동기 대비 2배 이상 증가했다.[6]

라스트 모빌리티 관련 사설 서비스를 이용하는 소비자도 꾸준한 증가세를 보였다. 신한카드 빅데이터연구소에 따르면 라스트 모빌리티 이용 건수는 2020년 상반기 기준 전년 대비 무려 418%의 증가세를 보였는데, 주말보다는 평일 이용률이 높고, 시간대별로는 오전 8시와 저녁 6시, 즉 출퇴근·등하교 시간대 이용률이 상대적으로 높았다. 이용자들이 주로 버스나 지하철에서 내린 뒤 회사·학교 등 마지막 목적지까지 이동할 때 라스트 모빌리티 기기를 사용하기 때문

라스트 모빌리티 이용 건수 변화 추이

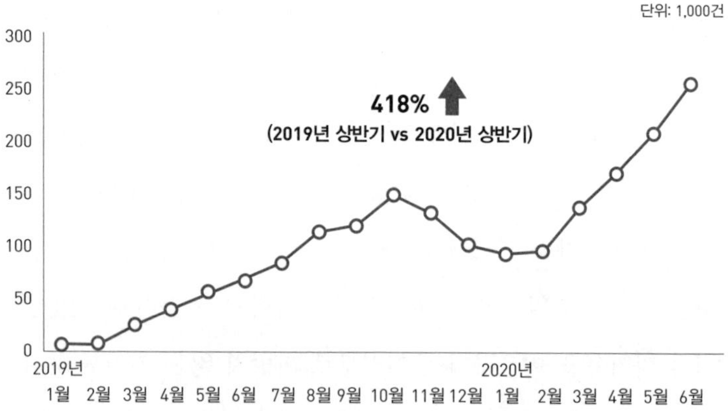

대상: 주요 전동킥보드 및 전기자전거 업체 8곳
출처: 신한카드 빅데이터연구소

이다. 라스트 모빌리티가 소비자가 이동하는 마지막 순간을 지원하고 있음을 보여준다.

마지막 순간까지 감동을, 구매 여정의 라스트핏

●

라스트핏 이코노미의 마지막 유형은 소비자의 구매 프로세스 중 가장 마지막 순간의 경험을 극대화하는 전략이다. 소비자가 상품을 배송받은 이후의 순간까지도 놓치지 않고 감동을 제공하는 '라스트 터치Last Touch', 여행처럼 경험을 소비하는 경우 마지막 순간에 즐거운 경험거리를 제공하는 '라스트 트립Last Trip'이 여기에 해당된다.

라스트 터치에서는 소비자가 제품을 구매하는 여정의 마지막 순간이 더욱더 세분화되고 있다. 2020년 4월, 삼성전자는 전 세계에 출고되는 TV 포장재를 재미있게 활용한 업사이클링 아이디어를 선보였다.[7] TV를 보호하기 위해 두꺼운 골판지로 포장 박스를 만든다는 점에 착안한 아이디어로, 업사이클링 포장 박스의 각 면에는 일정한 간격으로 점dot이 찍혀 있다. 박스 상단에 있는 QR코드를 찍으면 나오는 안내를 따라 이 점들을 연결하면 고양이집 · 책꽂이 · 탁상용 선반 · TV 콘솔 · 잡지 수납함 등을 만들 수 있는 다양한 도면이 완성된다. 버려지던 포장 박스를 새롭게 활용하는 방안을 제안함으로써 소비자의 호기심을 자극한 것이다.

마지막 순간의 경험을 최적화하는 현상은 여행 시장에서 특히 두드러졌다. 2020년 코로나19 사태로 여행업은 큰 어려움을 겪고 있지만, 그 가운데 여행 시장의 화두는 '어디를 갔느냐?'에서 '무엇을 했느냐?'로 옮겨가고 있다. 이색적인 장소를 방문하는 것에 만족하는 것이 아니라, 그곳에서 어떤 마지막 경험을 했는지에 따라 만족도가 달라지는 라스트 트립 개념이 부상한 것이다. 명승지 여러 곳을 점 찍듯 돌아다니기보다는, 동일한 장소를 여러 번 방문하더라도 그곳에서 매번 새로운 액티비티를 즐기는 여행 스타일이 주목받고 있다. 코로나19로 해외여행이 어려워지면서 국내여행 수요가 급증하자 이러한 경향은 더욱 강화됐다. 부산·제주·강릉·남해 등의 유명 관광지는 적어도 한 번 이상 여행해본 장소지만 때로는 미식을, 때로는 캠핑을, 때로는 호캉스를 주제로 재방문하면서 해외로 나가지 못하는 아쉬움을 달랜다. 이때 중요한 개념이 바로 그곳에서 즐길 만한 다양한 액티비티, 예를 들어 프리다이빙·카누 타기·서핑 등의 레저를 즐기며 새로운 여행 수요를 창출하는 라스트 트립이다. 각 지역의 자치단체와 관광산업 종사자들이 해외로 떠나지 못하는 국내 관광객을 끌어당기려 할 때 반드시 염두에 둬야 할 지점이라고 여겨진다.

향후 전망

지금 소비자의 미충족 니즈에 주목해야

소비자의 편의를 지원하는 라스트 딜리버리는 코로나19 사태가 종료된 이후에도 우리 생활의 필수 요소가 될 것으로 예상된다. 기존의 온·오프라인 유통 업체는 물론이고 제조사 역시 향후 "우리 상품을 고객에게 전달하는 방식을 어떻게 차별화할 것인가?"의 이슈에 집중할 것으로 보인다. 특히 환경 관련 이슈가 주목받으면서 배송 차량의 친환경성에 대한 논의가 대두될 가능성도 크다. 대표적 모빌리티 기업인 우버는 영국에서 2025년까지 전체 운행 차량을 전기차로 전환하겠다고 발표했다. 기아자동차는 상하차가 용이한 저상 물류차, 냉장 및 냉각 시스템이 적용된 신선식품 배송차 등 도심 물류 서비스 맞춤의 **'목적 기반 모빌리티'** 차량을 개발하며 미래를 준비하고 있다.[8] 로봇 역시 새로운 형태의 배송 수단으로 등장할 가능성이 있다. GS리테일은 2020년 7월, LG전자와 업무 협약을 체결해 사무실에서 도시락·샌드위치·음료 등 점심식사를 주문하는 회사원을 대상으로 로봇 '클로이'가 상품을 배달하는 신규 서비스를 선보일 예정이다.[9]

소비자의 생활 반경이 축소되는 라스트 에어리어 현상 역시 앞으로 새로운 국면을 맞이할 것으로 보인다. 특히 코로나19 사태로 다양한 형태의 근무 방식이 자리 잡으며 집을 중심으로 하는 근거리 경제, 라스트 에어리어는 더 가속화될 전망이다. 예컨대, 몇몇 기업이 시범적으로 운영하고 있는 '거점 오피스'는 서울 및 수도권 내에 여러 개의 오피스를 두고, 직원들이 집과 가장 가까운 사무실로 출근하도록 하는 근무 방식이다. SK텔레콤은 종로·서대문·분당·판교에 4개의 거점 오피스를 마련해 직원들의 직주근접(직장과 주거지가 가까움)을 높였다. 롯데쇼핑HQ

목적 기반 모빌리티

PBV, Purpose Built Vehicle

하부와 상부를 완전히 분리할 수 있어 목적에 맞게 제작할 수 있는 미래형 차량이다. 전동화와 자율주행, 커넥티드와 공유경제 등 미래차 기술이 집약된 이동 수단이자 고정 시설물이다. 자율주행 기능을 갖춰 별도의 운전석이 필요하지 않으며, 실내 공간은 무한한 확장성을 지닌다.[10]

역시 수도권 일대 5곳에 스마트 오피스를 운영해 직원들의 평균 통근 시간을 3분의 1로 단축했다.[11] 이처럼 '한국형 오피스 프리'의 모델이 등장할수록 향후 집을 둘러싼 근거리 경제의 중요성은 더욱더 부상할 것으로 예상된다.

마지막으로 소비자의 이동 편의를 지원하는 라스트 모빌리티는 향후 국민 복지와 연계되어 발전할 가능성이 크다. 2020년, 서울 은평구·성동구·송파구는 주거 및 아파트 단지 내에 '지역공유카car' 사업을 확대 추진했다.[12] 지역공유카 사업은 주민과 회사가 유휴 주차 공간을 공유자동차 사업자에게 제공하면, 사업자가 공유자동차를 주거지 및 회사 주차장에 배치하고, 주차 공간을 제공한 주민과 회사를 대상으로 이용료를 대폭 할인해주는 서비스다. 지역공유카 사업이 확대되면 소비자는 개인 자동차를 소유하지 않아도 라스트 모빌리티를 극대화할 수 있어 앞으로 지역자치단체를 중심으로 해당 사업이 확대될 전망이다.

가성비를 넘어 더 큰 심리적 만족을 원하는 소비자는 이제 제품 본연의 품질·가격·브랜드 차별화에 만족하지 않고 더 나은 편의를 요구한다. 소비자와의 마지막 접점을 새롭게 정의하는 라스트핏 이코노미는 "지금 이 순간 소비자가 가지고 있는 미충족 니즈는 무엇인가?"에 대한 근본적인 고민에서부터 비롯되어야 한다. 생산자 중심의 차별화 경쟁에서 한 걸음 나아가 소비자와 접촉하는 내밀한 순간에 집중하라. 그 마지막 순간이 곧 기회의 순간이다.

GOODNESS AND FAIRNESS

페어 플레이어

『트렌드 코리아 2020』의 예측 내용

공평하고 올바른 것에 대한 추구가 강해진다. 직장에서 내 노력의 결과를 팀장님께 돌리는 것은 당연하지 않다. 아무리 막내라도 자신의 기여는 합당하게 인정받아야 한다. 가사 노동은 구성원 모두에게 공평하게 분배돼야 하고, 학생들은 주관식보다 객관식 시험을, 조별 과제보다 개인 과제를 선호한다. 구매를 할 때도 상품 자체뿐만 아니라 그 브랜드의 올바른 '선한 영향력'을 중시한다. 개인성이 화두인 사회에서 자란 젊은 페어 플레이어들은 다양한 매체를 통해 자신의 작은 노력으로 사회를 변화시키길 원한다. 이슈가 있을 때마다 불붙는 불매운동은 단순한 열기가 아니라 이러한 공평성·선함·효능감에 대한 열망이 표현된 것이다.

한국 사회에서 공정성에 대한 열망이 커지는 원인을 꼽자면 첫째, 한국 사회의 평등지향성이 높아지며 차별성에 대한 인식이 더욱 커졌기 때문이다. 둘째, 경제적 풍요 속에 성장했지만 저성장 시대의 좌절감도 동시에 경험하고 있는, 치열한 경쟁이 생활화된 밀레니얼 세대의 특성 때문이다. 셋째, 실시간 쌍방향 커뮤니케이션을 지원하는 정보 통신 기술의 영향력으로 자기 목소리를 충분히 낼 수 있는 페어 플레이어 세대의 효능감이 높아졌기 때문이다. 공정함에 대한 요구가 높아진 시대, 페어 플레이어 소비자는 구매 행위를 일종의 '화폐투표'로 활용한다. 이에 기업은 단순히 제품을 판매하는 것이 아니라 제품의 소비가 불러올 환경과 사회에 대한 영향력까지도 고려해야 한다.

『트렌드 코리아 2020』 pp. 243–266

2020년 8월 1일, 인천공항공사 직원과 취업준비생들이 서울 중구 청계천에서 '투명하고 공정한 정규직 전환 촉구 문화제'를 열었다. 이들은 '공정'이라는 단어가 적힌 마스크를 나눠 쓰고 직접 만든 '공정송' 노래를 부르며 퍼포먼스를 진행했다. 2020년 상반기, '인국공 사태'라 불리며 우리 사회에 뜨거운 논쟁을 불러일으킨 인천국제공항 보안검색요원 정규직화 논란은 마무리되지 못한 채 여전히 표류 중이다. 출발선이 공정하지 않거나 자신의 노력에 공정한 보상을 받지 못하는 것을 견디지 못하는 청년 세대에게 가장 민감한 주제 중 하나인 일자리가 공정성이라는 저울 위에 올라 있다.

실제로 인국공 사태에서 가장 빈번히 등장한 단어는 '공정'이었다. 비정규직의 정규직화를 찬성하는 사람들은 동일한 업무를 수행하는 정규직과 비정규직 사이에 임금 차별을 두지 않는 것이 공정성이라 주장한다. 반면 반대하는 사람들은 공항공사에 입사하기 위해 힘들게 노력한 정규직 직원에게 정당한 보상이 따르는 것이야말로 공정성이라 주장한다. 게다가 공기업 비정규직의 정규직 전환 이슈는 '로또취업'이란 용어를 만들며 취업준비생에게도 거센 반발을 일으켰다. 기회의 평등이냐, 결과의 평등이냐를 두고 양쪽 모두 각자의 입장에서 공정함을 주장하고 있지만, 안타깝게도 우리 사회는 "무엇이 공정인가?"에 대한 명확한 정의조차 내리지 못하고 있다. 마치 시소게임을 하듯 공정함과 역차별의 무게가 이쪽저쪽으로 기우뚱거리는 상황이다.

『트렌드 코리아 2020』에서는 일상의 모든 영역에서 공정을 구하는 소비자를 일컬어 '페어 플레이어'라 명명했다. 가정이라는 사적인 영역은 물론이고 학교·회사·소비 시장 등 공적 영역에 이르기까지 공정함을 의사 결정의 최우선 가치로 두는 공정 세대의 출현을 예고했다. 실제로 2020년 '공정'은 한국 사회 구성원 대다수의 중요한 화두였다. 인국공 사태가 보여주듯 공정성에 대한 우리 사회의 날 선 예민함은 "공정하지 않다"는 절박함의 다른 목소리일 수도 있다. 지금부터 구성원 모두가 납득할 만한 공정성을 향한 열망이 그 어느 때보다도 뜨거웠던 2020년을 영역별로 하나씩 되돌아보고, 공정성이라는 가치로 인해 앞으로 우리 사회가 어떤 모습으로 발전해나갈지 그 변화의 양상을 살펴보자.

시장: 공정한 소비자의 선한 영향력

#1 2020년 6월 26일, 단 하루 만에 페이스북의 주가가 8.3% 하락하면서, 약 67조2천억 원의 기업 가치가 흔적도 없이 사라졌다. 세계 경제 위기와 같은 외부 변수는 없었다. 개인 정보 유출 사고처럼 사업과 직결된 문제가 발생한 것도 아니었다. 단지 조지 플로이드 사망사건 항의 시위에 대해 도널드 트럼프 대통령이 인종차별적 발언을 게시했을 때, 트위터는 경고를 표시하며 즉각 대응한 데 반해 페이스북은 별다른 조치를 취하지 않았던 것이 화근이었다. 소비자의 비판 여론이 거세지자 코카콜라·유니레버·스타벅스·리바이스 등 180여 개에 이르는 미국 주요 기업들이 페이스북 내 광고 철회를 선언하면서 주가 폭락으로 이어졌다.

#2 2020년 1월, 국내 문학계에서는 이상문학상 수상자들이 상을 거부하는 초유의 사태가 발생했다. 저작권 관련 불공정 계약 조건에 대해 작가들이 수정을 요청했으나 출판사가 관행이란 이유로 이를 거절했기 때문이다. 소비자들은 작가의 편에 섰다. 신예 작가와 거대 출판사와의 논쟁이 소비자에게 직접적으로 미치는 영향은 사실상 미미하지만, 책이 출판되는 과정에서 관계자들이 불공정성을 호소한다면 그들의 목소리를 외면해서는 안 된다는 것이다. 불매운동까지 일어나며 사태가 커지자 결국 출판사는 공식 사과문을 발표하고 44년이라는 유구한 역사를 가진 문학상의 2020년 수상자를 발표하지 않기로 결정했다.

2020년, 소비자들은 사회 전반에 걸쳐 '공정성'이란 잣대를 엄격하고도 예민하게 적용하기 시작했다. 유통기한이 지난 제품을 판매하는 등 소비자에게 직접적으로 피해를 주는 이슈가 아니더라도 제품과 서비스의 생산·유통 과정이 불공정하다고 여겨지면 용납하지 않는 단호함을 보였다. 자신의 이익만이 아닌 타인과 사회에 미치는 선한 영향력을 고려하는 공정 세대가 등장한 것이다.

공정한 소비자가 기업의 불공정 관행에 대해 '혼쭐' 내줬다면, 기업의 선한 활동에 대해서는 '돈쭐'을 내주었다. 돈쭐이란 '혼쭐이 나다'라는 원래 의미와는 달리, 사회에 정의로운 일 등을 함으로써 타의 귀감이 된 기업과 가게의 물건을 팔아주자는 역설적 의미의 신조어다.[1] 대표적인 사례가 코로나19로 어려움을 겪고 있는 지역에 구호물품을 보낸 기업, 가맹점 비용을 인하해준 프랜차이즈 회사 등 착한 기업을 대상으로 소비자들이 자발적으로 진행한 '팔아주기' 운동이다. NH농협카드는 선행을 베푸는 착한 가게를 '착한 가맹점'으로 선정해 홍보를 지원하고, 이용 고객에게는 청구 할인 혜택을 제공하는 '나답게·올바르게 씀' 캠페인을 펼치기도 했다.[2]

과거에는 단지 개인 차원에서 착한 기업을 응원했다면, 2020년의 소비자들은 한층 더 조직화되어 선한 기업의 리스트를 공유하고, 팔아주기 운동을 벌이는 등 사회 전반에 선한 영향력을 행사했다. 특히 방송가에서는 백종원 씨의 선한 활약이 화제가 됐다. 본인이 출연한 SBS 예능 프로그램 〈맛남의 광장〉에서 어려움에 처한 우리 농산물을 소개하고 이를 활용해 각종 신메뉴를 선보이며 완판 행진을 이어갔다. 판로를 찾지 못한 강릉 못난이 감자 30톤, 해남 왕고구마 450톤을 보고 직접 신세계 측에 구매를 요청해 소비를 촉진시키는가 하면, 코로나19 여파로 수출길이 막혀 폐기될 위기에 놓였던 붕장어 900톤의 판매를 위해 직접 레시피를 개발하고 이마트에 밀키트 판매를 제안해 계약을 성사시켰다.[3]

소비자의 이러한 움직임은 다시 기업 활동에 영향을 미쳐, 기업이 선한 영향력을 새로운 차별화 요소로 활용하는 선순환으로 이어졌다. CJ오쇼핑은 2020년 6월, 코로나19 사태로 판로가 막힌 지역 특산물을 소개하는 모바일 생방송 '겟꿀조합'을 진행했다.[4] 어려움에 놓인 지역 특산물 지원이라는 취지에 맞게 협력사의 판매 수수료를 최소 비용 수준으로 낮추고 판매 수익도 협력사에 돌아가게 했다. 신한카드는 신세계백화점과 연계해 내수 부진 지역 특산품(깨와 멸치)을 대량 구매한 후 백화점 사은품으로 제공하고, 해당 지역의 어려운 이웃들에게 기부하는 '함께가치 신신당부' 행사를 진행해 좋은 반응을

얻었다.[5]

이처럼 공정함에 대한 소비자의 기대 수준이 높아지면서 기업들은 운영 절차의 공정성까지 신경 쓰기 시작했다. NS홈쇼핑은 2020년 8월, 업계 최초로 상품선정위원회에 소비자단체 전문가를 포함시켰다.[6] 상품을 소개하는 방식도 기존의 MD가 발표하던 방식에서 협력사 담당자가 직접 발표하는 방식으로 변경했다. 내부 직원의 영향력을 배제하고, 협력사에게 투명하고 공정한 기회를 부여하기 위해서다.

조직·인사: 공정 세대가 주도하는 유연한 조직 문화

코로나19로 인해 확대 시행된 재택근무·원격근무 등의 유연근무제는 회사 구성원들 사이의 공정한 경쟁 구도를 강화했다. 각자 집에서 맡은 업무를 처리해야 하다 보니 개인이 담당하는 업무에 대한 분장과 성과 평가가 더 명확해졌기 때문이다. 전국경제인연합회 산하 한국경제연구원이 진행한 '코로나19 이후 근로 형태 및 노동환경 전망' 조사 결과에 따르면 2020년 국내 대기업 중 약 75%가 유연근무제를 새로 도입하거나 확대했으며 이들 중 과반 이상이 코로나19 사태가 진정된 이후에도 지속·확대할 계획이라고 응답해[7] 앞으로도 이러한 움직임은 더욱 가속화될 것으로 예상된다.

밀레니얼 사원·대리에게 부장님·상무님이 가질 법한 막강한 권한을 부여하는 파격적인 시도도 눈에 띄었다. 현대백화점은 무역센터점과 판교점 등 전국 14개 점포에서 '크리에이티브 존Creative Zone'을 운영하고 있다. 매장 관리나 고객 응대 업무를 주로 담당하던 사원·대리급 직원에게 브랜드 유치와 매장 운영 등 핵심 권한을 부여하는 일종의 실험형 매장이다.[8] 공정성에 예민하고 자발적인 참여를 중시하는 20~30대 주니어 직원들이 직접 발굴한 콘텐츠를 자율적으로 선보임으로써 본인의 성과를 가시화할 수 있는 것이 특징이다.

공정한 평가 시스템을 적용하며 보다 과감한 변화를 시도한 기업도 있었다. 현대·기아자동차는 2019년 9월 기존 호봉제 중심의 인사문화를 성과 중심으로 개편하면서 승진 연한 제도를 폐지했다.[9] 기존 제도하에서는 승진을 앞둔 사람에게 팀 내에서 성과를 몰아주거나, 혹은 승진을 한 그다음 해에는 성과와 무관하게 낮은 고과를 받는 등의 불공정 관행이 일부 존재했다. 반면, 성과 중심 보상 체계에서는 실제 성과에 따라 절대평가로 승진 여부를 판단하므로 공정한 평가가 가능하다.

'직무급제'를 도입한 기업도 부쩍 늘었다. 직무급제는 연차에 따라 급여가 오르는 위계적 조직 문화를 탈피해 일의 중요도·난이도·책임 정도에 따라 급여를 결정하는 능력 기반의 수평적 관계를 지향한다.[10] 높은 직급이어도 직급보다 낮은 직무를 수행한다면 연봉이 줄어든다. 교보생명은 2020년 1월 금융권 최초로 직무급제를 일반직 전체로 확대했다. 공공기관 중에서는 한국석유관리원·새만금개발공사·한국산림복지진흥원·한국재정정보원·국가생명윤리정책원 등이 직무급제를 시행 중이다.[11] 일한 만큼 보상받는다는 직무급제는 공정한 평가에 민감한 밀레니얼 세대의 특성과 맞닿아 있다.

가정: 코로나19로 재조명된 가사 노동 공정성

코로나19 발발로 집 안에서 가족 구성원들이 머무는 시간이 증가하면서 가사 노동의 형평성 문제가 전 세계적인 화두로 떠올랐다. 2020년 4월, 〈뉴욕타임스〉는 미국인 남녀 2,200명을 대상으로 진행한 설문조사에서 코로나19로 인해 내려진 자택 대기 명령 이후 가사 노동이 여성에게 불평등하게 더 많이 부과됐다는 결과를 보도했다.[12] '청소, 요리 등 집안일을 누가 더 많이 하느냐'라는 질문에 여성은 70%, 남성은 21%가 각각 본인이라고 응답했다. 배우자라고 대답한 비율은 여성과 남성이 각각 3%, 19%였다. 국내 사정도 별반 다르지 않았다. 2020년 7월, 통계청이 발표한 〈2019년 생활시간조사 결과〉에 따르면 여성의 평일 가사 노동 시간은 3시간 10분으로 나타난 반면 남성의 경우는 48분에 불과해 공정성 이슈가 제기됐다.[13]

불공정한 가사 노동 배분 문제는 집 안 갈등으로 번졌다. 남편의 가사 참여율이 특히 낮은 것으로 알려져 있는 일본에서는 코로나19 사태 이후 많은 부부들이 이혼 위기에 처했다. 도시 봉쇄로 부부가 함께하는 시간이 늘어나면서 육아와 가사 갈등 등 그동안 쌓였던 불만이 폭발한 것이다. 국내에서도 코로나19로 인한 재택근무가 확산되자 부부 간 갈등이 급증해 급기야 코로나19COVID-19와 이혼divorce을 합성한 '코로나 이혼Covidivorce'이란 신조어까지 등장했다.[14]

코로나19 사태로 인해 촉발되긴 했으나 사실 우리 사회에서 육아 및 가사의 불공정성과 관련된 젠더 갈등은 꽤 오래전부터 제기되어 온 문제다. 〈문화일보〉와 공정성연구회에서 발표한 〈2020 대한민국 불공정 리포트〉에 따르면, 한국의 20~30대 여성들은 육아, 가사 등 사적 영역에서 경험하는 불공정성을 남성보다 예민하게 인식하고 있었다. 이에 반해 20~30대 남성들은 군복무, 취업 등 공적 영역에서 경험하는 역차별을 상대적으로 높게 인식했다.[15] 이처럼 불공정성에 대한 성별 입장 차이는 한국 사회의 젠더 갈등을 더욱 부추기고, 나아가 혼인율·출산율 감소와 같은 사회적 문제로도 이어지고 있다.

가정 내 공정성을 둘러싼 갈등을 시장의 힘으로 어느 정도 해결할 수 있을 것이라는 의견도 있다. 가사 노동을 줄여주는 각종 '편리미엄' 상품군이 부상하면서 가족 내 갈등을 불러일으키는 가사 노동 문제를 외부 인력이나 제품으로 해결하려는 움직임이 지속적으로 증가할 전망이다. 실제로 코로나19가 극심했던 2020년 상반기 각종 편리미엄 제품군 매출이 큰 폭으로 증가했다. 예컨대, 위메프에 따르면 2020년 3월 식기세척기의 매출은 전년 동월 대비 무려 18배나 급증했다.[16] 이제 우리 사회가 근본적으로 주목해야 하는 점은 가사 노동의 외주화 등 상업적 해결책을 모색하기에 앞서 가족 구성원 간 공정성을 기반으로 정서적 합의를 이뤄내는 일일 것이다.

향후 전망

이제는 본질적 차원의 공정성 논의가 이뤄져야 할 때

●

우리 사회에 공정성 가치가 확산되길 기대하는 공정 세대는 시장과 조직 내에서는 물론, 보수적인 가정에서도 계속해서 목소리를 높이며 공정 사회의 도래를 앞당길 것이다. 공정 사회로 나아가기 위해 풀어야 할 숙제도 많다. 사회 전반에 걸쳐 공정성에 대한 기대 수준은 높아진 데 비해 "무엇이 공정한가?"에 대한 기준은 여전히 합의에 이르지 못한 까닭이다. 공정함을 향한 기대에 올바르게 응답할 수 있는 해법을 함께 모색해야 할 때다.

앞으로 우리는 전혀 예상하지 못한 영역에서 공정성 문제를 맞닥뜨릴 수도 있다. 가령, 가장 객관적 자료로 평가되는 데이터 기반 의사 결정 역시 공정성이 담보되지 않으면 발전을 기대하기 어렵다. 독일 IT 전문지 〈알고리즘워치〉에 따르면 구글 인공지능 서비스로 이미지 식별 실험을 진행했을 때, 백인이 체온계를 들고 있는 사진에서는 체온계를 제대로 식별한 반면, 흑인의 사진에서는 체온계를 총으로 식별한 비율이 높았다고 한다.[17] 이미 사람들이 가진 편향성이 반영된 데이터로 인공지능을 학습시켰기 때문에 인공지능 역시 차별적 의사 결정을 내린 것이다. 이는 우리 사회의 발전을 위해 공정성 논의가 보다 본질적 차원에서 이루어져야 함을 시사한다.

『위코노미』의 저자들은 "사람들의 소비 습관, 투자 패턴, 삶의 동기가 바뀌고 있다"면서 오늘날의 소비자는 사회 변화를 위해 실제로 행동에 나서는 기업에 지갑을 열 준비가 되어 있다고 설명한다.[18] 혼자가 아닌 우리를 위한 경제, 위코노미we+economy를 살아가기 위해서는 경제·환경·사회·복지가 서로 연결되어 있다는 인식을 바탕으로 '우리' 모두를 배려하는 공정한 의사 결정이 그 무엇보다 중요하다.

HERE AND NOW: THE 'STREAMING LIFE'

스트리밍 라이프

『트렌드 코리아 2020』의 예측 내용

인터넷에서 음악 · 드라마 · 영화 · 소설 등을 다운로드하지 않고 실시간으로 재생하는 콘텐츠 전송 방식인 '스트리밍'이 삶의 전반으로 확대되고 있다. 소유를 중시하는 오너십ownership 라이프에서 사용을 중시하는 스트리밍 라이프로의 변화는, 물건을 소유하지 않고 빌려 쓰는 렌탈이나 일정 기간 동안 돈을 지불하고 재화와 서비스를 추천받는 구독 멤버십 등 다양한 방식을 포괄한다. 핵심은 물 흐르는 듯한 경험으로 자신의 삶을 채우는 것이다.

첫째, 거주하는 공간을 스트리밍함으로써 자신의 로망을 실현하고 총체적 라이프스타일을 디자인한다. 둘째, 전문가의 추천을 구독하는 방식으로 취미나 여가 활동도 스트리밍한다. 셋째, 빌려서 경험한다. 다양한 선택지 중 무엇을 고를지 고민할 필요 없이, 가능한 선택지를 모두 사용해보는 것이다. 타보고 싶었던 자동차뿐만 아니라 고가의 가방에 가구까지 품목에 제한은 없다.

스트리밍 라이프는 욕망은 부풀었는데 충족할 자원은 부족한 세대, 기술의 발전으로 상품 · 서비스 · 공간 경험을 스트리밍할 수 있는 여건이 무르익은 시대가 그 배경이다. 소유하지 않아 가벼우면서도 그 어느 때보다 일상의 장면들을 다양하게 채집하고 있는 현대인의 요구에 맞추기 위해서는 새로운 시장의 문법이 필요하다. 소비자와의 관계가 구매로 끝나지 않으면서, 소비자의 사용 여정을 유지 · 보수 · 관리해주는 관계 중심적 접근이 중요하다.

『트렌드 코리아 2020』 pp. 267–290

오늘은 구동혁 씨가 재택근무를 마치고 사무실로 출근하는 날이다. '와이즐리'의 새 면도날을 사용해 면도를 마치고, 오랜만에 '위클리셔츠'의 와이셔츠를 입는다. 그동안 대여했던 '이케아'의 사무용 가구 세트를 정리해서 문 앞에 놓는 것도 잊지 않는다. 오전 중 수거가 진행된다는 문자 메시지가 왔기 때문이다. 현관 문고리에 걸린 '달콤박스'로 아침 허기를 채우고 있는데, 새로운 문자가 도착했다. 폭우가 쏟아지고 있으니 판교 본사가 아닌 회사에서 미리 계약을 맺어둔 서울 시내 '패스트파이브' 공유오피스로 출근하라는 연락이었다. 오피스에 도착하니 친한 동료가 요즘 '데일로즈'에서 구독하고 있다며 책상에 꽃을 올려줘 기분이 상쾌해졌다. '다다일상'에서 받은 세작 한 잔으로 습한 기분을 누르며 업무를 시작했다. 퇴근 후 집에 돌아와 사무용 책상이 치워져 텅 빈 벽을 보고는 '오픈갤러리'에서 렌탈한 그림을 걸었다. 다음에는 밝은 느낌의 팝아트로 빌려야겠다고 생각하며 '술담화'에서 정기배송된 막걸리에 '치즈박스'에서 온 에멘탈 치즈를 안주로 곁들여 혼술로 하루를 마감한다.

현재 이용 가능한 스트리밍 서비스로 생활하는 직장인의 하루를 묘사해본 시나리오다. 빌려 입는 와이셔츠, 함께 일하는 공유오피스, 알아서 골라주는 먹거리까지. 의·식·주·여가를 소비하는 패러다임이 소유에서 사용으로 변하고 있다. 소비자들은 제품을 소유하기 위해서가 아니라 효용을 누리기 위해 비용을 지불한다. 그 효용을 다 누리고 나면 다른 경험으로 옮겨간다. '누가 더 많이 소유하고 있는가'가 아니라 '누가 더 많은 경험을 해보았는가'가 삶의 만족도를 평가하는 새로운 척도가 되고 있다. 무형의 경험이 자산이 되고 소비자들의 소비생활은 더 가볍고 다채롭게 분화됐다.

자산은 부족하지만 소유하는 대신 합리적인 가격으로 얻을 수 있는 다양한 경험에 환호하는 밀레니얼 세대부터 경제력을 바탕으로 여유로운 삶의 가치를 추구하는 50~60대까지, 『트렌드 코리아 2020』에서 개념화한 스트리밍 라이프는 이제 당연한 생활의 방식이 되고 있다. 인테리어 소품에서 집, 나아가 업무 공간까지 구독하는 '라이프 백패커', 전문가의 취향과 추천을 집으로 배달받거나 미디어 채널을 구독하는 '취향 컬렉터', 무엇이든 빌려 쓰며 경험을 손쉽게 수집하는 '신新 렌탈' 등 스트리밍 라이프의 스펙트럼도 갈수록 넓어지고 있다. 바야흐로 본격화된 스트리밍 라이프 시대, 2020년 소비자들의 힙하고 쿨한 소비 여정을 따라가본다.

라이프 백패커

필요한 때에 필요한 장소를 점유하는 라이프스타일

●

'세븐에비뉴'는 20년 차 헤어 디자이너 심재현 씨가 2018년 선보인 국내 첫 공유미용실이다. 미용실은 각종 기기와 특수 인테리어 등으로 인해 초기 비용이 과도한 업종 중 하나로 손꼽힌다. 이것 말고도 월세 부담과 홍보, 고객 관리 비용까지 창업 비용이 만만치 않다. 공유미용실은 이렇듯 막대한 투자 비용을 최대한 줄임으로써 미용업의 초기 생존 가능성을 높이자는 취지로 등장했다. 공유오피스 모델을 이용해 헤어 디자이너가 미용 시술에서의 수익을 충분히 가져갈 수 있도록 돕는다. 초기 비용은 IT 기업이나 창업에 투자하는 벤처캐피털이 부담한다. 스타트업 액셀러레이터 퓨처플레이의 '쉐어스팟', 제로그라운드의 '팔레트에이치', 아카이브코퍼레이션의 '살롱포레스트' 등이 대표적이다. 신한카드 빅데이터연구소 조사에 의하면 2020년 상반기의 공유미용실 이용 건수는 전년 동기 대비 227% 증가했다고 한다(공유미용실 14곳 대상). 남녀의 비중은 비슷하고, 상대적으로 2030세대의 이용 비중이 높지만(20대 35%, 30대 36%, 40대 16%, 50대 9%) 기존 미용실 시스템에 익숙한 4060세대의 이용도 늘고 있다.

사실 한 미용실에서 여러 명의 미용사가 독립된 사업자로 근무하는 것은 불법이었다. 하지만 공유사업에 대한 관심이 높아지며 정부에서도 규제 혁신 사례로 관련 제도를 개선하기로 했다. 시행규칙이 개정되기 전에는 1개의 미용실에는 1명의 사업자만 허용됐으나 이제 1개의 미용실 내에 2명 이상의 사업자가 공간과 시설을 분리하지 않고도 공유할 수 있게 됐다.[1]

소비자가 필요한 때에만 필요한 라이프스타일을 점유하는 '라이프 백패커' 트렌드는 현대인의 삶에서 변하지 않는 상수와도 같았던 영역을 다양한 변수로 대체시키고 있다. 그동안 회사란 공간은 정해진 '내 자리'에 앉아 주어진 업무를 하는 곳이었다. 그러나 공유오피스의 등장은 이제까지의 인식을 바꾸고 있다. 공유오피스 업체 패스트파이브의 '패파패스'를 이용하면, 내가 있는 곳 가까이 위치한 지점 어디에서나 손쉽게 일할 수 있다. 일을 할 때조차 정주하지 않고 유동하는 공간 소비가 새로운 라이프스타일로 떠오른 것이다. 집 근처의 분산 오피스라는 컨셉의 '집무실執務室'은 1인 전용 업무 공간을 제공하는 곳이다. 시차출퇴근·원격근무·탄력근무제 등 업무 형태가 다양해진 근로자들에게 이동은 최대한 줄이되, 업무에 집중할 수 있는 공간으로 각광받고 있다.[2] 재택근무의 장점인 개별 업무의 특성은 지키고, 업무 환경의 집중도 저하라는 단점은 보강한 전략이다. 크라우드 펀딩을 통해 홍보를 시작했다는 점 역시 공간의 효용 가치를 중요시하는 라이프 백패커의 사상과 어울린다.

공유주거 역시 질적 확장을 거듭하고 있다. SK디앤디의 소셜 아파트먼트 '테이블 바이 에피소드(강남역)'와 '에피소드 성수 101' 및 '에피소드 성수 121'은 2020년 7월, 인플루언서 매니지먼트 기업 에스팀과 손잡고 공용공간에서의 커뮤니티 프로그램을 런칭했다. 패스트파이브가 운영하는 공유주거 서비스 '라이프온투게더(역삼동)'도 입주자들의 인기가 높다. 코로나19의 대유행으로 이동 반경이 좁아지면서 홈오피스나 회사 근처의 '세컨드 하우스'로 이용하는 경우가 늘어나는 것도 한 요인으로 꼽힌다.[3]

취향 컬렉터

전문가의 큐레이션으로 나의 취향을 찾아가는 여정

●

스트리밍 라이프의 한 축인 '취향 컬렉터'는 전문가의 추천을 통해 자신의 취향을 특화시키고 확장하는 사람들을 일컫는다. 대표적으로 꽃 구독 서비스를 들 수 있는데, 1인당 연간 꽃 구매액이 1만 원대에 불과한 우리나라에서[4] 월 매출 10억 원(2020년 5월 기준)을 돌파한 '꾸까'는 국내 최초로 꽃 구독 서비스를 선보인 후 꾸준한 성장세를 이어가고 있다. 특히 코로나19의 여파가 극심하던 3월부터 연속 3개월 흑자를 기록하며 24만 명의 누적 구독자를 확보했다.[5] 이 밖에 '데일로즈'와 '어니스트플라워', '어니스트꽃모닝' 등의 꽃 정기배송 스타트업들이 등장하고 관련 시장 규모가 늘어나고 있는 배경으로는 전문가들의 추천이 꽃에 대한 소비자들의 숨겨진 니즈를 발견했다는 것을 들 수 있다.

인테리어 분야에서도 취향에 기반을 둔 스트리밍 라이프를 향유할 수 있는 여건이 더욱 성숙해지고 있다. 한샘의 경우 2020년 1월, 온라인 인테리어 플랫폼 스타트업 '인스테리어'를 인수하며 구독경제 시장에 본격적으로 뛰어들었다. 홈케어 사업을 통해 가구·키친바스·가전·주거 환경·단열 상품 등 5개 기능으로 세분화된 구독형 관리 서비스를 제공하기 시작했다. 교체와 청소 등의 관리가 동일한 플랫폼 안에서 이루어져 소비자가 내구재의 유지·보수 부담 없이 원하는 기능의 제품을 선택할 수 있다.

취향 기반 스트리밍 서비스 분야 중 음식 시장은 가장 큰 성장세를 보이고 있다. '술담화'를 이용하면 월 3만 원에 전통주 소믈리에가 선택한 전국 각지의 전통주 2~4병에 스낵 안주, 칵테일 레시피 등이 적힌 큐레이션 카드까지 함께 집으로 배송받을 수 있다. 집콕하며 혼술을 즐기는 이들이 늘며 2020년 6월 매출이 전년 동기 대비 8배 이상 증가했고 같은 기간 구독자 수도 10배가량 늘었다.[6]

술에 이어 제철 과일을 정기적으로 배달받아 먹는 '달콤박스', 전국의 1% 프리미엄 과일만을 골라서 배송하는 '진맛과(진짜 맛있는 과일)', 가족 구성에 따른 맞춤형 과일 박스를 배달하는 '리얼후르츠' 등 더욱 정교해진 맞춤 서비스를 이용하는 사람들도 늘고 있다. 또한 특정 회사와 계약해 임직원들의 식성에 맞는 도시락을 배달하는 스타트업 달리셔스의 '커런트', 혈당 조절이 필요한 환자나 노인에게 영양 전문가가 식단을 제공하는 '그리팅'은 소비자가 처한 상황에 맞는 스트리밍을 제공하는 서비스들이다.[7]

먹거리 큐레이션 서비스가 소비자들의 입맛을 끌자 대기업도 브랜드 전문성을 살려 구독경제에 진출하기 시작했다. 아모레퍼시픽의 차 브랜드 '오설록'은 그달에 어울리는 차와 다구류, 관련 정보 등을 함께 보내주는 정기구독 서비스 '다다일상'을 론칭했고, 롯데제과는 2020년 6월 매달 한 차례 자사의 인기 과자와 신제품이 담긴 과자 박스를 받아볼 수 있는 '월간 과자'를 시범적으로 시작했는데 과자 박스가 높은 인기를 끌자 7월에는 아이스크림을 받아보는 '월간 나뚜르'도 내놓았다.

소비자의 취향 컬렉팅을 지원하기 위해 배달 서비스 대신 구독권을 이용하여 매장 방문율을 높이는 전략도 눈길을 끈다. 이마트 트레이더스는 '커피 구독권'과 '피자 구독권'을 판매하고 있는데, 매월 일정한 금액으로 여러 잔의 커피 혹은 몇 판의 피자를 일정 기간 내에 교환할 수 있는 쿠폰을 제공한다. 뚜레쥬르도 일부 직영점에서 식빵·커피·모닝세트로 교환 가능한 구독권 서비스를 출시했다. 버거킹은 2020년 5월부터 매주 한 차례씩 '킹치킨버거 쿠폰'을 제공하고 있다. 오프라인 매출이 지속적으로 감소하고 있는 유통 대기업들이,

자사의 식음료 퀄리티에 대한 전문성을 바탕으로 온·오프라인 연계를 강화하고 있는 것이다.

신렌탈

무엇이든 빌려 씁니다

●

경험을 수집하는 것이 소비의 목적이 된 시대, 현대인들에게 렌탈은 다양한 경험을 해보고 싶다는 양적 욕구와 더 좋은 경험을 열망하는 질적 욕구를 함께 충족시킬 수 있는 가장 좋은 방법이다. 빌려 쓰는 것이 합리적인 소비의 형태로 자리매김하며 자동차 시장에서도 구독 모델 출시가 붐을 이루고 있다. BMW·벤츠·볼보·포르쉐·포드 등 해외 브랜드들이 미국과 유럽에서 구독 서비스를 시행하고 있으며 현대자동차도 2019년 월 구독형 모빌리티 서비스 '현대셀렉션'을 선보였다. 2020년 들어 앱 다운로드 수가 전년 대비 약 13배 증가하고 하루 신규 가입자 수도 18배 늘어나 좋은 반응을 얻고 있다.[8]

특정 브랜드를 넘어 다양한 브랜드의 차량을 경험할 수 있는 스트리밍 서비스도 인기다. 차량 공유 플랫폼 '비마이카'는 2019년 6월부터 테슬라X를 비롯해, 벤츠·마세라티·렉서스·BMW 등 고급 수입차종을 바꿔 탈 수 있는 구독형 서비스 '카로'를 운영하고 있다. 이 밖에도 국내 첫 중고차 구독 서비스 플랫폼인 '더 트라이브' 역시 2019년 10월 시범 운영을 시작했다. 일정 금액을 내면 원하는 차량을 최소 6개월 단위로 바꿔 탈 수 있는 서비스다.

모빌리티 스트리밍 라이프는 자동차 그 자체에만 한정되지 않는다. 주행 중인 자동차 안에서 스트리밍으로 콘텐츠를 즐기거나, 자동차에서 내린 후 라스트 마일에 필요한 개인형 모빌리티와의 연계도 가능하다. 현대자동차는 2020년 6월 말, 현대셀렉션을 업그레이드하여 다양한 요금제에 따라 전동킥보드와 주차 플랫폼, 택시 서비스와 음악 이용권 등을 추가로 제공한다고 발표했다. 테슬라의 '프리미엄 커넥티비티'는 실시간 교통 정보가 반영된 위성지도와 음악·비디오 스트리밍을 이용할 수 있는 월정액 서비스다. 2019년 말 미국에서부터 시작해 2020년 7월에는 국내에서도 서비스를 시작했다.

글로벌 시장조사 기관 테크내비오는 자동차 구독 서비스 시장automotive subscription services market의 규모가 2020~2024년 91억5천만 달러로 성장할 가능성이 있으며, 예측 기간 중 시장의 성장 모멘텀도 가속화될 것으로 전망했다.[9] 소유의 상징이었던 자동차가 경험의 대상으로 바뀌고 있다. 고객은 자동차 소유에 필연적으로 따라붙는 보관·관리·처분의 부담을 지지 않고도 원하는 차를 경험해볼 수 있다. 목돈이 없으면 그림의 떡이었던 '드림카'가 스트리밍의 흐름을 타고 소비자와의 거리를 바짝 좁히고 있다.

렌탈이 가능한 품목도 더욱 다양해졌다. 달리 말해, 이제 빌려 쓰지 못할 것이 거의 없는 세상이 되어가고 있다. 예를 들어, 스마트폰 보조 배터리도 공유가 가능하다. 카페나 음식점 등에 비치된 '아잉'을 이용하면 집 밖에서 스마트폰 배터리가 닳아도, 충전기가 없어도 걱정할 일이 없다. 2019년 10월 초 출범한 아잉은 2020년 6월 기준 전국 1,000여 곳에 설치되어 있으며 이용자 수는 4만6,000 명, 누적 이용 시간은 10만 시간을 돌파했다.[10] 공유의 틈새는 이것 말고도 많다. 2020년 1월 국내 최초로 개인 물품을 타인과 스트리밍하는 서비스를 출시한 '쉐어포유'는 소비자 간 직거래로 자신의 물건을 공유해 수익을 창출하는 C2Ccustomer to customer 렌탈 플랫폼으로, 평소 사용 빈도가 낮아 방치되고 있던 유아 용품·레저·스포츠 용품 등을 활발하게 공유하고 있다.

렌탈 방식 역시 새로워졌다. 2019년 8월 CJ오쇼핑에서 삼성전자의 생활가전을 대상으로 최초로 선보인 '묶음 렌탈' 서비스는[11] 약 4개월 만에 누적 주문 건수가 4만 건에 육박했다고 한다. 묶음 렌탈이란 고객이 원하는 가전을 선택과 동시에 렌탈할 수 있는 방식으로 CJ오쇼핑이 최초로 시도한 신렌탈이다. 롯데렌탈의 라이프스타일 렌탈 플랫폼 '묘미Myomee'는 2019년, 월정액제로 3개의 육아 용품을 렌탈하면 매달 1개씩 교체할 수 있는 베이비패스를 출시했다. 단 6개월 만에 월 이용 건수가 2배 이상 성장하자, 월정액을 낮추고 렌탈 상품의 개수도 줄인 실속형 서비스까지 출시한 상태다. 롯데렌탈에 의하면, 소비자들은 자신이 쓸 수 있는 기간을 미리 명확하게 설정을 해서 렌탈하는 것이 가격적으로 합리적임에도, 처음에는 2주만 렌탈을 했다가 마음에 들면 기간을 연장하는 예가 25~30%를 차지한다고 한다. 이는 경제적 합리성보다는 적정한 경험의 수집에 무게중심을 두는 소비자들의 세대적 특성과도 일맥상통한다고 볼 수 있다.

향후 전망

고객생애가치에 주목하라

●

바이러스가 창궐하고 경기가 나빠져도 인간의 욕망은 좀처럼 줄어들지 않는다. 더 소유하고 싶은데 소유할 수 없으니, 제품의 본질적 효용에 경험의 가치를 합쳐 만족을 얻는 것이 현명한 선택이 된 것이다. 사회 전반적인 상황과 소유에서 이용으로 넘어가는 가치관의 변화, 기술의 발달 등 여러 이유로 스트리밍 라이프는 앞으로 하나의 생활 방식으로 자리매김할 가능성이 높다.

제품이나 서비스를 매개로 기업과 소비자가 맺는 관계에서 '고객생애가치Life Time Value'가 가장 중요한 화두로 떠오를 것이다. 고객생애가치란 한 고객이 생애에 걸쳐, 즉 서비스를 이용하는 기간 동안 기업에 가져다주는 가치의 총 합계를 뜻하며 보통 수익의 합계로 나타낸다.[12] 고객생애가치를 높이기 위해 기업은 소비자가 서비스에 접속해 있는 동안 어떠한 일이 발생하고 있는지 지속적으로 관심을 기울여야 한다. 글로벌 시장조사 업체 가트너는 2023년에는 제품 판매 기업 중 75%가 구독 서비스를 제공할 것이라는 전망을 내놓고 있다. 시장 선점을 위한 경쟁이 치열해질수록 스트리밍 라이프의 핵심 키워드는 결국 '개인의 취향을 얼마나 만족시켰는가'라는 소비자 맞춤형 경험이 될 것이다. 『스트리밍 이후의 플랫폼』의 저자 노창희 미디어미래연구소 실장은 구독형 서비스 사업자들에게 이용자의 피드백은 무시할 수 없는 핵심 자원이며, 미디어 생태계를 이용자가 주도하기 시작했다고 분석하기도 했다.

제품이나 서비스의 가격을 설정하는 전략도 기존 렌탈 시장의 잔존가치 계산법이나, 제품 가격에 배달 금액을 더한 배송산업처럼 결정되어서는 안 된다. 오히려 소비자가 기꺼이 내고자 하는 금액, 소비자가 이 서비스의 가치라고 판단하는 금액이 되어야 한다. 저성장 시대임에도 불구하고, 취향의 수준이 높은 밀레니얼 세대는 낮은 가격만을 우선시하지 않는다. 구매 후 얻을 수 있는 혜택과 만족감이 크다면 가격은 첫 번째 고려 요소가 아니다. 소유하지 않으면(빌리면) 가격이 싸야 한다고 생각하는 기성세대와는 전혀 다른 관점이다.

스트리밍 라이프에서 소비자는 스쳐 지나가는 뜨내기손님이 아니라 지속적인 관계를 맺어야 하는 동반자에 가깝다. 끊임없이 고객을 파악하고, 고객을 만족시키기 위해 변신하고, 고객이 마음에 들 만한 신제품을 찾아 나서야 한다. 구매가 아닌 구독의 시대, 고객과의 접속은 더 쉽고 빨라졌지만 관계를 맺고 소통을 이어가기는 더 어려워졌다. 자유로운 상상력과 재미의 힘이 가득한 스트리밍 서비스들이 코로나19로 침체됐던 2021년 소비 시장을 활기로 채울 수 있기를 기원해본다.

TECHNOLOGY OF HYPER-PERSONALIZATION

초개인화 기술

『트렌드 코리아 2020』의 예측 내용

기업들이 경쟁적으로 초개인화를 추구하고 있다. 각종 센서를 통해 입수한 데이터들이 소비자의 맥락을 이해하고 사용자의 상황을 인식하는 데 기여했을 때, 고도화된 개인화 기술이 비로소 성공으로 이어질 수 있다. 실시간으로 소비자의 상황과 맥락을 파악하고 이해하여 고객의 니즈를 예측해 이에 정확히 맞춘 서비스와 상품을 제공하는 기술을 '초개인화 기술'이라고 한다.

초개인화 기술은 빅데이터를 기반으로 머신러닝 기술을 사용하여 패턴을 찾아냄으로써 개개인을 더욱더 세분화된 개인으로 취급한다. 이를 위해서는 고객 상황에 대한 정확한 이해가 필수다. 초개인화 역량은 제품과 서비스의 전체 제조 과정에서 소비자의 데이터를 얼마나 갖고 있는가, 그 데이터를 얼마나 정교하게 분석하는가에 달려 있다.

기업은 '내 안의 보이지 않는 수많은 나'를 찾아낼 것이다. 고객을 더욱 풍부한 영역에서 세밀하게 관찰하기 때문에 쓸데없는 정보 탐색으로 인한 시간과 자원의 낭비를 막아주고 다양한 고객경험을 가능하게 한다. 그러나 축적된 데이터와 이를 분석할 AI가 있다 해도 고객과 소통할 수 있는 수단이 없으면 기술적 활용이 제한될 수밖에 없다. 소비자와 원활하게 소통할 수 있을 때 기술이 제 몫을 다할 수 있다. 초개인화 기술을 활용한 성공적인 소비자의 구매 여정 설계가 가능해지려면 소비자 개개인을 꼼꼼히 들여다보는 수준을 넘어 마음을 털어놓고 공감을 쌓는 수준까지 나아가야 한다.

『트렌드 코리아 2020』 pp. 291–314

"날 두고 가지 마~ 학습 더 해야 해~! 미루지 마! 인내심도 실력이라고."

열심히 공부 중인 초등학생이 어려운 문제를 풀지 않고 건너뛰려 하자 귀여운 캐릭터의 공부친구가 재치 있는 말투로 아이를 붙잡는다. 웅진씽크빅의 인공지능 학습 플랫폼 '스마트올'의 'AI 공부친구'는 문제 찍기·건너뛰기·오답노트 미확인 등 학생들의 나쁜 학습 습관을 세밀하게 파악해 올바른 학습 습관을 갖도록 이끌어주는 서비스다. 풀이 시간을 확인해 아이가 문제를 제대로 푸는지 아니면 그냥 찍고 넘어가는지 알 수 있고, 데이터 분석을 통해 학생의 강점과 약점을 파악함으로써 예상 성취 수준에 관한 정보까지 제공한다.[1] 코로나19로 정상적인 학교 수업이 어려워진 가운데, 특히 자기주도학습 습관이 채 잡히지 않은 유·초등 가정을 중심으로 AI 기술을 적용한 맞춤형 교육 서비스가 주목받고 있다.

AI 수학풀이 검색 서비스 앱 '콴다'의 인기도 눈길을 끈다. '콴다'는 학생이 스마트폰 카메라로 문제를 촬영하면 인공지능으로 문자와 수식을 인식한 후 600만 건의 문제풀이 데이터에서 관련 풀이를 찾아내어 알려주는 서비스다. 2020년 상반기 기준 콴다의 누적 다운로드 수는 700만 건을 기록했고, 40만여 명의 이용자가 매일 180만 건의 문제를 검색한다. 콴다는 이렇게 확보한 여러 학생들의 데이터를 기반으로 각 학생들의 문제풀이 수준에 적합한 '맞춤형' 풀이 과정 개발에 힘을 쏟고 있다.[2]

온라인 수업에 의지할 수밖에 없는 비대면 상황이 닥치자 교육 분야에서도 학생들의 개별적 특성에 맞춘 학습 서비스를 제공하기 위한 초개인화 기술이 핵심 역량으로 떠오르고 있다. 초개인화 기술은 더 이상 아마존이나 넷플릭스 같은 회사만의 전유물이 아니다. 교육·뷰티·패션·금융 등 다양한 산업 분야를 넘나들며 소비자의 필요를 섬세하게, 즉각적으로, 정확히 조정해주는 도구가 되고 있다.

초개인화 기술은 빅데이터를 기반으로 소비자 한 사람 한 사람을 더욱더 세분화된 개인으로 그려낸다. 공급자가 개별 소비자를 얼마나 세심하게 이해하고 맞출 수 있는지가 초개인화 기술의 핵심이다. 코로나19 사태로 비대면 상황이 이어지며 소비자를 깊이 이해하는 개인 맞춤형 전략이 그 어느 때보다 중요했던 2020년, 초개인화 기술은 어떻게 대한민국 소비자들의 니즈를 예측하고, 그들과 소통하며 진화했을까?

소비자의 상황을 이해하다

●

소비자 개개인의 니즈는 각자가 처한 상황에 따라 그때그때 달라진다. 소비자의 니즈를 정확히 파악하고 충족시키기 위해선 그 상황들을 차별적으로 분석해 소비자의 패턴을 찾아내어 맥락별로 맞춤 제안을 해야 한다. 2020년 2월, 네이버는 일분일초가 아까울 만큼 바쁜 직장인들의 니즈를 겨냥해 시계형 AI 스피커 '클로바 클락+'를 출시했다. 탁상시계 크기의 이 제품은 사용자가 목적지·도착 시각·이동 수단 등을 미리 설정해두면 실시간 교통 상황을 반영해 출발해야 하는 시간을 안내해준다.

세밀해진 초개인화 기술이 실현되기 위해서는 소비자의 의도를 파악할 수 있는 다각화된 데이터가 필요하다. 센서를 통해 직접 입력된 데이터는 소비자의 맥락을 이해하고 개별 사용자의 상황을 인식하는 데 크게 기여한다. 대표적인 예로 사운드 기반 AI 스타트업인 '디플리Deeply'가 비언어적인 음성을 분석한 후 추출된 정보를 인간의 언어로 해석해 전달하는 기술을 개발해 선보인 아기 울음소리 분석 앱 '와WAAH'를 들 수 있다. 약 7만 시간에 이르는 방대한 양의 신생아 소리 데이터를 수집해 아기의 울음소리만으로 '우리 아기가 무엇을 원하는지'를 파악할 수 있게 한 것이다.[3] 배고픔, 졸림 등 총 6개 카테고리로 아기 상태를 파악하고 기저귀 교체나 안아주기 등 부모가 해야 하는 행동을 알려준다. 초보 부모·청각장애인 부모 등이 어려운 육아를 조금이나마 쉽게 해나갈 수 있도록 돕는 역할을 해내고 있다.

소비자의 취향을 찾아내다

초개인화는 같은 소비자라도 어제의 고객과 오늘의 고객이 다르다는 전제에서 출발한다. 현대의 소비자는 '내가 원하는 순간'에 제공받는 서비스야말로 나를 위한 서비스라는 인식이 강하다. '실시간' 서비스의 중요성이 높아진 이유가 여기에 있다. 과거의 개인화가 나와 비슷한 사람들을 분석해 추천해주는 방식이었다면, 오늘날의 실시간 초개인화는 오로지 나만을 분석한 맞춤형 추천과도 같다.

SK텔레콤의 음악 플랫폼 '플로FLO'는 음악 서비스의 핵심 가치를 초개인화 기술에 반영했다. 이용자의 청취 이력과 '좋아요' 등의 축적된 데이터를 토대로 딥러닝 기술과 음원 분석 기술, AI 등을 활용해 소비자의 취향에 딱 맞는 음악을 추천해준다. 2020년 초에는 이용자 취향에 따라 플레이리스트가 생성되는 개인화 음원차트 '편애차트'를 선보이기도 했다. 기존 음악 스트리밍 서비스의 일반적인 음악 추천 기능에서 벗어나 이용자의 청취 시간에 따라 과거의 재생 목록과 선호도를 반영한 취향 기반의 차트를 제공하는 것이다. 또한 이용자가 관심 있어 하는 아티스트들의 소식을 실시간으로 알려주고 그 안에서 자신만의 세밀한 취향을 발견하게 해준다.

유행과 개성, 두 마리 토끼 모두를 놓칠 수 없는 패션산업에도 초개인화 기술이 빠르게 적용되고 있다. 패션 시장의 신흥 강자로 떠오른 기업들의 공통점은 신기술을 발 빠르게 접목했다는 점이다. 다른 산업에 비해 상대적으로 신기술 도입에 미온적이었던 패션계에서 선도적으로 기술을 받아들인 이들은 스스로를 '패셔놀로지fashionology(패션과 테크놀로지의 합성어)' 회사라고 칭하기도 한다.[4] 온라인 여성 패션 추천 서비스의 대표 주자라고 할 수 있는 지그재그·에이블리·브랜디는 탄탄한 기술력을 바탕으로 투자 유치에 성공했고, 패션 커머스 분야에서 가장 주목받는 기업으로 급성장했다.[5] '브랜디'의 경우 AI 알고리즘 분석을 통한 수요 예측 시스템을 구축함으로써 잘 팔릴 상품을 도매처에서 선구매해 소비자가 동대문 패션 상품을 당일 또는 새벽에 받을 수 있는 '하루배송' 서비스를 도입하며 큰 성장을 이뤄냈다. 또한 '내 또래 추천'이라는 기능을 더해 또래들에게 인기가 높은 옷들을 큐레이션해준다. 소비자의 실제 활동 데이터를 토대로 개인별 취향에 맞는 상품을 추천해주는 일대일 맞춤형 서비스로 취향에 민감한 MZ세대의 니즈에 응답하고 있다.[6]

하루에도 수십만 건씩 쏟아지는 뉴스들 속에서 내가 주식을 보유하고 있는 회사와 관련된 기사들만 골라서 볼 수 있다면 어떨까? '나에게 꼭 필요한 정보'를 실시간으로 뽑아내주는 서비스가 초개인화 기술과 함께 등장했다. 로제우스 미디어 얼라이언스 그룹이 출시한 '로제우스Rozeus'는 인공지능과 빅데이터 기술을 기반으로 한 개인 맞춤형 뉴스 서비스다. 국내 뉴스의 99% 이상을 모아서 100여 개의 카테고리를 활용한 상세 키워드들로 분류한 뒤 사용자에게 꼭 맞는 뉴스들을 선별해 실시간으로 보여준다. 로제우스는 어떤 기사를 언제, 얼마나 읽었는지 등의 사용 데이터를 지속적으로 분석하고 학습하기 때문에 사용자가 서비스를 사용하면 할수록 더욱 정확한 뉴스 큐레이션 결과를 받을 수 있다. 이를 통해 매일 내가 설정한 키워드의 기사들이 어떻게 달라지고 있는지, 나의 관심사와 관련된 기사로 어떤 것들이 있는지를 수집하고 확인할 수 있다.[7] 일종의 나만의 AI 뉴스 비서인 셈이다.

소비자의 니즈에 맞춰주다

이제 소비자가 좋아하는 것을 짚어주는 차원을 뛰어넘어 소비자 한 사람 한 사람에게 딱 맞는 제품을 골라주는 것이 중요해졌다. 온라인 신발 쇼핑 플랫폼 '펄핏Perfitt'은 다양한 신발들 속에서 말 그대로 '내

발에 꼭 맞는' 제품을 추천해준다. 패션 시장에서 신발은 오프라인 매장 판매율이 유독 높은 분야다. 사이즈가 같아도 국가·브랜드·모델 등에 따라 신발의 품이나 높이가 제각각인 탓에 직접 신어보고 구매하는 경우가 많기 때문이다. '펄핏'은 이러한 불편에 주목하고 이를 해소하기 위한 방법을 고안해냈다. 우편으로 배송된 A4 크기의 종이 키트에 소비자가 발을 올리고 펄핏의 앱을 이용해 사진을 찍으면 자동으로 발 길이·발볼 너비·발등 높이 등이 측정된다. 사이즈 데이터가 등록되면 펄핏은 그에 맞는 신발을 찾아내 알려준다. 펄핏은 14만 건이 넘는 발 사이즈 측정 데이터와 함께 이에 매칭하는 40개 브랜드의 신발 데이터도 3만~4만 족 이상 보유하고 있다. 방대하고 구체적인 데이터를 기반으로 딥러닝 기술과 이미지 프로세싱 기술을 통해 1mm의 차이까지 포착해내 개인에게 최적화된 신발 추천 서비스를 제공한다. 본래 신발은 온라인 쇼핑 품목 중에서 반품률이 높은 편인데, 펄핏의 경우 반품률이 전체 판매량의 0.9%밖에 안 된다.[8] 이는 소비자의 정확한 니즈를 캐치하는 초개인화 기술이 온·오프라인을 초월해 막강한 영향력을 미치고 있음을 보여준다.

뷰티 분야에서도 스마트한 초개인화 상품들이 속속 나오고 있다. 아모레퍼시픽의 화장품 브랜드 '아이오페'는 2020년 5월, 피부 유전자 분석과 맞춤형 3D 마스크 등의 체험이 가능한 '아이오페 랩'을 리뉴얼 오픈했다.[9] 리뉴얼된 아이오페 랩은 2014년 개장 후 지금까지 피부 진단 서비스를 제공하며 축적된 5,000명 이상의 고객 피부 데이터와 니즈를 기반으로 다양한 피부 고민 해결법을 제안한다. 고객의 유전자 분석 결과를 바탕으로 '커스텀 뷰티 랩'에서 맞춤형 3D 마스크와 세럼을 제작해주는 방식이다. 자신을 유형화하고 그에 맞는 소비를 하는 현대인들의 니즈를 분석해 제품에 적용한 사례다.

초개인화 기술이 빛을 발하는 분야 중 눈에 띄는 곳은 바로 구인·구직 시장이다. AI와 빅데이터 분석 기술을 적용하면 구직자에게 필요한 맞춤형 정보를 제공해 취업 성공률까지 높일 수 있다. 일례로 구인·구직 매칭 플랫폼 사람인의 '사람인 추천' 서비스는 공고 탐색에 드는 구직자의 수고를 덜어주고, 궁극적으로는 구직자와 구인자 사이의 미스매칭을 줄이는 것을 목표로 한다. 이 밖에도 인재 채용 플랫폼 '원티드'는 AI를 통해 구직자와 기업 양쪽 모두에게 성공률 높은 매칭을 제안하고 지원자의 합격 가능성을 예측해주는 서비스를 운영 중이다. AI가 구직자의 이력서와 기업의 채용 공고를 분석해 키워드를 추출하고, 이렇게 확보한 구직자의 키워드와 기업의 키워드를 서로 매칭함으로써 개인별 맞춤형 추천 기업 알고리즘을 만들어낸다.[10] 기업에게 영원한 숙제와 같던 인재 채용이 초개인화 기술과 만나자 지원자와 회사 간의 신속하고 객관적인 정보 매칭이 가능해졌고, 보다 공정한 채용 프로세스가 구축되고 있는 것이다.

향후 전망

초개인화 기술의 발전이 가져올 빅블러 현상

●

현대인의 하루는 모두 데이터로 쌓인다. 차곡차곡 쌓인 일상의 데이터를 기반으로 기업은 행동·성별·연령·위치 등 사용자의 기본 정보를 수집해 구매 성향·구매 빈도·구매 후기 등을 분석한다. 이를 통해 개인의 취향과 상황 그리고 맥락에 맞는 맞춤형 상품을 제안할 수 있게 됐다. 또한 정보 주체인 개인의 동의 아래 흩어져 있는 은행·카드·보험·결제·증권 등의 금융 정보들을 모아 맞춤형 금융 서비스를 받을 수 있는 '마이데이터' 사업도 각광받고 있다. 이처럼 인공지능·빅데이터 등 4차 산업혁명 관련 기술이 발전하면서 이종 산업 간의 경계가 허물어지는 **'빅블러'** 현상이 실현될 것으로 보인다. 내연차량 제조 경험이 없는 자동차 제조사 테슬라의 등장이나, 네이버 파이낸셜과 카카오페이 증권처럼 포털이나 메신저 서비스를 하던 IT 기업과 쇼핑·금융업이 융합된 경우가 빅블러의 대표적인 예로 꼽힌다.

이러한 빅블러의 촉발이 새로운 산업을 형성하고 일자리를 창출할 것으로 기대된다. 영국은 데이터 관련 산업 육성을 통해 2020년 약 19만8,000개의 청년 일자리 창출을 예상하고 있으며, 중국은 2022년까지 약 150만 명의 빅데이터 분야 관련 인력을 육성하는 방안을 추진하고 있다.[11] 우리 정부도 데이터 활용 신사업을 전개하며 2만8,000여 개의 일자리 창출 효과를 기대하고 있다.[12]

다만 아직 정책적 과제가 남아 있는데, 바로 '데이터 주권'과 관련된 것이다. 데이터 주권을 향한 관심이 더욱 커질 것으로 전망되는 가운데, 2020년 8월 개인정

빅블러 Big Blur

빅블러는 산업·업종 간 경계가 사라지는 현상을 가리키는 말이다. 인공지능·빅데이터 등 정보통신기술ICT 기술이 발전하면서 비즈니스 영역에서 주요 경계가 사라지고 있으며, 이에 따라 판매자와 소비자, 작은 것과 큰 것, 만질 수 있는 것과 없는 것(제품과 서비스, 오프라인과 온라인)의 경계에서 다양한 혁신이 일어나고 있음을 일컫는다.[13]

보보호법·정보통신망법·신용정보법 개정안, 이른바 '데이터 3법'이 본격적으로 시행되면서 빅데이터 활용을 위한 법적 근거가 마련됐다. 본인의 프라이버시를 침해하는 정보 동의를 허락할 소비자는 드물지만 자신도 모르는 사이 팝업창을 통해 개인 정보를 동의하게끔 유도되기도 한다. 따라서 소비자가 본인의 데이터 사용에 대한 동의 여부·시기·방식을 자발적으로 선택할 수 있는 환경 조성이 중요해질 것이다. 나아가 현대인의 모든 일상이 데이터로 축적되며 개인 정보 유출로 인한 사생활 침해 문제가 심화될 수 있다. 앞으로의 데이터의 수집과 관리에도 보다 엄격하고 철저한 절차와 규정이 요구될 것이다.

이스라엘의 역사학자인 유발 하라리Yuval Harari는 앞으로의 미래를 이야기하며 "폭풍은 지나가고 인류는 살아남겠지만, 우리는 전혀 다른 세상에 살게 될 것이다. 단기적으로 시행된 정책은 우리 삶을 영원히 바꿔놓을 것이고, 미성숙된 기술도 실생활에 적용될 것이다. 아무것도 하지 않는 것의 리스크가 더 크기 때문이다"라고 언급한 바 있다.[14] 기술이 나보다 나를 더 잘 알기 시작한 시대, 소비자를 더 섬세하게 이해하고 똑똑하게 예측하는 초개인화 기술의 발전은 지금 이 순간에도 진행 중이다. 앞으로 더욱 빠르게 전개될 4차 산업 시대에 적극적인 초개인화 기술의 활용은 유발 하라리의 말처럼 혼란스러운 전장에서 살아남을 수 있는 강력한 생존 전략이자 필수 무기로 자리 잡을 것으로 보인다.

YOU'RE WITH US, 'FANSUMER'

팬슈머

『트렌드 코리아 2020』의 예측 내용

주어진 대안 중에서 선택하는 것만으로는 성에 차지 않는다. 내가 직접 투자와 제조과정에 참여해 상품을, 브랜드를, 스타를 키워내고 싶다. 상품의 생애주기 전체에 직접 참여하는 소비자들, "내가 키웠다"는 뿌듯함에 적극적으로 지지하고 구매하지만 동시에 간섭과 견제도 하는 신종소비자들을 일컬어 '팬슈머fansumer'라고 명명한다. 그들은 "나에 의해" 크고 작은 변화가 일어나고 있다고 믿으며, '바이미by-me' 신드롬을 일으키고 있다.

소유에서 경험으로 이동한 소비의 패러다임이 이제 경험에서 '관여engagement'로 발전하고 있다. 관여에 대한 열기는 선발과 양육, 기획과 제조, 유통과 홍보, 그리고 지지와 비판까지 시장의 과정 전체에 드리워진다. 팬슈머가 영향을 미치는 영역은 갈수록 넓어지고 있다. 좋아하고 명분 있는 사업에 투자하는 크라우드 펀딩이나, 기업의 제품 개발·MD·마케팅에 적극적으로 참여하는 서포터 활동은 물론이고, 연예인 팬슈머들은 기획사의 정책과 연예인의 데뷔 여부에까지 관여한다. 최근에는 SNS 세상의 연예인이라고 할 수 있는 인플루언서에 대한 비판과 지지도 급증하고 있다.

팬슈머의 성장은 산업적·기술적인 기반이 갖추어진 가운데, 경제의 주축으로 진입하고 있는 밀레니얼과 X세대의 효능감이 복합적으로 작용한 필연적인 결과다. 팬슈머를 자산으로 만들어야 한다. 연예도 마케팅도 정치도 그리고 비즈니스도 팬슈머 없이는 성장하기 어렵다. 이제 "고객과 함께"로는 부족하다. "고객에 의해" 좌우되는 팬슈머의 시장에서 소비자의 열성적인 지지와 참여에 손을 먼저 내밀어야 한다.

『트렌드 코리아 2020』 pp. 315–336

"첵스 초코의 16년 독재를 규탄한다. 초코주의 타파하자! 이 나라를 혁명하자. 켈로그는 첵스 파맛을 출시하라!"

2020년 6월 17일, 농심켈로그의 시리얼 제품 '첵스 파맛'의 발매가 예고되자 팬들의 이목이 집중됐다. 이야기는 2004년으로 거슬러 올라간다. 당시 농심켈로그는 자사의 시리얼인 '첵스'의 홍보를 위해 '첵스 초코나라 대통령 선거' 이벤트를 열고 '기호 1번 초코맛 체키'와 '기호 2번 파맛 차카' 중 더 많은 표를 얻은 제품을 출시하겠다고 밝혔다. 사실 이 이벤트는 농심켈로그의 의도가 담겨 있는 고객참여 마케팅이었다. 차카 캐릭터를 고약한 인상에 협박조의 말투를 구사하는 비호감으로 만든 데다가 어린이들이 싫어하는 채소인 파맛까지 더해 자연스럽게 체키에게 투표하게끔 유도했다. 투표 초반에는 당연히 체키가 앞섰지만 이 소식이 모 인터넷 커뮤니티 사이트에 알려지면서 전세가 갑자기 역전됐다. 소비자들에게 선택권을 주는 듯하지만 사실상 답이 정해져 있는 듯한 홍보에 심기가 불편해진 누리꾼들이 차카에게 표를 몰아주면서 차카의 당선이 유력해진 것이다. 투표대로라면 정말로 파맛 첵스를 출시해야 하는 상황에 처한 농심켈로그는 누리꾼들이 행사한 중복투표 4만2,000표를 모두 무효 처리하고, ARS와 현장 투표를 추가해 체키의 당선을 발표했다.

그런데 최근 이 '첵스 초코나라 대통령 선거' 사건이 각종 온라인 커뮤니티에서 다시 언급되며 부정선거로 당선된 첵스 초코 대신 첵스 파맛을 출시하라는 요구가 빗발치기 시작했다. 이에 농심켈로그는 무려 16년 만에 첵스 파맛을 한정판으로 전격 선보였다. 이때 첵스 파맛의 광고 모델로 가수 태진아를 선정하고 그의 히트곡 '미안 미안해'를 개사하여 활용했을뿐더러, "너무 늦게 출시해서 미안합니다"라는 사과 문구를 카피로 넣고, 과거 부정선거 논란을 거론하는 누리꾼들의 댓글을 캡처해 홍보용 이미지에 넣는 등 자사의 '흑역사'를 유쾌하게 승화시켰다. 16년 전 과오를 씻고 고객의 요구를 수용하여 진정한 팬슈머를 되찾기 위한 시도였다. 소비자들의 반응은 폭발적이었다. "첵스 파맛은 우유보다 설렁탕에 말아서 먹는 것이 맛있다"는 시식 후기가 SNS에 쏟아지고, 첵스 파맛을 활용한 다양한 레시피도 공유됐다.[1] 제품을 미처 구하지 못한 소비자들이 중고거래 플랫폼에서 소분 포장된 것을 구매할 정도로 인기가 높았다.

이는 브랜드 소비 과정에서 새로운 경험과 재미를 추구하는 MZ세대의 면모를 확인할 수 있는 사례다. 지속가능한 팬덤이 기업의 경쟁력이 된 시대, 이제 기업들이 소비자와의 소통을 강화하면서 브랜드 이미지 개선에 적극적으로 나서고 있다. 2020년, 기업의 파트너 역할을 자처하며 시장을 움직이는 주체로 급부상한 팬슈머들의 뜨거웠던 목소리에 기업은 어떻게 화답하고 있을까?

출처: 농심켈로그

●●● 소비자의 요구에 힘입어 출시된 농심켈로그의 '첵스 파맛'. 팬슈머들은 제품의 출시에 적극적으로 관여하며 새로운 소비 패러다임을 형성하고 있다.

재출시를 불러온 바이미 신드롬

2020년 시장에는 고객의 요청에 의해 재출시된 제품들이 줄을 이었다. 2019년에 한정 출시되어 화제가 된 KFC의 닭껍질 튀김은 소비자들의 뜨거운 재출시 요구에 2020년 5월부터 정규 메뉴로 격상되어 다시 등장했다. 인도네시아 자카르타에 있는 일부 KFC 매장에서만 판매되던 닭껍질 튀김은 2019년 초, 한 네티즌이 한국에서도 판매해달라고 KFC에 호소한 결과 국내에서도 먹어볼 수 있게 됐다. 이 네티즌은 닭껍질 튀김을 먹으려고 자카르타 여행까지 계획했지만 인도네시아의 정국 불안으로 가지 못했다는 사연을 온라인 커뮤니티에 올리기도 했다. "얼마나 맛있길래 해외여행까지 계획하나?"라는 궁금증과 함께 사람들의 관심이 쏟아졌고, 문의가 쇄도하자 KFC가 정식 메뉴 출시로 응답한 것이다.[2] 닭껍질 튀김에 대한 소비자들의 높은 관심은 편의점 등의 유사 상품 출시로 이어지기도 했다.

팔도비빔면 액상소스도 팬슈머들의 요청에 의해 탄생된 제품이다. 이전부터 비빔면에 들어가는 액상소스만 따로 판매해달라는 소비자가 많았지만, 소스만 구매하는 이들이 많지 않을 것이란 기업의 판단에 실제로 제품이 출시되지는 않았다. 그러던 중 팔도 측이 2017년 만우절 이벤트로 자사의 공식 블로그에 'New 팔도 만능 비빔장 출시'라는 글을 올렸는데, 소비자들이 이를 격렬히 반겼다. 해프닝으로 끝날 수도 있는 일이었으나 소비자들의 반응을 눈여겨본 팔도는 이를 정식 제품으로 만들어 출시했다. 이후 비빔장 소스는 다양한 맛으로 추가 출시될 만큼 꾸준한 인기를 누리고 있다.[3]

빙그레는 스테디셀러인 '바나나맛 우유'를 활용한 한정판 제품 프로젝트를 진행하고 있다. 바나나맛 우유의 상징과도 같은 단지 모양의 용기에서 착안한 '단지가 궁금해' 시리즈로, 같은 용기에 새로운 맛과 색을 입히는 것이다. 2018년에 출시된 오디맛 우유를 시작으로 귤맛·리치피치맛·바닐라맛·호박고구마맛 등을 선보였고, 2020년에는 자사의 아이스크림 제품 '캔디바'의 맛을 구현한 '캔디바맛 우유'도 출시했다. 이 시리즈의 새로운 제품이 나올 때마다 온라인상에는 맛의 호불호 의견과 시음 후기, 레시피 개발 등 다양한 반응이 올라오는데, 바닐라맛 우유의 경우에는 소비자들의 반응이 좋아서 정규 제품으로 판매되고 있다.

2020년 여름, CJ제일제당도 소비자들의 요청에 힘입어 면 요리 전문 브랜드인 '제일제면소'를 부활시켰다. 2019년 원가 부담으로 단종된 '제일제면소'에 대한 소비자들의 문의가 끊임없이 이어지자 재출시를 결정한 것이다.[4] 이처럼 요즘 소비자들은 제품에 대한 의견을 내는 수준을 넘어 '바이미by-me' 즉, '나에 의해' 브랜드가 만들어지는 과정을 즐긴다. 그 영향으로 제품 출시 전에 소비자를 참여시키고 이들의 요청을 즉각적으로 반영하는 마케팅 전략이 중요해졌다.

소비자 참여 마케팅의 확대

기업들이 제품 개선을 위해 고객 관여engagement를 지속적으로 높이고 있다. 이랜드월드의 SPA 브랜드 '스파오'는 밀레니얼과 Z세대의 의견을 제품에 반영하기 위해서 컬래버레이션 행사를 기획할 때마다 공식 SNS를 통해 설문조사를 시행함으로써 제품의 디자인에 관한 구체적인 의견을 비롯한 다양한 조언을 구한다. 그러한 고객 의견을 바탕으로 2019년 12월 출시한 스파오×펭수 컬래버레이션 제품 11종은 판매가 시작된 지 단 3시간 만에 전량 매진됐다. 삼성물산 패션부문도 남성 캐주얼 브랜드 '엠비오MVIO'를 온라인 전용 브랜드로 전환하는 과정에서 팬슈머들의 도움을 받았다. 우선 최초 상품 기획 단계부터 밀레니얼의 취향을 파악하고 반영하기 위해 소비자 공청회를 열었다. 또한 밀레니얼 세대 직원들로 구성된 사내 품평단을 운영하며 시즌마다 샘플 상품을 실제로 착용하게 한 후 디자인·컬러·소재·패턴 등에 관한 피드백을 받고, 이를 바탕으로 수정을 거쳐 상품을 개선했다. LF의 스포츠웨어 브랜드 '질스튜어트스포츠'는 고객의 의견을 제품에 적극적으로 반영하기 위한 노력의 일환으로 고객 참여 제품 기획단 모집에 나섰다. 특히 유행의 흐름을 빠르게 따라가야 하는 패션 업계는 주력 소비자인 밀레니얼 세대의 이야기에 귀를 기울이고, 이를 제품의 기획과 제작에 녹여내며 팬슈머와의 소통을 강화해나가는 추세다.[5]

화장품 업계도 고객의 의견을 토대로 상품을 개선하고 기획하는 데 분주한 모습이다. 2020년 봄, 이니스프리는 기존 마스크팩에 관한 고객의 생각을 묻고 신규 제형에 대한 투표를 진행했다. 더불어 사전 체험단을 모집하고 그들의 의견을 반영해 리뉴얼된 마스크팩 제품을 선보였다. 스킨케어 브랜드 '궁중비책'도 소비자 의견을 바탕으로 선케어 제품을 개선했다. 선로션이 잘 섞이지 않아 바를 때 불편하다는 의견을 수렴해 흔들지 않고 사용할 수 있도록 편의성을 높인 것이다. 화장품 관련 리뷰를 공유하는 플랫폼 '글로우픽'에는 수많은 제품 후기가 올라오는데, 이는 소비자뿐만 아니라 기업들에게도 유용한 참고 자료가 되고 있다. 제품을 직접 사용해본 소비자의 의견이야말로 가장 정확한 데이터이기 때문이다.[6]

한편, 세상에 없던 아이디어를 현실화하기 위해 가능성을 사고파는 크라우드 펀딩이 유통가의 새로운 실험의 장이 됐다. 소비자의 입장에서는 국내에서 구하기 힘든 아이템을 보다 저렴한 가격에 구매할 수 있어 인기가 높고, 기업들은 시장의 반응을 즉각적으로 확인하기 위한 전략으로 많이 활용한다. 이마트는 크라우드 펀딩 플랫폼인 '와디즈'를 통해 캐나다의 차량용 텐트 전문 업체 '네이피어Napier'의 '스포츠 SUV 텐트 84000'을 판매했다. 총 8일간 펀딩을 진행한 결과, 목표 금액의 4배인 약 1억2천만 원이 모였다.[7] 공연 기획 플랫폼 '마이뮤직테이스트'는 기획사가 공연을 기획해서 공지하던 기존의 방식과 다르게 팬들의 요청에 따라 실질적인 관객 수요를 예측한 후 그에 맞는 공연을 기획하는 방식을 도입했다. 사용자들로 하여금 만나고 싶은 아티스트·예상 관람객 수·적정한 티켓 가격·선호하는 지역 등을 선택해 공연을 요청하게 하고, 그 데이터를 분석하여 수요가 많은 아티스트를 섭외하고 공연을 성사시키는 것이다. 즉, 많은 사람들이 요청한 공연일수록 현실화될 확률이 높다. 이로써 팬들은 자신이 좋아하는 아티스트의 공연에 직접 관여할 수 있고, 기획사는 사전에 수요를 조사할 수 있어 안정적 수익 확보가 가능하다.[8]

이러한 크라우드 펀딩은 지속적인 성장세를 보이는 중이다. 신한

크라우드 펀딩 이용 건수 추이

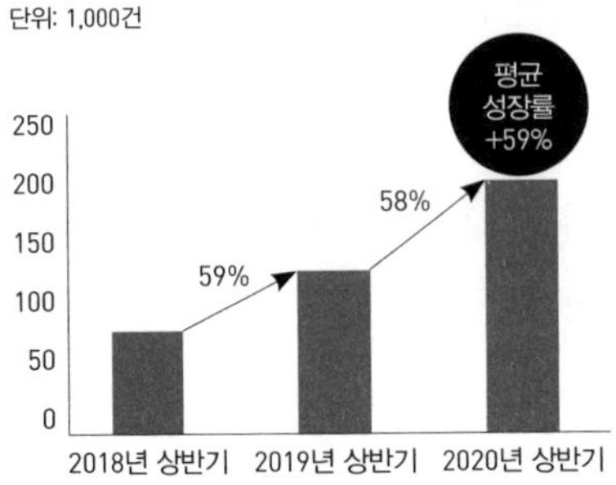

연령대별 크라우드 펀딩 이용 비중 변화

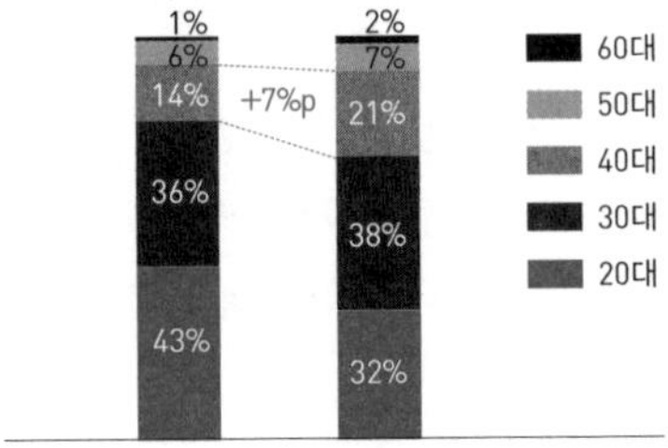

출처: 신한카드 빅데이터연구소

카드 빅데이터연구소의 분석 자료를 보면, 2018년 이후 크라우드 펀딩 이용 건수는 해마다 꾸준히 증가하고 있으며 최근 2년간 평균 약 59%의 성장률을 보였다. 2020년 상반기 월평균 건당 및 인당 이용 금액은 전년 동기 대비 20% 가까이 증가했고, 연령별 비중의 경우 40대의 비중이 7%p 늘어났다는 점에서 크라우딩 펀딩의 이용 규모와 세대가 확대되고 있음을 확인할 수 있다.

무엇보다 밀레니얼과 Z세대는 기성세대와는 달리 유명 브랜드 상품이 아니더라도 새로운 경험을 위해 도전해서 사용해보려는 경향이 강하다. 또한 소비자들은 크라우드 펀딩을 통해 제품을 기획하고 출시하는 데 참여하고 있다는 뿌듯함을 갖게 되고, 이는 자연스럽게 브랜드를 향한 애정과 충성도로 이어진다. 소비자는 더 이상 단순한 판매 대상이 아니다. 기업의 지지자이자 파트너로 그 위상이 달라졌다.

고객이 함께하는 '펀fun' 마케팅

"웃는 것만으로도 기분이 한결 나아질 때가 있소. 우린 그 웃음의 힘을 알기에 세상의 모든 빙그레 메이커를 응원하오."

2020년 2월, 빙그레 인스타그램에 등장한 붉은 머리의 '빙그레우스'는 삭막한 세상에 웃음을 주기 위해 민망함도 감수하며 웃음에 도전하는 사람, '빙그레 메이커'를 지향한다는 애니메이션 캐릭터다. '빙그레 왕국의 왕위 계승자'라는 빙그레우스는 빙그레 로고 모양의 귀걸이를 달고, 바나나맛 우유 왕관을 쓰고, 빵또아 바지를 입고, 꽃게랑과 메로나를 합친 봉을 드는 등 온몸을 빙그레 제품들로 치장하고 있지만 정작 제품 홍보보다는 본인의 잘생긴 얼굴을 어필하는 데 열중한다. 순정만화 같은 그림체에 오글거리는 '하오'체 말투를 구사하며 실없는 농담으로 일관하는 빙그레우스의 출현에 누리꾼들은 어이없어 하면서도 그 세계관에 빠져들어 그의 외모를 칭찬하고 말투를 따라 하며 즐기는 모습이다. 빙그레우스의 인기가 치솟으면서 빙그레의 공식 인스타그램 계정의 팔로워 수가 무려 14만9,000명을 돌파해 빙그레는 식품제조기업 중 10만 명 이상의 인스타그램 팔로워를 보유한 유일한 기업이 됐다.[9] 디지털 트랜스포메이션 시대에 어울리는 개성 가득한 마케팅으로 중년 기업의 이미지를 탈피하고, 젊고 발랄한 회사로 다가선 것이다.

이처럼 2020년 유통 업계에서는 일명 '도른자' 마케팅이 대세로

출처: 빙그레

● ● ● 개성 넘치는 전략으로 호응을 얻은 빙그레의 '빙그레우스'. 캐릭터가 화제를 모으자 빙그레는 이를 제품 디자인에 활용하는 등 적극적인 마케팅을 펼치고 있다.

올라섰다. 이는 머리가 '돌은 자'라는 뜻으로, 기발한 방법으로 고객에게 어필하는 상품이나 브랜드를 말한다. 소비자들이 놀이처럼 함께 즐길 수 있는 콘텐츠를 만든다는 것에 의미가 있다.

동아오츠카는 공식 인스타그램 계정에 '가상의 굿즈 세계'란 컨셉으로 자사의 제품을 활용한 이색적인 굿즈들을 업로드했다. 데자와 파운데이션 · 데미소다 아이스크림 · 포카리스웨트 운동화 등 재기 넘치는 가상의 제품 이미지를 마치 실제 상품처럼 만들어 올린 것이다. "반응 좋으면 진짜 출시한다!"는 전략으로 소비자의 흥미를 유도함으로써 브랜드에 대한 관심을 이끌어내고 있다. 실제로 소비자의 출시 요구가 많았던 '데미소다 마스킹테이프'는 실물로 출시되기도 했다. 브랜드 소비 과정에서 새로운 경험과 재미를 추구하는 MZ세대의 취향을 저격한 것이다.

'곰표 밀가루'로 유명한 대한제분도 전혀 다른 분야와의 컬래버레이션을 통해 패딩 · 맥주 · 치약 등을 선보이며 색다른 즐거움을 선사했다. 삼양의 불닭볶음면 캐릭터 '호치'를 활용한 애경의 '2080 호치 치약', 성신양회의 '천마표 시멘트'와 남성의류 쇼핑몰 '4XR'의 컬래버레이션으로 탄생한 가방, 대웅제약의 '우루사' 로고가 박힌 슬리퍼와 티셔츠 등도 인기를 끌었다. 이마트가 트로트 가수 김연자 씨의 히트곡 '아모르파티'를 패러디해 출시한 믹스넛 제품 '아몬드파티'는 언어유희로 이목을 끈 제품이다.[10] 이처럼 재미와 소비를 동시에 추구하는 팬슈머를 겨냥한 전략이 시장 곳곳에서 포착되고 있다.

이렇듯 팬슈머의 자연스러운 참여를 더 많이 유도하기 위해서는 재미 요소를 적극적으로 활용해야 한다. 코로나19로 지쳐 있는 사람들에게 활력을 줄 수 있는 아이디어로 소비자들이 함께 즐기며 스스로 입소문을 퍼트리도록 만드는 것이 중요하다. 이때 소비자의 활동과 목소리는 브랜드 경영에 직접적인 피드백이 되고, 이를 통해 소비자와의 소통이 활발해진다면 고객충성도가 한층 높아지는 계기가 될 것이다. 나아가 재미 요소를 즐기며 노는 과정이 어려운 시기를 겪는 현대인들을 응원하고 서로 독려할 수 있는 또 하나의 장이 될 수 있기 때문에 긍정적인 사회적 효과도 덤으로 기대해볼 수 있다.

중·장년으로 확대되는 팬슈머 현상

"가수에게 값비싼 명품 선물보다 소중한 것이 음원 순위입니다. 멜론에 평점·좋아요·응원댓글 남기러 출동합시다!"

트로트 가수 김호중의 팬카페 '트바로티'에 올라온 글의 일부다. 회원 수가 8만3,000명이 넘는 트바로티 팬클럽의 행동력은 방탄소년단의 '아미' 못지않다. 트바로티 팬카페의 회원과 유튜브 채널 시청자를 살펴보면 40대 이상이 90%가 넘을 만큼 중·장년 팬덤이 매우 두텁다는 것을 알 수 있다. 이들은 사비를 들여서 도심 전광판에 광고를 게재하는 등 가수를 위한 홍보 활동에 적극적이다. '스밍 총공격(음원 사이트에서 좋아하는 가수의 음원을 반복 재생하는 것)'에 나설 정도로 스마트하고 열렬한 이들은 Z세대 팬덤에 뒤지지 않는 열정을 보여준다. 오늘날의 중·장년 팬들은 더 젊게 살고 싶어 한다. 이들은 Z세대의 팬덤 문화를 역逆 전수받고 이제 본격적으로 향유하기 시작했다. 넉넉한 경제력과 사회적 지위를 갖춘 중·장년 팬덤은 소비 시장에서의 파급력이 젊은 팬덤보다 훨씬 강력하다. 게다가 유튜브 등 온라인 콘텐츠의 소비력도 더욱 강해지고 있기 때문에 이제 기업들은 시니어 팬슈머에 주목해야 할 것이다.[11]

이러한 현상은 시장 데이터에서도 확인된다. 한국보건산업진흥원의 보고서에 따르면 건강·레저·스포츠·문화 등 시니어 관련 산업의 규모가 2010년 27조3,800억 원에서 2020년 72조8,305억 원으로 3배 가까이 커질 것으로 전망된다. 5060세대들은 이커머스 채널에도 빠르게 적응하고 있다. 옥션이 2014년부터 5년간 연령대별로 구매한 상품의 수를 분석해보니 60대의 증가율은 171%, 50대는 130%로, 50~60대가 전 연령대 중에서 가장 가파른 증가세를 보였다.[12]

이와 더불어 복고 아이템들이 중·장년의 향수를 자극하는 마케팅으로 옛 추억을 소환하며 인기를 모았다. 복고 아이템을 리뉴얼해 신세대와 기성세대가 함께 즐길 수 있도록 기획한 제품들도 대거 출시됐다. 롯데제과는 추억의 제품들을 모은 '과자종합선물세트', 원형 케이스 안에 알록달록한 알사탕이 가득 든 '사랑방 선물', 육각형의 종이 패키지에 담긴 '육각 꼬깔콘'을 재출시했다. CJ제일제당도 자사 브랜드의 정통성을 그대로 담은 '백설 헤리티지 에디션'을 선보였다. 한편, 자동차 시장에도 뉴트로 열풍이 불었다. 현대자동차는 1990년에 단종된 국산 1호차 포니를 전기차 '포니EV'로 재탄생시켜 2021년 시장에 내놓을 예정이다. 전 세대를 아우르도록 변주를 거듭한 복고 아이템들이 팬슈머의 마음을 더욱 자극하고 있다.[13]

향후 전망

팬슈머를 만들기 위해 필요한 세 가지, 열정·친밀감·신뢰

●

이제 고객은 단순한 구매자가 아니다. 평범한 소비자를 마음을 다해 사랑하는 팬으로 만드는 것은 기업의 책임이다. 사랑하는 사이에는 어떠한 것이 필요할까? 미국의 심리학자 로버트 스턴버그Robert Sternberg는 '사랑의 삼각형 이론'을 주장하며, 성숙한 사랑이 완성되려면 열정 · 친밀감 · 신뢰가 균형을 이뤄야 한다고 강조했다.

연인 간의 사랑에 이 요소들을 대입해보면 이해가 쉽다. 사랑이 시작되기 위해서는 불꽃 튀는 열정이 전제되어야 하지만, 그 사랑을 더 발전시키려면 정성스러운 만남과 대화를 통해 친밀감을 형성해야 한다. 여기에 더해 서로에 대한 헌신과 책임감이 견고하게 자리 잡는다

사랑의 삼각형 이론

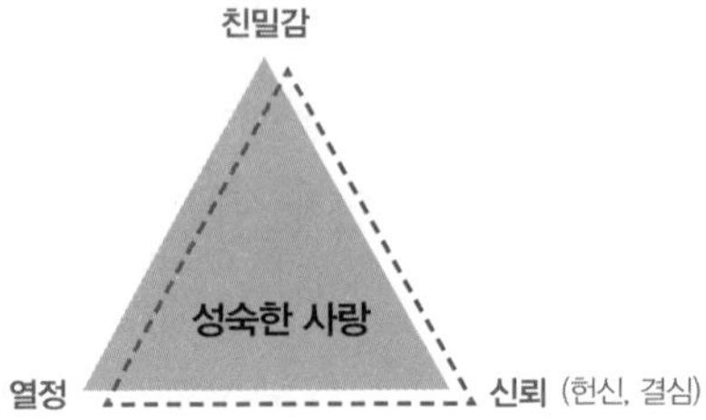

면 그 사랑은 완성된 모습에 더욱 가까워질 것이다. 기업과 고객의 관계도 마찬가지다. 브랜드를 뜨겁게 사랑하는 팬슈머를 만들기 위해서는 무엇보다 열정·친밀감·신뢰가 중요하다.

소비자가 불꽃처럼 사랑할 수 있는 자사 브랜드의 매력이 무엇인지 더욱 진지하게 고민해야 한다. 브랜드의 가치는 더 이상 제품이나 서비스의 우수성에만 기대지 않는다. 브랜드의 철학과 스토리가 사회적 가치에 부합하는지가 중요해진 가운데, 소비자의 애정을 넘어 존경을 받을 수 있는 가치 창출이 필요하다. 이제 신비주의는 위험하다. 고객과 기업이 함께 브랜드 스토리를 만들어가며 자연스러운 공감을 이끌어낸다면 보다 성숙한 사랑의 삼각형을 완성해나갈 수 있을 것이다. 그중에서도 고객의 신뢰는 브랜드가 지켜야 할 최후의 보루다. 아무리 멋지고 매력적이며 친근한 브랜드라도 위선적이거나 거짓된 모습을 보여준다면 고객은 주저없이 절교를 선언할 것이다. 팬슈머의 사랑을 끝까지 책임지고 지켜주는 기업만이 장수하는 브랜드의 산실이 될 수 있음을 기억해야 한다.

MAKE OR BREAK, SPECIALIZE OR DIE

특화생존

『트렌드 코리아 2020』의 예측 내용

특화해야 살아남는다. 누구에게나 보편적으로 괜찮은 것보다, 선택된 소수의 확실한 만족이 더 중요해졌다. 온라인 유통의 발달로 롱테일 경제가 활성화하고 과당 경쟁으로 제품 간의 차별점을 찾기 어려워진 가운데, 소비자의 니즈가 극도로 개인화되면서 표준화된 대중mass 시장적 접근으로는 더 이상 소비자의 선택을 받을 수 없게 됐다. 이러한 빠른 변화와 격화되는 경쟁 속에서 기업은 '적자생존'에만 안주할 수 없게 됐다. 진화의 다음 단계인 '특화생존' 전략이 요구되는 시점이다.

오로지 신데렐라 한 사람에게만 맞았던 유리구두처럼 단 한 사람의 소비자에게 정확히 들어맞는 확실한 시장을 만들어내기 위해서는 타깃팅할 그룹을 세밀하게 관찰하고, 그 안에서 다시 세분되는 초超타깃팅을 실시한 후, 각 그룹을 만족시킬 특화 전략을 수립해야 한다. 특화를 위해서는 이처럼 타당하고 정밀한 쪼개기 전략이 중요한데, 이를 위해서는 ① 핀셋처럼 '고객의 특성'을 관찰해 특화하고 싶은 마켓을 골라내고, ② 현미경처럼 산재하는 '고객의 니즈'를 파악해 그중 하나에 초점을 맞추거나, ③ 컴퍼스처럼 지도 위에 동심원을 그려 해당 '지역 상권'의 특성에 집중하고, ④ 낚싯대처럼 자사가 가지고 있는 '하나의 역량'에 힘을 모아야 한다.

지금은 그냥 고객만족이 아니라 '초'고객만족의 시대다. 우리 회사와 제품에 관심이 있을지 없을지 모르는 불특정 다수보다 확실하게 관심 있는 특정 고객에게 올인하는 전략이 더 유효하다. 니치한 것이 리치한 것이 된다. 좁히고, 줄이고, 날을 세워라. 애자일 방법론으로 무장하고 초타깃팅과 마이크로 매니징으로 엣지를 살린 초정밀 특화 전략들의 향연이 펼쳐질 것이다.

『트렌드 코리아 2020』 pp. 337–358

코로나19의 확산을 막기 위한 고육지책으로 '사회적 거리두기'가 계속되면서 국민의 소비생활이 크게 위축됐다. 소비의 위축은 해당 산업의 매출 감소를 의미하는 동시에 그 결제를 담당하고 있는 신용카드 산업에도 필연적인 변화를 가져왔다. 사람들이 외출을 자제하면서 늘어나고 있는 배달 업종의 결제에 특화된 상품이 줄줄이 출시된 것이다. 카드사들이 집에서 주로 시간을 보내는 일명 '집콕족'을 겨냥해 배달 업종 결제 시 적립이나 캐시백 등의 혜택을 주는 상품을 속속 내놓으면서 특화 카드 경쟁이 치열해지고 있다. 삼성카드는 최근 'American Express Blue' 카드를 리뉴얼하며 생활밀착형 업종과 언택트 소비 관련 혜택을 강화했고, 우리카드는 개인사업자들을 위한 할인과 혜택 서비스를 담은 '카드의정석 Biz Platinum' 2종을 출시했다. 은행들도 특화 카드 경쟁에 뛰어들었다. 한국씨티은행은 'NEW 씨티 클리어 카드'의 혜택을 일부 변경했고, Sh수협은행은 기존 카드를 업그레이드해 'Real? Real! 2 카드'를 출시했다. 두 카드 모두 배달 앱 주문 결제 시 할인을 제공한다.[1]

이처럼 금융권이 배달 특화 신용카드를 대거 출시하는 것은 어찌 보면 당연한 일이다. 이 '당연함'은 빠른 소비자 변화와 코로나19 사태가 만났을 때 기업이 어떻게 대응해야 하는지를 잘 보여준다. 고객과 시장의 변화를 기민하게 포착하고, 그에 특화된 상품을 내놓는 것만이 이 불확실한 시장을 살아남기 위한 가장 핵심적인 전략이라는 것이다. 이와 관련해 『트렌드 코리아 2020』에서는 네 가지 특화 전략을 제시한 바 있다. ① 핀셋처럼 '고객의 특성'을 관찰해 특화하고 싶은 마켓을 골라내고, ② 현미경처럼 산재하는 '고객의 니즈'를 파악해 그중 하나에 초점을 맞추거나, ③ 컴퍼스처럼 지도 위에 동심원을 그려 해당 '지역 상권'의 특성에 집중하고, ④ 낚싯대처럼 자사가 가지고 있는 '하나의 역량'에 힘을 모아야 한다는 것이었다.

핀셋 전략: 고객 특성 특화

고객 특성 특화는 소비자 한 사람 한 사람의 특성에 맞춰주는 방법이다. 개개인의 다양한 특성을 극대화해 맞춤 제품 혹은 서비스를 제공하는 것은 새로운 시장을 창출하는 기회를 가져온다. 초니치niche적인 타깃 자체만으로도 기존 플레이어들 사이에서 '온리원only one'이 될 수 있다. 치열한 경쟁에서 살아남아 '넘버원number one'이 되는 것이 아니라, 새로운 카테고리를 만들어 유일무이한 존재가 되는 것이다.

발의 피로를 푸는 데 특화된 리커버리recovery 슈즈를 들어본 적이 있는가? 리커버리 슈즈란 장시간 서서 근무하거나 스포츠 활동을 한 후 발의 피로감을 줄이기 위해 신는 신발을 말한다. 온·오프라인상에서 가장 화제가 되고 있는 리커버리 슈즈 브랜드는 프라임네트웍스가 2012년 론칭한 '우포스OOFOS'다. 1970년대 미국 신발 전문가들이 설계한 신발형을 골격 삼아 자체 개발한 우포스 소재로 만든 제품들을 선보였는데, 신축성과 복원력이 뛰어나고 내구성이 높으면서도 가벼운 것이 특징이다. 현재 국내 신발 업계에서 리커버리 슈즈의 시장점유율은 1% 정도로 미미하지만 수요가 점차 많아지는 추세라 향후 성장 잠재력이 매우 높은 상품군으로 전망된다.[2]

서양인의 발에 맞춘 러닝화와 다른 '한국 고객 특화 러닝화'도 등장했다. 한국인의 발에 맞춰 개선한 족형(토박스), 편안한 착화감과 우수한 반발력을 제공하는 젤 쿠션 소재의 중창(미드솔), 탁월한 접지력의 하이퍼그립 밑창(아웃솔) 등을 갖춘 신발이다. 아시아 최초 슈즈 SPA 브랜드 슈펜SHOOPEN은 샘플 개발 단계에서부터 국내 최대 규모의 러닝 크루인 '크루고스트' 및 전문가의 의견을 적극 반영하여 한국인의 발 모양에 딱 맞는 '슈탠다드 러닝화' 3종을 출시했다.[3]

신세계의 란제리 편집숍 '엘라코닉'은 2017년 8월 처음 오픈한 이후 편안한 속옷 붐을 타고 업계를 깜짝 놀라게 하는 중이다. 엘라코닉 제품의 90%는 와이어가 들어 있지 않아 최근 국내외 속옷 업계의 트렌드인 '와이어리스 브라'와도 맞아떨어져 유명세를 얻었다. 특히 자신만의 취향이 반영된 '니치 속옷'을 찾는 고객들을 위해 카테고리를 매우 세분화한 것이 주효했는데, 2020년 3월 1일부터 4월 20일까지 약 2개월 새 엘라코닉의 매출은 전년 동기 대비 21.6% 늘었다고 한다. 플러스 사이즈 고객을 위한 '플러스위트Plusweet', 골퍼들의 스윙 동작을 연구해 개발한 '언컷 골프 브라렛'은 고객과 함께 만든 자체브랜드PB 제품이다. 실제로 엘라코닉 제품을 사용해본 고객들의 피드백을 통해 특정 여성들이 느끼는 고민에 귀 기울이고, 이를 해결하기 위한 제품을 개발한 것이다.[4] 소비자의 특성을 면밀히 관찰하고 그들의 불편을 해결해 특정 타깃에 특화한 결과가 새로운 제품 라인의 출시로 이어진 사례다.

현미경 전략: 고객 니즈 특화

"볼링을 할 때 1번 핀과 3번 핀 사이를 때려야 스트라이크가 난다. 타깃팅도 비슷하다. 시작점을 좁게 잡아야 넓어진다."[5]

『마케터의 일』의 저자 장인성 배달의민족 상무의 말처럼, 오늘날 마케팅에서는 소수의 핵심 소비자를 찾아내 그들의 니즈를 더 세심하게 관찰하는 것이 중요해졌다. 이는 두 번째 특화 전략으로, '현미경'처럼 고객 니즈의 세밀한 부분을 찾아내는 것이 이 전략의 핵심이다.

"죽을 때까지 해야 하는 일"이라고 농담처럼 말할 만큼 다이어트는 많은 젊은 여성들에게 큰 숙제다. 그중에서도 붓기 관리가 고민인 2030세대 여성들의 니즈에 특화한 상품이 출시되어 단 3개월 만에 100만 세트 판매 기록을 세웠다. 바로 티 브랜드 티트리트의 '여우티' 이야기다. 여우티는 붓기 제거에 효과가 있다고 알려진 팥과 늙은 호박을 원료로 만든 차로, 티백 형태로 만들어져 온라인에서 판매되다가 최근에는 CU와 손잡고 RTD Ready To Drink 제품으로도 출시됐다. 2020년 8월 여우티는 CU의 차·음료 카테고리 매출 순위 5위를 차지했는데, 보리·헛개·녹차류가 아닌 차 음료가 5위권 내에 진입한 것은 마테차 열풍이 불었던 지난 2013년 이후 처음이라고 한다.[6]

뷰티 업계에도 비슷한 사례가 있다. 코로나19 사태로 마스크 착용이 일상이 된 시기에 '마스크에 묻어나지 않는 쿠션'이란 특화 전략으로 시장을 파고든 라네즈의 '네오 쿠션'이다. '휴미드 디펜스' 기술을 적용해 사우나에서도 메이크업이 지워지지 않을 만큼 뛰어난 유지력을 내세운 네오 쿠션은 출시 한 달 만에 4만 개가 판매되며 2020년 여름 히트 상품으로 떠올랐다. 더불어 파스텔 색상의 모서리가 둥근 케이스가 애플의 에어팟 케이스와 비슷하다는 점이 젊은 여성들의 소장 욕구를 자극했다. 제품을 개발할 때부터 MZ(밀레니얼+Z세대)세대 여성들의 니즈를 찾아내 정확히 겨냥한 결과 '핫템'으로 등극한 것이다.

컴퍼스 전략: 상권 특화

●

슬리퍼를 신고 걸어서 갈 수 있는 근거리 상권, 이른바 '슬세권'의 중요성이 커지면서(전망편, '레이어드 홈' 키워드 참조) 2020년에는 해당 지역 특성에 맞춰 공간과 아이템을 구성하는 상권 특화의 중요성도 더욱 커졌다.

명실상부한 젊은이들의 거리인 홍대입구역 인근에 무신사가 첫 오프라인 매장 '무신사 테라스'를 열었다. '옷잘러(옷을 잘 입는 사람)'라면 누구나 안다는 무신사의 판매 제품을 직접 눈으로 보고 입어볼 수 있는 공간이다. 특이한 점은 이곳을 방문할 때 스마트폰이 꼭 필요하다는 것이다. 매장에 들어와 스마트폰으로 내부 와이파이를 이용해 무신사 앱에 로그인해야만 각종 정보와 할인을 제공받을 수 있기 때문이다. 일명 '체크인 서비스'라는 이 서비스를 이용하면 매장

내에서 상품을 구매할 경우 자동으로 할인이 적용되고, 매장 내의 키친 카페 'AWK'에서도 할인된 가격에 음료를 마실 수 있다. 무신사 테라스에는 계산대가 필요 없다는 점도 눈에 띈다. 모든 상품에는 QR코드가 붙어 있는데, 무신사 앱을 이용해 이 QR코드를 찍으면 그 자리에서 결제가 가능하고 1~2일 내에 입력해둔 주소로 배송된다. 때문에 고객들은 번거롭게 제품을 들고 매장 내를 돌아다니거나 계산대 앞에 줄을 서서 기다리지 않아도 된다.[7] 먹거리와 놀거리가 풍부한 홍대입구역 일대 공간의 맥락적 특성을 그대로 이어서 젊은이들이 무신사 테라스를 쇼핑하는 공간이라기보다 놀거리, 즐길거리가 풍부한 곳으로 인식하도록 만든 것이다.

스타벅스는 커피나 공간뿐만 아니라 다채로운 한정판 MD 제품으로도 무척 유명하다. 그중에서도 제주도 내의 스타벅스 매장에서 판매되는 제품들이 소비자들의 관심을 끌고 있다. 제주도를 연상시키는 키링이나 자석을 비롯해, 종달리 수국길에서 아이디어를 얻은 수국 에코백과 양산, 제주의 자연을 표현한 스노볼, 제주 바다와 한라산을 주제로 한 유리잔, 오름 그림이 그려진 파우치 등 지역의 특징이 담긴 상품들이 꾸준히 출시되는 중이다.[8]

낚싯대 전략: 역량 특화

갤러리아백화점은 코로나19라는 악조건에도 불구하고 2020년 상반기 매출이 전년 동기 대비 4% 증가했다. 면세점을 비롯해 부진한 사업장을 과감히 철수하고 특화 매장을 지향하며 자사의 역량을 집중한 덕분이다. 영국의 셀프리지Selfridges 백화점을 벤치마킹한 전략이 주효했다. 런던, 버밍엄 등 영국의 주요 도시에 단 4개 지점만 운영하고 있는 셀프리지는 다른 백화점 체인에 비해 규모는 작지만 핵심 점포에 집중적으로 투자함으로써 차별화에 성공했다. 갤러리아백화점 역시 전국에 5개의 지점만 운영하며 '지역 1번 백화점'을 추구한다. 1990년 국내 최초로 명품관 개념을 도입한 후, VIP 고객 관리에 특화해 꾸준히 경쟁력을 쌓아왔다. 2019년 10월 대전에서 백화점 최초의 VIP 외부 시설인 '메종갤러리아'를 선보였고, 2020년 3월에는 엄선된 레스토랑·카페·인테리어·갤러리 등을 한데 모은 프리미엄 라이프스타일 플랫폼 '고메이 494 한남'을 서울 한남동에 오픈하며 신규 VIP 고객 확보에 힘을 기울였다.[9] VIP 고객이라는 일관된 타깃팅을 유지하며 자사의 핵심 역량에 집중한 전략이 위기 상황을 헤쳐나갈 수 있는 동력으로 작용했다.

출처: 한화갤러리아 공식 블로그

●●● 갤러리아백화점이 운영하는 프리미엄 라이프스타일 플랫폼 '고메이 494 한남'. 핫한 매장들을 입점시켜 젊은 소비자들의 관심을 모음으로써 신규 VIP 고객 유치에 힘을 쏟고 있다.

코로나19 창궐 이후 외식 업계의 고전에도 불구하고 '노브랜드 버거'는 나름 선전하고 있다는 평가를 받았다. 신세계푸드에 따르면 노브랜드 버거의 누적 판매량은 350만 개에 이른다(2020년 8월 기준). 코로나19가 국내에 확산된 2020년 1월부터 매달 20~30만 개 이상의 판매고를 올렸고, 6월부터는 전월 대비 50만 개 가까이 판매가 늘었다. 시중의 다른 제품보다 패티가 두꺼운 버거를 합리적인 가격에 제공해 소비자들 사이에서 이른바 '가성비 버거'로 인기를 끈 덕분이다. '유통 거인' 신세계가 식품유통 및 제조 업체로서 자사의 역량과 노하우를 적극 활용한 결과다.[10]

향후 전망

선택된 소수의 확실한 만족을 목표로 삼아야

●

"더 이상 이커머스는 필요하지 않다. 왜냐하면 그건 틀렸으니까."

2020년 6월, 연 매출이 400억 달러(약 48조2천억 원)에 달하는 미국의 의류·잡화 할인 체인 티제이맥스TJ Maxx의 최고경영자 어니 허먼Ernie Herrman이 〈월스트리트저널〉과의 인터뷰에서 한 말이다. 코로나19 사태로 2020년 2분기 티제이맥스의 매출은 전년 동기보다 31.8% 떨어졌고, 순익은 무려 214%나 폭락했다.[11] 코로나19로 인한 록다운(봉쇄) 조치 기간 동안 거의 모든 매장의 문을 닫아야 했는데, 온라인 판매 수단이 없는 티제이맥스가 직격탄을 맞은 것이다. 하지만 2020년 6월을 기점으로 록다운이 해제되어 매장의 85% 이상이 오픈하면서 많은 소비자들이 티제이맥스를 다시 찾고 있다. 다른 유통사보다 더 많은 재고가 쌓여 있어 보통 세일 때보다 할인 폭이 더 커졌기 때문이다.[12]

티제이맥스는 오프라인 유통에 자사의 핵심 역량을 올인하고 있는 업체다. 온라인 시장과 담을 쌓은 티제이맥스의 이러한 고집이 초유의 팬데믹 위기 속에서 어떻게 발휘될지는 사실 예측하기 어렵다. 다만, 자사의 역량에 확신을 갖고 특화하고자 하는 자신감이 눈길을 끈다. 한 우물을 집요하게 파는 일은 시간과 노력을 담보로 자신감을 키우는 일이다. 특화에 가장 필요한 미덕은 다름 아닌 자신감일지도 모른다.

보편적으로 괜찮은 것보다 선택된 소수의 확실한 만족이 더 중요한 시대다. 따라서 기업들은 '관심도'보다 '호감도'를 더 중요한 마케팅의 기준으로 삼아야 한다. 소비자는 단순히 가성비로만 움직이지 않는다. 가심비, 즉 "좋아서 미치는" 브랜드에만 화답한다. 이미 시장은 값싸고, 진귀하고, 재미있는 것들로 넘쳐난다. 초경쟁 시대의 시장에서 사소한 차별화 방안으로는 살아남기 어려운 법이다. 확실하게 자사의 제품을 선택할 것이라고 예측되는 사람들에게 집중해야 한다. 마치 족집게 강사가 시험 문제를 콕 집어 풀이하듯 타깃의 행동을 정확히 예측할 수 있게 만드는 것이 특화생존의 전략이다. 시장의 포화 상태가 더 심해질 것으로 전망되는 미래에도 특화생존은 유효할 것이며, 어쩌면 유일무이한 생존법이 될지도 모른다. 좁히고, 줄이고, 날을 세우자. 특화하는 자만이 살아남는다.

IRIDESCENT OPAL: THE NEW 5060 GENERATION

오팔세대

『트렌드 코리아 2020』의 예측 내용

베이비부머를 중심으로 하는 5060세대가 '신중년층'이라는 이름으로 대한민국 소비 시장에 새롭게 부각되고 있다. 지금이 바로 전성기라는 이들은 '오팔세대'. 오팔세대의 'OPAL'은 '활기찬 인생을 살아가는 신노년층Old People with Active Lives'의 약자이며, 동시에 베이비부머를 대표하는 '58년생 개띠'의 '오팔'을 의미한다. 무엇보다 이들이 뽐내는 다채로운 행보가 모든 색을 담고 있다는 보석 오팔을 닮았다는 의미가 담겨 있다.

이들은 오랜 기간 매여 있던 직장을 떠난 후에도 사회활동을 접고 은둔하며 한가로이 지내기보다 다양한 직업에 다시 도전하고, 나이 들수록 매 순간이 소중하다며 아직 안 해본 것, 지금까지 못 해본 것을 경험하면서 나를 위해 시간을 투자한다. 또한 시간과 공을 들여 젊은이들의 취향과 브랜드를 좇으며 새로운 소비트렌드를 형성하고, 취향에 맞고 마음을 알아주는 콘텐츠에 호응하면서 관련 업계를 들썩이게 한다. 오팔세대는 사실 매우 다양하면서도 까다로운 소비자 집단이다. 노인의 어쩔 수 없는 신체적 약점을 고려한 제품 차별화가 아닌, 이전까지의 삶과 동일한 욕구의 연장선상에서 다가가는 방향을 선호한다. 오팔세대에게는 은근하게 배려하는 세심함으로, 세분화된 라이프스타일로 접근해야 한다. 이들이 필요로 하는 것은 완전히 새로운 무언가가 아니라 일상의 행복과 편의를 높이는 상품과 서비스다. 인터넷과 모바일을 젊은이들만큼이나 자유자재로 사용하면서 사회의 주축으로 등장하는 오팔세대는 정체된 시장의 활력소가 될 것이다.

『트렌드 코리아 2020』 pp. 359–382

엠엘비의 문숙, 코오롱스포츠의 김혜자, 밀레의 김칠두, 뉴발란스의 밀라논나(장명숙).

유명 아웃도어 브랜드들의 2020년 화보의 주인공은 모두 오팔세대의 차지였다. 2014년을 기점으로 성장세가 꺾이며 '아재 이미지' 탈피를 위해 밀레니얼 세대의 감성으로 변화를 꾀했던 아웃도어 브랜드들이 이제는 너도나도 오팔세대를 모델로 모시고 있다.[1] 방송가에서도 중·장년층의 스타가 나선 예능 프로그램들이 시청자들의 사랑을 받으며 오팔세대가 '예능 치트키'로 등극하기도 했다. 이들이 선사하는 노련미와 예측 불가능한 거침없는 입담이 색다른 예능감을 만들어 전 세대의 공감을 얻고 있는 것이다. 오팔세대의 활약은 스크린에서도 돋보였다. 2019년 10월 말 개봉한 〈터미네이터: 다크 페이트〉와 〈람보: 라스트 워〉의 주인공은 63세의 여전사 린다 해밀턴과 73세의 배우 실베스터 스탤론이었다. 머리칼은 희끗희끗해졌고 얼굴엔 주름이 제법 잡혔지만, 영화 속 이들의 연기에서 느껴지는 긴장감은 변함없이 펄떡인다.[2] 2020년 오팔세대의 맹활약 덕분에 어쩌면 "세월에는 장사가 없다"는 말이 "세월이 곧 힘이다"라고 바뀔지도 모를 일이다.

『트렌드 코리아 2020』에서는 출산율이 급격히 증가했던 1955년에서 1963년 사이에 태어난 베이비부머 세대를 새롭게 정의해 '오팔세대'라 명명했다. 이들은 50세를 전후로 퇴직해 재취업 일자리 등에 종사하는 과도기 세대로, 그저 나이가 많은 사람이 아니라 활력 넘치는 생활인의 이미지가 강하다. 보는 각도에 따라 색깔이 변하는 보석 오팔처럼 활달한 모습을 보여주는 신중년층은 역동적이었던 근현대 한국의 주요 패러다임 시프트를 모두 직접적으로 경험하고 빠른 경제성장의 수혜를 받은 세대다. 제2차 세계대전 후 등장한 신생 독립국 중에서 산업화와 민주화에 성공한 나라는 단연코 대한민국밖에 없다는 사실에 자긍심을 갖고 있으며, 평균적인 교육 수준이 급상승한 연령대이기도 하다. 이에 따라 이전 세대에 비해 사회 참여·자기계발·교우 관계 등이 지니는 가치가 크고, 동년배는 물론 시대 흐름에 대한 동조 경향도 강하다. 동시에 다양한 문화적 발전 과정에서 가장 앞선 혁신가로도 활동해왔다. 스스로의 노력으로 원하는 것을 이룬 세대로서, 개인의 라이프스타일에서도 새로움을 주도적으로 형성해나가고 있다는 점이 기존 노년층과 가장 다른 점이다.

무엇보다 이들은 소비 여력이 가장 큰 집단이다. 2019년 통계청의 가계금융·복지 조사 결과에 의하면, 가구당 평균 자산은 가구주가 50대인 경우가 가장 높았고, 전체 자산 중 실물자산의 비중 역시 연령대가 올라갈수록 늘어났다. 또 가구주 연령대별 가구당 부채 보유액은 모든 세대에서 증가했으나, 60대는 오히려 감소했다. 자산은 40대보다 적을지언정 60대 가구주의 가계가 더 높은 적정성을 보여주는 것이다.[3]

특히 2021년은 국내 인구의 연령별 비중에 가장 기록될 만한 해가 될 것으로 예상된다. 2017년 27%였던 50~69세 비중이 해마다 늘어 처음으로 30%대로 올라선다. 게다가 2021년에 핵심 노동인구인 30~49세의 인구 비중이 29.4%에 이를 것으로 전망되면서 50~60대 인구의 비중이 처음으로 30~40대 인구를 넘어설 예정이다.[4] 앞으로의 소비 시장에서 그 선택이 가장 주목받는 오팔세대가 2020년에 어떤 소비 행태를 보였는지 살펴보기로 하자.

건강한 노인보다 매력적인 사람이 되고 싶어

2020년 1월, 농림축산식품부는 '제3차 식생활 교육 기본 계획'을 발표하며 '식생활'의 개념을 건강(영양)의 차원에서 농업·환경·사회 등 다양한 사회적 가치의 실현에 기여하는 것으로 확장했다.[5] 요즘의 먹거리는 단순히 건강을 위한 것을 넘어 사회에서 자신의 의미를 실현하는 행위다. 오팔세대에게도 이러한 경향성은 마찬가지다.

2020년 초, 커피 전문점 투썸플레이스는 인절미·흑임자·쑥을 활용한 메뉴를 출시했다. 소셜미디어 빅데이터 분석을 거쳐 기획한 상품인데, 인절미·흑임자 케이크는 출시 한 달 만에 13만 개, 쑥·흑임자 라테는 20만 잔이 팔렸다.[6] 이른바 '할메니얼 입맛'의 유행이 시작된 것이다. 할매(할머니)와 밀레니얼을 합친 신조어 '할메니얼'은 해외에서는 '그래니 시크granny chic' 또는 '그랜드밀레니얼grandmillennial'이라고 불린다. 건강에 좋은 전통 식재료에 현대적 감성을 결합해 '할매 입맛'도 밀레니얼 세대와 어울릴 수 있음을 보여준 예다. 특히 아이스크림 시장에서 롯데푸드 '빵빠레 흑임자'·배스킨라빈스 '아이스 모찌 흑임자'·해태제과 '쌍쌍바 미숫가루'·빙그레 '투게더 흑임자'·CU '강릉초당 인절미 순두부콘' 등 각종 전통 재료를 활용한 제품이 봇물을 이뤘다. 디저트 천국으로 불리는 일본에서도 '할머니 손

출처: 투썸플레이스, 빙그레

●●● '할메니얼 입맛'의 유행에 발맞춰 출시된 투썸플레이스의 '쑥 라테'와 빙그레의 '투게더 흑임자'. 오팔세대의 행보가 젊은 층의 소비에도 영향을 미치고 있다.

맛'이 담긴 화과자·양갱·떡 등 지역 전통 간식이 산업으로 자리 잡았다.[7] 옛날 할머니의 입맛을 세련되게 재해석하는 데에는 실제 할매들, 즉 오팔세대의 선택이 가장 큰 영향력을 끼치고 있다.

세련되고 건강해진 오팔세대는 자신의 매력을 뽐내기 위해 기꺼이 무대 위에 오른다. 각종 시니어 모델 선발대회가 이를 뒷받침하고 있다. 2019년 9월 현대백화점이 개최한 '시니어 패셔니스타 선발대회'에는 전국에서 1,500여 명의 지원자가 몰리기도 했다. 모두 1960년 이전 출생자(만 60세 이상)들이다.[8] 2019년 11월 한국모델협회가 주관한 '제1회 KMA 시니어 모델 선발대회'에는 700여 명이 참가 신청을 했고, 포커스미디어코리아와 중년 패션 브랜드 푸미가 공동 개최한 중년 모델 콘테스트 '나는 모델이다'에는 50대 1,100여 명이 지원했다.[9] 모델아카데미들은 일제히 시니어 모델 양성 과정을 개설했고 주요 대학 평생교육원들도 앞다퉈 시니어모델과를 만들고 있다.[10] 신한카드 빅데이터연구소에 의하면 미용 관련 업종에서도 50대 이상 소비자들의 비중이 높아졌다고 한다. 특히 성형외과·피부과의 경우, 과거에는 흉터 제거나 치료 등을 위해 방문했다면 근래에는 미용 목적으로 자신의 매력을 부각하고 자신감을 충전하기 위한 수단으로 애용하는 것으로 나타났다.[11] 시장의 큰손인 오팔세대의 행보에 따라 산업도 함께 움직이고 있는 것이다.

새롭게 주어진 30~40년의 시간을 기획하는 타임 큐레이터

지금의 오팔세대에게 100세 수명은 그리 꿈같은 이야기만은 아니다. 일반적으로 백세시대란 사망 빈도가 가장 높은 연령 즉 '최빈사망연령'이 90세가 넘는 경우를 말하는데, 우리나라는 2020년에 최빈사망연령이 90세가 넘을 것으로 예측된다.[12] 이는 평균 수치이므로 그 이상 생존하는 이들 역시 많을 것이다. 일반 기업이나 공공부문의 정년이 대략 55세에서 65세 사이라는 점을 감안했을 때, 이들에게는 아직 몇 십 년의 시간이 남아 있다. 현역에서는 은퇴했을지 몰라도 인생에서 은퇴한 것은 아니다. 대학 졸업 후 40년을 일했다면, 퇴직 후에도 40년을 살아야 한다. 따라서 오팔세대는 시간을 능동적으로 사용하는 개척자가 될 수밖에 없다.

2020년 8월 오픈서베이는 오팔세대를 대상으로 라이프 트렌드 조사를 실시했는데, 가장 눈에 띄는 관심사는 제2의 인생을 향한 배움의 열의였다. 오팔세대는 정신적·경제적으로 보다 풍요로운 인생을 꾸려가기 위해 독서·자격증 취득·인터넷 강의·사업 준비·투자 등을 공부하고 있었다.[13] 배움에 더 많은 시간을 할애하고 자기계발에 주도적인 오팔세대에게 가장 반가운 흐름은 간편식 시장의 양적·질적 성장이다. "20대 어린 나이에 결혼해 시집살이하고, 지금까지 자식들 뒷바라지했으면 이제 부엌일은 할 만큼 했다"는 오팔세대 여성들은 은퇴한 남편과 함께 간편식으로 배를 채우고 여분의 시간을 원하는 대로 이용한다.[14] 롯데멤버스가 빅데이터와 스몰데이터를 통해 발간한 트렌드 리포트 〈2020 트렌드픽〉에 따르면 2019년 가정간편식HMR, Home Meal Replacement의 인당 구매 금액은 2016년 대비 약 16%, 이용 건수는 1.3회 늘었다. 특히 남성이 여성보다 증가 폭이 컸는데, 이는 오팔세대 아내의 '가사 은퇴'가 현실화됨에 따라 직접 재료를 구매해 요리하기보다는 HMR 등을 이용해 간단히 조리해 먹는 경우가 늘어났기 때문인 것으로 분석된다.[15]

실버푸드 역시 간편식 시장에 진출했다. 2012년 5,800억 원 규모였던 실버푸드 시장은 2017년에는 1조 원으로 성장한 데 이어 2020년에는 16조 원을 돌파할 것으로 예상된다.[16] 씹기 편하게 만든 연화식과 목 넘김을 부드럽게 만든 연하식 분야에서도 가정간편식이 등장했다. 현대그린푸드는 지난 2017년 국내 최초로 연화식 브랜드 '그리팅 소프트Greeting Soft'를 론칭하고 음식의 경도를 10분의 1 수준으로 낮춘 '더 부드러운 소갈비찜', '뼈까지 먹는 고등어조림' 등의 제품을 출시한 바 있고, 신세계푸드 역시 2020년 초 케어푸드 브랜드 '이지 밸런스'를 론칭하며 50대 이상의 고연령층을 주요 고객으

로 하는 HMR을 내놓았다.[17]

오팔세대는 은퇴 후에도 정기적인 일자리와 고정 수입을 원한다. 고령 취업자 수가 증가하며 65세 이상 직장 건강보험 가입자 수도 지속적으로 증가하고 있다(2009년 10.3% → 2019년 13.58%).[18] 2019년 1~10월 평균 60세 이상 고용률은 41.4%로 전년 동기 대비 1.3% 늘었다. 특히 60대 후반과 70세 이상 고령층의 고용률이 각각 1.5%, 1.6% 증가해 고령 취업자 수의 증가 폭이 확대되고 있음을 알 수 있다.[19] 한 언론이 2020년 초, 1955년생 32명과 인터뷰를 진행했는데 취업이나 저축 등으로 80~90대를 준비하는 이가 상당수였다고 한다. 이들은 창업 재무 관련 조언이나 강의, 사회적 기업과 주택관리사 등으로 100만 원 내외의 급여를 받고 있었다.[20] 은퇴까지 "얼마를 모아야 한다"는 목표보다, 은퇴 후에도 "얼마만큼의 현금을 정기적으로 만들어낼 수 있느냐"가 중요해진 것이다.

한편 오팔세대는 처음으로 고등교육을 받은 세대인 만큼 일자리에 대한 눈높이가 다르다. 자신이 배운 기술과 지식을 활용할 수 있는 일자리를 원한다. 이에 일자리와 인재를 매칭하는 플랫폼들도 오팔세대를 겨냥한 특화 서비스를 내놓고 있다. 평생교육 기업 휴넷이 2017년 출시한 '탤런트뱅크'는 대기업 출신 고스펙 시니어와 중소기업을 연결하는 서비스다. "숨은 고수를 찾는다"는 스타트업 '숨고' 역시 청소나 페인트칠 등 단순한 일부터, 결혼식 사회나 심리 상담, 악기 강습, 외국어 번역 등 전문적 영역을 포함해 총 700여 개 분야에서 오팔세대의 일자리 창구가 되고 있다.[21]

역동적이고 적응이 빠른 디지털 이주민

오팔세대는 최후의 아날로그 세대인 동시에 디지털의 최초를 겪은 세대다. 아날로그적 세계에서 태어나 자랐고, 각종 디지털 미디어 기술 및 제품, 서비스의 시작과 함께해왔다. 따라서 오팔세대에게 디지털은 '새로운 기능'이라기보다 '이전에 없던 혜택'을 의미한다. 특히 인터넷 웹 시대가 시작된 1990년대 닷컴붐 시기에 이들은 한창 사회생활을 하던 30대였다. 이때의 경험이 지속되며 커뮤니케이션 도구로써 인터넷을 활용하는 정도가 높아 이전 세대와 확연히 다른 인터넷 숙련도를 보인다. 동시에 SNS에 대한 인식은 이후 세대와 다르다. 디지털 네이티브들처럼 파편화된 개인 공간이 아닌, 인터넷상의 유력 미디어나 광장 등으로 여기고 있어서 특정 유명인을 향한 쏠림 현상이 유독 심하다. 적응성이 높지만 보수적이기도 한 양면성을 보여주는 셈이다.

라이나전성기재단이 발행하는 잡지 〈전성기〉에 실린 '코로나19 이후 50대 이상의 디지털 서비스 이용 현황' 조사 결과를 보면 코로나19 이후 처음 사용하게 된 디지털 서비스 1위(중복 응답)는 영상 서비스였다.[22] 2019년 유튜브 사용 시간에서 연령대별 1위를 차지하기도 했던 50대의 경우 최근 한 달 동안 주로 이용한 소셜미디어가 무엇이냐는 질문에 "유튜브"라고 답변한 사람이 2019년의 27.8%에서 2020년에는 34.9%로 증가했다.[23]

온라인 쇼핑에 대한 오팔세대의 적응은 놀라울 정도로 신속하게 이뤄지고 있으며, 이미 가장 씀씀이가 큰 소비자군으로 자리 잡고 있

스마트오더 이용 건수 증가율(전년 동기 대비)

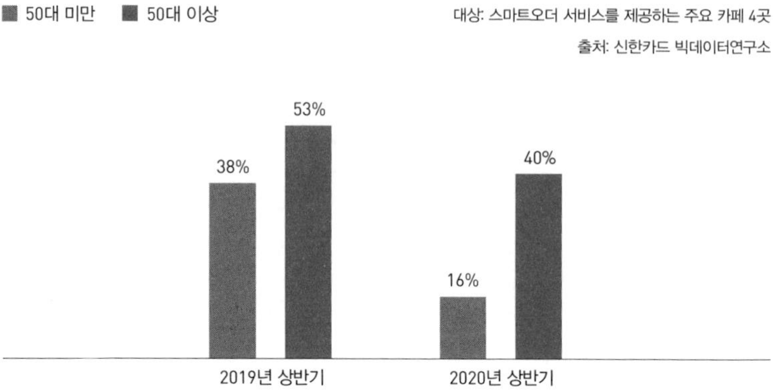

다. 신세계그룹의 온라인 통합 쇼핑 플랫폼 SSG닷컴에 따르면 지난 2016년 1월 1일부터 2019년 말까지 약 4년간 연령대별 주문 건수를 분석한 결과 50대 이상 고객의 주문 비중이 매년 2~3%씩 늘었다고 한다.[24] 특히 2020년의 증가세가 놀랍다. 닐슨코리아에 따르면 2020년 1분기 일상용 소비재를 구매한 새로운 온라인 고객은 전년 대비 19.6% 증가했는데, 이 중 50대가 24.9%, 60대는 29.2%로 5060세대의 비중이 절반을 넘었다. 오팔세대는 온라인과 오프라인을 넘나드는 데에도 기민하다. 신한카드 빅데이터연구소가 매장에 가기 전 미리 앱을 통해서 주문하는 O2O 서비스인 스마트오더를 제공하는 주요 카페 4곳의 결제 데이터를 분석한 결과에 의하면, 50대 이상의 스마트오더 이용 건수 증가 추세가 50대 미만에 비해 확연히 높았다.

향후 전망

다채로운 빛을 발하는 오팔세대의 열정

●

오팔세대의 저력은 2020년에도 이어진 트로트 열풍으로도 확인할 수 있다. 2020년 연초부터 3월까지 방영된 TV조선의 예능 프로그램 〈미스터트롯〉은 최고 시청률 35.7%(닐슨코리아, 2020년 3월 12일 방영된 최종 결승전 기준)를 기록했다. 코로나19의 확산이 시작되며 걱정스러운 뉴스가 가득했던 시기에 온 국민의 마음과 귀를 장년층의 정서였던 '뽕필'로 가득 채운 것이다. 우승자 임영웅을 비롯해, 영탁·장민호·김호중 등 새로운 스타들이 탄생했는데, 이들을 향한 팬덤의 중심에는 오팔세대가 있다. 이제 그들에게 굿즈·조공·총공 등은 아주 익숙한 용어가 됐다. 서울 홍대 인근 카페에서 열린 한 트로트 가수의 생일 이벤트에는 4일간 1,000여 명이 방문하기도 했다.[25] 2020년 8월에는 '내일은 미스터트롯 대국민 감사콘서트'가 열렸다. 코로나19의 여파로 콘서트가 네 차례나 연기됐음에도 팬들은 다시 티켓팅을 했고, 문진표를 작성하고 체온을 측정한 뒤 QR코드를 확인해야 하는 복잡한 절차에도 팬덤별로 티셔츠는 물론 마스크 색깔까지 맞춰 준비해 공연장을 찾았다.[26]

오팔세대의 이러한 변화는 무척 의미심장하다. 그들의 소비 행태가 밀레니얼이나 Z세대와 같을 수는 없지만 그 열정만큼은 인정해야 한다. 다시 말해서 행복하기 위해선 도움을 받아야 하는 고령자로 오팔세대를 바라볼 것이 아니라, 세월의 깊이를 바탕으로 멋진 삶을 누리는 이들로 존중해야 한다는 것이다. 오늘을 사는 오팔세대는 그 어느 시대의 50~60대보다 가장 활발하고 열정적으로 사회 곳곳에서 존재감을 드러내고 있다. 이는 오팔세대가 성장 과정에서 익힌 역동적인 분위기가 가상의 디지털 공간과 현실의 물리적 공간이 얽히고설킨 현시대를 만나면서, 다채로운iridescent 빛을 발하고 있기 때문일지도 모른다.

보석 오팔에 빛이 비춰질 때 나타나는 오묘한 색채는 빛의 자극이 멎은 뒤에도 계속하여 반사되는 인광의 작용인데, 이는 돌 내부의 균열로 인해 광선이 끊임없이 반사작용을 일으켜 생기는 것이라고 한다.[27] 때론 화려하고 때론 힘들었던 역사의 더께가 켜켜이 쌓여 광영이 멈춘 후에도 작은 틈새로 빛을 발하는 보석 오팔처럼, 오팔세대 역시 앞으로도 오랫동안 은근하지만 영롱한 빛을 멈추지 않을 것이다.

CONVENIENCE AS A PREMIUM

편리미엄

「트렌드 코리아 2020」의 예측 내용

편리한 것이 프리미엄한 것이다. 구매의 기준이 가성비에서 프리미엄으로 이행하고 있는 가운데, 프리미엄의 요소가 또 한 번 변화하고 있다. 이제 프리미엄의 기준은 하고 싶은 일은 많고 시간은 부족한 현대인에게 최소한의 노력과 시간으로 최대한의 성과를 누릴 수 있게 해주는 것이다.

일명 편리미엄 전략은 크게 세 가지로 나뉜다. ① 해야 할 일에 소요되는 절대적 시간을 줄여주거나, ② 귀찮은 일에 들어가는 노력을 덜어주거나, ③ 얻고자 하는 성과를 극대화시켜주는 것이다.

편리성이 프리미엄의 요소로 편입되는 배경은 시대적이다. 시간 빈곤에 시달리는 현대의 젊은 소비자들은 다른 한편으로 그 시간을 다양한 경험과 자기성장에 투자하고 싶어 한다. 더구나 옆집이나 친지에게 사소한 부탁도 할 수 없게 된 '약한 연대의 사회'에서는 작은 문제조차 스스로 해결하지 않으면 안 된다. 이런 여러 이유로 소비자들은 자신의 시간과 노력을 줄여줄 수 있다면 얼마든지 그 대가를 지불할 수 있다고 받아들인다. 일자리는 부족해지는 가운데 구직 청년은 물론이고 은퇴 후의 '가교노동'을 원하는 노동자들이 늘어난 것도 한 요인이다. 이들이 플랫폼화되는 노동시장으로 별 제약 없이 유입되고 있는 것이다.

앞으로 편리미엄 시장은 빠른 속도로 성장할 것으로 보인다. 그러나 소비자·노동자·플랫폼의 신뢰를 향상시키는 것이 먼저다. 소비자의 사소한 불편함에 집중해 그들의 삶을 프리미엄하게 만들라. 사상 최악의 불경기라고는 하지만 여전히 기회는 존재한다.

「트렌드 코리아 2020」 pp. 383–404

"밥돌밥돌, 밥설밥설의 하루……. 도대체 언제 끝나나요?"

밥하고 돌아서면 또 밥을 해야 하고, 설거지 끝내고 나면 얼마 지나지 않아 또 설거지거리가 쌓인다. 가족들의 '집콕' 생활로 인해 가사 노동량이 급증한 탓에 주부들의 한숨이 깊어지고 있다. 그나마 다행인 것은 '밥돌밥돌'의 하루 일과를 어쩔 수 없이 되풀이해야 하는 상황에서 노동의 시간과 양을 줄여주는 다양한 편리미엄 제품과 서비스들이 등장하며 '슬기로운 방콕(외출하지 않고 방 안에만 있는 상태) 생활'을 지원해줬다는 점이다.

'밥돌-밥설'의 고행 속에서 가장 큰 주목을 받은 제품을 꼽자면 2020년, 역대 최고 판매량을 갱신 중인 식기세척기를 들 수 있다. 전자랜드에 따르면 2020년 상반기 식기세척기의 판매량은 전년 동기 대비 무려 459%나 증가했다.[1] 한국의 식기세척기 보급률이 20%가 채 안 되는 것을 고려하면 놀라운 성장세다. 이 밖에 재료를 넣고 버튼만 누르면 몇 분 안에 파스타나 김치찜 등의 요리를 쉽게 만들 수 있는 복합 전자레인지나 멀티 쿠커의 판매도 눈에 띄게 늘었다. 이처럼 편리함으로 무장해 사소한 일상마저 프리미엄하게 만드는 '편리미엄' 트렌드가 각광받고 있다. 시간을 아끼고 편의성을 확보할 수 있다면 기꺼이 비용을 지불하는 현대인들이 새로운 소비트렌드를 몰고 온 것이다.

이제 커피 한 잔, 편의점 김밥 한 줄도 배달시켜 먹는다. 가정간편식HMR으로 한 끼 식사를 해결하고, 부담스러운 통수박 대신 먹기 편한 조각 수박을 고른다. 쓰레기 분리수거와 같이 성가신 일도 남이 대신해준다. 편리미엄은 이제 트렌드를 넘어 일상의 일부로 확실히 자리 잡았다. 『트렌드 코리아 2020』에서 전망했듯이 시간 부족에 시달리며 효율을 중시하는 성향의 소비자들, 인간관계가 원자화된 사회, 애플리케이션을 기반으로 한 앱 경제의 확산이라는 배경이 맞물려 편리함이 프리미엄의 핵심으로 등극한 것이다. 나아가 코로나19 바이러스로 인해 비대면에 대한 니즈가 높아지면서 편리미엄은 언택트적 요소를 극대화하며 예상보다 한층 더 진화하는 양상을 보이고 있다. 똑똑하지만 게으른, 일명 '똑게' 소비자들이 이끌고 코로나19가 밀며 유통 업계의 화두가 된 편리미엄 시장, 이 새로운 트랙 위에서 숨 가쁘게 펼쳐진 다양한 경주들을 살펴보자.

찐(진짜)으로 프리미엄해진 편리미엄

사람과 사람 사이의 만남을 대체해주는 기술은 이미 몇 년 전부터 현대인의 일상 속에 자리 잡기 시작했지만 이를 폭발적으로 성장시킨 것은 코로나19 사태다. "코로나19 팬데믹이 전자상거래의 발전을 10년 앞당겼다"라는 말에서 엿보이듯 전염병이 창궐하면서 비대면 서비스는 필수 요소가 됐고, 이를 보조하는 기술도 눈부시게 성장했다. 비대면이라는 대세적 흐름에 빠르게 발맞추며 편리미엄 상품과 서비스도 2020년을 바쁘게 종횡무진했다.

가장 주목할 만한 점은 이러한 편리한 서비스들이 편리'미엄'이라는 이름 그대로 '프리미엄'화되고 있다는 것이다. 이는 편리미엄 시장이 확대되면서 판매 경쟁이 치열해지고 있다는 반증이기도 하다. 편의점 전성기를 이끈 도시락 제품의 경우 과거 인기를 모았던 CU의 '백종원 매콤불고기정식', GS25의 '김혜자 진수성찬 도시락', 세븐일레븐의 '혜리 7찬 도시락' 등 대표 제품의 가격이 모두 4,000원을 넘지 않았다. 가격이 저렴함에도 푸짐한 양을 자랑해 '혜자스럽다(가격 대비 맛과 양이 훌륭하다)'라는 신조어가 생길 정도였다. 하지만 이런 3,000원대 도시락은 옛말이 됐다. 도시락보다 저렴했던 컵밥마저도 고급화된 제품들이 소비자의 선택을 받고 있다. 일례로, GS25의 베스트셀러는 4,000원대 프리미엄 컵밥이다. 2020년 5월 1일부터 6월 10일까지의 매출 데이터를 분석한 결과 즉석 컵밥의 매출이 전년 동기 대비 36.1% 늘었는데, 특히 프리미엄 제품의 매출이 높았다. 3,000원대 컵밥 매출이 16.1% 증가한 반면 4,000원대 프리미엄 제품은 51.5% 급증하며 전체 매출을 끌어올렸다.[2]

'레스토랑간편식RMR, Restaurant Meal Replacement'도 프리미엄화된 편리미엄 제품 중 하나다. 가정간편식 시장은 코로나19 사태 이후 더욱 세분화되는 추세인데, 간단한 조리만으로 집에서 레스토랑의 인기 메뉴를 맛볼 수 있는 레스토랑간편식이 특히 부각되고 있다. 마켓컬리의 경우 680여 개에 달하는 RMR 상품을 판매하고 있는데, 이는 2019년 RMR 판매 상품 수보다 178% 늘어난 것이다. 전체 판매 상품 수 대비 RMR 판매 상품의 비중 역시 2019년보다 2배가량 증가했다고 한다.[3] 최근에는 RMR을 전문적으로 출시하는 브랜드나 오프라인 매장까지 등장해 편리미엄 트렌드의 고도화를 예고하고 있다.

두 번째로 주목할 것은 편리미엄을 이용하는 주요 소비자층이 젊

●●● 마켓컬리에서 판매 중인 레스토랑간편식. 유명 맛집의 음식을 집에서 간편하게 즐길 수 있어 큰 인기를 얻고 있다.

은 세대에서 전 연령층으로 확대됐다는 것이다. 본래 편리미엄 트렌드는 온라인 이용이 자유롭고 개인 시간을 소중하게 여기는 밀레니얼 세대가 주도했으나, 코로나19의 확산을 계기로 오프라인을 고집하던 중·장년층까지 유입되어 모바일 앱으로 배달 음식을 주문하도록 만들었다. 잠시 마트에 가는 것조차 꺼려지다 보니 온라인으로 구매하지 않을 수 없게 된 것이다. 티몬에 따르면, 50대 이상 연령층의 모바일 쇼핑에서 주요 식품 및 건강 관련 상품의 매출이 123% 증가했다(2020년 1분기 기준). 식품 카테고리 가운데 이들이 활발하게 구매한 상품군은 라면 등의 간편 식품으로 전년 동기 대비 158%가 늘었다.[4] 가정간편식과 더불어 대표적인 편리미엄 분야인 가사 서비스에서도 50대 소비자들의 존재감이 단연 돋보였다. 물론 절대 비율은 30대가 높다. 하지만 2017년 대비 2019년 결제 비율이 가장 빠르게 증가한 세대는 50대였다. 서비스뿐만 아니라 제품 구매에서도 이들의 편리미엄 추구 현상이 뚜렷하다. G마켓과 옥션을 운영하는 이베이코리아가 2020년 1월 3~12일 사이의 판매 상품을 분석한 결과, 4050세대들의 편리미엄 선호 현상이 높아졌다. G마켓에서는 4050 소비자층의 식기세척기 구매량이 633% 뛰었고, 로봇청소기는 125%, 의류건조기도 499% 증가했다. 옥션의 경우 음식물처리기와 로봇청소기 판매량이 각각 58%, 384% 신장됐고, 침구청소기 판매량도 150% 늘었다.[5]

세 번째 특징은 코로나19 사태의 영향으로 편리미엄이 비대면, 즉 '언택트' 트렌드와 강하게 결합되고 있다는 점이다. 특히 대면 접촉을 '제로'로 만드는 편리미엄 서비스들이 빠르게 대중화됐다. 택배는 물론이고 배달 음식을 받을 때도 대면 전달 없이 문 앞에 두고 가는 방식이 선호되고 있다. 이에 도미노피자는 아예 온라인 결제 페이지의 요청 사항 하단에 '비대면 안전 배달' 항목을 신설해 안전 배달 서비스를 더욱 강화했다. 문 앞에 피자를 배달한 후 고객에게 연락해 피자가 도착했음을 알려주는 방식이다.[6]

백화점 업계도 변화를 꾀하고 있다. 고객의 발길을 끄는 대신 명품 브랜드 배송에 편의성을 더하는 차별화 전략으로 소비자를 직접 찾아 나선 것이다. 앞서 언급했듯이 롯데백화점은 자사의 온라인쇼핑몰에 명품 시계 '태그호이어'를 입점시키고 이를 구매한 고객의 집까지 안전하게 배송해주는 '보안 배송 시스템'을 도입했다. 고가의 상품이 훼손되거나 분실되는 등 불안 요소를 최소화하기 위해 특수화물 전문 수송업체인 '발렉스'와 손잡았다. 뿐만 아니라 400여 개 브랜드의 9만 가지 상품을 대상으로 서울 지역에 한해 '바로배송' 서비스를 운영하며 고급스런 포장 서비스까지 더해 안전한 명품 소비를 지원하고 있다.[7] 갤러리아백화점은 2020년 9월, 생활밀착형 O2O 서비스 스타트업인 '달리자'와 함께 실시간 배달 서비스 '김집사 블랙'을 출시했다. 갤러리아명품관 내 식품관에서 판매하는 메뉴 및 신선식품을 근거리 소비자에게 즉시 배달하는 서비스다. 갤러리아명품관에서 반경 1.5km 이내에 위치한 아파트에 거주하는 고객을 대상으로 진행하는 서비스로, 모바일 앱을 통해 주문하면 1시간 내에 배달해준다. 배달 서비스에서 한 단계 더 나아가 실시간 마켓 장보기, 전문 인력 배치, 김집사 컨시어지 서비스를 통한 '맞춤형 서비스'를 지향하며 편리미엄을 업그레이드하고 있다.[8]

언택트 트렌드와 관련해서 가장 주목을 받았던 또 한 가지는 이제는 일상 속 흔한 풍경이 된 '드라이브스루'다. 차에서 내릴 필요 없는

출처: 스타벅스커피 코리아

●●● 코로나19 이후 이용률이 증가한 스타벅스의 드라이브스루 서비스

검진으로 세계적인 화두가 됐던 'K-방역'을 비롯해, 패스트푸드점·카페 등 다양한 영역에서 차량 내 소비를 권하고 있다. 창문도 내릴 필요 없이 차량 내에서 커피를 주문할 수 있는 스타벅스의 '마이 디티 패스' 서비스를 이용하면 고객이 사전에 등록한 스타벅스 카드와 차량 정보가 연동되어 결제 수단을 제시하지 않고도 자동으로 결제가 이뤄진다. 2020년 2월까지 마이 디티 패스 서비스의 전년 동기간 대비 이용률은 30%가량 증가했다.[9] 비대면이 안전한 소비 대안으로 떠오름에 따라 편리미엄 서비스가 급부상한 것이다.

편리미엄, 집 안으로 들어오다

사람 간의 접촉을 꺼리는 분위기 속에서도, 필요하면 낯선 사람이 집으로 찾아오는 편리미엄 서비스들이 크게 성장했다. 어떤 서비스들은 누군가 와주지 않으면 외주화가 불가능하기 때문이다.

우선 교육·돌봄 서비스를 제공하는 플랫폼은 등교 중지와 온라인 수업이라는 초유의 사태로 수혜를 받은 분야다. 실제로 코로나19가 절정이었던 기간에 해당 서비스에 대한 수요가 크게 증가했다. 아이 돌봄 매칭 플랫폼 '맘시터'의 경우 2020년 4월 돌봄 신청 건수가 전월 대비 약 200% 증가했고, 5월 역시 직전월보다 150%가량 신장했다고 한다. 업계 1위 플랫폼인 '째깍악어'는 2020년 3월 대비 4월 돌봄 신청 수가 17.4% 증가했다. 특히 전체 돌봄 서비스에서 '온라인 개학 돌봄'의 신청 비중이 대폭 늘었다고 한다.[10] 또 다른 스타트업

'자란다' 역시 2020년 7월 기준 등록 교사가 4만 명으로 전년에 비해 2배 이상 증가했으며, 월간 총 가정 방문 시간은 2020년 7월 1만 2,000시간을 기록, 2019년 5,500시간 대비 118% 증가했다.[11]

하지만 누군가 내 집 안에 들어와, 내 아이와 함께 시간을 보내게 한다는 것은 쉽지 않은 결정이다. 이러한 서비스들은 어떻게 고객들이 일면식도 없는 사람들을 집 안으로 들이도록 만들 수 있었을까? 물론 코로나19 사태라는 외적 요인이 이들의 성장세에 연료가 되어주었지만 그와 함께 견인차 역할을 한 것은 돌봄 서비스들의 탄탄한 검증 시스템이라는 내적 요소였다. 『트렌드 코리아 2020』에서도 언급했듯이, 편리미엄의 안정적 시장 안착을 위해서는 중계 플랫폼의 신뢰 형성이 필연적이다. 나아가 어느 한쪽이 일방적으로 희생되는 서비스는 소비자들의 외면을 받을 것이며, 상호 평가 시스템이 탄탄하게 구축되어야 함을 제언한 바 있다. 째깍악어가 대표적인 사례다. '악어쌤'으로 불리는 돌봄 교사는 국가공인 자격증을 보유한 보육교사나 유치원 교사, 초·중등 정교사, 방과 후 교실 교사 등 전문가와 육아 관련 전공 대학생들이다. 등록을 한다고 바로 선생님으로 활동할 수 있는 것은 아니다. 이들은 여덟 가지 검증 과정을 거쳐야 하는데, 신원·자격증·경력·범죄 이력 등을 조회하고 인·적성 검사도 시행한다. 일주일간의 교육과 돌봄 면접도 하고, 동영상 프로필도 촬영한다. 이 모든 과정을 완수한 선생님의 비율이 약 22% 정도밖에 되지 않을 정도로 검증 시스템이 철저하다. 뿐만 아니라 선생님들이 일방적인 피해를 입지 않도록 중재하는 역할에도 매우 적극적이다. 가령 부모가 당일에 갑자기 서비스를 취소하는 일이 발생해도 선생님

의 시간과 시급을 보장하는 식이다.[12]

교육 서비스를 넘어 자잘한 집안일도 외주화의 영역에 성큼 들어섰다. 심부름 앱 '김집사'는 코로나19 사태 발생 이후 2020년 1월 대비 2월 서비스의 총 사용 건수가 약 25% 상승했으며, 편의점·카페·베이커리·음식·약국·장보기 등 항목별 소비자들이 가장 밀접하게 많이 이용한 서비스들은 평균 37%가량 상승했다.[13]

향후 전망

현대인의 일상에서 선택이 아닌 필수가 된 편리미엄

2020년 이후에도 코로나19 사태로 가속화된 편리미엄 서비스들이 소비자 수요에 대응하며 빠르게 발전해나갈 것으로 보인다. 특히 프리미엄 전략이 다양한 연령층으로 확대되어 이루어지고 있고, 취약점인 신뢰의 문제를 극복하기 위한 노력이 이어지고 있어 향후 편리미엄 시장은 더욱 성장할 것으로 예상된다. 특히 코로나19가 가속화시키고 있는 언택트 시대에 편리미엄은 특별한 유행이 아닌 소비자 개인의 생존을 위한 필수적인 재화 혹은 기본 서비스로 자리 잡을 것이다.

향후 시장에서 편리미엄은 상당 부분 '필수 재화'로서의 서비스로 기능할 가능성이 높다. 사실 초창기 편리미엄 서비스는 소비자들의 편의를 높여주는 '선택적인' 수준에서 이루어졌다. 예를 들어 외식을 하러 나가기 귀찮은 소비자가 음식을 배달시켜 먹거나 자녀의 교육을 위해 다양한 시도를 해보고 싶어서 보육 서비스를 신청하는 것처럼, 다른 대안이 있는 상황에서 추가적으로 나의 노력과 시간을 절약하고 싶을 때 선택하는 개념이었던 것이다. 하지만 코로나19로 인해 일부 서비스들은 더 이상 선택이 아닌 필수가 될 것으로 보인다. 이를테면 맞벌이 부부의 자녀가 학교에 가지 못하고 집에서 온라인 수업을 해야 하는데 조부모의 보육 도움을 받을 수 없는 상황이라면 그 부모에게는 자택 내 보육·교육 서비스가 무척이나 절실할 것이다. 또한 자가격리와 같은 비상시에 필요한 의약품을 구매할 때도 방역에 대한 인증이 완료된 타인의 심부름은 생존을 위한 필수적인 서비스가 될 수밖에 없다.

편리미엄 트렌드의 미래에는 명암이 교차한다. 가장 큰 그늘은 바로 환경문제다. 이와 관련해 최근 인스타그램에서 화제가 된 사진이 하나 있다. 태국 방콕에서 코로나19 검사를 받고 격리 생활을 하던 사람이 올린 것으로, 사정상 음식을 조리하지 못하고 대부분의 식사를 배달 도시락으로 해결한 결과 쌓인 플라스틱 용기를 찍은 사진이다.[14] 불과 며칠 만에 숙소의 바닥을 가득 채울 만큼의 페트병과 플라스틱 용기가 모인 것을 본 많은 사람들은 환경에 대한 우려를 표했다.

『트렌드 코리아 2019』에서는 '필환경' 트렌드를 제시하며 인건비보다 포장비 비중이 높아지는 문제점을 지적한 바 있다. 가정간편식 및 배달 서비스와 같은 편리미엄 서비스들로 인해 일회용 용기 사용이 급증하는 상황에서 환경문제는 더 이상 피할 수 없는 현대인의 숙제가 됐다. 배달 음식을 즐길 때는 더없이 반가운 일상의 편리함이 쓰레기 배출량을 증가시켜 환경을 해치는 결과를 가져오는 것이다. 실제로 환경부에 따르면 2020년 상반기 비닐 폐기물의 발생량은 하루 평균 951t, 플라스틱 폐기물은 하루 평균 848t을 기록했다. 2019년 동기 대비 각각 11.1%, 15.6% 증가한 수치다.[15] 포장재 쓰레기와 플라스틱 문제는 코로나19 사태 이전에도 매우 심각한 단계였으나, 감염병 시대가 도래하고 모두가 비대면 서비스에 의지하게 되면서 속수무책으로 급증하고 있다. 이에 대해서는 정부와 기업, 가구 및 개별 소비자 모두 책임에서 자유롭지 못하며 시급히 대책을 마련해야 할 것이다.

코로나19 사태는 편리미엄 플랫폼들이 현대인의 내밀했던 가정생활을 자연스럽게 아웃소싱하도록 만들었다. 이를 통해 불편하고 답답한 상황에서도 일상의 효율을 높이고 자신의 시간을 확보하면서 나름의 편리함을 누릴 수 있었다. 이용자들의 상호 간 신뢰 형성을 위해 노력한 플랫폼들 덕분에 불특정 다수가 아닌 믿을 수 있는 사람으로부터 도움을 받을 수 있었기 때문이다. 이제 일상에서 어렵지 않게, 어쩌면 필수적으로 느낄 만큼 편리미엄은 우리의 삶에 깊숙이 들어왔다. 편리함은 일단 한번 겪어보고 나면 그 이전으로 돌아가기 힘들 만큼 중독성이 강하다. 그 때문에 앞으로도 편리미엄 산업은 계속 커지겠지만, 한편으로는 편리함의 가치가 남용되고 있는 건 아닌지 각자 돌아볼 필요가 있다. 편리미엄이 단지 편리 제공에 그치지 않고 필환경 시대에 지속가능한 건강한 트렌드로서 현대인의 일상을 프리미엄하게 채워주기를 기원한다.

ELEVATE YOURSELF

업글인간

『트렌드 코리아 2020』의 예측 내용

네 자신을 업그레이드하라! 성공보다 성장을 추구하는 새로운 자기계발형 인간, '업글인간'이 나타났다. 이들은 타인과의 경쟁이 아니라 어제보다 나아진 자신을 만드는 데 변화의 방점을 찍는다. 나아가 자신을 중요시하는 '미코노미me-conomy'의 소비자로서 먼 미래보다 지금 당장, 비일상보다 일상에서 소소하지만 확실한 행복을 원하는 소확행의 신봉자들이다. 이들에겐 비좁은 성공 관문을 뚫는 스펙 쌓기보다 어제보다 나은 나를 만드는 매일매일의 성장이 중요하다.

일과 삶의 전방위적 성장을 꿈꾸는 업글인간이 개발 중인 영역은 세 가지다. 첫째는 힘들지만 함께해서 즐거운 운동과 철저한 자기 관리로 만드는 몸의 업그레이드다. 둘째는 새로운 경험과 즐거움의 경지를 개척하고 깊이를 더하는 취미의 업그레이드이며, 마지막으로는 다양하게 가공된 지식 섭취를 통해 지적 세계를 확장해가는 지식의 업그레이드를 꼽을 수 있다. 이 세 가지 업글을 통해 핫한 몸·딥한 취미·힙한 지식을 갖추는 것이 업글인간의 자기계발 포인트다.

업글인간 트렌드는 주 52시간 근무제로 촉발된 '워라밸' 추구의 단기적 사회 변화에 일부 기인하기도 하지만, 근본적으로는 고령화로 인해 인생과 경력 관리의 패러다임이 달라진 결과다. 삶의 질적 변화를 원하는 업글인간의 등장으로 경험경제가 변화경제로 전환되고 있다. 변화경제에서 소비자들은 자신의 진화를 돕는 경험에 기꺼이 지갑을 연다. 기업들은 소비자들이 가진 저마다의 지향점을 파악하고 성장을 지원할 수 있는 접점을 고민해야 한다. 소비자들의 행복의 무게 추가 이제 재미와 의미 사이의 균형을 향하고 있다.

『트렌드 코리아 2020』 pp. 405-429

"명품을 사기보다 그냥 본인이 명품이면 되거든요. 전 매일 설레요. 'Everyday is a new day'!"

2020년 4월 22일, tvN 예능 프로그램 〈유 퀴즈 온 더 블럭〉의 '업글인간' 특집편이 방송됐다. 다양한 출연자들은 인생을 업그레이드하고자 했던 자신의 이야기를 거침없이 펼쳐냈는데, 특히 밀라노 할머니 '밀라논나'로 대중과 더 가까워진 한국 패션계의 전설, 장명숙 디자이너가 출연해 성공과 성장에 대한 자신의 생각을 밝혔다. 세계적인 디자이너이지만 단 한 개의 명품도 갖고 있지 않다는 그녀는 젊은이들에게 스스로 명품이 될 것을 주문하며 인생의 진짜 가치에 관해 오랜 인생 경험에서 우러나온 솔직한 이야기를 전했다. 이처럼 안방극장에까지 성큼 들어온 '업글인간' 키워드는 막막하고 혹독했던 2020년을 견딜 수 있게 한 보루였다.

사실 업글인간에 대한 관심은 코로나19가 확산되기 이전부터 시작됐다. 2019년 12월, 새해를 앞두고 잡코리아와 알바몬이 성인 785명을 대상으로 '업글인간' 트렌드에 대한 설문조사를 진행했다. "당신은 업글인간입니까?"라는 질문에 "그렇다"고 응답한 사람은 전체 응답자의 64.5%였고, "앞으로 업글인간 트렌드가 확산될 것"이라 전망하는 사람도 무려 83.9%에 달했다.[1] 많은 사람들이 타인과의 경쟁보다는 하루하루 나 자신의 성장에 집중하는 삶을 지향하는 모습에 공감을 표한 것이다. 또한 경제전문지 〈이데일리〉가 40대에 진입하는 이들에게 새해 계획을 물었더니 '공부나 취미 등 자기계발(29.5%)'을 1순위로 꼽았다. 사회적 성공도 중요하지만 온전히 자신을 위한 성장에 시간과 노력을 투자하기를 원했던 것이다. 우리 사회가 얼마나 성장에 목마른지를 보여주는 인상적인 결과였다.[2]

각자 나름대로 성장을 다짐하며 새해 계획을 세우던 2020년의 초입, 코로나19가 우리의 평범한 일상을 가로막았다. 그럼에도 어제보다 나은 내일을 위해 노력하는 업글인간들은 오프라인 대신 온라인에서, 여럿 대신 혼자서, 바깥 대신 집에서 다양하게 형태를 바꾸며 스스로를 업그레이드하는 일을 멈추지 않았다. 아니, 더 열심히 몰두했다. 코로나19로 이전과는 다른 미래 설계가 필요해진 이 시점에 우리 사회의 업글인간들은 어떻게 지식을 쌓고, 취미 생활에 집중하며, 건강까지 챙겼을까? 그 모습을 살펴보자.

내일을 준비하는 지식의 업그레이드

●

#북커버 챌린지

"7일 동안 하루 1권씩 내가 좋아하는 책의 표지를 올립니다. 책의 설명도 독후감도 없이 이미지만 올리고 하루 1명에게 동참할 것을 권유합니다. 이 챌린지가 독서 문화 확산에 기여하기를 희망합니다."

인스타그램에서 북커버 챌린지 관련 해시태그를 검색하면 한글로 5만 건, 영어로 10만 건이 넘는 게시물이 검색된다. 지목당한 사람은 챌린지에 참여하기 위해서라도 총 7권의 책을 읽고 자신의 성장을 인증한다. 기존의 책 추천 게시글이 '책 덕후'들이 내공을 뽐내는 서평에 가까웠던 것에 반해, 북커버 챌린지는 아무 설명 없이 책 표지만을 공유하여 책에 대한 궁금증을 유발하면서도 누구나 가볍게 참여할 수 있도록 했다. 코로나19의 확산 때문에 집콕 하는 시간이 길어진 현대인들에게 집에서 책 읽는 문화를 전파하는 동시에 함께 성장하며 어려운 시기를 이겨내자는 슬기로움이 엿보인다.

실제 챌린지 참여자들이 달아놓은 해시태그만 봐도 업글인간형 독서가 일반 독서와 어떻게 다른지 알 수 있다. 빅데이터 분석 플랫폼 '썸트렌드'가 2020년 상반기 인스타그램에 언급된 '북커버 챌린지' 관련 단어를 분석한 결과에 따르면, '독서'라는 단어는 공부·교육·과학·수업 등 필요적 성격의 단어와 연관이 높았던 반면, '북커버 챌린지'는 인문학·에너지·기회 등의 단어와 연관이 높아, 책 읽기를 스스로 성장의 기회로 삼는 업글인간의 면모를 보여주었다.

코로나19로 길어진 재택 시간을 커리어 계발의 기회로 삼는 사람도 많았다. 직장인 교육 전문기업 휴넷에 따르면 많은 기업이 재택근무에 돌입한 2020년 3월, 개인 학습자의 구매 건수가 전월 대비 135.8% 증가했으며, 이때 유입된 이용자들은 과거 전통적으로 인기 있던 '스펙 쌓기용' 강의보다는 포토샵·인포그래픽·PPT 만들기, 기획·보고서 작성법 등 직접적으로 '내공'을 높일 수 있는 실무형 강의를 선호했다.[3] 스펙 경쟁보다 하루하루 내실 다지기를 중시하는 업글형 자기계발의 열기가 드러나는 대목이다.

변화된 상황에 맞게 업글인간을 지원하는 기업들의 노력도 돋보였다. 카카오뱅크는 "자기계발을 게을리할 수 없다는 엄청난 요청들을 반영"하여 자사 직원들이 '데이터 분석 입문'·'파이썬(프로그래밍 언어) 웹 개발' 등 온라인 은행업과 연관된 온라인 강의를 수강할 수 있도록 1년 과정을 지원했으며, SK그룹은 사내 교육 플랫폼 '마이써니mySUNI'를 정식 출범하여 연간 근무 시간의 10%에 해당하는 200시간의 학습 시간을 근무 시간으로 인정하도록 했다.[4] 마이써니는 AI·DT·행복·사회적 가치·에너지 솔루션 등 총 10개 컬리지College로 구성되어 있으며 하버드·스탠퍼드대 경영대학원 교수 등 유명 학자의 직강은 물론, 전·현직 최고경영진의 통찰이 묻어나는 수준 높은 강의를 제공하여 직원들의 자기계발을 독려하고 있다.

한층 깊어지는 취미의 업그레이드

삶의 질적 향상을 취미 생활에 몰두하는 업글인간의 모습은 코로나19의 확산과 관계없이 꾸준히 관찰됐다. G마켓의 2019년 11월 매출 데이터를 살펴보면 이미 악기나 미술 용품과 같은 취미 용품들의 판매가 증가하고 있었다. 2018년 같은 기간 대비 드럼과 피아노의 판매는 각각 144%와 360% 증가했고, 미술 용품의 경우에도 수채화 용품(66%)·드로잉 용품(43%)·만화/캘리그라피(11%) 용품의 판매가 전년보다 늘었다.[5]

취미 생활을 지원하는 온라인 강의 플랫폼의 인기가 올라가면서 차별화된 콘텐츠를 선보이기 위한 경쟁도 치열해졌다. 온라인 핸드메이드 마켓 '아이디어스'는 입점 작가들이 작품 판매뿐 아니라 클래

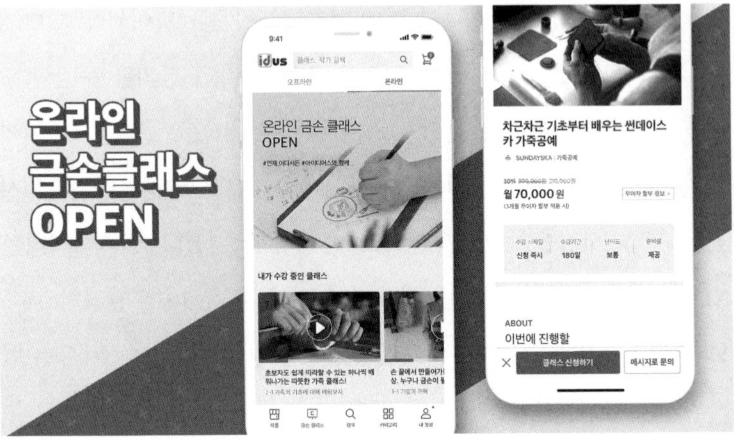

출처: 아이디어스

● ● ● 전문 작가의 온라인 수업을 들으며 수제품을 직접 만들어보는 아이디어스의 '금손클래스'. 공예·드로잉·베이킹·꽃꽂이 등 다양한 취미에 도전해볼 수 있어 소비자들의 좋은 반응을 얻었다.

스를 직접 진행할 수 있도록 '금손클래스' 서비스를 오픈했다. 라탄(등나무) 공예·마크라메(서양 매듭) 공예·화과자 만들기 등 상품으로만 접했던 독특한 수제품을 직접 만들어보는 기회에 소비자들이 관심을 보이면서 2020년 상반기 온라인 클래스 거래액이 매월마다 평균 50% 이상 성장했다.[6] 예술 교육 플랫폼 '원더월wonderwall'은 강사를 인기 아티스트로 한정하여 콘텐츠의 경쟁력을 높였다. 그룹 어반자카파의 멤버 조현아의 싱어송라이팅 클래스, 래퍼 기리보이의 프로듀싱 클래스, 피아니스트 지용의 연주 클래스 등 유명 아티스트들의 창작 과정과 노하우를 인터뷰와 다큐멘터리 형식으로 풀어내 큰 호응을 받았다. 취미를 깊이 있게 향유하고자 하는 사람뿐만 아니라 예술계 진로를 희망하는 학생들의 관심도 끌어내 플랫폼을 오픈한 지 3개월 만에 누적 방문자 수 40만 명을 기록했다.[7]

업글인간 트렌드에 맞춰 소비자의 온라인 취미 생활을 지원하는 브랜드 홍보 방식도 등장했다. 농심과 온라인 강의 플랫폼 클래스101은 협업을 통해 첫 '브랜드 클래스'를 열었다. 101원의 강의료만 내면 코바늘 뜨개질의 기본부터 배우기 시작해 농심의 너구리 캐릭터를 활용한 코바늘 인형 작품 6개를 만들어볼 수 있는 일종의 프로모션 강의인데, 강좌 영상을 보고 제작한 인형 사진을 SNS에 공유하면 추첨하여 선물을 주는 이벤트도 진행했다.[8] 당초 2020년 2월부터 3개월 동안만 진행하기로 계획된 클래스였지만 소비자들의 요청으로 7월에 재오픈하기도 했다.

건강한 생활을 지향하는 몸의 업그레이드

전 세계가 전염병으로 몸살을 앓으면서 보건과 위생 관리에 대한 의식이 높아지고 건강에 대한 관심도 커졌다. 업글인간이 지향하는 건강의 업그레이드란 여기서 더 나아가 내적·외적인 자신의 향상을 의미한다.

코로나19의 영향으로 외부 활동이 줄어들면서 '확찐자(살이 확 찐 사람)'라는 농담이 유행하는 가운데, 집에서도 건강한 끼니를 꼼꼼하게 챙기는 업글인간에게 맞춘 새로운 상품과 서비스가 늘고 있다. 매일유업은 단백질과 비타민 함량은 늘리고 트랜스지방·콜레스테롤·당류·나트륨을 줄인 프로틴바 '셀렉스'를 선보였다. 현대그린푸드는 맞춤형 건강식단 브랜드 '그리팅'을 출시하고 전용 온라인몰을 통해 개인의 건강관리 목적에 맞는 식단(저당 식단·라이트 식단·웰니스 식단 등)을 원하는 날짜에 배달해주는 서비스를 시작했다. 온라인 식품몰 퍼밀의 경우 총 5~7종의 과일이 랜덤 구성으로 소량씩 들어 있는 '달콤박스'를 정기적으로 배송하는 구독 서비스를 운영하고 있다.

일명 '로우스펙' 푸드로 불리는 저염·저당·저칼로리 시장의 성장도 주목할 만하다. 식품 전문 온라인몰 마켓컬리에서는 2020년 1월부터 5월까지 저염 식품 판매량이 전년 동기 대비 106% 증가했으며, 저당 식품 판매량은 35% 늘었다.[9] 당을 제한하는 식이법의 하나인 키토제닉(저탄수 고지방)을 실천하는 소비자를 위한 식품도 인기다. 푸드 스타트업 '마이노멀푸드'는 흔히 '방탄커피'로 불리는 '버터커피' 제품이 높은 인기를 끌어 2020년 1월부터 4월까지 매출액이 전년 동기 대비 2배 이상 증가했다.[10]

자신의 몸을 위해 먹거리를 업글하는 현상은 건강식단의 대표 주자인 샐러드 시장의 성장으로도 확인할 수 있다. 한국농촌경제연구원은 즉석섭취용 과일·채소 시장이 연평균 20%씩 성장하고 있으며, 2019년 9,364억 원 규모에서 올해 1조 원을 넘어설 전망이라고 발표했다.[11] 외식·식품 브랜드로 유명한 SPC삼립은 2020년 1분기 자사의 신선식품 매출이 20% 이상 성장했으며, 샐러드뿐 아니라 함께 곁들이는 소스 및 주스의 수요도 늘어나면서 생산 품목이 1.5배 이상 많아져 공장을 준공한 지 3년 만에 첫 흑자를 기록했다고 밝혔다.[12]

이처럼 건강기능식품에 대한 관심이 높아지면서 H&B Health & Beauty 스토어에도 소비의 변화가 전개됐다. 대표적인 H&B 스토어인 올리브영과 랄라블라의 경우 2020년 뷰티부문의 매출은 감소한 대신 건

강기능식품 카테고리의 매출은 각각 45%(1~7월), 46.8%(1~6월) 증가했다.[13]

몸의 업그레이드에서 빠질 수 없는 것이 운동이다. 사회적 거리두기로 오프라인 운동 공간을 이용하기 어려워지면서 '홈트(홈트레이닝)'를 즐기는 사람이 크게 늘었다. 신한카드 빅데이터연구소의 분석에 따르면 2019년 상반기 대비 2020년 상반기의 온라인 PT Personal Training 서비스 이용 건수는 39% 증가했으며, 통상 여름을 앞둔 2분기에 이용량이 급증하던 것과 달리 2020년 1분기의 이용 건수는 2분

온라인 PT 서비스 이용 건수 변화

대상: 온라인 PT 업체 11곳
출처: 신한카드 빅데이터연구소

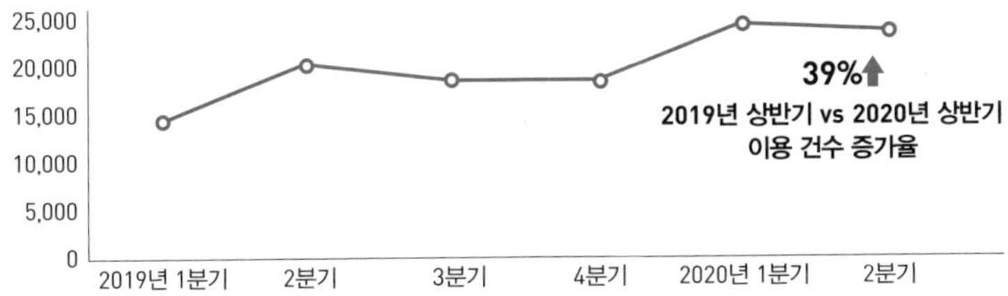

온라인 PT 서비스 남성 이용자와 40대 이상 이용자의 비중 변화

대상: 온라인 PT 업체 11곳
출처: 신한카드 빅데이터연구소

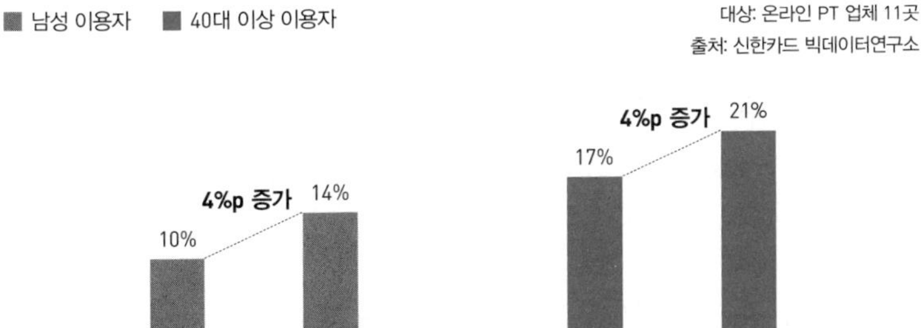

기보다 높은 것으로 나타났다. 특히 온라인으로 관리받는 것에 익숙하지 않았던 남성과 40대 이상 소비자들의 비중이 크게 증가했다. 길어진 집콕 생활이 온라인 업글 문화의 저변을 확대하고 있는 것이다. 이러한 운동 열기는 2021년에도 더욱 강력하게 이어질 것으로 보인다(전망편, '#오하운, 오늘하루운동' 키워드 참조).

향후 전망

각자도생이 아닌 상호공생의 길을 찾는 업글인간

●

2020년을 사회 전체로 놓고 보면, '성장'이라는 단어와는 가장 거리가 먼 해라고 해도 과언이 아니었다. 국제통화기금IMF이 2020년의 세계경제성장률을 -4.9%로 전망했을 만큼 전 세계의 경제가 깊은 침체에 빠졌다.[14] 그럼에도 불구하고 앞서 살펴본 것처럼 업글인간들은 각자의 방법으로 이 위기를 지혜롭게 이겨내는 모습이다. 자신에 대한 투자에 아낌이 없는 업글인간의 성장 욕구가 한 치 앞을 내다보기 힘든 시대적 환경을 만나 당분간 이어질 큰 흐름임을 짐작게 한다.

업글인간의 소비는 앞으로도 우리 생활 곳곳의 모습을 바꿔놓을 것이다. 대표적인 예로 학습 분야를 꼽을 수 있다. 학습의 온라인화가 빠르게 진행되는 것에서 더 나아가 배움의 분야도 육아·반려동물·자동차 관리 등 생활 전반을 아우르며 폭넓게 확장되는 중이다. 온라인 학습·취미 플랫폼들의 다양한 강의를 통해 누구나 전문가의 지도 속에서 무엇이든 배울 수 있게 된 것이다. 코로나19의 영향으로 누구나 동참하게 된 비대면 채널의 확산은 이러한 경향을 더욱 가속화할 것으로 보인다.

집의 변화 또한 주목할 만하다. 매년 인테리어 경향을 모델하우스 형태로 발표하는 한샘은 2020년 봄·여름 시즌을 맞아 '모두가 즐거운 우리 집 사용법'이라는 주제로 밀레니얼 부부의 집을 소개했다. 이 가상의 집에는 업글인간을 위한 자기계발 서재·홈트레이닝 취미방도 갖춰져 있다. 무엇보다 코로나19를 피해 집을 성장의 둥지로 활용하는 모습은 집의 무한한 가능성을 보여주는 새로운 트렌드로 연결될 수 있다(전망편, '레이어드 홈' 키워드 참조). 운동 또한 집의 가치와 함께 더욱 진화된 트렌드로 이어질 것이다. 앞서 언급한 '홈트'의 증가는 극히 일부일 뿐, 운동은 이제 자신을 단련하는 훈련에서 더 나아가 일상의 일부이자 삶을 확장하는 라이프스타일이 되어가고 있다(전망편, '#오하운, 오늘하루운동' 키워드 참조).

이제 기업에게는 직무 관련 교육 외에 직원을 위해 취미·운동 등 여가 증진의 기회를 더욱 세심하게 마련할 것도 요구된다. 코로나19로 운영이 어려워진 사내 동호회 활동 대신 온라인 취미 생활을 지원하거나 온라인 피트니스 프로그램을 제공해 임직원의 건강 증진을 도모하는 일 역시 중요해지고 있다.

업글인간의 활동 영역이 더욱 넓어진 가운데, 우리 사회가 간과하지 말아야 할 것은 성장의 기회가 모두에게 동등하게 열려 있지 않다는 점이다. 예를 들어 중소기업 근로자들의 경우 활용할 수 있는 사내 교육제도가 많지 않다. 그동안 정부에서 직업훈련 교육비를 지원해주는 '내일배움카드' 제도를 활용해왔으나, 2020년부터 취업 취약계층에게 지원이 집중되면서 재직자에 대한 지원이 줄었다. 이에 많은 근로자들이 커리어 계발에 어려움을 겪는다는 문제가 제기된 바 있다.[15] 더욱 심각한 것은 코로나19로 인해 자신의 업그레이드가 성장이 아니라 생존의 문제가 된 자영업자 및 취약계층의 상황일 것이다. 누구나 자신의 성장에 힘쓸 수 있도록 지원하는 사회적 뒷받침이 필요해 보인다. 2021년은 우리 사회의 현명한 대응으로 업글인간의 성장이 각자도생이 아닌 상호공생이 될 수 있는 한 해가 되기를 기대해본다.

2

2021년 소비트렌드 전망

C 브이노믹스

O 레이어드 홈

W 자본주의 키즈

B 거침없이 피보팅

O 롤코라이프

Y #오하운, 오늘하루운동

H N차 신상

E CX 유니버스

R 레이블링 게임

O 휴먼터치

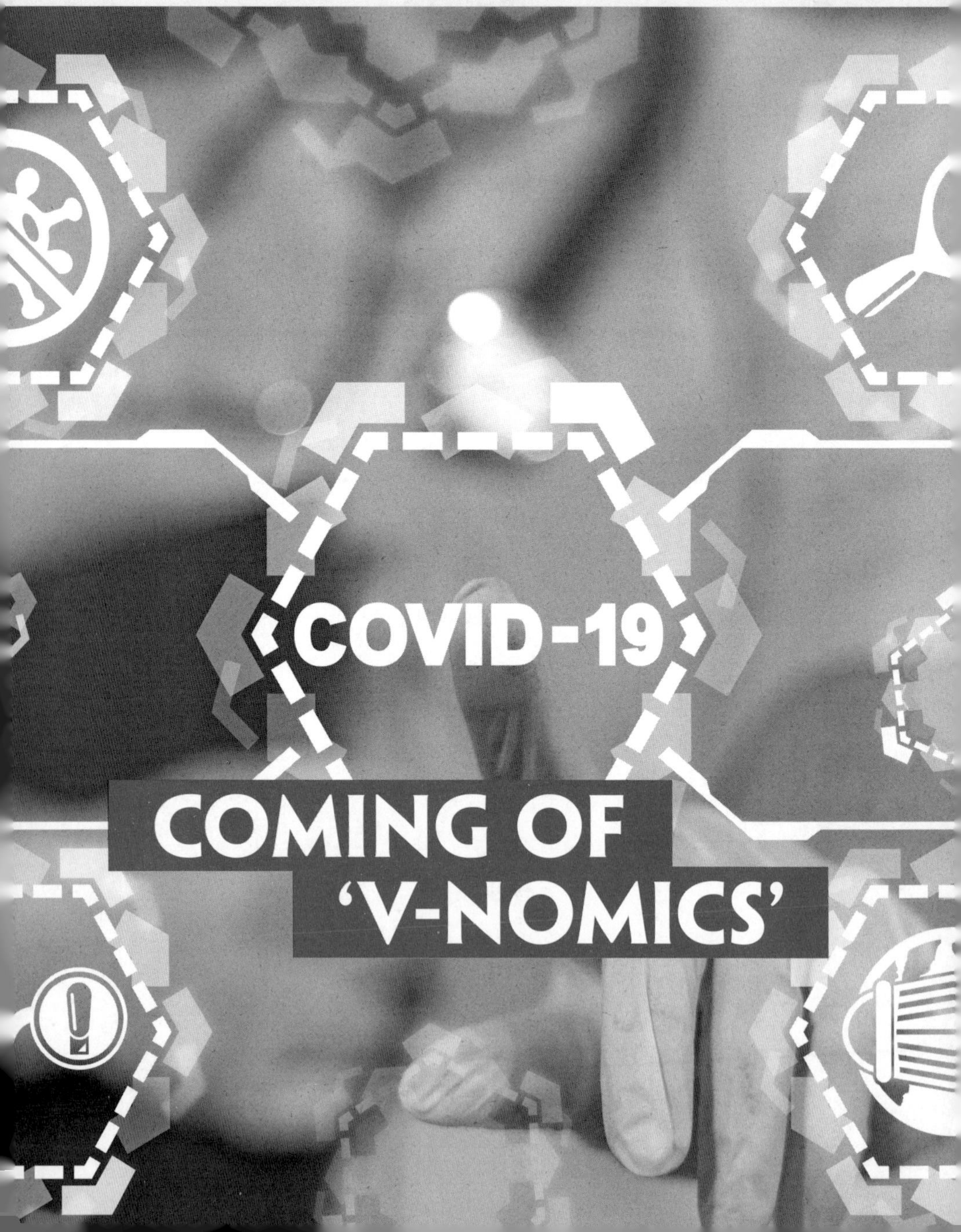
COVID-19
COMING OF
'V-NOMICS'

브이노믹스

코로나19 바이러스의 전 세계적 유행이라는 미증유의 위기 속에 우리는 한 번도 경험해보지 못한 세상을 만나고 있다. 영화나 소설에서나 상상했던 그런 세상이 지금 우리 앞에 펼쳐지고 있는 것이다. 역사를 되짚어보면 팬데믹은 항상 미래를 앞당겼던 전력이 있다. 변화는 이미 서서히 진행되고 있었지만, 사회적 대변혁은 그 진행 속도를 가속화시킨다. 그렇다면 현재까지 코로나 바이러스가 초래한 경제와 소비의 변화는 무엇이며, 앞으로 어떻게 진행될 것인가? 본서의 첫 키워드인 브이노믹스V-nomics는 바이러스virus의 V에서 출발한 단어로 "바이러스가 바꿔놓은 그리고 바꾸게 될 경제"라는 의미다. 브이노믹스는 다음 네 가지 질문으로 시작한다. ① 경기의 반등, 즉 'V자 회복'은 가능할 것인가? ② 코로나로 가속화된 '언택트' 트렌드는 어떻게 변화variation할 것인가? ③ 코로나 사태로 소비자들의 가치value는 어떻게 변화할 것인가? ④ 브이노믹스 시대를 헤쳐나가기 위해 우리에겐 어떤 비전vision이 필요한가?

미래를 예측하는 것은 늘 가능성과 불가능성 사이에 위치하지만, 위 질문에 대한 대답을 다음과 같이 준비하고자 한다. ① 향후 경기회복의 양상은 전반적으로 K자형 양극화를 보이겠지만 업종별로는 V, U, W, S, 역V 등 다양한 모습을 보일 것이다. ② '언택트' 트렌드는 대면·비대면·혼합의 황금비율을 찾아갈 것인데 조직 관리에서는 '성과 위주의 KPI', 교육에서는 '블렌디드·플립 러닝', 유통에서는 '고객경험' 극대화가 핵심 요소로 떠오를 것이다. ③ 소비자들의 가치는 안정적인 브랜드와 상생을 위해 노력하는 기업으로 옮겨가고 친환경과 본질에 대한 관심이 커지는 질적 변화를 보일 것이다. 마지막으로 심각해져가는 코로나 양극화에 대처하기 위해서 공동체 의식의 회복, 정부 역할의 균형 회복, 각 조직의 변화대응역량이 중요하다. 흑사병이 중세를 끝내고 르네상스를 이끈 결정적 계기가 됐듯, 이 세계적인 희생이 진정한 21세기의 르네상스로 이어지기 위해서는 분명한 비전과 용기 있는 트렌드 대응 능력이 절실하다.

모든 이가 모든 공간에서 마스크를 써야 한다, 학교도 직장도 교회도 갈 수 없다, 해외여행은 지나간 사진첩에서나 떠올려야 하는 추억이 됐다, PC방·노래방·클럽은 문을 닫고, 붐벼야 할 쇼핑몰은 인적이 끊긴 지 오래다…….

2019년 SF영화에서 이런 설정이 나왔다면 사람들은 어떻게 반응했을까? "아무리 영화라지만 현실성이 떨어진다", "첨단 기술과 첨단 의학 시대에 가능한 얘기인가?"라고 말했을 것이다. 믿어지지 않는 일들이 현실이 됐다. 우리의 일상이 이토록 짧은 시간에 달라진 적은 없었을 것이다. 코로나19는 전 세계의 정치·경제·사회·문화 등 모든 영역을 통째로 빨아들이는 거대한 블랙홀과도 같았다. 2020년 1월부터 본격적으로 퍼지기 시작한 이 바이러스는 이후 모든 나라로 확산되며 엄청난 수의 감염자와 사망자를 기록했다. 8월 12일을 기준으로 전 세계의 총 확진자 수는 2,050만 명을 돌파해 2009년, 세계적인 대유행으로 670만여 명을 감염시켰던 신종인플루엔자의 기록을 3배 이상 압도하고 있다. 잠정 치명률도 약 3.6%로, 신종플루의 치명률(약 0.3%)보다 약 12배에 달하는 위험한 수치다.[1]

모두가 뒤바뀐 일상에 적응하기 위해 고군분투하지만 불안과 공포감은 쉬이 해소되지 않고 있다. 앞으로 어떻게 될 것인가? 서문에서 언급했듯이, 백신이 상용화될 기약은 아득하다. 심지어 영국 면역학계의 권위자인 마크 월포트Mark Walport 박사는 BBC 인터뷰에서 "코로나 바이러스는 인류와 영원히 함께할 것"이라는 암울한 전망을 내놓기까지 했다.[2] 현재 바이러스 자체의 확산과 종식에 대한 정확한 예측은 불가능하지만, 바이러스가 흔들어놓은 소비와 경제의 향방을 그려보는 작업은 여전히 필요하다. 한 가지 분명하고 다행스러운 일은, 이보다 더한 역경에도 인류는 언제나 길을 찾아왔다는 사실이다. 인간은 변화가 감지되면 새로운 적응을 시작하는 존재다. 다시 말해 큰 변화의 타격은 역설적으로 새로운 각도에서 문제를 바라볼 수 있게 하고 미래를 위한 도약의 발판이 될 수도 있다.

코로나19 바이러스는 2021년 소비 시장을 어떻게 바꿀까? 이 책이 집필되는 시점에도 코로나 사태는 급격하게 그 양상이 바뀌는 현재진행형이지만, 그럼에도 지금까지 변화의 양적·질적 변화를 다각적으로 분석해봄으로써 앞으로의 향방에 대해 전망하는 것은 여전히 필요한 일이다. 이러한 취지에서 『트렌드 코리아 2021』에서는 첫 트렌드 키워드로 브이노믹스V-nomics라는 용어를 제안한다. 바이러스virus의 V에서 출발한 단어로 "바이러스가 바꿔놓은 그리고 바꾸게 될 경제"라는 의미다. 나아가 우리가 경제·소비와 관련해서 가장 궁금해하는 질문에 대한 대답들이기도 하다. 그 질문이란 다음 네 가지다.

① 경기의 반등, 즉 'V자 회복'은 가능할 것인가? ② 코로나19로 가속화된 '언택트' 트렌드는 어떻게 변화variation할 것인가? ③ 코로나 사태로 소비자들의 가치value는 어떻게 변화할 것인가? ④ 브이노믹스 시대를 헤쳐나가기 위해 우리에겐 어떤 비전vision이 필요한가?

마침 질문마다 주요 단어에 'V'를 포함하고 있다. 브이노믹스가 제기하는 이 '4V 질문'에 하나씩 답해보자.

질문1. 'V자 회복'은 가능할 것인가?
―K자형 양극화 속에 업종별로 다양한 모습 보일 것

●

경제가 심각하게 빠른 속도로 위축되고 있다. 메르스·사스·조류독감 등의 다양한 역병들을 경험해봤지만 이 정도로 가혹하지는 않았다. 인류의 생명이 위협받고 있는 가운데, 경제에 대한 타격도 그에 못지않다. 실제로 코로나 바이러스가 초래한 세계 경제의 성적표는 사상 최악이다. 소비자심리지수·물가지수·경제성장 모두 마이너스로 전환됐다. 한국뿐만 아니라 모든 국가들이 그야말로 경제적 재난 사태다. 사태 회복 후에도 '90% 경제'에 머물 것이라는 전망이 나온 지 오래다. '90% 경제론'은 영국의 경제주간지 〈이코노미스트〉가 코로나 이후의 경제를 예측하면서 언급했던 용어로, 전 세계적으로 소비·고용·생산 등 경제활동이 정상 수준의 90%만 작동할 것이라는 의미다.[3] 경제성장률이 1%만 떨어져도 길거리 경제에 심각한 여파를 미치는데 10% 이상 줄어들 것이라는 전망은 충격적이다. 실제로 많은 전문가들은 우리나라의 경우, 외환 위기 상황이었던 1998년(-5.1%) 이후 첫 마이너스 성장을 기록할 것으로 예측하고 있다.

이 시점에 모두가 궁금해하는 질문은 바로 이것이다: "그렇다면 2021년에는 반등할 것인가?"

수치로만 보면 그렇다고도 할 수 있다. 경제협력개발기구OECD는 한국의 경제성장률 전망치를 3.1%로 제시했다.[4] 일견 'V자형' 회복이 예측되는 상황이지만 마냥 장밋빛인 것만은 아니다. 성장률은 '전년과의 대비'이기 때문에 2020년의 충격이 얼마나 크냐에 따라서 소위 기저효과의 영향을 크게 받는다. 2020년 실적이 나쁠수록 상대적인 반등의 폭이 커 보이는 착시가 존재한다는 것이다. 정부와 지방자치단체는 경기를 살리기 위해 돈을 풀었지만 2020년 상반기 예금은 109조 원 늘었다.[5] 이른바 '보복 소비'보다는 '보복 저축'이 늘었던 것이다. 재난 상황을 경험한 가계와 기업이 지출과 투자를 하기보다 저축으로 대비하는 것은 불가피한 선택이라고 보인다.

소비자와 기업이 선택적으로 소비·투자하는 상황에서, 단순히 "거시지표가 V자를 그린다"는 사실에 주목하기보다는, 산업별·업종별로 그 회복의 양상이 어떻게 될 것인가를 면밀하게 살펴보는 일이 중요하다. 경제회복의 모양을 두고 여러 견해가 존재한다. 빠른 회복을 의미하는 V, 상당 기간 침체 후 회복을 의미하는 U, 하락 후 장기적인 정체를 의미하는 L, 등락을 반복하는 W, 완만한 회복을 의미하는 '나이키 로고swoosh' 모양 등이다. 하지만 최근 가장 유력한 설명은 'K'로,[6] 이는 상향 회복과 하향 침체가 공존하는 양극화 현상을 가리킨다. 예를 들어, 통계청이 발표한 2020년 7월 산업활동동향에 따르면 제조업 생산의 경우 자동차가 6월과 7월에 전월 대비 21.5%와 14.4%로 생산이 증가하고 다른 업종들도 비교적 스테디한 상황을 보이며 반등했다. 반면 서비스업 지수는 3월 이후 지속적인 하락세를 보이며 전년 동월 대비 3월 -5.0%, 4월 -6.1%, 5월 -0.1%, 7월 -1.3%를 나타내고 있다.[7] 전형적인 K자 현상이다.

경기회복에 대한 기대는 높지만 실제 경제회복은 더디게 일어나 경기동향지수도 K자형을 보이고 있다. 선행지수 순환변동치는 100.3으로 경기회복 기준인 100선을 넘어선 반면 동행지수 순환변동치는 아직도 97.2로 100선에 못 미치고 있다. 선행지수 순환변동치는 경기 국면과 전환에 대한 단기 예측에 사용되는 반면, 동행지수 순환변동치는 실제 경기순환이 어떻게 진행되고 있는지를 알아보는 수치다. 경기 동향을 알려주는 이 두 가지 지수는 대체로 동행해왔으나 2020년 3월 코로나19 영향이 본격화한 후 그 격차가 대폭 커졌다. 결국 경기회복에 대한 기대치는 높은데 실제 경제 상황은 회복과 거리가 있다는 뜻이다. 실제로 길거리 경제를 이끌어가는 자영업자·소상공인들의 고통이 극심하다. 전국경제인연합회가 22개 주요 골목상권 업종주를 대표하는 협회·조합을 대상으로 '2020년 상반기 경영실적 및 하반기 전망'을 조사한 결과, 주요 골목상권 업종들의 하반기 순익은 전년 동기 대비 42.0% 급감하고 코로나19 상황 악화 시에는 52.6% 이상 폭락할 것으로 나타났다.[8] 또 하나의 K다.

K자형 경기 추세

출처: 통계청

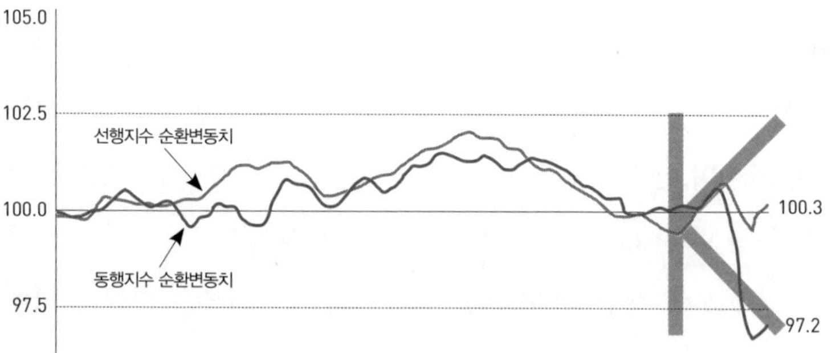

미국의 경우에도 과거 세 차례의 경기 침체를 거치면서, 상위 25%에 속하는 기업의 주가는 평균 6% 상승한 반면, 하위 25% 기업의 주가는 약 44%가량 하락했다.[9] 사실 'K자형 양극화'는 자본주의의 피할 수 없는 속성이라고 할 수 있다. 하지만 급격한 경제적 충격이나 바이러스 창궐 같은 재난 상황은 이러한 현상을 더욱 가속화시키는 경향이 있다. 하지만 이 K형은 '전체적인' 모습이다. 세부적으로는 상승할 수도, 하강할 수도, 흔들릴 수도 있다. 산업별로도 달라지는 변화의 형태를 구체적으로 살펴봐야 한다.

본서에서는 업종별 회복의 양상을 ① 빠른 회복을 보이는 'V형', ② 상대적으로 느리고 완만한 회복을 보이는 'U형', ③ 사회적 거리두기 단계에 직접 영향을 받으며 등락을 거듭하는 'W형', ④ 이미 상승트렌드를 타고 있었는데 코로나 사태로 가속화되는 'S형', ⑤ 코로나로 일시적 특수特需를 보이는 'Λ(역V)형'의 다섯 유형으로 나눈다.

이러한 유형화에 영향을 주는 변수는 첫째, 대면성이 얼마나 높으냐다. 대면성이 필수적일수록 코로나 사태의 영향을 강하고 직접적으로 받기 때문이다. 둘째 기준은 대체재가 어떻게 존재하느냐다. 예컨대 마트에서 사던 생수는 인터넷쇼핑으로 완전히 대체할 수 있다. 반면, 술집이 문을 닫으면 집 앞 편의점에서 술을 사들고 집에 들어와 마실 수는 있지만 '홈술'이 친구들과의 건배나 연인 간의 밀어를 대신할 수는 없다. 다시 문을 연다는 뉴스가 나오면 저녁 약속을 잡는 사람이 늘어날 것이다. 대체가 완전하지 않은 경우다. 이런 경우는 회복이 빠르다. 셋째는 기존에 진행되던 트렌드와 얼마나 부합하느냐다. 언택트 혹은 집 관련 소비는 이전부터 상승기류를 타던 업종인데 코로나19로 가속화됐다. 이런 업종은 코로나 사태 이후에도 계속 성장할 확률이 높다. 하지만 트렌드와 무관하게 코로나로 '반짝 특수'를 누렸다면, 사태 이후에는 제자리를 찾아갈 것이다. 이상의 기준과 2020년 3분기까지의 실제 매출을 적용하면, 이 다섯 유형을 다음의 표로 요약할 수 있다.

업종별 특성에 따른 경기회복 유형화

유형		특징	업종
V형	빠른 회복형	대면성 높음 대체성 낮음	테마파크, 미용실, 뮤지컬 공연, 색조 화장품 동네 병원(내과·소아과·치과 등), 오피스 지역 편의점 방문형 서비스(학습지·가사지원 서비스 등)
U형	완만한 회복형	대면성 높음 대체성 높음	해외여행·면세점, 성형외과(외국인 대상) 노래방, 헬스클럽, 대형마트 출장, 비즈니스·관광객 대상 호텔 정장룩
W형	물결형	대면성 높음 '사회적 거리두기' 민감	대중교통, 식당, 카페, 술집, 극장 복합쇼핑몰, 백화점, 특수 지역 편의점
S형	가속형	언택트·트렌드 부합	온라인쇼핑, 배달, 배송 캠핑 관련, 국내 휴양지 및 호텔, 호캉스, 골프 홈트, HMR, OTT 서비스, 주거지역 편의점, DIY산업, 애슬레저룩, 건강기능식품
Λ(역V)형	코로나 특수형	반사 수요 보복 소비	화상 커뮤니케이션, 국내여행, 사치품, 자동차극장 가정용 가구, 대형 TV·프로젝터·PC, 완구·과자 성형외과(내국인 대상), 정신과 피부 관리, 기초 화장품 홈웨어·라운지웨어·원마일웨어룩

이렇게 세분화된 유형으로 나누는 이유는 우리가 회복을 이야기할 때, 세심한 접근이 필요하기 때문이다. 예를 들면 같은 의료라도 내과와 성형외과가 다르고, 성형외과 안에서도 대상이 내국인인지 외국인인지에 따라 유형과 대응책이 다르다. 따라서 '피보팅'을 모색하는 사업자들이나 방역 정책을 고민하는 정부 관계자 모두, 이런 미묘한 유형 차이를 고려해 대응 방안을 모색하는 세심함이 필요하다.

1. V형: 빠른 회복형

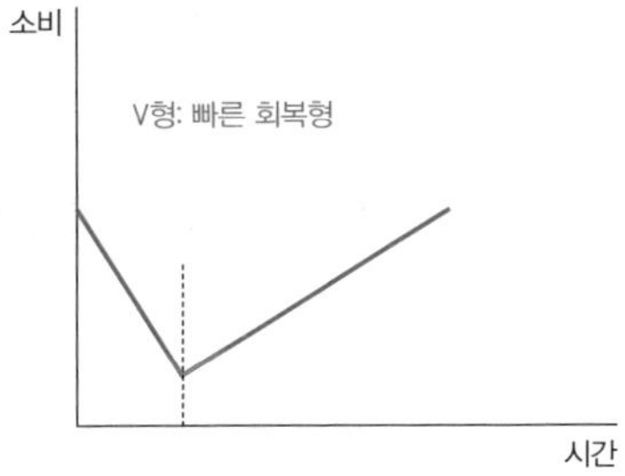

대면성이 높아 초기에 강한 타격을 입었지만, 다른 대체 수단이 마땅치 않아 코로나 상황이 개선되면 금방 회복할 수 있을 것으로 기대되는 업종이다. 예컨대 코로나19에 대한 우려로 내과·소아과·치과 등의 방문을 자제하고 있지만, 상황이 개선되면 치료를 위해 방문할 수밖에 없게 될 것이다. 외부인이 집에 들어오는 것을 꺼려 학습지·가사지원 서비스·과외 등 방문형 서비스가 줄었는데 이 역시 V자형 회복이 기대된다. 마스크 때문에 주춤했던 색조화장품도 마스크를 벗게 되면 다시 정상을 되찾을 것이다. 집에서 TV로 보면 감흥이 떨어지는 뮤지컬 공연이나 대체가 쉽지 않은 테마파크, 미용실 등도 같은 맥락에서 'V형'으로 분류됐다.

2. U형: 완만한 회복형

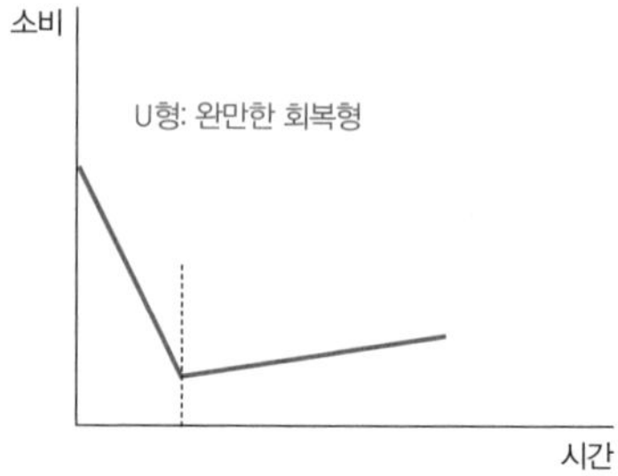

대면성이 높은데 다른 방식으로 대체가 가능해 가장 타격이 큰 유형이다. 해당 소비가 긴급하지 않거나 바이러스의 상처가 오래 남을 경우에는, 코로나 상황이 개선되더라도 업황 개선에는 다소 시간이 걸리는 '완만한 회복'이 전망된다. 코로나 사태의 직격탄을 맞았던 해외여행·면세점·출장, 비즈니스맨·관광객 대상 호텔, 외국인 대상 성형외과 등이 대표적인 예다. 대형마트는 온라인쇼핑에 자리를 내주고, 노래방·헬스클럽 등은 출입 제한 정책의 영향을 크게 받았다. 특수 지역 편의점과 정장룩 등도 재택근무가 늘어나면서 회복이 더디게 이루어질 전망이다.

3. W형: 물결형

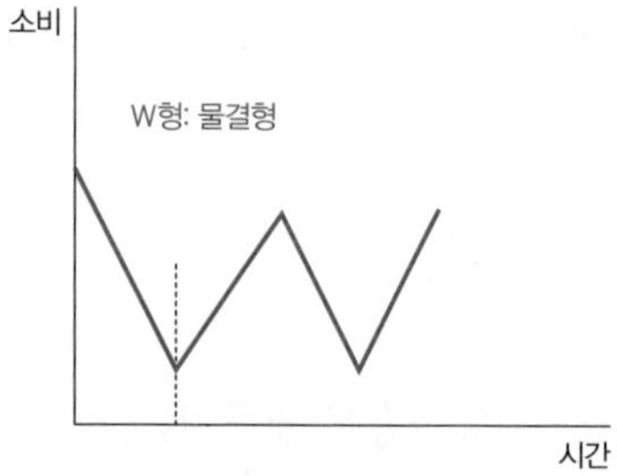

대면성이 높아서 '사회적 거리두기'의 강도가 강해지면 즉각적이고 직접적인 영향을 받는 유형이다. 'U형'과 다른 점은 소비자들의 생활에 필수적으로 자리 잡은 업종이기 때문에, 방역 단계가 완화되면 바로 회복을 보일 수 있다는 것이다. 대중교통·식당·카페·술집·극장이 대표적인 예다. 극장은 집에서 넷

●●● 사람들이 쇼핑몰과 백화점을 찾는 것은 물건을 사는 것뿐 아니라 '재미'와 '압도적 공간감' 때문이기도 하다. 이런 곳들은 코로나19 방역 단계가 완화되면 가장 즉각적으로 소비가 회복되는 W자 유형에 해당한다.

플릭스 같은 OTT 서비스를 통해 대체할 수 있지만, 여전히 사람들은 극장에서 데이트를 하고, 대형 화면과 웅장한 사운드가 주는 현장감을 느끼고 싶어 한다. 복합쇼핑몰·백화점도 이 유형인데, 대형마트와 달리 필수품을 조달하는 측면보다는 쇼핑 자체가 하나의 '재미'가 되는 측면이 강하기 때문이다. 이런 곳에 입지한 특수 지역 편의점도 포함된다. 이들 업종은 실제로 방역 단계가 완화됐을 때 가장 즉각적으로 소비가 회복되는 모습을 보였다.

4. S형: 가속형

코로나 사태 이전에도 트렌드에 부합해 성장하고 있었는데, 코로나를 계기로 오히려 그 성장이 가속화된 유형이다. 언택트·집 관련·

스트리밍 서비스 등이 대표적인 예다. 구체적으로는 온라인 쇼핑·배달·배송 같은 비대면 유통이나, 기존에 소비 인구가 증가하고 있던 캠핑·골프, 국내 휴양지 및 호텔에서의 '호캉스' 등이 코로나 수혜를 입고 있다. 집에 머무는 시간이 늘면서 소비가 늘고 있는 홈트(집에서 운동)·HMR(간편가정식)·OTT 서비스(주문형 콘텐츠)와 주거지역의 편의점도 이 유형에 속한다. 이런 산업을 다음 유형인 '코로나 특수'로 분류하지 않는 이유는 트렌드를 타고 꾸준한 성장을 이미 보여왔으며 코로나 사태가 종식된 이후에도 지속적인 성장이 예상되기 때문이다.

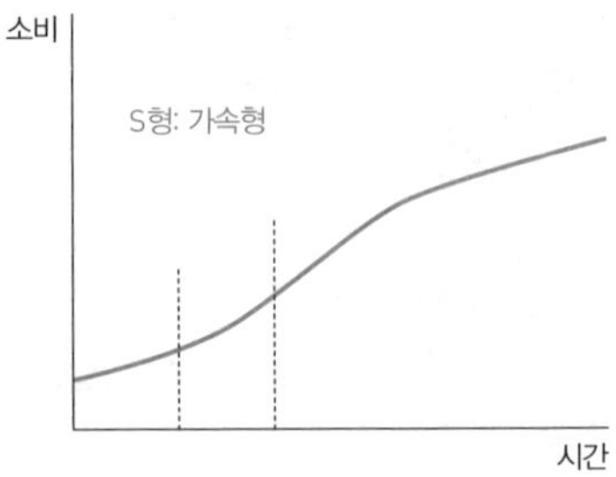

●●● 캠핑과 호캉스는 이미 트렌드로 자리 잡아가는 중이었으나 코로나19 사태로 더욱 급물살을 타게 됐다. 이 분야의 소비는 팬데믹 이후에도 꾸준한 성장이 예상되는 S자 유형으로 분류된다.

5. Λ(역V)형: 코로나 특수형

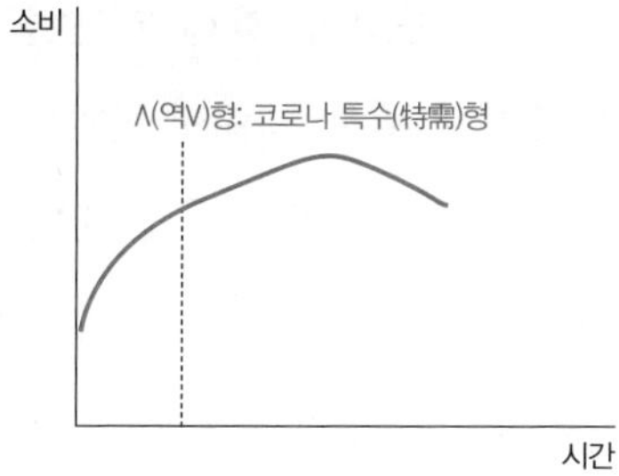

코로나 사태로 반사적 수요나 소위 '보복 소비' 등으로 인해 특수를 누렸던 유형이다. 재택근무·재택학습이 늘며 크게 각광받았던 화상 커뮤니케이션과 이를 위한 컴퓨터·태블릿, 출국이 어려운 관광객이 찾았던 국내여행지, "해외여행 갈 돈을 모아 샀다"는 사치품(명품), 집에 머무는 시간이 늘어나면서 구매가 늘었던 가정용 가구·대형 TV·프로젝터, 마스크로 상한 피부를 관리하기 위해 구매했던 피부 관리·기초 화장품, 재택근무 기간을 이용했던 내국인의 성형수술, '코로나블루(코로나 우울증)'로 인한 정신과 치료 등이 이 유형에 속한다. 패션 쪽에서는 집과 관련해 홈웨어·라운지웨어·원마일웨어룩 등이 인기를 끌었다. 이 유형의 상품은 코로나 사태가 끝난다고 해서 매출이 바로 곤두박질치지는 않겠지만 이전과 같은 꾸준한 상승을 기대하기는 어렵다는 점에서 'S형(가속형)'과는 다소 차이가 있다.

질문2. '언택트' 트렌드는 어떻게 변화할 것인가?
— 가장 효율적인 방식으로 대면·비대면·혼합의 황금비율을 찾아갈 것

●

코로나19 사태로 시장에서 가장 많이 언급된 단어 중 하나는 접촉

하지 않는다는 의미의 '언택트'일 것이다. 『트렌드 코리아 2018』에서 키오스크나 앱 경제 트렌드를 반영해 처음 제안했을 때만 해도 전염병 등에 의한 '사회적 거리두기'를 염두에 둔 것은 아니었다. 하지만 의도와 관계없이 이제 언택트 생활이 우리 생활에 필수적인 수단으로 자리 잡아가고 있다. 미국 온라인 전자상거래 대표 주자인 아마존Amazon이 미국 주요 백화점의 폐점 공간을 물류 창고로 활용한다는 소식이 화제가 된 적이 있는데, 이는 시사하는 바가 크다. 언택트가 코로나 사태를 계기로 확실하게 대세로 자리 잡았다는 이야기이기 때문이다.

이제 궁금한 것은 "향후 언택트의 모습은 어떻게 바뀌어나갈 것인가?" 하는 점이다. 최근에는 온라인에서 모든 업무가 이뤄지는 현상을 가리켜 '온택트ontact'라는 용어도 나오고 있다. 앞으로는 정말 모든 업무가 언택트·온택트로 처리될까? 2020년 언택트가 가장 뜨거웠던 세 영역, 재택근무·원격수업·비대면 유통을 중심으로 살펴보자.

재택근무의 향후 전망

코로나 사태를 계기로 재택근무·시차출근·선택근로·탄력근로 등 그동안 도입하기 어려웠던 유연한 근무제도가 시행되고 있다. 특히 출근하지 않고 집에서 근무하는 '재택근무'는 많은 조직에서 전면적으로 도입할 수밖에 없었던 새로운 근무 형태다. 이에 화상회의 플랫폼을 제공하는 '줌Zoom Video Communications'은 단연 코로나 시대의 신데렐라로 부상했다. 줌은 팬데믹 이전부터 화상회의 시스템 분야에서 하루 이용자 수가 1천만 명에 이르는 탄탄한 중소기업이었고 2019년에는 나스닥에 상장되기도 했으나 일반인들에게는 낯선 이름이었다. 그러던 것이 코로나19 발생 이후 하루 이용자 수가 순식간에 20배인 2억 명으로 늘어나면서[10] 화제의 기업으로 떠올랐다. 이렇듯 디지털로 무장한 새로운 서비스가 주축이 되면서 조직의 채용 방법도 바뀌었다. 삼성은 63년 만에 첫 온라인 공채 시험을 실시했으며, 주요 시중 은행도 채용 시기를 정기·수시 모집으로 이원화했다. 돌발 악재가 부른 고육지책이지만 오히려 비효율 거품을 걷어내는 기회가 됐다고 보는 시각이 다수다. SK텔레콤이 재택근무 한 달을 맞아 사내 설문조사를 진행한 결과 "평소와 유사하거나 더 효율적"이라는 답변이 63.7%에 달했고 "다소 불편하지만 감내할 수 있는 수준"이라는 응답도 34.0%를 차지해 무려 97%가량이 긍정적인 평가를 내놓았다.[11]

하지만 재택근무가 모든 면에서 효율적인 것은 아니다. 협업이 중요한 부서는 비대면이 당연히 효율을 떨어뜨리며 업무의 '행간 의미'를 파악하지 못해 지시의 민감도나 정확도가 떨어지는 경우도 발생

●●● 코로나19로 가장 수혜를 본 기업으로는 단연 '줌'을 꼽을 수 있다. 이제 비대면 회의, 비대면 수업은 뉴노멀이 됐다.

한다. 또 일과 삶의 경계가 모호한 데 따른 고충도 존재한다. 그렇다면 코로나 사태가 완화되면 근무 형태는 어떠한 모습으로 발전하게 될까? 일반적으로 말하자면, 업무의 성격에 따라 대면·비대면·혼합이 효율적으로 분화될 것으로 보인다.

구체적으로는 직원이 수행하는 업무의 성격, 특히 "어떤 KPI Key Performance Index가 적용되는 업무냐?"가 중요해질 것으로 보인다. 특정 업무를 평가할 때 가장 중요하게 측정하는 지표를 KPI라고 하는데 이것이 '성과 위주로 측정 가능한 업무'일 경우에는 재택근무나 유연근무를 자유롭게 실시할 수 있다. 하지만 조직 내에서 집단적인 의사 결정이 필요하거나 서로 협력해 창조성을 발휘해야 할 때, 혹은 포괄적인 KPI를 가진 업무는 시차출근·거점근무 등 다소 유연화할 수는 있겠지만 출근해서 근무하는 것이 더 효율적이라는 것이다.

좋은 예가 핑크퐁·아기상어 애니메이션 제작사인 스마트스터디다. 이 회사는 코로나 사태 이후 전사 재택근무를 권고한 상황에서 60% 재택, 40% 출근 근무 중인데, 각자 최고의 성과를 낼 수 있는 장소에서 마음대로 일하면 된다는 원칙을 고수하고 있다. 상시 재택근무, 유급휴가 무제한, 회식비·비품구입비 무제한, 출퇴근 시간 자유 등 느슨해 보이는 인사 관리지만, 단 하나 강력하게 적용되는 규칙은 "성과를 낼 것"이다.[12] 그 결과 이 회사는 지난 5년 새 매출은 11배, 영업이익은 23배가 뛰었다. 스마트스터디의 사례가 말하는 것은, 성과 중심의 업무 성격과 조직 문화가 갖춰지지 않은 여건에서 억지로 재택근무를 도입하는 것이 오히려 자율과 능률을 해칠 수 있다는 사실이다.

온라인 교육의 향후 전망

대한민국 교육계는 '온라인 개학'이라는 사상 초유의 상황을 경험했다. 학부모와 학생들은 물론 교사들도 우여곡절 끝에 온라인 교육의 일상화라는 새로운 패러다임에 진입했다. 하지만 우정은 원격으로 학습할 수 없다. 아이들은 운동장에서 뛰어놀아야 하며 대학생들은 강의실만큼이나 동아리와 학회에서도 많은 것을 경험하고 배운다. 코로나 사태가 끝나면 교육은 직장보다 빠른 속도로 원상 복귀될 것이다.

하지만 '학습 방법'까지 완전히 이전으로 돌아가지는 않을 것이다. 대면 수업을 위주로 하되 온라인 수업이 보조적으로 사용되는 '블렌디드 러닝blended learning'이 자리를 잡아갈 것으로 보인다. 실제로 2020년 7월 전국 초·중·고 교사 2,000명을 대상으로 한 설문조사에서 코로나19 종식 후의 변화로 "온라인 수업과 오프라인 수업이 적절하게 보완되는 '블렌디드 러닝'이 대세로 자리 잡을 것"이라고 응답한 교사가 56.9%로 가장 많았다고 한다.[13] 블렌디드 러닝은 두 가

●●● 코로나 사태 이후에도 온라인 수업은 완전히 대면 수업으로 대체되지 않을 전망이다. 둘을 병행하는 이른바 '블렌디드 러닝'이 자리를 잡아갈 것이다.

지 이상의 학습 방법이 지니는 장점을 결합하여 적절히 활용함으로써 학습 효과를 극대화하기 위한 학습 형태다. 면대면 교실 수업과 온라인 학습 등 오프라인과 온라인 활동을 결합한 학습이 가장 대표적이다.

서울대·고려대·KAIST 등에서는 코로나 사태 이전에 이미 '플립 러닝flipped learning'이라고 해서 '역진행 수업 방식'이 활용되고 있었다. 수업에 앞서 학생들이 교수가 제공한 강의 영상을 미리 학습하고 강의실에서는 토론이나 과제 풀이를 진행하는 형태로 일부 교과목 수업이 진행됐던 것이다. 온라인 강의가 교수·학생 모두에게 익숙한 경험으로 자리 잡은 지금부터는 더욱 자유롭게 대면 수업·온라인 수업·플립 러닝 등을 혼합하며 교육 효과를 극대화할 수 있을 것으로 기대된다. 초·중등교육에서도 블렌디드 러닝이 주목받는 이유는 면대면 교육이 가진 시간적·공간적 제한점을 온라인을 통해 보완할 수 있기 때문이다. 반대로 전자 학습의 문제점으로 지적되는 인간적인 접촉의 상실, 나홀로 학습에 대한 두려움, 이로 인한 동기 유발 저하를 면대면 교육으로 보완할 수 있을 것으로 보인다.[14]

언택트 유통의 향후 전망

2020년은 비대면 유통이 크게 성장한 한 해였다. 'S형' 성장에서 전술했듯이 이미 급속히 성장하고 있던 시장이 코로나19로 날개를 단 격이 됐다. 바이러스 사태가 종식된 이후에도 비대면 전자상거래의 비율은 더 높아질 것으로 보인다. 하지만 유통 역시 그 형태는 근무나 교육과 마찬가지로 최적지점을 찾아 여러 형태가 유연하게 뒤섞

일 것으로 보인다.

첫 번째 형태는 '언택트 강화'다. 롯데마트 서초점의 무인 셀프계산대는 코로나 사태 발발 이후 10개에서 22개로 늘었다.[15] 코로나바이러스 진단 검사를 필두로 패스트푸드·커피·호텔·수산시장·편의점·백화점·도서관 등 영역을 가리지 않고 자동차에 탄 채로 업무를 해결할 수 있는 '드라이브스루drive-through' 서비스가 확장되고 있다. 이러한 서비스는 시간 절약, 편리성 향상, 인간적 접촉의 부담 완화, 인건비 절약 등을 이유로 코로나 사태 해결 이후에도 확산될 가능성이 크다.

두 번째 형태는 언택트를 기초로 하되 인간적 접촉을 보완하는 것이다. 롯데백화점 청량리점 아모레스토어에는 '언택트 존'이 있어 고객이 혼자서 여러 제품을 사용해 볼 수 있지만, 바로 옆 '카운셀링 존'에서는 직원이 친절하게 여러 가지 설명과 함께 메이크업을 도와준다. 방해받지 않길 원하는 젊은 고객과 응대를 바라는 중·장년 고객을 대상으로 한 공간에서 서비스를 분리한 것이다.

출처 : 원더스

●●● 언택트와 대면 서비스의 중간 지점에 있는 '미들택트' 개념이 선보였다. 온라인몰을 통해 스마트폰을 구매한 고객에게 바로 제품을 배달하고 그 자리에서 관련 서비스를 빠른 시간 안에 제공하는 것을 뜻한다. 이를 '경험 배송'이라고 칭하기도 한다.

언택트와 인적 서비스를 최적으로 결합한 서비스 모델도 등장했다. '원더스'라는 배송 전문 스타트업은 스마트폰 '오늘 도착 서비스'를 선보였다. 소비자가 온라인에서 스마트폰을 주문하면 배송기사가 전달만 하는 것이 아니라 개통과 데이터 이전 등 대리점에서 받았던 서비스를 같이 제공하는 것이다. 이때, 핵심은 배달원이 평균 20분 이내에 관련 대면 서비스를 끝낸다는 데 있다. 직접 만나는 것이 불가피하다 해도 대면 접촉이 없는 언택트의 특징을 최대한 유지하기 위해서다. 이를 '경험배송'이라고 부르는데, 원더스의 김창수 대표는 '미들택트Middle Tact'라는 용어로 개념화했다.[16] 미들택트는 언택트와 인적 서비스의 중간 영역에 존재하는 서비스로, 대면 배송에서 얻을 수 있는 경험의 가치를 극대화할 것으로 기대된다.[17]

이러한 언택트 채널의 진화에 대응해 오프라인 유통채널은 어떻게 해야 살아남을 수 있을까? 답은 "온라인과 차별화되는 경험을 소비자에게 어떻게 제공할 수 있느냐?"에 달려 있다. 온라인이 줄 수 없는 대표적인 요소로는 압도적 공간감, 상품의 물성, 체험적 요소 등을 들 수 있다. 자주 언급되는 사례지만 삼성동 코엑스의 '별마당 도서관'은 압도적인 공간감을 소비자들에게 선사함으로써 줄어들던 내장객을 크게 늘렸다. 삼성전자의 오프라인 매장 '디지털프라자'도 작은 매장들을 통폐합해, 제품을 직접 만져볼 수 있도록 상품의 '물성'에 대한 체험을 극대화한 메가스토어 전략으로 온라인에 빼앗겼던 고객을 다시 찾아오고 있다. 이마트 월계타운점 2층의 '아크앤북'은 책만 진열한 기존 서점과 달리 레고를 비롯한 장난감을 갖고 놀 수 있는 체험 공간을 제공함으로써 무료 배송과 당일 배송을 무기로 내세운 온라인서점에 도전장을 내밀었다.[18]

현재 유통시장은 단순히 언택트화에 그치는 것이 아니라, 그 형태가 바뀌는 격변기를 겪고 있다. 소비자 개개인이 유통의 주체가 되는 '세포마켓', 중고거래의 활성화 이외에도 실시간 소통을 극대화하는 '라이브 커머스', 유명인 인플루언서들이 기존 유통망과 제휴하는 '셀럽공구마켓' 등 현기증 날 정도로 빠른 변화를 보이고 있다. 이러한 트렌드의 격랑 속에서 전통적인 오프라인 매장이 살아남기 위해서는 결코 온라인이 모방할 수 없는 요소들을 갖춰야 할 것이다. 공간감, 상품의 물성, 고객체험 등은 하나의 예시일 뿐이다.

질문3. 소비자들의 가치는 어떻게 변화할 것인가?

— 안정적인 브랜드 선호, 상생과 친환경·본질에 대한 관심이 커져

●

코로나 사태는 소비의 양적 측면만 변화시키지 않는다. 질적 측면, 즉 구매와 관련된 소비자의 선호와 가치도 바꿔놓는다. 위기에 직면했을 때 소비자들은 본능적으로 검증된 것을 찾는다. 코로나19는 소비자들의 브랜드 선택 기준에도 영향을 미치고 있는데, 1등 브랜드에 대한 쏠림이 강해지는 현상이 바로 그것이다. 예를 들어 라면·즉석밥·참치 등 필수품 선택의 경향을 보면, 신상품이나 신생 브랜드보다 각 분야 대표 브랜드가 소비자들의 선택을 받았다. 경기 불황이나 재해 등 위기 상황에서 이미 검증된 인기 제품을 구매함으로써 소비에 따른 리스크를 줄이려는 경향이 높기 때문이다.

단지 1등이라고 해서 구매하는 것은 아니다. 위기 상황에서 보다 노련하고 확실하게 '대처를 잘해줄 것'으로 기대하고 있기 때문에 선

택했다고 보는 것이 타당하다. 실제로 경영 컨설팅 업체 맥킨지가 미국·영국·독일·프랑스에 거주하는 2,500명 이상의 소비자를 대상으로 설문조사를 실시한 결과, 응답자 중 40% 이상이 코로나19 위기 기간 동안 경쟁력 있는 가격·재고 확보 여부·온라인 구매의 편리성·위기에 대처하는 브랜드의 운영 방식 등을 고려하여 선호하던 브랜드를 바꾼 것으로 나타났다.[19]

고통을 분담하는 브랜드와 기업들

소비자들은 재난 상황에 적극적으로 대처하며 위기를 함께 넘기 위해 노력하는 기업들에게 안정감과 호감을 갖는다. 코로나19 위기 속에서 직원들의 임금을 오히려 인상하거나, 셧다운 조치로 영업을 중단한 기간에도 급여를 유지하는 등 직원들의 복리에 힘쓴 브랜드나 상품을 선호하는 것으로 나타났다. 맥킨지는 대표적인 예로 룰루레몬을 꼽았는데, 요가복 등 스포츠웨어를 주력으로 하는 룰루레몬은 코로나19의 급격한 확산으로 2020년 3월 북미와 유럽 매장의 문을 일시적으로 닫게 되자, 200만 달러 규모의 펀드를 조성해 운영비와 생활비에 타격을 입은 매장 운영자들과 직원들을 긴급 지원하기로 했다. 이로써 '앰배서더ambassador'라고 불리는 룰루레몬 영업점 운영자와 직원들은 팬데믹 속에서도 최소한의 안정감을 되찾을 수 있게 되었다.

팬데믹 불안 속에서 CEO의 대응 능력이 더욱 중요해지고 있는 가운데, 페이스북의 마크 저커버그도 2020년 3월, 4만5,000명 전 직원에게 코로나 위로금 1,000달러를 지급한다고 발표했다. 위로금의 성격은 재택근무로 인해 구내식당을 비롯한 회사의 각종 복지 시설을 이용하지 못하는 것에 대한 보상이다. 이 밖에 재택근무의 성과 측정에 불안해하는 직원들에게 6개월 동안 모두 '초과 달성' 실적을 주기로 해 직원들을 안심시키는 등 발 빠른 조처가 눈길을 끌었다. 고객 정보 유용과 가짜뉴스 등으로 몸살을 앓은 페이스북은 기업 이미지가 실추되고 주가도 하락하는 등 악재를 겪고 있지만, 코로나 사태에 자사 직원을 추스르기 위한 CEO의 신속한 대처가 전 세계 언론에 앞 다퉈 소개되면서 시장에 긍정의 메시지를 보냈다.

우리나라의 경우는 현대백화점의 예를 들 수 있다. 현대백화점은 바이러스 확산 초기인 2020년 3~4월에 어려움을 겪고 있는 중소기업 브랜드 매장 관리 매니저 3,000여 명에게 100만 원씩, 총 30억 원을 지원한 바 있으며, 매장 내의 중소 식음료 매장 수수료와 전문식당가 관리비도 감면했다. 또한 중소 협력사에게는 5개월간 납품 대금을 선지급하는 방안도 포함됐다.[20] 이러한 사례는 코로나19 관련 지원을 자사 구성원뿐만 아니라 협력사·입점사 등 이해관계자와 나눔으로써 고통을 분담하려는 노력으로 평가받는다. 위의 사례에서 보듯, 코로나19 이후 기업의 사회적 책임에 대한 인식은 더 높아질 것으로 보인다.

지속가능성에 대한 높은 관심

더 나아가 기업은 이제 환경Environment·사회Social·지배구조Governance의 측면에서 소비자에게 인정받을 수 있는 변화를 모색해야 한다. 이 세 가지 요소를 첫 글자를 따서 'ESG'라고 하는데, 이제는 기업의 매출이나 영업이익뿐만 아니라 사업의 친환경성, 임직원에 대한 처우, 기업 운영과 지배구조의 투명성 등도 모두 투자와 소비의 기준이 된다는 것이다.[21] MZ으로 불리는 밀레니얼·Z세대 소비자들은 특히 해당 기업의 사회적 책임에 아주 민감하다. 그리고 코로나 사태와 같은 위기상황에서는 MZ세대뿐만 아니라 누구든 기업의 도덕성에 대한 관심이 더 커질 수밖에 없다. 이는 수치로도 증명되고 있다.

글로벌 펀드평가사 모닝스타Morning Star는 코로나19 이후 주식형 펀드로 유입되는 돈은 줄었지만 ESG펀드에는 711억 달러가 새로 유입됐으며 펀드 수도 2015년의 60개에서 최근 400개를 넘겼다고 발표했다. 환경에 해를 끼치는 기업에 대한 사회적 관심과 대중의 모니터링이 이제 상시적으로 이루어지고 있는 분위기다. 세계적인 에너지 기업으로 한때 전 세계 시가총액 1위를 기록하기도 했던 미국의 엑슨모빌은 온실가스 감축에 의도적으로 참여하지 않는 것이 밝혀지면서 투자자들로부터 외면당했는데 80달러였던 주가가 30달러 선으로 떨어지는 것도 모자라 92년 만에 다우존스 산업평균지수에서 퇴출당하는 수모를 겪어야 했다. 이와 대조적으로 덴마크의 국영 석유기업 '동DONG에너지'는 화석연료 위주의 석유사업부문을 매각하고 사명도 '오스테드Orsted'로 바꿔 친환경 해상풍력 발전에 집중하는 기업으로 거듭났다. 2016년 270크로네(약 5만 원)이었던 회사의 주가는 환경친화적인 노력이 인정을 받으면서 최근에 이보다 3배 높은 850크로네로 거래되고 있다.[22] 착한 기업이 재무 성과도 더 좋아지는 선순환이 이루어지고 있는 모습이다.

근본에 집중하는 사람들

코로나 사태와 같은 불안은 환경친화적인 구매와 본질에 대한 관심도 증폭시킨다. 바이러스로 인해 인류의 시간이 멈추었을 때는 인간의 무절제로 인해 파괴된 환경문제가 얼마나 심각한지를 실감하는 순간이기도 했다. 실제로 코로나19 사태로 인해 많은 사람들의 인식에 변화가 감지되고 있다. 2020년 4월 전국 만 20세 이상 가구 1,000명을 상대로 설문조사를 진행한 결과, 코로나19 이후 일상생활 및 삶의 가치 변화에 대한 질문에 "나와 가족의 미래에 대해 더 진지하게 생각하게 됐다"라는 응답이 53%였으며, "기존 삶의 방식을 되돌아보는 계기가 됐다"는 응답도 41%였다.[23] 코로나19가 삶에 대한 우리의 시선을 보다 근원적인 곳으로 돌리게 하고 있다. 『트렌드 코리아 2019』에서 언급했던 '필환경 소비'가 예상보다 더 빠르게 확산할 것이라고 전망할 수 있는 이유다.

> "원래 야구를 좋아하는데, 무관중으로 하면 재미가 없을 줄 알았어요. 그런데 응원 소리, 관중들의 표정 등 시선을 뺏는 요소들이 사라지니 경기 그 자체에 더 집중하게 되는 느낌이라 저는 더 좋았어요."
>
> *- 30세 여성 대학원생, 서울대 소비트렌드분석센터 자체 소비자 인터뷰 발언 중*

코로나19 이후 경기 자체에 집중하게 됐다는 어느 야구팬의 말처럼 2020년을 습격한 바이러스는 소비의 본질에 집중하도록 만들고 있다. 기본에 충실한 '코어core'에 대한 니즈가 확대되는 것이다. 한국

리서치의 소비자 설문 결과를 보면, 코로나19 이후 상품 선택 시 민감성 증대 요인을 묻는 항목에서 응답자들은 판촉·행사·할인보다 제품의 안전성이나 품질과 같은 근본적인 요소를 더 민감하게 받아들인다고 답했다.[24] 예를 들면 CJ올리브영이 코로나19가 한창이던 2020년 5월 29일부터 6월 2일까지의 매출을 전년 동기간 수치와 비교해 살펴본 결과, 매출 성장세가 가장 두드러진 품목은 스킨케어 첫 단계에 쓰이는 '토너'로 전년 동기 대비 매출이 60%가량 증가했다. 토너는 세안 후 피부 결을 정돈하고 빠르게 수분을 공급해주며 기초를 다지는 데 꼭 필요한 아이템이다.[25] 외출을 자제하면서 색조 화장에 대한 니즈는 감소한 반면, 피부 관리에 기본이 되는 아이템의 수요는 증가한 것으로 풀이된다. 일상생활에서도 화려하게 외모를 치장하기보다 건강과 위생 등 기본적인 생활 요소에 더 신경 쓰는 분위기가 조성되고 있다.

전망 및 시사점

— 코로나 양극화 대처를 위해서는 시민·정부·기업의 변화대응역량이 중요

●

"우편번호가 당신의 건강 상태를 결정한다."

미국 일리노이주 시카고의 흑인 비율은 전체 인구의 30%다. 그런

데 2020년 4월 해당 지역의 코로나 사망자를 따져보니 무려 72%가 흑인이었다. 미국 루이지애나주·노스캐롤라이나주 등에서도 흑인의 코로나 바이러스 감염률과 사망률이 백인보다 월등히 높았다. 미국에서 흑인은 백인보다 상대적으로 집값이 저렴하고 의료 시설이 부족한 동네에 산다. 대부분이 버스 기사나 슈퍼마켓 계산원 등 '재택근무'가 가능하지 않은 업종에 종사하며 비싼 보험료를 내지 못해 의료 혜택을 받지 못하는 경우도 많다. 반면, 고소득층은 인구 밀도가 높은 도심 아파트를 떠나 휴양지나 교외 별장으로 피신할 수 있다. 이곳에서 아이들은 넓은 마당에서 뛰놀다가 시간이 되면 맨해튼 사립학교의 온라인 수업을 듣는다.

뉴욕 도심에 남아 있는 사람은 재택근무 여부로 계층이 다시 나뉜다. 중산층은 감염 위험을 피해 자신의 집에서 일을 하고 온라인 스트리밍 및 배달 서비스를 누릴 수 있다. 이에 반해 저소득층은 감염 위험을 무릅쓰고 대중교통 등을 이용해 일터로 출근해야 하고, 이들의 자녀는 휴교령이 연장되고 돌봄 시설이 문을 닫으면 갈 곳을 잃는다. 이러한 환경 차이가 바이러스 창궐 시대에 개인의 건강 상태에까지 영향을 미치고 있는 것이다.[26]

감염병 재난은 특별한 면이 있다. 인간은 질병 앞에 평등하지만, 질병에 노출될 확률은 평등하지 않다. 원인·과정·결과 모든 측면에서 사회적 조건과 밀접하게 연관돼 있기 때문이다. 이 모든 현상이 코로나 양극화corona divide의 일면이다. 'K자 형'은 경기회복에만 해당하는 분기分岐가 아니며 개인의 일상에서도 그 차이가 극명해지고 있다.

우리나라의 데이터를 살펴보아도 양극화의 골이 심화되고 있음을 알 수 있다. 통계청이 발표한 2020년 1분기 가계동향 조사 결과를 보면 가계 전체 소득은 전년 분기보다 늘었지만, 소득 하위 10%에 해당하는 1분위 소득(95만9,019원)은 전년 분기보다 3.6% 줄었다. 하위 10% 저소득층과 상위 10% 고소득층 간 소득 격차를 보여주는 P90/P10 배율도 코로나 사태 이전보다 크게 악화됐다. 코로나19로 일용직·임시직 등 저소득층 일자리가 줄면서 이들의 근로소득이 줄어든 반면, 여유 자산을 가진 사람들은 시장에 유동성이 넘치는 상황에서 자산 가치가 늘어나고 있기 때문이다.

승자 독식의 세상을 경계해야

마이클 샌델이 "위기로 인해 위기 이전부터 있었던 문제가 더 부각된다"고 말한 것처럼 코로나19 사태로 우리 사회가 지니고 있던 사회적·구조적 문제들이 수면 위로 떠오르고 있다. 디지털 트랜스포메이션이 빨라지며 준비된 자와 그렇지 않은 자의 대응 격차도 크게 벌어지는 중이다. 원격교육과 재택근무처럼 디지털화되는 영역이 확장되면서 승자 독식 구조가 더욱 공고해지고 있는 것이다. 원격수업은 가정 형편에 따라 집에 PC가 없거나 부모의 도움을 받지 못하는 경우에는 이용하기가 쉽지 않다. 교육부 산하 한국교육학술정보원의 보고에 따르면 교사의 79%가 "원격수업 이후 학생 간의 학습 격차가 커졌다"고 대답했다.[27]

공급자의 양극화도 심각해지는 추세다. 온라인 수업은 누구나 들을 수 있기 때문에 질적으로 우수한 콘텐츠에만 수강자가 몰릴 수 있다. 인터넷 강의계의 넷플릭스라고 불리는 '마스터 클래스MASTER-CLASS'는 연기는 나탈리 포트만, 영화 연출은 마틴 스코세이지, 농구는 스티븐 커리가 가르치는 식의 프리미엄 강의로 인기를 끌고 있다. 이에 한국의 한 사립대 영화학과 교수는 "마틴 스코세이지와 박찬욱 감독에게 영화 강의를 들을 수 있는 시대에, 나의 경쟁력은 무엇인지 자문하게 된다"고 고백하기도 했다.[28] 이런 현상은 더욱 확산될 것이다. 오프라인 시장에서는 톱3가 시장을 나누는 '룰 오브 스리Rule of Three'가 통했지만 온라인이 강세인 브이노믹스에서는 승자가 독식하는 '룰 오브 원Rule of One'이 강화되는 경향을 보이기 때문이다.[29]

이처럼 코로나19 사태로 인한 사회적 희생이 심각해져가는 상황에서 우리는 무엇을 해야 할까? 개인으로서는 방역 수칙을 준수하며 일단 살아남는 것이 가장 큰 과제다. 하지만 그 와중에도 '관용generosity'의 미덕이 바탕이 돼야 할 것이다. 차별이나 혐오의 행동을 경계해야 한다. 코로나 사태 발생 이후인 2020년 4월 국가인권위원회가 조사한 결과, "코로나19를 계기로 나도 언제든 차별의 대상이 될 수 있다"는 생각에 응답자의 91.1%가 공감을 표했고, 69.3%가 코로나19 확산 국면에서 차별이나 혐오의 대상이 존재했다고 응답했다.[30]

이러한 사회적 차별 혹은 공격과 같은 행동들은 불안한 상황에서 문제를 해결해나가는 데 치명적인 걸림돌이 된다. 암스테르담 자유대학의 심리학자 파울 판 랑에Paul Van Lange 교수의 연구에 따르면, 우리는 타인의 관용 즉, 이타적 행동을 통해 사회적 협동을 유지할 수 있는 정신적 에너지를 가지게 된다고 한다. 나 아닌 타인의 이타적 행동을 보면서 일탈적이고도 반사회적인 언행을 하지 않을 수 있는 심리적 자제력을 확보할 수 있는 것이다.[31] 사실 우리는 역사를 통해 위기를 딛고 공동의 목표를 이룩한 경험이 있다. 이전의 경험을 발판 삼아 공동체 의식을 재건하고 관용적 태도로 신뢰와 연대를 쌓아가야 한다.

"적응하거나 죽거나"

브이노믹스에서 정부의 역할은 중요하다. 감염병 방역이 최우선 과제로 떠오르면서 정부의 기능은 막대해지고 있다. 미국에서는 드론이 거리를 날아다니며 경고를 날리고, 중국에서는 안면인식 기술을 활용해 마스크 착용을 강제하며, 홍콩에서는 위치추적 밴드 착용을 의무화했다.[32] 이처럼 '빅브라더 감시 기술'이 강화되고 전염병을 명분으로 국가권력이 비대해지면서 국민의 기본적 인권과 자유를 침해할 수 있다는 우려가 커지고 있다. 침체된 소비를 살리기 위한 긴급재난지원금을 배부하는 등 '큰 정부'의 역할이 필요해졌지만 국가재정의 건전성이나 분배 과정에서의 비효율성에 대한 걱정도 더불어 커지고 있다. 핵심은 재난 극복의 과정에서도 과도한 권력 행사에 대한 유혹을 자제하고 균형을 찾는 일이다. "정부가 모든 것을 해결할 수 있다"는 관점보다는 소비자·기업·정부가 어떻게 역할을 분담하며 문제를 해결해나갈 수 있을까에 대한 성찰이 절실하다.

브이노믹스 시대 조직과 기업의 과제는 미래에 대한 비전을 바탕으로 트렌드 변화에 대한 민첩한 대응 역량을 기르는 일이다. 후술하는 '거침없이 피보팅' 키워드에서 설명하겠지만, 생존은 곧 적응에 달렸다. 이는 비단 소비재를 생산하는 B2C 기업이나 조사 역량을 잘 갖춘 대기업에만 해당하는 것은 아니다. 오히려 규모가 작은 스타트업이나 중소기업들이 발 빠른 전략으로 저예산의 다양한 실험을 해 나가며 시장에서 답을 찾아내기에 더 적합할 수도 있으며, 실제로 이를 입증하는 다양한 사례들이 소개되고 있다.

충남 서산의 '태경케미컬'은 드라이아이스를 생산해 CJ대한통운 같은 물류 회사에 납품하는 전형적인 B2B 중소기업이다. 하지만 이 회사는 비대면 식품 거래가 늘어나는 트렌드를 확인하고, 나름의 준비를 시작했다. 코로나19 발발 이전인 2020년 1월부터 약 25억 원의 신규 투자를 통해 자동화 설비를 도입했고, 식품 전용의 액화탄산 드라이아이스를 개발해 마켓컬리나 쿠팡 같은 까다로운 납품처의 요구를 맞췄다. 작은 B2B 회사지만 소비자를 위한 "safe fresher"라는 브랜딩 작업도 병행했다. 이 투자는 코로나 사태 이후 소위 언택트 경제가 진전되면서 빛을 발했다. 급성장하는 국내 드라이아이스 시장에서 점유율 1위를 고수하고 있으며, 매출과 주가도 크게 올랐다. 이 사례는 B2B기업이든 중소기업이든 혹은 정부나 공공단체든 브이노믹스의 핵심 역량은 바로 '변화대응능력'임을 잘 보여준다.

홍익대 유현준 교수는 "흑사병이 중세 시대와 르네상스 시대의 분기점이 됐다. 만약 흑사병이 아니었다면 중세가 20세기까지 지속됐을 수도 있기에, 코로나19가 흑사병과 마찬가지로 새로운 시대를 만들 기회가 될 수 있다"고 진단한다.[33] 이 세계적인 희생이 헛되지 않고 21세기의 진정한 르네상스의 계기가 되도록 하려면, 우리에게는 무엇이 필요한가? 세계경제포럼WEF 클라우스 슈밥 회장의 한 마디 말이 묵직하게 다가온다.

"적응하거나 죽거나(Die or adapt)."

OMNI-LAYERED HOMES

레이어드 홈

너무나 당연하게 여겨지던 정형적이고 고정된 공간, 집이 변화의 진앙지가 되고 있다. 사실 '집과 동네'는 지난 10여 년간 꾸준히 영향력이 커지고 있는 트렌드였다. 그러다가 2020년 코로나 사태로 전 국민이 오랜 시간 집에 머무르면서 집에 대한 관심이 폭발적으로 늘었다. 그 결과 마치 여러 벌의 옷을 겹쳐 입어 멋을 부리는 '레이어드 룩layered look' 패션이나, 이미지 프로그램 '포토샵'에서 이미지의 층層을 의미하는 '레이어layer'처럼, 집이 기존의 기본 기능 위에 새로운 층위의 기능을 덧대면서 무궁무진한 변화의 양상을 보여주고 있다. 이처럼 집의 기능이 다층적으로 형성된다는 의미에서 '레이어드 홈'이라는 트렌드를 제안한다.

최근의 집이 보여주는 층위는 크게 세 가지다. 첫째, 기본 레이어Basic Layer는 기존에도 수행해왔던 기능을 심화하는 층이다. 둘째, 응용 레이어Additional Layer는 그동안 집에서는 별로 하지 않던 일을 집에서 해결하는 층이다. 셋째, 확장 레이어Expanding Layer는 집의 기능이 집 안에서만 이뤄지지 않고 집 근처, 인근 동네로 확장되며 상호작용하는 현상을 지칭한다. 기본 레이어에서는 집의 기본적인 기능이 강화되면서 위생 가전·가구·인테리어 산업의 발전을 가져오고 호텔 아이템이나 로봇 등을 활용해 프리미엄화하고 있으며, 응용 레이어에서는 집에서 학습·근무·쇼핑·취미·관람·운동 등의 전에 없던 활동을 수행하면서 다기능화되는 집의 모습을 보여준다. 확장 레이어는 슬리퍼를 신고 다닐 수 있는 집 근처, '슬세권'으로 경제활동의 영역이 넓어지는 현상을 말한다.

코로나 사태는 공간의 미래를 앞당겼다. 환금성 높은 자산으로서 욕망의 대상이 되어버린 '하우스'의 의미가 삶을 영위하는 공간으로 재정의되는 '홈'으로의 변화가능성을 보여주고 있다. 레이어드 홈 트렌드는 2021년의 대한민국을 넘어 미래주택 공간의 패러다임이 이동하고 있음을 보여주는 신호다. 생각이 변하면 미래도 변한다. 단언컨대 미래 소비산업 변화의 요람은 집이 될 것이다.

최근 방송가의 두드러진 트렌드 중 하나는 '집방', 즉 집과 관련한 프로그램이 눈에 띄게 늘었다는 점이다. 메인 타깃인 2049층의 시청률이 31주 연속 동시간대 1위를 차지할 만큼 인기가 높은 MBC의 〈구해줘! 홈즈〉를 필두로, 주거 문화에 대한 다양한 아이디어를 제시하는 〈집사의 선택〉(SBS CNBC), 건축가들이 독특한 매력을 지닌 전국의 집들을 소개하는 〈건축탐구-집〉(EBS) 등 각 채널마다 여러 프로그램이 방영되고 있다. 특히 tvN의 〈바퀴 달린 집〉은 집에 머물면서도 자연 속으로 떠나고 싶은 현대인의 이율배반적인 욕구를 진짜 바퀴 달린 집으로 풀어내 시청자들의 호응을 받았다. 이 밖에도 연예인 출연자의 집 정리를 대신해주는 tvN의 〈신박한 정리〉도 집 안의 작은 공간까지 새롭게 활용하며, 집이 떠나고 싶은 공간에서 머물고 싶은 공간으로 변화하는 과정을 보여주고 있다.

이러한 '집방'의 성공은 최근 집에 대한 사람들의 관심이 얼마나 높아졌는가를 잘 보여준다. 사실 '집과 그 인근 동네'는 지난 10여 년간 꾸준히 영향력이 커지고 있는 트렌드였다. 본서 시리즈의 첫 책인 『트렌드 코리아 2009』에서 '다시 집으로' 키워드가 발표된 이래, '떴다, 우리동네'(2010), '숨은 골목 찾기'(2015), '나만의 케렌시아'(2018), '밀레니얼 가족'(2019), '라스트핏 이코노미'(2020) 등 집과 동네 관련 키워드가 꾸준히 이어졌다. 이러한 흐름 속에서 2020년 코로나19 바이러스가 한국 사회를 뒤덮으며 전 국민이 집에 머무는 시간이 늘어나면서 집에 대한 관심과 관여도는 폭발적으로 높아졌다.

서울 암사동에는 선사주거지가 있다. 신석기 시대 유적으로 집터와 시설 등 마을 단위 유적이 발견되어 보존되고 있는데, 20여 기의

출처: EBS, tvN, MBC

●●● 최근 들어 TV 예능 프로그램의 대세로 자리 잡은 '집방'은 현대인에게 집이 단순한 주거 공간을 넘어 얼마나 다채로운 공간으로 재조명되고 있는지 잘 말해주고 있다.

집터는 모두 움집이다. 공간의 분리 없이 필요에 따라 공간의 기능이 수시로 바뀌는 '다기능적' 구조를 가지고 있다. 이후 건축 기술이 발전하면서 집 공간도 분화됐는데 서양은 목적성에 따라 방이 분리된 반면 동양은 사람에 따라 방이 나뉘었다. 코로나 시대를 겪으며 이제 집은 목적에 의해서도, 사람에 의해서도 아닌 새로운 '다기능성' 공간으로 재탄생되고 있다. 가장 많은 시간을 보내는 공간이 되어버린 집에서 우리는 먹고, 자고, 사고, 놀고, 운동하고, 공부하고, 휴식하고, 꾸미는, 모든 활동을 하기 시작한 것이다. 그리고 놀랍게도 불가능해 보였던 이 모든 과정들이 거의 다 해결되고 있는 신세계를 경험하는 중이다.

인생의 주기에 따라 우리의 라이프스타일이 변하는 동안에도 집은 웬만해선 고정되어 있었다. 결혼을 하고 아이가 커감에 따라 달라지는 상황에 맞추어 집을 옮겨 다녀야 하는 번거로움을 당연시했다. 그런데 전 세계를 공황으로 몰아넣은 팬데믹을 겪으며 사람들이 가장 안전한 공간인 집에 은신하면서, 오랫동안 변치 않았던 집의 기능이 좀 더 유연하고 다기능적으로 바뀌고 있다.

너무나 당연하게 여겨지던 정형적이고 고정된 공간, 집이 코로나 시대 변화의 진앙지가 되고 있다. 마치 여러 벌의 옷을 겹쳐 입어 멋을 부리는 '레이어드 룩layered look' 패션이나, 이미지 프로그램 '포토샵'에서 이미지의 층層을 의미하는 '레이어layer'처럼, 집이 기존의 기본 기능 위에 새로운 층위의 기능을 덧대면서 무궁무진한 변화의 양상을 보여주는 것이다.

『트렌드 코리아 2021』에서는 이처럼 집의 기능이 다층적으로 형성된다는 의미에서, '레이어드 홈'이라는 트렌드를 제안한다. 최근 집이 보여주는 층위는 크게 세 가지다. 첫째, 기본 레이어Basic Layer는 기존에도 수행해왔던 기능을 심화하는 층이다. 둘째, 응용 레이어Additional Layer는 코로나19 사태로 그동안 집에서는 별로 하지 않던 일을 집에서 해결하는 층이다. 셋째, 확장 레이어Expanding Layer는 집의 기능이 집 안에서만 이뤄지지 않고 집 근처, 인근 동네로 확장되며 상호작용하는 현상을 지칭한다. 안정적이고 단순했던 공간에서 다층적이고 심층적인 공간이 되어가고 있는 레이어드 홈의 여러 층위를 꼼꼼히 살펴보자.

기본 레이어: 집의 기본 기능, 심화되다

레이어드 홈의 가장 기초적인 레이어는 집 본래의 안식처로서의 기능을 강조한 기본 레이어다. 코로나19 확산으로 반강제적으로 집에 머무는 시간이 늘어나자 안식처로서의 기능이 확장되면서 더욱 강화되고 있다. 모든 것이 빠르게 돌아가는 현대사회에서 소외되거나 정보와 유행에 뒤처져 고립되는 것을 두려워하는 것을 FOMO Fear of Missing Out 증후군이라고 한다. 그런데 단절의 기간이 길어지면서 이 고독을 오히려 즐기는 JOMO Joy of Missing Out 증후군이 등장했다. 사회적 거리두기로 발이 묶여 외부 활동 자제를 호소하는 목소리가 높아지고 코로나19가 원치 않는 만남을 피할 수 있는 좋은 구실이 되어주자 집돌이·집순이들이 JOMO족을 자처하고 나선 것이다. 이들은 불필요한 접촉을 선택적으로 최소화하고, 혼자만의 온전한 휴식을 즐기며 고독마저도 긍정적인 일상으로 받아들인다.

집의 기본 기능이 강화되면서 수혜를 입은 산업은 위생 가전·가구·인테리어 영역이다. 먼저 건강과 면역에 대한 관심이 커지면서 위생 가전을 구비하는 움직임이 두드러졌다. 2020년 1월 말부터 코로나 사태가 심각해지기 시작하자 2월 들어 LG전자의 '트롬 스타일러'는 전년 대비 30%, SK매직 공기청정기는 1~2월 매출이 전년 대비 166% 늘었다.[1] 이 밖에 평소 잘 쓰지 않던 소독 가전과 살균램프 초음파 가전을 찾는 사람들도 크게 증가했다. 바이러스로 인한 불안감을 해소하고 가정 위생에 대한 관심이 늘어나면서 살균 가전을 찾는 소비자들도 덩달아 늘어난 것으로 분석된다.

집콕족의 '홈 인테리어' 열풍

가장 극적인 매출 증대를 보인 품목은 가구다. 그동안 소비자들은 내구재 소비를 줄이는 대신 경험재인 여행과 맛집에 돈을 썼다. 그런데 이러한 활동을 모두 할 수 없게 되자, 여행을 위해 모아둔 돈이 가구 쇼핑으로 흘러들어가고 있다. 통계청에 따르면 2008년 7조 원에 머물던 국내 홈퍼니싱 시장 규모는 2020년 13조7천억 원으로 2배가량 커졌고, 2023년에는 18조 원까지 늘어날 것이라고 한다.[2] 같은 자리에 늘 묵묵히 있어 크게 신경 쓰지 않았던 가구들이 집콕 생활과 더불어 하루 종일 시야에서 사라지지 않는 품목이 되면서, 가구 교체를 포함한 홈인테리어와 리모델링으로 관심이 이어졌다. 2020년 상반기 현대리바트는 20%, 한샘은 19%, 에몬스가구도 전년 동기 대비 31% 매출 신장세를 보였는데, 온라인몰의 가구 거래액은 2조 3,058억 원으로 코로나19의 확산이 본격화된 2020년 2월 증가율이 전년 동기 대비 35%나 늘어난 것으로 집계됐다. 특히 재택근무와 홈스쿨링 확산으로 책상·책장 등 서재용 가구가 42%가량 늘었고, 휴가 기간인 7월부터는 소파를 필두로 거실용 가구의 매출이 늘었다.[3] 공간이 좁아 효율성이 중요한 1인 가구의 경우에는 일명 '트랜스포머 가구'가 인기다. 일례로, 일룸의 '다나 모션베드'는 매트리스와 슬라이딩 책상을 동시에 제공해 공간 효율성을 크게 높였다. 공부하고 일만 하다가 지친 몸을 쉬기 위한 안마의자 수요도 꾸준히 늘고 있다. 북유럽풍 안마의자 디자인으로 유명한 누하스는 헤드 부분에 블루투스 스피커를 내장해 편하게 쉬면서 음악 및 영화감상을 할 수 있는 안마의자를 내놓기도 했다.

아파트의 평면도 바뀌고 있다. 롯데건설은 아파트에 건강과 위생에 특화된 빌트인 가전 상품인 '퓨어 패키지'와 '클린 에어 시스템'을 전면 도입했다. 수납장에 살균기를 설치해 바이러스·박테리아·곰팡이 등을 제거할 수 있고, 현관 천장에는 에어샤워기, 신발장에는 진공청소 툴 세트가 있어 옷에 묻은 먼지를 털어준다. 또한 재택근무와 온라인 학습에 따른 침실과 업무·학습 공간 분리에 대한 니즈를 반영한 홈 오피스형 평면도 함께 선보인다. SK건설은 맞벌이 부부와 노부모가 함께 사는 비율이 높아지고 있는 트렌드를 반영해 '캥거루하우스'라는 평면을 새롭게 선보였다. 현관이 따로 있을 뿐 아니라 평면을 5베이(전면 발코니에 접한 방 또는 거실의 개수) 판상형 구조로 만들어 어린 자녀를 둔 부부와 노부모의 생활공간이 독립되도록 했다. FLEX 59평면은 벽과 기둥의 골조를 최소화해 고객이 원할 경우 거실과 방 3개로 분리되어 있던 평면을 하나의 통합된 공간으로도 사용할 수 있는 가변성을 강조했다.[4]

가구 교체 수준을 넘어 자기 취향에 맞는 색다른 공간 구성을 시도하는 경향도 커지고 있는데, 특히 밀레니얼 세대를 중심으로 빠르게 확산되고 있다. 예컨대 과거 주방은 여성의 공간이라고 인식됐지만 밀레니얼 세대는 주방에 성별 개념을 전혀 부여하지 않는다. 이에 대림산업은 현대인의 신체 조건과 가사를 분담하는 남성들의 비중이 높아지는 추세를 반영한 빅데이터 분석을 통해 주방 싱크대 높이를 높였다. 이들은 리모델링을 통한 평면의 변화도 마다하지 않는다. 집값 하락이나 임대 만료 후 원상복구의 두려움 때문에 집 고치기를 주저하던 과거와 달리 이제는 나만의 공간을 업그레이드하기 위해 과감하게 개조에 나선다. 이에 따라 전문 시공 서비스를 바로 이용할 수 있는 인테리어 플랫폼도 빠르게 성장하고 있다. 인테리어 정보 공유 플랫폼인 '오늘의 집'의 경우, 2014년 출시 후 꾸준히 이용자가 늘어나긴 했으나 2020년 들어 이용자가 폭발적으로 증가하면서 2019년 4월 500만이었던 누적 다운로드 수가 1년 만인 2020년 4월에 1천만 회를 돌파하기도 했다.[5]

호텔 같은 집에서 살고 싶어

지금까지 설명한 변화가 체류 시간 증가에 따른 수요를 반영하는 측면이라면, 집의 수준을 높여 프리미엄하게 꾸미려는 욕구도 커지고 있다. 호텔 같은 집, 갤러리 같은 집, 리조트 같은 집을 소망하는 것이다. 요즘 '호텔 같은 집'은 최고의 칭찬이다. 소설가 김영하는 집을 두고 "오래 살아온 공간에는 상처가 있다"고 말하면서 우리가 호캉스를 즐기는 이유를 호텔에는 "일상의 근심이 없기 때문"이라고 말했다.[6] 여행을 다니며 호텔을 많이 체험한 현대인들은 이제 호텔을 집 안으로 들여오고자 한다. 고급 호텔에서나 경험할 수 있었던 전동식 커튼 및 블라인드 시스템은 이제 그리 비싸지 않은 가격에 설치와 사용이 가능하다. 스마트홈 관련 기술의 발달로 에어컨·조명 기기·전동커튼 등을 음성으로 제어할 수 있는 서비스 역시 선보이고 있는데, 현대건설과 대우건설은 새로 건설하는 공동주택들에 기본적으로 이 같은 첨단 서비스를 도입할 예정이다. 원격제어와 첨단 보안 환경, 럭셔리 침구와 특유의 향기까지 일상을 벗어나야 만날 수 있었던 호텔 공간들의 특징적인 요소들이 집 안으로 성큼 들어오고 있다.

●●● 호텔을 집으로 들여오다. 집에 머무는 시간이 길어지면서 호텔 같은 럭셔리한 공간으로 집을 꾸미려는 욕구가 늘어나고 있다.

집이 프리미엄화되고 있음을 알 수 있는 또 다른 지표 중 하나는 그림이다. 그림이 갤러리 같은 공간 연출의 핵심 요소로 부상하면서 오픈갤러리·블루캔버스·갤러리K 등 그림 렌탈 서비스 업체들이 성업 중이다. 미술 작품을 3개월마다 교체해 집이나 회사에 전시할 수 있는 정기구독 서비스를 제공하는 오픈갤러리의 경우 2020년 상반기 그림 구독 서비스 매출액이 전년 동기 대비 71% 상승했다.[7] 그림은 홈퍼니싱의 화룡점정을 담당하고 있어 그림 렌탈 서비스의 확장세는 당분간 지속될 것으로 보인다.

집을 잘 꾸몄으면 자랑하고 싶은 것이 인지상정이다. 한번 빠지면 헤어 나올 수 없다는 랜선 집들이는 혼족들의 대세 취미 중 하나다. 나만의 감성으로 한껏 꾸며놓은 공간은 온라인에 업로드해 자랑하는 랜선 집들이로 이어진다. 예쁜 집을 보는 것으로 입문해 집을 꾸미는 비하인드 스토리를 보고, 마음에 드는 홈 관련 상품을 구매한 후 자신의 집 사진을 업로드하는 방식이다. 집과 관련된 예능 프로그램에서도 스타들의 랜선 집들이는 가장 인기가 높은 코너로 자리 잡았으며, 유튜브와 인스타그램에서도 꾸준한 업로딩이 이루어지고 있다.

비대면의 핵심 기술인 로봇도 집을 프리미엄하게 만들어주기 위해 '열일'하고 있다. 혁신 기술의 결과물인 가정용 로봇들이 집사를 자처하며 소비자의 삶 전체를 케어하고 편리하게 해주는 시대가 곧 도래할 전망이다. 2020년 세계 최대 가전박람회인 CES에서 큰 화제를 불러일으킨 삼성의 '볼리Ballie'는 공처럼 둥근 형태로 되어 있어 사용자가 어디를 가든 따라 다니기 쉬운 이동성을 갖췄다. 사용자의 명령에 따라 집 안 곳곳을 모니터링하는가 하면 AI집사답게 주요 가전제품들과 연동해 TV를 켜고 로봇청소기에게 청소를 시키는 등 다양한 홈케어 기능을 수행한다. 출시를 앞두고 있는 볼리는 '지능형 컴패니언 로봇'이라는 수식어에 걸맞게 집 안의 동반자로서 가정 내 편의성을 높여주는 윤활유 역할을 할 것으로 기대된다. 이 밖에 삼성물산, GS건설 등은 새로 짓는 아파트 단지 내에 커뮤니티 시설 안내와 예약을 도와주는 로봇, 택배와 배달, 쓰레기 분리수거와 같은 입주자 편의 업무를 지원하는 로봇을 배치할 예정으로, 첨단 기술에 의한 집의 프리미엄화가 더욱 속도를 낼 것으로 보인다.

응용 레이어: 집의 새로운 기능, 더해지다

기본 레이어의 기능에 더해 재택근무와 원격수업으로 일과 여가를 병행하는 다기능 공간으로서 집의 활용이 중요해졌다. 실상 집에만 있어도 스마트폰만 있으면 거의 모든 외부 활동이 가능한 시대다. 디지털 기술 덕분에 이미 집은 일하고, 쇼핑하고, 즐기고, 운동하고, 휴식하며 모든 생활이 가능한 만능 공간으로 자리매김되고 있었다. 이런 흐름 속에서 코로나 사태로 인해 변화와 확산의 속도가 더욱 빨라졌다. 끝이 보이지 않는 집콕 터널 속에서 밤낮이 바뀌며 정상적인 생활 패턴을 잃어버린 사람들을 일컫는 일명 '코로나이트'족은 잠들지 못하는 밤마다 온라인 세계를 유랑한다. 이제 집콕 라이프와 온라인 세계는 뗄 수 없는 찰떡궁합을 자랑하며 향유할 수 있는 거의 모든 분야를 랜선을 타고 집 안으로 불러들이고 있다.

집에서 즐기는 콘서트와 쇼핑

가장 대표적인 현상이 내 집 안방 1열에서 콘서트·연주회·패션쇼를 즐기는 것이다. '방구석 콘서트'라는 용어가 일반명사처럼 쓰일 만큼 일상화된 변화인데, 특히 코로나19 발발 초기, 방탄소년단이 전 세계 팬들을 위해 준비한 '방방콘'은 시대를 앞서간 언택트 공연으로 평가받고 있다. 이제 집은 공연장도 되고 쇼핑센터도 된다. 실시간으로 상품을 소개하고, 진행자와 시청자가 의견을 교환하며 상품을 판매하는 라이브 방송은 집에서 하는 쇼핑의 한계를 무너뜨리는 중이다.

네이버와 CJ올리브영에 이어 GS홈쇼핑과 신세계홈쇼핑 등도 라이브 커머스 시장에 앞다퉈 진출하고 있다. 라이브 커머스에서 구매할 수 있는 품목도 패션·뷰티·식료품 등으로 다양해지며 선택의 폭이 무한 확장되는 모습이다. 코로나19로 길이 막힌 유통사들이 판매 채널을 확보하기 위해 인터넷 생방송 플랫폼으로 재빠르게 옮겨 타면서 면세점에서만 살 수 있었던 면세품까지 집에서 살 수 있게 됐고, 여기에 더해 자동차 시장에서도 라이브 커머스 도입의 움직임이 포착됐다. 현대자동차는 2020년 9월 스마트TV용 인터랙티브 애플리케이션 '채널 현대'를 론칭해 신차 공개 행사 등을 생중계하고, 3D 모델을 활용해 오프라인 매장에서처럼 차량을 구체적으로 살펴볼 수 있도록 구현했다. 나아가 해외 고객을 대상으로 딜러와의 일대일 화상상담을 통해 안방에서 차를 구매할 수 있는 온라인 쇼룸 서비스 '현대 쇼룸 라이브'도 운영 중이며 이를 더 확대해나갈 예정이다.

집이 곧 피트니스센터

팬데믹 선포 이후 다중 이용 시설의 제한으로 헬스장 영업이 중단되면서 사람들은 집 안에서 운동할 방도를 모색했다. 홈트레이닝의 니즈가 높아지며 관련 제품들의 매출도 전년 동기 대비 대폭 증가했다. CJ대한통운이 2020년 3~4월 택배 물동량을 분석해 발간한 〈일상생활 리포트 PLUS〉에 따르면 필라테스·요가 용품 물량은 전년 동기 대비 128% 증가했고, 러닝머신은 266%, 스테퍼는 162%, 덤벨은 140%나 늘었다. SSG닷컴 역시 2월부터 6월까지 홈트레이닝 관련 용품의 판매가 예년 같은 기간 대비 42% 증가했다고 밝혔다.[8]

사회적 거리두기로 집콕 생활이 길어지면서 자신도 모르게 '확찐자(살이 확 찐 자)'가 된 사람들은 집 안에서 운동하기 위해 홈트룸을 만들기에 이르렀다. '건강한 삶과 운동에 대한 한국인 인식 조사' 결과 국내 성인 10명 중 9명(92.3%)이 현재 운동을 하고 있으며, 운동하는 장소를 묻는 질문에 44.5%가 집에서 운동한다고 답했고, 공원(28%), 헬스장 및 운동센터(19.6%)가 뒤를 이었다.[9] 지금까지 홈트는

출처: onepeloton.com

● ● ● "집에서 '같이' 운동해요." 홈트의 새로운 지평을 연 펠로톤은 월정액 모델의 피트니스 프로그램으로 '피트니스계의 넷플릭스'라는 별칭을 얻었다.

유튜브를 보면서 동작을 따라 하는 수준에 그쳤지만 동작인식 기반 기술과 AI코칭 시스템으로 시간과 장소에 구애받지 않고 운동을 즐길 수 있게 되면서 스마트 홈트 시장이 활짝 열렸다.

이제 모바일 앱을 보며 원하는 시간에 편안한 장소에서 화면 속 강사의 동작을 따라 하며 운동을 즐기는 풍경도 흔한 일상이 됐다. 홈트 열풍에 불을 붙인 미국의 펠로톤Peloton은 2019년 9월, 11억 6,000달러 규모로 상장해 "운동계의 테슬라"로 불리며 12개월 기준 재구매율이 93%에 달하는 놀라운 수치를 보여줬다. 운동 중독자를 양산한다는 말이 나돌 만큼 급성장 중인 펠로톤은 가정에서 사용하는 트레이닝 바이크와 월정액제의 온라인 동영상 레슨 프로그램을 세트로 판매하는 비즈니스 모델로 "피트니스계의 넷플릭스"라는 별명까지 추가로 얻었다. 펠로톤의 핵심은 콘텐츠다. 구독료를 내면 미국의 유명 트레이너 강좌를 구독할 수 있고, 기기를 구매해 집에서 혼자 운동을 할 수도 있으며, 별도 스튜디오에서 다른 사람들과 함께

할 수도 있다. 시간·장소·날씨에 구애받지 않고 같은 레벨의 참가자들과 함께 운동을 즐길 수 있다는 점에 힘입어 집이 비즈니스 모델의 가치를 창출하는 공간으로 활용되고 있는 것이다.

스마트 홈트 업계에서 경쟁이 치열한 또 다른 분야는 바로 '스마트 미러' 시장이다. 심박수나 운동량 등을 트래킹해 최적화된 프로그램을 제공하는 홈 피트니스 디바이스, 미러Mirror는 전원을 켜면 가동되는 대형 디스플레이에 퍼스널 트레이너가 나타나기도 하고, 운동하는 자신의 모습을 비추기도 한다. 혼자 하지만 첨단 기술 덕분에 이용자들은 마치 자신의 퍼스널 트레이너가 바로 옆에 있는 듯한 느낌을 받는다. SK D&D가 성수동에 마련한 서비스드 레지던스 '에피소드 성수 101'에는 스마트 기술이 적용된 개인용 피트니스룸이 따로 마련되어 있는데, 방을 지키고 있는 로봇 트레이너 버추얼메이트는 내장된 3D 카메라로 사용자의 체격·자세·체력 측정 데이터를 정확하게 분석하여 효율적인 일대일 맞춤 운동 프로그램을 제공한다. 거울에 내장된 카메라가 운동하고 있는 사용자의 모습을 촬영해 전송하면 실시간으로 자세를 교정받을 수 있다.

이제 집에서 할 수 없는 건 없다

팬데믹은 집에서 노는 방식도 바꿔놓았다. 유튜브는 집에서 놀기 콘텐츠들로 가득 채워졌고 넷플릭스 등 OTT 서비스 가입자도 크게 늘었다. 사람들은 어쩔 수 없는 고립을 놀이로 승화시켰다. 가장 눈길을 끌었던 것은 감금이라는 불편함 자체를 놀이화하는 '페인 플레이pain play' 현상이다. 자가격리 중의 지겨운 시간을 보내기 위한 갖가지

시간 죽이기 놀이 방법들이 유튜브에 올라왔고, 자가격리의 일상 그 자체를 브이로그로 전하는 기발함을 보였다. 강제감금을 놀이로 승화시키는 MZ세대의 놀라운 적응력은 1천 번 저어 만드는 달고나 커피와 수플레, 400번 저어 만드는 제티떡, 역시 1천 번 이상 꼬아 만든다는 꿀타래와 같은 '자진 노동' 레시피를 개발해냈다.

그동안 모바일 게임에 밀렸던 콘솔 게임도 코로나 사태 이후 다시 빛을 발했다. 콘솔 게임을 즐기려면 닌텐도나 플레이스테이션처럼 TV에 연결해 이용하는 덩치 큰 비디오 게임기가 있어야 한다. 그동안 게이머들이 스마트폰으로 어디서든 할 수 있는 모바일 게임 쪽으로 대거 이동하면서 콘솔은 대표적인 사양기기로 취급됐었다. 그런데 이제 집콕 생활의 상시화로 가족과 함께 커다란 화면으로 즐길 수 있는 콘솔 게임의 장점이 부각되고 있는 것이다. 그동안 PC 온라인과 모바일 게임에 주력했던 엔씨소프트·넷마블·넥슨 같은 국내 게임사도 콘솔 게임에 관심을 보이고 있다.[10] 닌텐도의 '위핏'을 잇는 피트니스 게임 '링피트 어드벤처'는 전술한 홈트의 인기에 어드벤처 장르의 게임까지 결합해 품귀 현상을 빚을 만큼 인기를 모았다.

외출을 자제하면서 당장 불편했던 일 중 하나가 바로 이·미용이다. 미용실을 갈 수 없게 되자 머리는 덥수룩해졌고 눈치 없이 나는 새치도 감출 길이 없었다. 이제 사람들은 집에서 셀프염색을 하고 이·미용 기기를 구입해 스스로 스타일을 가꾸는 셀프뷰티에 익숙해지고 있다. 무엇이든 집에서 실현해야 하는 코로나 시대에 뷰티 시장도 당연히 현대인의 집으로 들어오고 있는 것이다. LG경제연구원에 따르면 뷰티 기기 시장은 매년 10% 이상 성장하고 있으며 2022년에는

시장 규모가 1조6천억 원에 달할 전망이다.[11]

홈뷰티는 응용 레이어의 대표적인 영역이다. 2020년에는 장시간의 마스크 사용으로 민감해진 피부를 관리할 수 있는 뷰티 상품에 소비가 집중하는 현상이 두드러졌다. 생소하기만 했던 가정용 LED 마스크는 홈뷰티의 가파른 성장세와 맞물려 서비스 경험 확대를 불러일으켰고 새로운 상품이 시장에 속속 진입하고 있다. 뷰티테크산업이 빠르게 발전하고 있는 가운데 인바디 체중계는 이미 대중화됐으며 목주름 관리기·다리 마사지기·EMS 저주파 마사지기 등 셀 수 없이 많은 상품들이 쏟아져 나오며 새로운 시장을 개척하고 있다. 과거에는 전문숍에서나 쓰던 디바이스가 홈케어 제품으로 만들어지면서 이제 더 이상 피부과나 뷰티숍을 방문하지 않고도 집에서 손쉽게 피부 관리와 마사지를 받을 수 있게 됐다.

응용 레이어의 진화에 맞춰 아파트 평면도 변화하고 있다. 2006년부터 발코니 확장이 합법화된 이후 새로 짓는 아파트에서는 베란다가 거의 사라졌다. 그런데 멀쩡한 베란다를 터서 거실이나 방으로 확장해야 직성이 풀리던 한국 소비자들이 달라지고 있다. 아이들의 간이 놀이공간을 설치하거나 홈캠핑·홈카페로 꾸밀 수 있는 등 베란다의 새로운 용도를 발견했기 때문이다. 발코니에 대한 니즈는 점점 커지고 있어 신축되는 고급 건물들은 다양한 크기와 형태의 발코니들을 특화로 내세울 정도다. 또한 룸인룸·알파룸 등 추가적인 공간의 경우, 예전에는 거의 옷장으로 사용됐으나 요새는 홈시어터가 있는 엔터테인먼트 룸, 티 룸, 아빠만의 취미방 등 자투리 공간을 기발하게 활용하며 취향을 뽐내는 이들이 늘고 있다.

확장 레이어: 집, 동네로 넓어지다

일하는 곳과 집의 거리를 가깝게 하는 '직주근접職住近接'은 직장인에게 삶의 질을 좌우하는 중요한 요소였다. 그런데 재택근무가 보편화되면서 직장과 주거 공간의 일치, 즉 '직주일치職住一致'의 개념이 등장했다. 집이 일하고 들어와 지친 몸을 누이던 휴식의 공간에서 사회활동까지 이루어지는 곳으로 변한 것이다. 이렇듯 집이 생활의 중심이 되니 집 근처의 동네상권, 즉 슬리퍼를 신고 돌아다닐 수 있는 '슬세권'이 부상했다. 집 앞 시설들을 내 집 삼으며 집 안에서 해소하지 못하는 부족한 것들을 채우는 것이다. 집을 넘어 가까운 우리 동네까지도 나만의 홈그라운드 영역으로 확장되고 있다. 이를 집 영역이 확장됐다는 의미에서 확장 레이어라고 부를 수 있다.

그동안 이커머스와의 경쟁에서 치열하게 버텨온 오프라인 매장들은 이제 슬세권에 편입되며 집을 생활의 중심으로 삼는 소비자들에게 익숙함과 친숙함, 신뢰와 안전함으로 어필하고 있다. 이러한 흐름을 타고 CU나 GS25 같은 편의점은 도보 배송 서비스를 도입 중이다. 집 앞 가게에서 구입한 물품을 같은 동네 주민인 배달원이 걸어서 집으로 배달해주는 방식이다. 오토바이 배달과 달리 교통 체증의 영향을 받지 않고 짧은 거리를 전담하기 때문에 신속하다는 장점이 있다. 멀티공간이자 만능공간으로서 무한한 가능성을 지닌 슬세권 경제가 새로운 O2O의 장이 되고 있음을 보여준다. 사람들은 이제 편의점을 '우리 집 냉장고'라고 부른다. 주방 한복판에 자리 잡았던 냉장고를 집 근처로 옮겨놓는다면, 그만큼 주방은 넓어 보일 것이다. 주거생활의 필수품인 냉장고마저 없앨 수 있다는 발상은, 사람들이 얼마나 집이라는 공간에 대해 유연하게 생각하고 있는지를 잘 보여준다.

로컬푸드 직매장은 소비자들이 애용하는 슬세권의 숨은 히어로다. 특히 지역에서 수확한 농산물을 그 지역에서 소비하는 로컬푸드 직매장들이 신뢰와 친숙함을 기반으로 고속 성장 중이다. 매출도 7년 만에 317억 원에서 5,206억 원으로 껑충 뛰어올랐다. 특히 코로나19의 악재 속에서 소비자들이 모든 것을 온라인으로 주문하는 상황에서도, 예를 들면 세종시의 '싱싱장터'는 2015년 문을 연 이래 사용자와 매출이 꾸준히 늘어나면서 2020년 8월 누적 매출 1천억 원을 달성해 국내 로컬푸드 매장의 새 모델로 떠올랐다.[12] 이 밖에 전남도 내 로컬푸드 직매장 49곳의 상반기 매출도 534억4,500만 원으로 전년 동기 대비 무려 56.3%나 증가하는 모습을 보였다.[13]

집은 나의 취향과 타인의 취향이 만나는 섬세한 공간이 되기도 한다. 가정집 거실에서 낯선 이들과 집주인의 취향을 나누는 거실여행 서비스 '남의 집 프로젝트'는 집이 살롱으로도 활용되는 좋은 예다. 불교풍 미술품과 장식이 가득한 거실, 마치 이탈리아에 여행을 온 듯 꾸며진 집과 직접 키운 유기농 작물들이 가득한 텃밭 등 공통의 취향과 관심사를 가진 사람들이 서로 모르는 남의 집을 오가며 취향으로 연결되고 있다. 보통 2만~5만 원의 참가비를 내고 모임당 4~6명이 모여 서너 시간 동안 거실을 사용한다. 2017년 서비스를 시작해 2020년 8월까지 약 500여 명의 호스트가 자신의 집을 총 700번 공유했고, 약 3,500명의 손님이 방문했다고 한다.[14] 이처럼 거실여행 서비스는 집이라는 공간이 한 사람의 취향과 철학이 담긴 곳이며 이를 공유하는 과정도 새로운 방식의 여행이자 문화 활동이 될 수 있음을 보여준다.

배경: 리모트 라이프의 재발견

경계이론을 정립한 일본 최고의 주택전문가 야마모토 리켄은 사적 공간과 공적 공간, 프라이버시와 커뮤니티는 어디까지나 관습의 문제이자 사회의 문제라고 이야기한다.[15] 사회 분위기가 변하고 구성원들의 생각이 바뀌면 공간의 구분이나 용도 역시 변한다. 2020년 코로나19는 우리 사회의 분위기와 판도를 완전히 바꾸어 놓기에 충분할 만큼 강력한 변인이었다.

집이 여러 층위의 레이어를 갖게 된 배경을 짚어보면 첫째, 공간이동으로 낭비되는 시간이 없어지며 효율성에 수혜를 입은 소비자들의 인식이 급격하게 변하고 있다는 점을 들 수 있다. 통계청이 발표한 〈2019년 생활시간조사 결과〉에 따르면 전국의 직장인들이 출퇴근에 소요하는 시간은 평균 1시간 16분으로 조사됐다.[16] 한 시간 넘는 소중한 시간이 길 위에서 허비됐던 것이다. 그래서 앞서 말했듯이 직주근접이 화두였다. 그런데 사람들이 재택근무를 통해 직주일치라는 뜻하지 않은 경험을 하게 되면서 그동안 이동하며 길에서 보낸 시간이 얼마나 큰 시간이었는지 새삼 깨달았다. 회사까지 이동하지 않고도 업무를 볼 수 있고 월급을 받을 수 있다는 것은 너무도 매력적이다. 코로나19의 확산을 막고 직원을 보호하기 위해 시작한 유연근무제가 이미 확산되는 추세이며, 직원들이 출퇴근 시간과 근무 장소를 자유롭게 선택하는 모습도 쉽게 발견할 수 있다.

2020년 7월 '코로나19 이후 근로형태 및 노동환경 전망'을 조사한 결과에 따르면 국내 대기업들의 75%는 코로나19에 대응해 유연근무제를 활용하고 있는 것으로 나타났으며, 이들 기업의 과반에 해당하는 51.1%는 코로나19가 진정된 이후에도 유연근무제를 지속·확대할 계획이라고 답했다.[17] 홍익대 유현준 교수에 의하면, 재택근무가 가능한 직업은 전체의 35% 수준이라고 한다. 다시 말해 이 35%의 직업이 집에서 일할 공간이 확보될 수 있도록 이사를 가든가, 아니면 새로운 디자인의 주택이 필요하다는 이야기다.[18] 집은 앞으로도 편안함과 효율성의 스위트스폿을 찾아 진화해나갈 것이다.

둘째, 자의 반 타의 반으로 코로나 감금을 당하며 다양한 서비스들을 체험하게 된 소비자들은 거리를 두는 삶, 즉 '리모트 라이프remote life'의 가치에 눈 뜨기 시작했다. 집에 머물며 활동하는 것이 우려한 것보다 편하고 효율적인 측면이 존재한다는 사실을 알게 된 소비자들은 이제 자신만의 레이어를 만들기 위해 노력하고 있다. 집에만 있어도 세상 돌아가는 소식을 알 수 있고 운동·쇼핑·커뮤니티 활동은 물론이고 생각지도 못했던 오프라인 활동들도 기술의 지원으로 집 안으로 들어오는 등, 집콕 생활의 질이 나날이 발전하고 있기 때문이다. 여기에 방송·뷰티·여가·인테리어 등 주요 산업의 소비트렌드를 주도하게 된 셀프족의 영향력이 더해졌다. 사람들은 전문가를 직접 찾아 나서지 않고 유튜브·TV프로그램 등의 다양한 매체를 통해 접할 수 있는 튜토리얼을 활용하여 학습하고 스스로 성과를 내는데 익숙해졌다. 동영상 튜토리얼만으로 웬만한 것에는 다 도전할 수 있을

뿐 아니라 도전 성과품을 온라인에 게재하거나 친구들과 공유하며 즐긴다. 이 시대의 집순이·집돌이들은 집콕 라이프에 불편함을 느끼기도 전에 먼저 즐거움을 찾아 누리고 있다.

전망 및 시사점

집은 미래 소비산업의 요람

●

"미래의 집은 단순히 집 이상의 역할을 하며, 사람이 원하는 모든 것을 갖추게 될 것이다."

미래학자로 유명한 토머스 프레이Thomas Frey 다빈치연구소DaVinci Institute 소장의 말이다. 아이러니하게도 코로나19는 공간의 미래를 앞당겼다. 집의 새로운 역할들이 재조명되며 무한한 가능성을 실험했고, 사람들이 사고파는 물리적 자산으로서의 '하우스' 이전에 거주자의 행복의 가치를 발현하는 '홈'의 가치가 부각되기 시작했다. 공간은 사람들의 사고방식에 영향을 미친다. 창의적인 생각을 하기 위해서는 개방된 공간에 있는 것이 좋고, 긍정적인 생각을 하기 위해서는 동선이 자유로워야 좋다. 앞으로의 집은 이 모든 활동이 가능할 수 있도록 더 가변적으로 변할 것이다. 집은 거주자의 부름에 응답하는 살아 있는 생명체와 같기 때문에 어떠한 아이디어를 넣고 맞춤형 기술을 활용하느냐에 따라 더 훌륭한 공간으로 발전할 수 있다.

집의 경제적 가치만을 강조해오던 사람들도 이제 철학적이고 정신적인 가치에서 기인하는 기능의 변화를 주의 깊게 관찰하며 집이 지닌 의미를 탐구해야 함을 깨달아가고 있다. 레이어드 홈은 집을 삶을 창조하는 공간이자 거주자의 미래지향적인 삶의 태도를 반영해주는 공간으로 새롭게 인식하는 트렌드다. 레이어드 홈 트렌드는 이제 집 안 구성원들 간의 관계에도 재설정이 필요함을 시사한다. 안방·자녀방·거실처럼 사용자에 따라 구획되어 있는 경직된 고정 공간이기보다, 함께하는 시간과 개인성이 보장된, 시간에 따라 가족들이 함께 사용하기도 하고 개개인이 자신의 목적과 취향을 중심으로 꾸밀 수 있는 유연함을 갖추어야 한다. 거주자의 취향을 담은 방, IT의 지원을 받아 재택근무와 원격수업이 이루어지는 방, 낮과 밤에 따라 가구의 위치와 용도가 트랜스포밍되는 거실, 직업과 취미에 따라 내부 구조가 변형되는 변화무쌍한 집, 레이어드 홈은 얼마든지 새로운 레이어를 덧입을 수 있다.

이러한 변화를 가능하게 만들기 위해 정책적 대응도 필요하다. 국토교통부는 앞으로 집에서 수업하고 근무하는 등 다양한 활동이 이어질 가능성이 높은 만큼 기존의 획일적인 주택 공급 방식을 유연하게 바꾸는 정책 방향을 제시하고 있다. 실내 구조를 바꾸기 어려운 벽식 구조 대신 가변성을 높인 기둥식 구조를 도입해 장수명 주택(수명 100년을 목표로 일반 주택보다 더 튼튼하고 수리하기 쉽게 지은 주택)으로서, 층간소음을 완화하고 간편한 공간 교체 등이 가능한 주택을 짓는 방식이다. 예를 들어 대림산업은 C2(Creative Living + Customizing Space) 하우스를 통해 대표적인 주택 사례를 제시했는데, 개인의 성향과 개성에 맞춰 창의적인 공간을 추구하는 C2하우스의 컨셉에 따라 내력 벽체를 최소화함으로써 유연한 공간 전환에 대응할 수 있도록 설계했다. 이제 같은 아파트 대단지라도 획일적인 구조의 집에 사는 시대가 저물어가고 있다.

마지막으로 레이어드 홈 트렌드를 통해 다시금 확인한 것은 언택트 환경을 지향하는 IT 기술의 발전가능성이다. 디지털 트랜스포메이션은 기업뿐 아니라 소비자들의 삶 속에서도 빠르게 전개될 것이다. 그동안 홈 오토메이션 영역은 기술 수준에 비해 유난히도 보급이 느린 영역이었다. 2000년대의 '유비쿼터스', 2010년의 '스마트홈', 그리고 최근의 'IoT홈'까지 새로운 기술은 계속 제안됐지만, 가정은 여전히 보수적인 영역으로 남아 있었다. 본격적인 집의 시대가 시작된 지금, 가전 업계의 오랜 시도가 과연 수확을 거둘 수 있을지 귀추가 주목된다.

프랑스의 철학자 가스통 바슐라르Gaston Bachelard는 "집은 세계 안에 있는 우리의 일부이며 우리가 경험하는 최초의 세계"라고 말했다. 진부한 이야기지만 집은 삶의 터전이자 인간을 존재하게 하는 기본 바탕이다. 또한 개인적인 공간에 국한되지 않고 개개인의 집이 모여 사회와 시대의 주거 문화를 이룬다. 레이어드 홈 트렌드는 2021년의 대한민국을 넘어 미래주택 공간의 패러다임이 이동하고 있음을 보여주는 신호다. 이렇듯 변화하는 공간에서 거주하는 사람들의 사고방식 역시 점차 변할 것이다. 생각이 변하면 미래도 변한다. 미래 소비 산업 변화의 요람은 단언컨대 집이 될 것이다.

WE ARE THE MONEY-FRIENDLY GENERATION

자본주의 키즈

돈과 소비에 대한 편견이 없는 새로운 소비자들이 등장하고 있다. 어릴 때부터 광고·시장·금융 등 자본주의적 요소에 친숙하고 자본주의 생리를 몸으로 체득한 세대가 소비의 주체로 성장한 것이다. 어릴 적 월드컵 경기를 보며 축구 선수의 꿈을 키운 차세대 선수들을 '월드컵 키즈'라고 일컫듯이 이 새로운 소비자들을 '자본주의 키즈'라고 부를 수 있다. 그렇다고 자본주의 키즈가 젊은 세대만을 지칭하는 것은 아니다. IMF 경제 위기 이후 차츰 자본주의 논리에 익숙해진 기성세대 또한 경제와 소비에 대한 사고방식이 전과 같지 않다. 결국 자본주의적 어법을 제1언어로 구사하는 사람이라면 누구나 자본주의 키즈에 해당한다.

시장의 이윤 논리를 정확히 이해하는 자본주의 키즈들은 광고에 관대하며 이를 '이용'할 줄 안다. 이 때문에 PPL 혹은 '앞광고'는 그냥 넘어가지만 협찬을 숨기는 '뒷광고'에는 격렬하게 분노한다. 소비자가 광고를 수용할지 여부를 선택할 수 있는 주체성을 훼손했기 때문이다. 또한 자신의 욕망에 솔직한 이들은 소비를 통해 행복을 구하는 데 주저함이 없지만 구매 과정에 많은 공을 들이며 돈을 허투루 쓰지 않는다. 이른바 '플렉스flex'라고 불리는 과시형 소비를 할 때도 렌트할 것과 구매할 것을 구분하고, 구매를 하더라도 여러 경로를 찾아 최저가로 구매하는 등 나름의 합리적인 소비를 한다. 마지막으로 투자에 매우 적극적이다. 카페에 앉아서 영화 이야기를 하던 커플이 부동산 투자 강의를 함께 듣고 '임장(부동산 현장 답사) 데이트'를 즐기기도 하며, 대학생·군인 등도 투자 대열에 합류한다. "돈 밝히면 못쓴다"는 말은 옛말이 됐고, 이제 "돈에 밝지 않으면 정말 '못 쓰게' 된다"는 말이 생활신조가 되고 있다.

경제와 시장에 대한 정보가 넘쳐나는 환경 속에서 스스로 '인적 자본'이 되어 경쟁하고 경제적 불안에 시달리지만, 그렇다고 이들이 무작정 물질주의적이거나 충동적이지만은 않다. "행복은 충동적으로, 걱정은 계획적으로" 할 줄 아는 자본주의 키즈들은 새로운 경제관념으로 무장한 채 브이노믹스와 그 이후를 이끌게 될 것이다.

"선생님, 제발 광고 넣어주세요. 힘들게 영상 올리시는데……." (유튜브 채널 '차산선생 법률상식'의 콘텐츠에 달린 댓글 중)

"유튜브 알고리즘 때문에 광고를 많이 붙일수록 노출 횟수도 더 높아진대요! 광고 붙이셔서 많은 사람들이 우리 언니 좀 알게 해줘요ㅠㅠ" (유튜브 채널 'DanoTV'의 콘텐츠에 달린 댓글 중)

유튜브에서 유익한 내용으로 사람들이 많이 찾는 콘텐츠임에도 광고를 붙이지 않는 일명 '은혜로운' 채널을 보다 보면 댓글 중에서 위와 같은 '광고 요구' 글이 심심치 않게 발견된다. 광고라면 일단 '건너뛰기' 하고 보는 이전 세대의 감성으로는 '광고 좀 넣어달라'는 요구가 당황스러울 수 있다. 하지만 '소비에는 지불이 따른다'는 시장의 법칙을 어려서부터 체득한 요즘 소비자들은 광고를 콘텐츠를 구독하기 위한 일종의 구독료로 받아들인다.[1] 동시에 광고를 시청한다는 것은 좋아하는 유튜버의 수익을 늘려주는 일이기 때문에 본인이 할 수 있는 최고의 애정 표현이라는 '자본주의적' 팬심의 발현이기도 하다. 유튜브 알고리즘까지 고려하는 노련함을 갖춘 이들은 광고의 기능에 대해서도 남다른 지식을 뽐낸다.

광고를 보는 시각만 변화한 것이 아니다. 돈과 소비에 대한 기존의 관념을 고리타분한 편견으로 보는 젊은 층도 늘어나고 있다. 욕망에 충실한 '명품' 소비는 부끄러운 자본주의의 민낯이 아니라 당당하게 '내돈내산(내 돈 주고 내가 산)' 한 나만의 취향이고, 저축이란 단기간의 여행이 가져다줄 행복을 준비하는 6개월짜리 적금을 뜻하는 개념으로 변모한다. 그렇다고 해서 소비만 할 줄 아는 것은 아니다. "돈 밝히면 못쓴다"는 말은 옛말이 됐고, 이제 이들은 "돈에 밝지 않으면 정말 '못 쓰게' 된다"는 생활신조를 가지고 돈 공부에 매진하며 투자에도 열정적이다.

흔히 어린 시절 그 시대를 풍미한 시대적 아이콘의 영향을 받아 성장한 후세대를 '○○ 키즈'라고 부른다. 한국의 외환 위기 직후 세계 무대에서 맨발 투혼을 발휘하며 우승을 차지한 박세리 선수의 영향을 받아 골프에 입문한 골퍼들을 '박세리 키즈'라 부르고, 2002년 한일 월드컵의 열기 속에 축구에 대한 꿈을 키운 선수들을 '월드컵 키즈'라 부르는 식이다. 『트렌드 코리아 2021』에서는 자본주의 속에서 입고 먹고 배우고 놀며 자랐기에 자본주의의 생리를 누구보다 잘 알고, 이에 최적화된 경제활동을 영위하는 요즘 소비자들을 '자본주의 키즈'라 명명하고자 한다.

자본주의란 단어는 자칫 무겁게 느껴질 수 있지만 요즘 한국 사회에서 자본주의는 일종의 '시장 논리'를 광범위하게 일컫는 단어이자 세태를 재치 있게 꼬집는 표현으로 사용된다. 영리 추구의 의도가 섞인 가식적인 웃음을 '자본주의 미소'라고 부르거나, 체질상 커피를 마시지 못하는 아이돌 가수가 커피 광고를 하는 것을 보고 '자본주의에 굴복한 ○○○'이라며 농담하는 것이 그 예다. 이러한 맥락에서 '자본주의 키즈'란 표현은 이전 세대와는 다른 현실감각과 경제관념을 지닌 소비자들을 너무 무겁지도, 너무 가볍지도 않게 다루고자 하는 이름이다.

자본주의 키즈가 꼭 젊은 세대만을 지칭하는 것은 아니다. IMF 경제 위기 이후 차츰 자본주의 논리에 익숙해진 기성세대 또한 경제와 소비에 대한 사고방식이 젊은 세대와 크게 차이 나지 않는다. 즉, 자본주의적 어법을 제1언어로 구사하는 사람이라면 누구나 자본주의 키즈라고 부를 수 있다. 엄마 뱃속에서부터 시작해 태어나자마자 브랜드의 고객이었으며, 이윤 추구를 당연한 인간의 본능이라고 여기는 이들은 이전 소비자와는 완연히 다른 사고방식과 생활상을 보인다. 돈의 가치와 속성에 다르게 접근하며 시장경제의 차세대 총아로 등장한 자본주의 키즈, 지금부터 그들의 면면을 자세히 들여다보자.

자본주의 키즈, 세상에 나서다

시장을 바꿔나가는 주역으로 등장한 자본주의 키즈는 소비자로서 이전 세대와는 사뭇 달라진 태도를 보인다. 그중에서도 특히 ① 시장에 대한 이해력과 활용력을 보여주는 '광고', ② 가장 가시적으로 취향이 드러나는 '소비', ③ 경제활동에서 필수적인 '재무관리'에 대한 태도 변화가 주목을 끈다. 이 세 영역에서 자본주의 키즈는 어떻게 존재감을 키우고 있는지 살펴본다.

광고: "광고 한마디로 천 냥 구독료를 갚는다"

> 유재석: 요즘 뮤비 찍는 데 300 들어.
>
> 비: 아, 형~ 300 갖다가 어디다 붙여요.

유재석: 내 유산슬 뮤비 250 들었다!

이효리: 그럼 협찬 끌어올까, 내가? 끌어올 테니까 하나씩 쓸래?
뮤직비디오에서 하나씩 쓰고 입고, 하나씩 발라.
아, 그리고 (비를 가리키며) 과자 좀 먹고.

솔직한 **PPL** Product Placement로 화제를 모은 MBC 예능 프로그램 〈놀면 뭐하니?〉의 한 장면이다. 뮤직비디오 제작비에 대해 숨김없이 터놓는 것도 모자라, 대놓고 협찬 계획을 밝힌다. 협찬의 품목으로 멤버인 가수 비가 광고 모델로 활동하고 있는 과자(새우깡)를 암시하는 멘트가 나오자, 이를 확인해주듯 웃고 있는 비 옆에 "그럴깡?"이라는 자막이 나타난다. 해당 장면 외에도 이 프로그램은 출연자들이 PPL 제품인 음료를 마시거나 과자를 먹는 모습에 "수분도 채우고 MV(뮤직비디오) 제작비도 채우고"라거나 "광고주님 보고 계신가요"라는 자막을 넣어 미처 인지하지 못했던 시청자들도 간접광고임을 확실히 알 수 있게 드러냈다. 이를 시청하는 소비자들은 "이렇게 솔직하고 귀여운 PPL은 처음 봤다"며 긍정적인 반응을 보였다.

PPL Product Placement
방송 프로그램 안에서 상품·상표·회사·서비스의 명칭이나 로고 등을 노출시키는 형태의 광고다. 방송법 시행령 제59조 제3항에서는 간접광고의 허용 범위를 구체적으로 규정하고 있다. 예를 들어 방송 프로그램 내에서 해당 상품을 언급하거나 구매 및 이용을 권유해서는 안 되고, 노출 시간은 해당 방송 프로그램 시간의 100분의 5를 초과할 수 없으며, 노출되는 표식의 크기는 화면의 4분의 1을 초과할 수 없다는 것 등이 있다.

이제껏 간접광고는 방송 콘텐츠의 흐름을 해친다는 이유로, 특히 예능 프로그램에서는 'Product Placement(제품 배치)'라는 말 그대로 제품을 탁자 위에 올려놓는 정도의 매우 소극적인 역할만을 담당했다. PPL을 웃음의 소재로 활용하는 '직접적인 간접광고'의 등장은 광고를 대하는 소비자들의 태도에 기류 변화가 있음을 나타낸다. 소비자들도 방송 콘텐츠의 제작비를 광고에서 얻는 구조를 이해하고 있기에 방송 화면에서 상표가 그대로 드러나거나 약간 '끼워넣은' 티가 나도 "그러려니" 하고 넘어간다. 오히려 프로그램의 흐름에 간접광고를 절묘하게 녹여낸 경우에는 제작진의 능력에 감탄을 표하기도 한다. 이러한 기류 변화를 타고 PPL을 중심 소재로 삼은 예능 프로그램도 등장했다. 2020년 7월 방영을 시작한 SBS의 〈텔레비전에 그게 나왔으면〉은 '보여주되 말할 수 없는' PPL의 법규를 대놓고 게임으로 활용한다. 출연자마다 다른 제품을 나누어주고 서로 알아차리지 못하도록 직접적인 제품 소개 없이 제품을 선보이는 것이 미션이다. 우수한 중소기업 제품과 지역 특산품을 홍보하자는 취지에서 제작된 만큼 소비자들의 호응이 좋아, 4월 방영한 파일럿 방송에서 소개한 논산 딸기는 일시 품절됐고 그 외 제품들도 실시간 검색어 1위에 오르기도 했다.[2]

출처: SBS

●●● PPL이 어엿한 예능 프로그램이 됐다. 광고는 자본주의의 꽃, 그런 광고를 대놓고 즐겨보자는 전략이 통했다.

콘텐츠 제작자와 시청자의 관계가 더욱 돈독한 온라인상에서는 광고가 더욱 적극적으로 기능한다. 서두에서 소개한 것처럼 유튜브의 댓글창에는 "광고를 건너뛰지 않고 다 봤다", "광고 많이 볼 테니 돈 많이 버셔서 좋은 콘텐츠 많이 만들어달라" 등의 댓글을 흔하게 볼 수 있다. 심지어 구독자를 배려하여 영상 마지막에만 광고를 넣는 유튜버에게 "중간에도 광고 넣어달라"고 독려하기도 한다. 구독자로서 대가를 지불하는 것은 자본주의 키즈의 '상도덕'이자 금전으로 애정을 표현하는 이들만의 어법이기도 하다.

나아가 유료광고성 콘텐츠의 경우에는 열혈 키즈들이 유튜버의 '숙제'를 돕는다. 유튜버가 제품을 지원받아 후기 영상을 찍거나, 특정 내용을 소개하는 것을 '숙제한다'고 표현하는데, 의뢰한 기업이 댓글 반응을 살펴보며 광고효과를 가늠하기 때문에 구독자가 "광고 잘 봤다"는 내용의 숙제 댓글을 다는 것이다. 광고주가 의도한 반응을 예상 답안처럼 적고 마지막에 "이렇게 쓰면 되는 거죠?"라고 인증하는 것은 일종의 댓글놀이로 자리 잡았다. 심지어 구독자가 많지 않은 유튜버가 광고 영상을 찍을 경우 "채널이 이렇게 성장했다"며 광고를 싣게 된 것을 축하하기까지 하는 모습은 자본주의 키즈가 시장의 생태를 정확히 이해하고 있음을 보여준다.

기업이 제공하는 광고를 소극적으로 받아보는 것을 넘어서, 광고가 자신에게 찾아오도록 적극적으로 유인하는 소비자들도 나타나고 있다. 인스타그램과 같은 SNS 이용 시 개인의 검색 기록을 활용한 맞춤형 광고는 내 마음속을 들여다본 듯해 거부감을 느끼는 것이 보통이다. 그러나 숙련된 광고 소비자인 자본주의 키즈는 귀찮은 '검색질'을 줄여주는 하나의 정보 콘텐츠로 생각한다. 어디서부터 찾아봐야 할지 곤란할 정도로 정보가 많은 환경에서 맞춤형 광고의 편리함을 경험한 소비자들은 의도적으로 검색창에 찾고 싶은 키워드를 입력하고, 그로 인해 발생하는 SNS 광고를 이용하면서 몰랐던 브랜드를 발견하거나 손쉽게 구매링크를 타고 들어가서 구매할 수 있는 기회로 삼는다.[3] 카카오톡에서 평소 관심 있는 브랜드를 자발적으로 '친추(친구 추가의 준말)' 해놓는 것 역시 굳이 찾아다니지 않아도 신상품 정보나 프로모션 소식을 배달받기를 원하는 소비자들의 모습이다.

소비: "내 사전에 비합리적인 소비란 없다"

명품 브랜드 로고가 잘 보이도록 포장 박스와 함께 인증하거나 자신이 번 돈이라며 지폐 다발을 흔들며 자랑하는 '플렉스flex'가 유행이다. 간접적으로 보여주는 '은근한 자랑질'을 과시의 표본이라고 생각했던 사람들은 이런 '대놓고 하는' 자랑질이 좀 당황스럽다. 이런 플렉스가 유행하는 이유는 뭘까? 먼저 플렉스가 만들어진 배경을 알아야 그 진정한 의미를 이해할 수 있다. 'flex'는 '구부리다'라는 뜻의 영어 단어로, 주로 운동할 때 '근육에 힘을 주다', '근육을 과시하다' 등의 의미로 쓰였다. 그러던 중 1990년대 미국에서 빈민층 출신의 성공한 흑인 래퍼들이 자신의 부를 과시하는 데 이 단어를 사용하면서 현재와 같은 의미로 확장됐다.[4] 다시 말해 플렉스는 부자로 타고난 사람들의 행위가 아니라, 자신의 노력과 능력의 대가에 대한 인정 욕구 표현에 가깝다. 주목할 만한 점은 이를 대하는 자본주의 키즈의 태도다. 이들은 노골적인 '돈부림'에 대해 교양이 없다거나 사치와 낭비라고 일축하지 않고 "그럴 자격이 있다"고 인정한다. 사고 싶은 것을 살 수 있는 사람의 소비는 자본주의의 섭리라 여기며 오히려 자신도 그렇게 되고 싶다는 부러움을 숨기지 않는다.

이처럼 자본주의 키즈는 광고에 쿨하게 대처하는 것을 넘어서, 시장경제를 움직이는 원동력인 소비를 향한 욕망에도 솔직하다. 쉽게 가지지 못하는 것을 손에 넣어 성취감을 느끼고, 남들과는 차별화된 소비로 자아를 표현하는 것은 자본주의적 본능에 충실한 행복 추구 방식이라 생각한다. 이제 무언가를 소비하기에 아직 어린 나이란 더 이상 존재하지 않는다. 1020세대가 주로 이용하는 무신사 스토어에는 1,400개가 넘는 '명품'이 등록되어 있다(2020년 8월 기준). 한 달 동안 1,200회가 넘는 조회 수를 기록한 19만 원 상당의 명품 티셔츠의 경우 18세 이하의 조회 비중이 48%인 것으로 나타났다.[5] 2020년 상반기 수입차를 구매한 소비자 8만여 명 가운데 37%도 10~30대였다. 이러한 명품 소비에 대해 자본주의 키즈는 단지 또래에게서 소외되지 않기 위해 천편일률적으로 구매하는 동조형 소비가 아니라, 브랜드를 통해 자신만의 정체성을 표현하는 것이라고 당당히 이야기한다.

젊은 사람들의 높지 않은 소득 수준을 고려하면 명품 소비는 언뜻 무분별한 낭비와 사치로 보일 수 있지만 이들의 소비 방식은 자기 나름으로는 철저히 합리적이다. 명품을 살 때도 '가격 대비 가치'가 높은 브랜드와 제품이 무엇인지 꼼꼼하게 따져보고 결정한다. 소비의 가치를 따질 때는 실용적 성능뿐 아니라 상징적 의미도 중요하기 때문이다. 일단 목표를 결정했다면 가격이 몇 백만 원 단위라도 프로모션과 할인 혜택을 총동원하여 단 몇 천 원도 허투루 쓰지 않는다. "고가품은 왠지 백화점에서 직접 사야 할 것 같다"고 느끼는 이전 세대와 달리 온라인 최저가 검색을 이용하는 것에도 거리낌이 없고, 예상 사용 기간에 따라 렌탈을 활용하는 융통성도 보인다. 명품 렌탈 서비스를 운영하는 전문가에 따르면 '샤넬'과 같은 스테디셀러는 신품을 구매하지만, 잠시 유행으로 그칠 수 있는 브랜드는 렌탈을 이용하는 비율이 높다고 한다. 트렌디함을 챙기는 동시에 본품 가격보다 훨씬 저렴하게 이용할 수 있고, 나아가 높은 가격으로 쉽게 '리셀'할 수 있는 브랜드인가를 판단해 구매냐 렌탈이냐를 결정하는, 나름대로 합리적 소비 전략을 구사하는 것이다.

소비를 능동적으로 활용할 줄 아는 자본주의 키즈는 소비를 일종의 게임처럼 즐기기도 한다. 최근 유행하는 '드롭'과 '래플'은 구매에 성공하는 것이 하늘의 별따기만큼 어려워 오히려 재미를 더하는, 소비의 게임 버전이다. 드롭drop은 영어로 '투하하다'는 뜻으로 한정 수량의 상품을 기습적으로 '투하하는' 판매 방식이다. 2019년 온라인몰 무신사에서 판매 시작 5분 만에 완판된 '참이슬 백팩'이 대표적 사례인데, 소비자들은 판매 시작 시간에 알람까지 맞추어 놓는 열의를 보이며 치열한 경쟁에 참전하기를 마다하지 않았다. 구매에 성공하면 그 자체로 대단한 희열을 느낄 수 있을 뿐만 아니라, 49,000원에 구매한 한정판 가방이 중고시장에서는 3~4배 가격에 팔리기도 하기 때문에 괜찮은 재테크 전략으로 각광받기도 한다(전망편, 'N차 신상' 키워드 참조).[6]

드롭 판매의 인기가 과열되면서 '줄서기 알바'까지 동원하는 부

출처: 뉴발란스, 무신사

●●● 자본주의 키즈는 소비도 게임식으로 한다. '하늘의 별 따기'처럼 어려운 만큼 성취욕과 짜릿함을 선사하는 한정판 구매, 드롭과 래플이 선풍적인 인기를 끄는 이유다.

작용이 나타나자 불공정에 대한 인식이 강한 이들 세대의 니즈에 맞춰 공정성을 더한 '래플raffle'도 등장했다. 래플은 '추첨식 복권'이라는 뜻으로 제한된 시간에 줄서기나 온라인 신청을 통해 추첨권을 나누어주고 당첨자에게만 물건을 판매하는 방법이다. 2019년 12월 무신사가 래플 방식으로 판매한 펭수의 '남극유치원 졸업사진 맨투맨'의 경우 500벌 판매에 이틀 동안 2만5,000여 명이 몰렸다. 폭발적인 인기를 고려하여 드레스 코드를 도입한 래플도 있다. 2019년 11월 나이키는 '에어포스1 파라노이즈' 래플의 응모 요건으로 나이키 상의와 운동화 '에어포스1' 착용을 내걸어 기존에 나이키 제품을 보유하고 있는 열혈 소비자에게 기회가 가도록 했다. 이러한 드롭과 래플 참여는 수고를 들이더라도 희소한 제품이나 새로운 경험을 놓치지 않으려는 자본주의 키즈의 새로운 소비법을 보여준다.

재무관리: "돈 Worry, Be Happy!"

최근 몇 년 사이 20~30대 모임에서는 성별과 직종을 불문하고 투자 관련 주제가 가장 뜨거운 화제로 부상 중이다. 예전에는 영화나 방송 프로그램 이야기를 나누던 젊은이들이 이제는 자리에 앉자마자 투자 이야기부터 꺼낸다. 부동산 투자 강의를 함께 듣고 '임장(부동산 현장 답사) 데이트'를 즐기는 직장인 커플의 모습도 심심찮게 눈에 띈다. 대학생 사이에서는 투자연구회·부동산학회·국제금융재무학회·가치투자동아리·프롭테크 등 가지각색의 투자 관련 동아리가 대세이고, 온라인 재테크 커뮤니티에는 친구들이 게임을 할 동안 게임 회사의 주식을 산다는 중학생 투자자의 글이 올라온다. 군부대 내에서 스마트폰 사용이 가능해지면서 군인 신분의 개인 투자자를 의미하는 '병정개미'라는 용어까지 등장했다.[7] 젊은이들이 큰돈은 아니더라도 그 돈을 묵혀두기보다 빠르게 회전시키며 불리는 재테크로 일찌감치 눈을 돌리고 있는 것이다. 풍요롭게 자란 세대답게 돈이 없는 불행한 미래를 방지하기 위한 '돈 걱정'은 자본주의 키즈의 필수 덕목이다.

자본주의 키즈의 셀프 재무관리는 돈 모으기에서 시작된다. 주머니 사정이 넉넉지 않은 이들의 재테크 입문을 돕는 '잔돈금융'의 목적은 돈 모으는 습관을 기르는 것이다. 카카오뱅크의 '저금통'은 계좌에 남은 1,000원 미만의 잔돈이 자동으로 저축되는 서비스로, 저금통에 들어간 금액은 숫자 대신 '짜장면 한 그릇', '서울-부산 KTX 승차권'과 같이 직관적인 이미지로 보여주어 궁금증을 유발하면서도 소소한 저축의 위대함을 체감할 수 있게 했다. 출시 13일 만에 이용 계좌가 100만 개를 넘을 정도로 인기가 높다.[8] KB국민은행의 'KB

스마트 스타폰 적금'의 경우 '하루에 커피 한 잔만 덜 마셨어도'라며 후회하는 습관성 지출의 관리를 도와준다. 예를 들어 커피가 마시고 싶을 때 커피를 사는 대신 스마트폰에서 커피 아이콘을 누르면 아낀 커피 비용이 자동으로 계좌에 저축된다. 신한카드는 신한금융투자와 연계하여 카드 결제 시 발생하는 자투리 금액으로 아마존·애플·나이키·스타벅스 등 인기 해외주식을 0.01주 단위로 매매할 수 있는 해외주식 소수점 매매 서비스를 제공한다.[9] 소액으로도 글로벌 대기업의 (초소형) 주주가 되는 기쁨을 누릴 수 있는 것이다. 잔돈금융의 핵심은 투자에 대한 갈증을 느끼는 젊은 세대가 적은 금액으로도 즐거운 금융생활을 누릴 수 있도록 풀어준 재미 요소에 있다.

●●● 재무관리에 눈뜬 자본주의 키즈의 돈 모으기 습관을 길러주는 금융상품들이 인기다. 이들을 겨냥해 소액으로 가능한 해외투자 상품도 나왔다.

출처: KB국민은행, 신한카드, 카카오뱅크

자본주의 키즈는 '내 돈은 내가 지킨다'는 자세로 기초 공부부터 차근차근 시작하는 '부지러너(富+부지런+er 또는 부지런+learner)'이기도 하다. 유튜브를 통해 경제사 등 인문학적 배경 지식부터 HTS Home Trading System 사용법까지 셀프 자산운용을 위한 기초 지식을 익히고, 주식거래 차트를 실시간으로 공유하는 라이브 방송을 보며 간접 실습을 한다. 여기서 더 나아가 궁금증을 해결하고 투자 노하우를 공유하는 오픈채팅방이나 스터디를 보충 학습 용도로 활용한다. 2020년은 팬데믹 여파로 주식 투자에 대한 관심이 특히 부각됐으나 이미 2~3년 전부터 유튜브에서는 주식 외의 다양한 재테크 방법을 전하는 유튜버들이 2030의 필수 채널로 자리 잡기 시작했다. 대표적으로 유튜버 '신사임당'은 직장인의 부업 및 창업의 노하우를 소개하는 '창업 다마고찌'라는 콘텐츠로 채널을 시작한 지 2년 만에 구독자 수가 95만 명을 넘어섰다. 보다 전문적인 학습을 원하는 경우 '클래스101'과 같은 유료 강의 플랫폼에서 '제휴 마케팅으로 부수입 만들기', '캐릭터로 이모티콘 연금 만들기' 등의 강의를 듣기도 한다. 단순히 소문과 유행을 따르기보다 자신만의 분명한 목표를 가지고 재테크에 접근하는 것이다.

실제로 젊은 자본주의 키즈의 투자 활동은 다양한 영역에서 관찰된다. 국내 금시장이 개설된 이래 사상 처음으로 거래 규모가 1조 원을 돌파할 것으로 예상되는 가운데, 2020년 3월 말 기준 한국거래소 KRX 금시장에 등록된 계좌 수의 연령별 비중은 30대(38%), 40대(29%), 20대(18%) 순으로 나타나 젊은 세대의 뜨거운 관심을 짐작게 했다.[10] 이들은 부동산이 중·장년층의 투자 영역이라는 생각에도 과감히 도전한다. 한국감정원의 부동산 통계정보 시스템에 따르면 2019년 서울 지역 아파트를 가장 많이 매입한 것은 28.8%(7만1,734건 중 2만 691건)를 차지한 30대였으며, 2020년 6월의 경우 30대가 32.4%, 40대가 27.8%로 그 격차가 더욱 커졌다. 2030세대는 투자자산이 충분하지 않기 때문에 소액으로 가능한 P2P나 경매로 부동산 투자를 시작하는 경우도 빈번하다. P2P 투자 플랫폼 '어니스트펀드'에 따르면 2020년 4월 기준 투자자 중 30대는 무려 36%에 달했고, 20대도 31%나 차지했다. 특히 2018년에는 20대의 비중이 9%에 불과했던 것을 고려하면 투자를 시작하는 연령이 빠르게 낮아지고 있다는 사실을 알 수 있다.[11]

물론 최근의 재테크 열풍이나 부동산 구매 붐은 초저금리·유동

●●● 자본주의 키즈의 꿈은 하루라도 빨리 돈을 벌어 경제적 자립을 이룬 후에 조기 은퇴를 하는 것, 이른바 'FIRE'족이 되는 것이다.

성 과잉·부동산 규제 등 기본적인 이유도 존재하지만, 그 근저에는 자본주의 키즈들의 변화된 재무관이 기본적인 동인으로 자리 잡고 있다.

'금융생활의 시작은 이르면 이를수록 좋다'는 자본주의 키즈의 재무관리는 은퇴 후 설계까지 이어진다. 이제까지 은퇴 설계는 노후 설계와 동의어로 생각될 만큼 중·장년의 관심사였던 것과 달리, 자본주의 키즈에게는 취직과 동시에 고민을 시작하는 주제다. 가능한 빠른 은퇴를 꿈꾸는 **'파이어족'**의 등장은 이러한 변화를 대변한다. 이들은 최소한의 의식주를 제외한 소비를 끊고 연소득의 70%까지 저축하여 목표한 자산을 달성하면 40대, 혹은 그 이전이라도 직장을 그만둔다. 그 후에는 자산으로부터 얻는 투자 수익금으로 생활하면서 여가 활동이나 사회 공헌 등 자신이 진정으로 '원하는 삶'을 누리는 것이다. 겉모습만 봐서는 소비의 만족감을 중요하게 생각하는 자본주의 키즈와 파이어족의 라이프스타일은 정반대인 듯 보이지만 궁극적으로 도달하고자 하는 목표는 같다. 바로 돈 걱정에서 벗어난 '경제적 자유'를 얻는 것이다. 자본주의 게임의 룰 안에서 행복을 얻는 경로가 다를 뿐이다.

파이어FIRE족

Financial Independence Retire Early(금융의 독립과 조기 은퇴)의 약자로, 이른 은퇴가 목표인 이들을 지칭한다. 이러한 흐름은 최근 미국의 고학력·고소득 밀레니얼 세대 사이에서 유행하기 시작됐다.
파이어족의 종류는 수입-지출 구조에 따라, 린 파이어Lean FIRE(극단적으로 제한된 소비만 하는 이들)·팻 파이어Fat FIRE(생활수준을 유지하면서 은퇴를 준비하는 이들)·사이드 파이어Side FIRE(부수입으로 은퇴를 준비하는 이들)·바리스타 파이어Barista FIRE(퇴직 후에도 은퇴 비용을 충당하기 위해 아르바이트를 하는 이들) 등으로 나뉘기도 한다.[12]

배경: 경제 불안이 상시화하는 정보과잉사회

자본주의 키즈는 원하는 인생을 살기 위해선 "얼마가 필요한가?"란 질문을 스스로 던지며 솔직하고도 똘똘하게 삶을 설계할 줄 안다. 이들이 '합리적인 욕망덩어리'로 자라난 것에는 디지털 정보사회라는 환경의 영향이 크다. 과거, 소비와 재무에 관한 지식이란 부모님의 소비생활을 관찰하거나 스스로 경제활동을 시작한 후 경험에서 얻는 것이었다. 지금은 언제 어디서나 연령에 관계없이 정보에 접근이 자유롭고 그 양과 질도 다르다. 무엇이든 답해주는 유튜브에서는 친한 친구라도 차마 물어보지 못했을 연봉을 현직자가 알려주고, 수백억대 자산가가 경험을 전수한다. 실시간으로 소식이 오가는 커뮤니티에서는 영수증까지 소상히 공유한다. 정보 기술의 발전은 행동의 장벽도 무너뜨렸다. 편리해진 모바일 환경에서 터치 몇 번이면 낮과 밤이 다른 해외시장의 주식도 쉽게 사고팔 수 있게 됐고 플랫폼 서비스가 확장되면서 매일 접속하는 메신저에서 수백만 원을 호가하는 명품가방을 '선물하기'까지 가능해진 것이다.[13] 하지만 정보 과잉에 따른 지식과 행동의 변화만으로 돈과 소비에 거침없는 이들 세대의 '자본주의적 감성'을 충분히 이해하기는 부족하다. 보다 근원적으로 자본주의 키즈를 설명하는 배경을 더 면밀히 살펴보자.

자본의, 자본에 의한, 자본을 위한 세대

자본주의 키즈의 감성은 현재의 환경뿐 아니라 어린 시절부터 씌워진 '자본 프레임'에 의해 형성된 것일 수 있다. 미국의 저널리스트 맬컴 해리스Malcom Harris는 현재의 밀레니얼 세대를 만든 것이 '인적 자본human capital'의 관점이라고 말한다.[14] 사람을 경제학적 사고로 환원시킨 이 이론은 사람을 자본의 한 유형으로 보고, 더 많은 교육과 훈련을 통해 생산성을 높일 것을 촉구하는데, 이에 따라 사람들은 자신이 우수한 인적 자본임을 증명하는 높은 연봉을 받기 위해 치열하게 경쟁한다. 상황은 한국도 마찬가지다. 아이들은 등급과 시험점수라는 숫자로 평가받는 것에 익숙하며 더 비쌀수록 좋은 것으로 여겨지는 사교육 속에서 자본의 중요성도 학습한다. 그 결과물로서 이 세대는 삶의 다양한 가능성보다는 경제적 가치를 우선적인 삶의 척도로 삼게 된다.

무엇보다 스스로가 자본이자 자본에 의해 자라난 이들에게 경제적 불안은 자본의 중요성을 더욱 일깨웠다. 지난 20여 년간 한국 경제의 불안은 커져왔다. 성장 과정에서 IMF 외환 위기와 미국발 금융위기를 통해 불안을 학습했고 현재는 취업난 속에서 불안을 경험하고 있으며, 갈수록 고용 안정이 어려워지는 사회 속에서 앞으로도 더 큰 불안을 안고 살아야 한다. 또한 피부로 느끼는 사회경제적 격차는 돈에 대한 열망을 부채질한다. SNS상에서 벌어지는 일상적인 비교뿐만 아니라, "월급을 모아 서울에 집을 사려면 근초고왕 때부터 일해야 한다"는 우스갯소리가 나올 법한 양극화의 현실이 존재하는 것이다.[15] 자본주의가 아닌 사회를 경험해본 적이 없는 세대로서, 자본주의 키즈가 이러한 난관을 타개할 방법은 자본주의 사회의 룰을 누구보다 잘 익혀서 게임에서 승리하는 것뿐이다.

행복은 충동적으로, 걱정은 계획적으로: 이중적 시간관

불안을 내재화한 이들이라 해서 머릿속이 걱정으로만 가득한 것은 아니다. 어떻게 될지 모르는 미래에 대한 불안에는 역설적으로 현재에 집중하도록 만드는 힘이 있다. 미래에 대해서는 계획적으로 대비를 하되, 지금이 아니면 즐길 수 없는 경험을 놓치지 않는다. 역으로 말하면, 인생은 한 번뿐이라는 현재지향적인 태도가 반드시 미래를 포기하겠다는 말과 동의어가 아니라는 얘기다.

이는 '시간관(혹은 시간조망time perspective)' 개념으로 설명할 수 있다. 미국의 심리학자 필립 짐바르도Philip G. Zimbardo 교수는 사람들이 '미래형 인간' 혹은 '현재형 인간'으로 구분되는 것이 아니라, 과거·현재·미래 각각의 시간에 대해 긍정적·부정적 태도를 가진다고 보고 이것을 5개의 시간관으로 정의했는데,[16] 이에 대한 연구 결과를 살펴보면 일반적인 예상과 달리 '미래지향적' 시간관과 '현재쾌락적' 시간관 사이에 일관된 상관관계가 나타나지 않는다고 한다.[17] 꼼꼼하게 재무 계획을 세우는 사람이 지금이 아니면 살 수 없는 한정판 아이템에 거금을 지르기도 한다는 뜻이다.

물론 현재의 저축 및 차용은 미래의 자원과 긴밀하게 연결되어 있다. 지금 있는 돈을 펑펑 써버린다면 미래에 쓸 것이 없어져버린다. 그렇기 때문에 자본주의 키즈는 여러 개의 계좌를 활용한다. 소득의 일부는 일단 노후 대비 연금으로 자동이체 해두고, 남은 돈은 자신만의 '소확행'을 위해 쓰는 것을 즐긴다. 이러한 계좌는 실제 계좌만이 아니라 심리적인 계좌일 수도 있다. 삼각김밥으로 끼니를 때우더라도 여행에 소비를 집중하거나, 평소에는 가성비가 소비의 최우선이었으나 좋아하는 브랜드에 한해서는 제값 주는 것을 아끼지 않는 등 마음속의 회계장부를 유연하게 활용하여 '가심비'를 극대화할 줄 안다. 자본주의 키즈의 치밀한 재무관리는 욜로YOLO의 가치관 아래, 소확행을 즐기면서도 미래의 불안을 해소하기 위한 적응법인 것이다. 『밀레니얼 이코노미』에서 저자들은 소득 중 소비·지출에 사용하는 비중을 나타내는 가계소비 성향이 2030세대에서 꾸준히 낮아지고 있다는 통계자료를 들어, 언론에서 밀레니얼의 욜로 성향만을 부각하는 것은 이들 세대가 미래에 대한 대비 없이 번 돈을 모두 써버리는 것처럼 '착시'를 일으킨다고 지적하기도 했다.[18]

전망 및 시사점

균형 잡힌 시각으로 자신의 삶을 설계할 줄 아는 소비자들

●

요즘 중고등학생들의 SNS에 나타나는 새로운 현상이 있다. 바로 '#협찬환영' 해시태그다. 팔로워가 많은 인플루언서도 아닌 평범한 학생들이 광고를 해주겠다고 자처한다. 기업들이 홍보를 위해 일반인 체험 후기를 활용하거나, 적은 비용으로 입소문을 내줄 수 있는 마이크로 인플루언서를 찾는다는 것을 잘 알고 있는 청소년들이 용돈벌이를 겸해 스스로 광고를 모집하는 것이다.[19] 광고 시장의 생태계를 훤히 알고 있는 자본주의 키즈다운 모습이다. 그런데 이러한 현상을 보다 보면 한편으로 하버드대 마이클 샌델Michael Sandel 교수의 저서 『돈으로 살 수 없는 것들』에 실린 몇 가지 사례가 오버랩된다. 외국의

한 항공사의 경우 광고비 777달러를 지급하는 대가로 뒤통수의 머리를 밀고 일회용 문신으로 광고 문구를 넣을 사람을 모집했다. 식당 로고 모양 문신을 몸에 새기는 사람에게 점심식사 평생 무료권을 제공하는 사례도 있었다. 돈으로 환산할 수 있다면 자신의 신체까지 광고판으로 만들 수 있는 것이다. 자본주의 키즈의 모습에서 이러한 사례를 떠올리는 것은 과도한 상상일까?

시장의 논리는 "돈 내겠다는데 뭐가 문제야?"라며 무엇이든 손쉽게 거래의 대상으로 만든다. 하지만 샌델 교수는 그의 책에서 이러한 시장주의의 무서움을 경고한 바 있다. 예를 들어 우리가 '친절함'에 가격을 매기기 시작하면 점원의 미소는 소비자의 마음을 따듯하게 만드는 상냥함이 아니라 돈을 낸 만큼 마땅히 누려야 하는 서비스가 된다. 점원의 입장에서도 금전적 대가 없이는 제공할 필요 없는 업무로 여기게 될 것이며, 사람 사이에 주고받는 '호의'라는 가치는 점차 뒷전이 될 것이다. 그렇다면 시장의 논리에 충실한 자본주의 키즈가 점차 많아지는 현상은 단지 자본주의 사회의 자연스러운 모습이 아니라, 우리 사회에서 '돈으로 살 수 없는' 어떠한 가치들이 밀려나고 있다는 신호는 아닌지 짚어볼 필요가 있다.

종종 우리 사회의 변화가 잘못된 방향으로 흘러가는 것은 아닌지 우려되기도 하는 것이 사실이다. '자낳괴'라는 말은 그러한 우려를 대변한다. '자본주의가 낳은 괴물'의 준말로 별풍선(일종의 후원금 성격의 사이버머니)을 받기 위해 인터넷 방송에서 비상식적인 일을 벌이는 BJ를 묘사하는 말로 시작된 유행어인데, 돈을 벌기 위해서라면 무엇이든 하는 사람을 일컫는 말로 자주 쓰인다. '괴물'이라는 표현에 그런 세대에 대한 경계심이 내포되어 있지만 실제로 우리 사회가 진짜 '자낳괴'를 낳게 되는 것은 아닌지 걱정스러운 일이 벌어지곤 한다.

기업들은 시장 전문가가 된 자본주의 키즈를 어떻게 대해야 할까? 최근의 '뒷광고' 사건은 오늘날의 소비자를 대하는 기업·판매자 등이 유념해야 할 점을 일깨워주었다. 유명 인플루언서들이 '내돈내산(내 돈 내고 내가 산)'이라며 만든 콘텐츠가 사실 협찬받은 '뒷광고'였다는 것이 밝혀져 소비자들의 공분을 사면서 인플루언서들이 사과 방송을 하고 일부는 활동 중단을 선언하기에 이르렀다.

자본주의 키즈는 자신의 돈과 시간을 어떻게 사용할지 명확히 알고 선택하기를 원하는 주체성이 강한 소비자다. 자신의 가치판단에 따라 의도적으로 광고를 시청하고, 남의 손에 돈을 맡기기보다 직접 투자종목을 선택한다. PPL이 솔직하기 때문에 호응을 얻는 것과 같이 투명한 커뮤니케이션으로 소비자의 선택을 존중할 때 신뢰를 얻을 수 있다.

반反자본주의에 대한 선망을 동시에 품은 세대

나아가 이윤 추구를 넘어 어떠한 가치를 전달할 것인가에 대한 고민이 필요하다. 자본주의 키즈는 역설적이게도 '반자본주의'적인 요소에 대한 선망도 함께 가지고 있다. 냉전과 동구권의 붕괴를 목격했던 이전 세대는 자본주의를 다른 체제와의 경쟁에서 이긴 우월한 체제로 인식하여 자본주의 사회의 문제점에 대해 "문제는 있지만 장점이 더 크다"고 받아들이는 반면, 밀레니얼 세대는 오로지 자본주의만 경험했기 때문에 자본주의의 문제점에 오히려 더 비판적인 태도를 취한다. 자본주의의 탐욕성이나 양극화의 문제점, 불공정에 대한 인식이 매우 강해서 진정성 있는 태도로 자본주의의 부작용에 대해 고민하는 기업에 관심과 호감을 보인다. 실제로 이런 사례는 여기저기서 나타나고 있다. 서두에서 자본주의 키즈가 일종의 후원금과 같이 자발적으로 광고를 시청하는 채널로 언급한 곳을 살펴보면, 대부분 "전문직업인으로서 지식을 공유한다" 혹은 "왜곡된 미에 대한 기준을 바로잡고 싶다" 등 사회공헌적인 가치를 전하는 메시지가 분명하다.

현대인의 삶에서 돈이 중요하다는 것은 분명한 사실이다. 하지만 잘못된 경제관념은 개인적·사회적으로 막대한 피해를 낳는다. 최근 투자 열기에 휩쓸려 '고수익 보장'이라는 허위광고에 속아 투자금을 모두 잃거나 혹은 금·은·가상화폐 등의 시세 추이를 맞추는 베팅 등 신종 불법도박에 참여하는 사례가 나타나고 있다. 이에 전문가들은 돈에 대한 가치관과 금융 역량을 기를 수 있는 체계적인 금융교육이 필요하다고 강조한다. 전 세계적으로도 정규 교육과정에 금융교육을 포함하는 추세다.[20] 다행인 것은 대부분의 자본주의 키즈는 돈에 대해 부지런히 공부하여 균형 잡힌 시각으로 자신의 삶을 설계할 줄 아는 소비자라는 점이다. 나아가 최근 '돈쭐내는' 소비자들이 나타나는 현상은 자본주의 사회가 자정작용을 할 수 있다는 긍정적인 전망을 보여주기도 한다(회고편, '페어 플레이어' 키워드 참조). 결국 선한 자본주의를 만들어가는 것은 소비자 모두의 몫이다. 브이노믹스와 그 이후를 이끌어갈 자본주의 키즈들의 활약을 기대해본다.

BEST
WE
PIVOT

거침없이 피보팅

피보팅pivoting이란 원래 '축을 옮긴다'는 뜻의 스포츠 용어인데, 코로나19 이후에는 사업 전환을 일컫는 중요한 경제용어가 됐다. 바이러스 확산이나 트렌드 변화로 인해 소비 시장이 급격히 바뀔 때, 기민한 비즈니스 모델의 변환은 조직의 생사를 좌우하는 중요한 전략이다. 하지만 이제 피보팅은 단지 위기 상황에서의 방향 수정만을 의미하는 것이 아니라, 조직운영 전반의 중요한 트렌드로 확장하고 있다. 제품·전략·마케팅 등 경영의 모든 국면에서 다양한 가설을 세우고 끊임없이 테스트하면서, 그 방향성을 상시적으로 수정해나가는 일련의 과정을 의미하게 된 것이다.

피보팅은 새로운 아이템과 기술로 사업을 시작하는 스타트업에게 필수적인 덕목이지만, 극도로 VUCAVolatility, Uncertainty, Complexity, Ambiguity해지는 환경에 직면하고 있는 대기업에게도 피할 수 없는 과제가 됐다. 어떤 자원을 중심으로 사업 전환을 꾀하는지에 따라 피보팅 전략은 ① 기술, 운영 노하우 등을 중심으로 사업을 전환하는 '핵심역량 피보팅', ② 시설 설비·공간·건물 등을 중심으로 사업 전환을 꾀하는 '하드웨어 피보팅', ③ 그동안의 사업을 통해 이미 잘 알고 있는 소비자 집단을 중심으로 사업을 전환하는 '타깃 피보팅', ④ 새로운 품목을 기획하고 판매 경로를 변경해 사업 전환의 기회를 모색하는 '세일즈 피보팅', 이렇게 네 가지 유형으로 나눌 수 있다.

위기는 부실한 기업을 솎아내는 자본주의의 정리 메커니즘이다. 기존 시장을 파괴하고 새로운 혁신을 창조하는 기업은 '혁신 기술'을 보유한 기업이 아니라 '소비자의 변화하는 행동 양식'에 신속하게 대응하는 기업이라는 점을 기억하자. 코로나19 위기와 디지털 대변혁을 넘어 새로운 시대로의 도약을 앞둔 지금, '거침없이 피보팅'하는 기업만이 살아남는다. 끊임없이 변하는 시장을 상대하기 위해 주저 없이 피보팅하라. 누가 이 위기의 순간에 승자의 자리를 차지할 것인가?

유튜브·인스타그램·트위터·넷플릭스의 공통점은 무엇일까?

'온라인 기업', '기존 시장을 위협하는 혁신 기업', '플랫폼 기업' 등 다양한 수식어가 떠오를 것이다. 하지만 이들의 진짜 공통점은 사업 초기에 구상했던 비즈니스 모델은 신통치 않았지만, 이후 새로운 방향으로 사업을 전환함으로써 큰 성공을 거둔 기업이라는 점이다. 유튜브는 애초에 온라인 데이팅 영상 사이트로 서비스를 시작했지만 사람들이 관련 영상을 올리지 않자 아예 개인들이 찍은 영상을 쉽게 올리고 감상하는 사이트로 전환해 지금의 성공신화를 이뤘다.[1] 트위터의 전신은 팟캐스트 플랫폼이었다. 하지만 애플이 무료로 팟캐스트 콘텐츠를 제공하자 할 수 없이 짧은 메시지를 친구들에게 전달하는 서비스로 전환했는데 그것이 더 큰 인기를 끌었다.[2] 인스타그램 역시 초창기부터 잘나간 것은 아니었다. 본래의 사업 모델은 소셜게임과 위치 기반 SNS 기능이 결합된 서비스였는데 당시 이용자들은 게임보다 본인의 사진을 공유하는 데에만 관심을 보였다. 이에 언제 어디서나 사진을 공유할 수 있는 이미지 기반 SNS로 사업을 전환한 것이다.[3] 넷플릭스가 비디오테이프를 우편으로 배달하는 서비스로 출발했다가 스트리밍 기반 온라인 영화 플랫폼으로 사업을 전환해 크게 성공한 이야기는 이제 너무나 유명하다.

성공한 스타트업의 후일담처럼 들릴 수 있겠지만 실제로 성공 궤도를 달리고 있는 기업 중에 본래의 사업 영역을 그대로 이어가는 경우는 오히려 별로 없다. 시대가 변하고 소비자가 변함에 따라 사업 영역과 방향을 적절히 전환함으로써 여러 차례 위기의 파고를 넘어 현재의 위상에 올라선 경우가 대부분이다. 이처럼 기업이 자사가 보유하고 있는 자산을 최대한으로 활용해 소비자의 변화무쌍한 니즈에 맞추며 새로운 방향으로 사업을 신속하게 전환하는 전략을 '피보팅pivoting'이라 부른다.

피봇pivot의 사전적 의미는 '물건의 중심을 잡아주는 축'이라는 뜻이다. 주로 스포츠에서 사용하는 표현으로 농구나 핸드볼에서 한쪽 다리는 땅에 붙여 축으로 고정하고, 다른 쪽 다리는 여러 방향으로 회전하며 다음 움직임을 준비하는 동작을 의미한다. 기업가이자 컨설턴트로 『린 스타트업』의 저자이기도 한 에릭 리스Eric Ries는 이 용어를 사업 분야에 처음 적용했는데, 그는 피보팅을 "창업가가 사업을 진행하는 과정에서 제품·전략·성장 엔진에 대한 새롭고 근본적인 가설을 테스트하기 위해 경로를 구조적으로 수정하는 방향 전환"이라고 정의했다.[4] 이후 '피보팅'은 스타트업에서 일종의 성공 공식으로 받아들여졌다.

이 스타트업 용어가 코로나19로부터 비롯된 경제 위기 상황에서 다시 한번 주목받고 있다. 바이러스의 창궐은 사람들의 소비행동을 완전히 흔들어놓았다. 온라인 구매가 일상화되고 집 밖에서 수행하던 많은 활동이 집 안으로 들어왔다. 수업·회의 등 대면으로 행해지던 일들은 모두 비대면으로 전환되고, 식당·카페·극장·운동 시설 등에서는 정부가 사회적 거리두기 단계를 변경할 때마다 썰물처럼 손님이 빠져나갔다. 그런데 지금 우리가 경험하는 이러한 변화는 코로나19로 촉발되긴 했지만 사실 그동안 서서히 진행되던 변화이기도 하다. 다만 변화의 속도가 그리 빠르지 않아 우리가 미처 깨닫지 못했을 뿐이다. 기업들 역시 눈앞에 산적한 문제들을 해결하느라 이런 변화에 미온적으로 대처해왔다. 하지만 코로나 사태를 계기로, 이 트렌드 변화에 빠르게, 그리고 적극적으로 대응하는 일이 최우선 과제가 됐다.

나아가 팬데믹 경제에 적응하는 문제는 이제 스타트업뿐만 아니라 개인사업자와 대기업을 막론하고 모든 경제주체에게 중요한 과제가 됐다. 절체절명의 위기를 경험하면서 바로 지금 우리 사회에 나타나고 있는 변화에 적극적으로 대응하지 않으면 미래의 생존까지 위협받는다는 사실을 깨달았기 때문이다. 『트렌드 코리아 2021』에서는 "위기 상황에서의 사업 방향 수정은 물론, 상시적인 시장 변화에 대처하기 위해 제품·전략·마케팅 등 경영의 모든 국면에서 다양한 가설을 세우고 끊임없이 테스트하면서 그 방향성을 상시적으로 수정하는 일련의 과정"을 '피보팅'이라 정의한다. 위기를 넘어 새로운 시대로의 도약을 앞둔 시기에 '거침없이 피보팅'하는 기업만이 생존을 넘어 새로운 성장의 기회를 얻을 수 있다. 이제 피보팅의 특징을 이해하고, 피보팅의 대표 유형을 학습함으로써 대변혁의 시대에 사업 전환을 위한 기회를 모색해보자.

피보팅의 특징

피보팅은 시장 변화에 적응하고자 다양한 방식으로 사업 전환을 시도한다는 점에서 '혁신innovation'의 일종이다. 혁신이란 경제에 새로운 방법이 도입되어 획기적인 국면이 나타나는 현상을 의미한다. 경제

피보팅과 유사 개념 비교

		소비자	
		무엇을 원하는지 안다	무엇을 원하는지 모른다
기업	무엇을 해야 하는지 안다 (계획적 혁신)	연속적 혁신 (continuous innovation)	불연속적 혁신 (discontinuous innovation)
	무엇을 해야 하는지 모른다 (실험적 혁신)	피보팅 (pivoting)	스핀오프 (spin-off)

학자 조지프 슘페터Joseph Schumpeter의 경제발전론에 따르면 혁신은 기술적 진보뿐만 아니라 신시장과 신제품 개발·신자원 획득·생산조직 개선·신제도 도입 등도 포함한다.[5] 기존 혁신 개념과 비교함으로써 피보팅의 특징을 좀 더 상세히 이해할 수 있을 것이다.

위의 표에서 보듯, 시장 환경은 "소비자가 그 변화를 알거나 원하고 있느냐"와 "기업이 그 대응책을 인지하거나 확신할 수 있느냐"의 여부를 기준으로 네 가지 유형으로 나눌 수 있다. 이를 중심으로 피보팅이 다른 개념과 어떻게 다른지 살펴보자.

계획보다 실험에 초점

일반적으로 혁신은 소비자가 요구하기보다는 기업이 주도한다. 소비자의 니즈가 존재하더라도 기업이 관련 기술을 개발하지 못한다면 혁신이 불가능하기 때문이다. 따라서 기업은 미리 계획한 기술 로드맵에 따라 순차적으로 혁신을 달성해나가는데, 이것을 '계획적 혁신'

이라고 부른다. 계획적 혁신은 다시 '연속적 혁신'과 '불연속적 혁신'으로 분류된다. 연속적 혁신은 소비자가 스스로 무엇을 원하는지 알 수 있을 때의 혁신이다. 예컨대, 스마트폰이 1세대·2세대·3세대의 발전 단계를 거치면서 점차 디스플레이가 커지고, 배터리 유지 시간이 길어지며 무게가 가벼워지는 등 연속적 변화를 이루는 것이 이에 해당된다. 반면 불연속적 혁신은 연속적 발전 단계를 뛰어넘어 새로운 단계로 진전되는 혁신이다. 휴대폰이 스마트폰으로, 필름카메라가 디지털 카메라로 전환되는 경우가 그 대표적인 예다.

피보팅은 계획보다는 실험에 초점을 둔다는 점에서 앞서 설명한 연속적·불연속적 혁신과 다르다. 피보팅은 미리 철저하게 계획하고 실행하는 혁신 방식이 아니라 오히려 산발적으로 발생하는 소비자 니즈에 대응하고자 '가설 설정-실행(테스트)-수정-실행'을 끊임없이 반복하며 전략 방향을 수시로 수정하는 일련의 '과정'이다. 『디커플링』의 저자 탈레스 테이셰이라Thales S. Teixeira 교수에 따르면 기업이 실패하는 주된 이유는 혁신 기술이 부족해서가 아니다. 많은 기업들은 혁신 기술을 보유한 경쟁사 때문에 자신들이 흔들린다고 생각하지만, 사실상 이들이 뒤처지는 이유는 소비자의 바뀌는 행동 양식에 대응하지 못했기 때문이다. 시장 파괴의 주범은 '기술 혁신'이 아니라 '소비자의 선택'인 것이다.[6] 이처럼 시장이 어떻게 변화할지 방향성을 예측하기 어려운 **'뷰카VUCA'**의 시기에는 실험정신에 기반한 상시적 혁신, 피보팅을 통해 위기를 타개해나가야 한다.

뷰카VUCA
변동성Volatility·불확실성Uncertainty·복잡성Complexity·모호성Ambiguity의 첫 글자를 뜬 신조어로 흔히 4차 산업시대 시장 환경의 특성으로 자주 언급된다.

부분보다는 전사적·즉각적 대응에 초점

실험적 혁신 중에서도 피보팅은 소비자의 니즈와 혁신의 형태가 얼마나 확실하냐에 따라 '스핀오프spin-off'와 대비된다. 스핀오프란 보통 '오리지널 영화나 드라마의 캐릭터 설정에 기초해 새로운 이야기를 만들어내는 것'으로 통용되는데, 경제경영 분야에서는 '연구 인력에 대하여 창업을 지원하는 제도'라는 의미로 사용된다.[7] 예컨대, 삼성전자의 사내벤처 육성 프로그램 '씨랩C-lab 인사이드', CJ올리브영의 사내벤처 제도 '레볼루션 랩', 은행권이 디지털 트랜스포메이션을 위해 핀테크 스타트업과 연합 전선을 꾸리는 사례 등은 모두 스핀오프에 해당된다. 기업도, 소비자도 어떤 혁신이 가장 유효한지 예측하기 어려운 경우에는 모든 가능성을 열어놓고, 일부 분사조직이 부분적으로 대응책을 마련하는 스핀오프 전략이 유효할 수 있다.

새로운 기회를 발굴하기 위해 씨앗을 뿌리는 스핀오프 전략과 비교해, 피보팅은 소비자 니즈의 변화에 전사全社가 즉각적으로 대응하는 전략이다. 여기서는 일단 해보고 안 되면 수정하는 프로세스를 따른다. 많은 사람들이 '전략'을 '계획'과 동의어로 사용하고 있지만, 세계적 경영의 대가, 헨리 민츠버그Henry Mintzberg에 따르면 계획은 전략의 여러 단면 중 하나다. 그는 오히려 상황에 맞춰 즉흥적으로 구사하는 창발적 전략emergent strategy의 필요성을 주장하기도 했다.[8] 성공과 실패를 거듭하며 학습하다 보면 일정한 패턴이 만들어지고, 그 패턴이 모여 전략이 생성된다는 것이다. 물론 즉각적 대응이 중요하다고 해서 실행할 때마다 전략을 이리저리 수정하라는 의미는 아니다. 이를 에릭 리스의 말로 다시 해석하자면 피보팅은 '비전의 변화가 없는 전략의 변화(A change in strategy without a change in vision)'이다.[9] 한 순간도 그대로 있지 않고 지속적으로 변화하는 속도 경제의 시대에, 가만히 앉아 머릿속으로만 고민하다가는 무심히 흘러가는 기회를 잡기 어렵다. 결국 누가 그 고민을 재빨리 실행에 옮기는가에 성패가 달렸다.

피보팅의 유형

앞서 피봇의 원래 의미는 '축'이라고 언급했다. 따라서 피보팅에서는 "얼마나 바꾸느냐"보다는, "무엇을 축으로 의지해 바꾸느냐"가 중요한 과제다. 이 변화의 '중심축'을 기준으로 하여, 피보팅 전략은 ① 기술이나 운영 노하우를 중심으로 사업을 전환하는 '핵심역량 피보팅', ② 시설 설비·공간·건물 등을 중심으로 사업 전환을 꾀하는 '하드웨어 피보팅', ③ 그동안의 사업을 통해 이미 잘 알고 있는 소비자 집단을 중심으로 사업을 전환하는 '타깃 피보팅', ④ 새로운 품목을 기획하고 판매 경로를 변경해 사업 전환의 기회를 모색하는 '세일즈 피보팅'으로 나뉜다. 각각의 유형을 하나씩 자세히 살펴보도록 하자.

1. 핵심역량 피보팅

'핵심역량 피보팅'은 기술이나 운영 노하우 등 회사가 보유한 역량을 중심으로 사업 모델을 전환하는 전략이다. 전술한 유튜브·인스타그램·넷플릭스처럼 스타트업이 설립된 후 시장 반응을 보며 사업 모델을 유연하게 바꿔나가는 경우가 이에 해당한다. 경영 일반에서 사용하는 '피보팅'이라는 말이 곧 '핵심역량 피보팅'이라고 생각해도 될 정도로 피보팅의 대표 유형이기도 하다.

핵심역량 피보팅의 대표적인 사례로 '배달의민족'을 들 수 있다. 배달의민족을 설립한 김봉진 대표가 애초에 구상한 사업 아이템은 114처럼 전화번호를 소개하는 앱이었다. 하지만 창업 당시 자신과 형 단 2명이서 전화번호 데이터베이스를 구축하는 일은 쉽지 않았다. 사업화가 어렵다고 판단한 김대표는 방대한 전화번호 데이터베이스 구축을 포기하는 대신 음식점 전화번호를 타깃으로 삼았다. 음식점만으로 한정하니 자연스럽게 '주문'과 '배달'이란 아이템이 추가되면서 사업 모델이 구체화됐고[10] 이런 과정을 거쳐 '모바일 전화번호부 사업'을 '모바일 배달사업'으로 피보팅하는 데 성공했다.

식단과 운동 습관을 바로잡는 일대일 코칭 서비스를 제공하는 '눔Noom' 역시 전신은 2007년 미국에서 론칭된 '카디오 트레이너Cardio Trainer'였다. GPS와 액셀러레이터 가속기 등 스마트 센서를 활용해 사용자들의 운동량을 측정해주는 앱으로 당시 구글 앱 다운로드 순위에서 상위를 차지할 정도로 인기가 높았다. 당시 창업자는 사람들이 앱의 다양한 기능 중 걸음 수를 세어주는 만보기 기능만을 주로 사용한다는 점을 깨닫고, 건강한 신체를 위해서는 운동 외에 식습관 개선과 지속적인 관리가 필요하다는 전략을 세웠다.[11] 이후 이용자들의 식단 및 운동 기록을 분석하는 데이터 기능과 전문가가 직접 식습관·운동 습관·건강 상태를 모니터링하는 코칭 기능을 강화하면서 '측정'에서 '케어'로 피보팅하는 데 성공했다.

일반 제조업부문에서도 자사가 보유한 기술을 새로운 산업 영역에 적용하는 피보팅 전략을 구사할 수 있다. 휴대용 안마기로 유명한 저주파 EMS 기기는 초창기에는 다이어트와 근육 강화를 목적으로 피트니스 전문샵에서 주로 사용되던 제품이었다. 미디어커머스 업체 데일리앤코는 이 기술을 뭉친 근육을 풀어주는 안마기 개념으로 재해석한 휴대용 안마기 '클럭'을 출시해 500만 대 이상을 판매하는 기록을 세웠다.[12] 동일한 기술을 운동보조 기계에서 마시지 기계로 재해석함으로써 성공적인 사업 전환을 이뤄낸 것이다.

온라인으로 가구를 판매하는 지누스Zinus는 텐트 제조사 시절 축적한 압축 포장 기술을 매트리스 배송 시스템에 적용함으로써 사업 전환에 성공한 사례다. 보통 매트리스는 무게가 무겁고 부피가 크기 때문에 전문 배송기사가 집 안까지 운반해 설치해야 한다. 지누스는 혼자 사는 1인 가구의 경우 가구 배송과 설치 과정을 부담스러워한다는 점에서 착안해 매트리스를 압축 포장해 일반 택배로 배송하는 '상자에 넣는 매트리스mattress in a box' 개념을 업계 최초로 선보였다.[13] 배송받은 매트리스는 포장을 풀면 원상태로 부풀기 때문에 전문적인 설치가 필요 없다. 이 기술은 해외 배송에도 효율적이어서 미국 아마존 베스트셀러에 등극하기도 했으며 코로나19가 경제를 강타한 상황에서도 2020년 1분기에 전년 동기 대비 매출 18%, 영업이익 4.1% 성장의 성과를 기록했다.

핵심역량 피보팅은 자사의 핵심역량을 확장해 새로운 분야로 사업을 다각화하는 경우에도 활용될 수 있다. 동남아시아 지역에서 택시 앱으로 성공을 거둔 모빌리티 기업 '그랩Grab'은 코로나19로 각국

출처: Zinus

●●● "매트리스 배달 왔습니다." 압축 포장 기술을 이용해 1인 가구 소비자들의 사랑을 받고 있는 지누스 매트리스. 텐트를 제조할 때의 압축 포장 기술을 매트리스 포장에 적용해 성공을 거두었다.

에 봉쇄 조치가 내려졌을 때, 동남아 6개국의 차량 운전자 약 14만 9,000명을 재빨리 배달 서비스로 재배치했다. 신속한 대응 덕분에 일자리를 잃을 뻔했던 운전자들을 구제한 것은 물론 코로나19로 폭증한 배달 물량도 소화할 수 있었다. 그랩의 밍 마Ming Maa 사장은 "코로나19 사태가 안정되더라도 배달 수요는 수그러들지 않을 것"이라며, 향후 생필품 배달 서비스, 배송직원을 활용한 컨시어지 서비스, 응급환자 병원 이송 서비스 등으로 사업을 확장할 계획이라고 발표했다.[14] '이동'이라는 핵심역량을 축으로 배송 서비스는 물론 금융이나 헬스케어 서비스 등으로 사업을 확장하는 피보팅 전략인 것이다.

2. 하드웨어 피보팅

'하드웨어 피보팅'은 기업이 보유한 자산 중에서도 시설 설비·공간·건물 등 물리적 자원을 중심으로 사업을 전환하는 전략이다. 물리적 자원의 용도에 대한 기존 고정관념을 깨고 새로운 활용 가능성을 제안함으로써 변화하는 시장의 요구에 즉각 대응할 수 있다.

2020년 8월, 대만의 스타룩스항공과 에바항공은 목적지에 착륙하지 않는 '체험 비행' 프로그램을 선보였다. 공항에서 이륙한 항공기는 대만 동부 상공을 비행하고 다시 출발한 공항으로 돌아와 착륙한다. 탑승객들은 마치 해외여행을 떠날 때처럼 기내식과 기내 엔터테인먼트를 즐길 수 있고 기내 면세품도 구입할 수 있다. 일본 ANA항공도 90분 동안 영공을 돌다가 다시 회항하는 '유람비행 서비스'를 출시했다. 중화항공은 어린이들이 승무원 출국 체험을 할 수 있는 비행 상품으로 관심을 모으고 있다. 에어부산도 국내 항공사 중에서는 처음으로 2020년 9월 항공 서비스 계열 학과 학생들을 대상으로 국내 상공 비행 체험 프로그램을 선보였다.[15] 체험 비행을 통해 큰 매출을 기대하긴 어렵지만 항공권과 기내 면세품 판매 등으로 일부 수익 개선이 가능할 것으로 예상된다.

여객기 비행기 내부와 동체를 화물용으로 개조해 코로나19로 줄어든 여객수송 수요 대신 화물수송을 늘림으로써 2020년 2분기 깜짝 흑자를 기록한 대한항공과 아시아나항공의 사례 역시 하드웨어 피보팅으로 볼 수 있다. 여객 수요의 급감으로 활로를 모색하고 있는 항공사들의 경우 다양한 피보팅을 시도하고 있어 눈길을 끈다. 태국의 타이항공은 2020년 9월 본사 내부에 비행기 테마 레스토랑을 오픈했다. 이 식당은 실제 항공기의 비즈니스석과 이코노미석 의자를 그대로 가져와 식당 의자로 사용하고 있다. 그뿐 아니라 보잉 747 항공기의 창문과 엔진을 테이블로 설치하고, 항공기 출입용 계단을 식당 출입문으로 사용하는 등 동체 내부의 가구와 설비로 식당의 인테리어를 장식했다.[16] 비행기 안에서 기내식을 먹었던 기억을 그리워하는 사람들을 위해 비행기 객실을 그대로 가져와 근사한 레스토랑으로 피보팅한 것이다.

공장 설비를 중심으로 피보팅을 시도한 경우도 눈길을 끈다. 마스크 착용의 영향으로 매출이 급감하자 화장품 생산업체인 한국콜마와 코스맥스는 코로나19가 극심했던 시기에 재빨리 화장품 생산라인 일부를 손 소독제 생산라인으로 전환해 매출 손실을 최소화했다.[17] 속옷 브랜드인 쌍방울·남영비비안·BYC 등도 속옷 생산 노하우를 바탕으로 마스크 생산을 본격화하며 위기 탈출을 위한 발판으로 삼고 있다.[18] 본업이었던 화장품·속옷 생산 설비를 손 소독제·마스크 생산 설비로 피보팅해 위기 속에서 신성장 동력을 발견한 것이다.

공간을 새롭게 정의하는 카멜레존 전략도 하드웨어 피보팅에 포함된다. 2020년 6월, 페루 수도 리마의 가장 큰 성 소수자 나이트클럽 '발레토도 다운타운'은 슈퍼마켓 '미니마켓 다운타운'으로 업종을 변경했다. 코로나19 확산세가 좀처럼 수그러들지 않자 창고에 쌓여 있던 식재료를 배달 판매하다가 아예 슈퍼마켓을 열기로 결정한 것이다. 나이트클럽 무대에는 식료품 선반이 들어섰고, 무대 위에서 춤추던 무용수들은 점원으로 변신했다.[19] 클럽으로 운영할 때 사용된 독특한 장식은 오히려 슈퍼마켓의 인테리어를 차별화하는 데 기여했다.

국내 극장가도 도심에 위치한 대형 공간이라는 점을 활용해 활발하게 피보팅을 시도하고 있다. 오페라·뮤지컬·콘서트·e스포츠·강연 등 각종 '얼터 콘텐츠alter-contents(대체 콘텐츠)'를 영화 대신 상영하는 곳이 늘어나면서,[20] 이제 극장에 가서 영화만 보는 시대가 저물고 있다. CGV는 2020년 5월, '메탈리카와 샌프란시스코 심포니' 공연 실황 영상을 상영했는데, 더 이상 해외 팝 가수들이 내한할 수 없는 상황에서 유명 헤비메탈 그룹의 수준 높은 공연 실황을 즐기려는 사람들이 18,000원이라는 꽤 비싼 티켓 값에도 불구하고 극장으로 향했다. 리그 오브 레전드와 같은 e스포츠 대회 생중계는 물론이고 투자자들을 위한 재테크 강연도 영화관에서 진행한다. 해외여행이 막혀 해외 유명 미술관이나 박물관에 직접 갈 수 없는 사람들은 메가박스에서 준비한 '시네도슨트'를 보면서 아쉬움을 달랠 수 있다. 오페라와 클래식 팬들을 위해 롯데시네마는 영국 런던 로열오페라와 발레 공연 실황을 담은 '오페라 인 시네마'를 선보이기도 했다.[21] 영화관을 다른 용도로 활용하는 전략은 아주 새로운 개념은 아니다. 다만 기존에는 이런 시도가 특별 기획이라는 느낌이 강했다면, 향후에는 상시적인 피보팅 전략으로 자리 잡을 가능성이 크다.

여행객 감소로 어려움을 겪고 있는 호텔 업계도 숙박을 위한 공간을 새로운 용도로 전환하는 시설 및 서비스 피보팅을 모색하고 있다. 글래드 호텔앤리조트, 레스케이프 호텔 등에서는 재택근무를 하는 직장인 고객들을 위해 '호텔 출근' 패키지를 선보였다. 어린 자녀들과 함께 있거나 각종 사유로 집에서 일하기 어려운 사람들의 재택근무를 돕기 위해 숙소에서 '오피스'로의 변신을 자처한 것이다.[22] 보통 호텔 체크인 시간이 오후 3시, 체크아웃이 오전 11시인 데 반해 '출근' 패키지의 경우는 회사 출퇴근에 맞춰 체크인-체크아웃 시간을 조정하기도 했다. 서울 여의도에 위치한 콘래드 서울은 객실 내에

출처: 메가박스, CGV

●●● 이제 극장에서는 영화만 보지 않는다. 리그 오브 레전드 게임 생중계와 헤비메탈 그룹의 공연 실황을 고화질, 고음질로 즐기는 것이 가능해졌다. 해외 미술관을 직접 가지 못하는 사람들도 이제 극장으로 향한다.

스피닝 바이크·요가 매트·아령·짐볼·철제봉이 설치된 '헬스장' 객실을 선보여, 집에서 운동하는 데 지친 홈트족들이 한강이 보이는 탁 트인 전망을 즐기며 실내 사이클링을 타거나 짐볼을 할 수 있도록 했다. 밀레니엄 힐튼 서울은 코로나19 사태가 장기화되면서 하루 종일 집에서 아이들과 함께 보내야 하는 부모들의 스트레스를 덜어주는 상품을 내놓았다. 독일 놀이교구 전문 업체 '하바HABA'와 협업해 객실을 장난감과 아동 용품이 가득한 '키즈 카페'로 꾸민 것이다.[23]

하드웨어 피보팅을 활용해 완전히 새로운 업종으로 사업을 변경하는 대담한 전략도 가능하다. 서울 종로에 위치한 베니키아 호텔은 2019년 5월, 호텔을 아예 임대주택으로 용도를 바꿔 역세권 청년주택으로 전환하기로 결정했다. 2015년 12월 개장한 이래 약 3년 만의 변신이다. 해외 관광객 수요가 높을 때 너도나도 뛰어들었던 호텔 사업이 중국과의 사드 이슈 등으로 수요가 급감하자 재빨리 숙박업을 포기하고 청년들을 위한 주거 용도로 전환한 것이다.[24] 영국의 자산 관리 회사인 로 가디언Lowe Guardians은 2017년 '셰드SHED 프로젝트'를 진행하면서 공실이 된 빌딩을 주거용으로 피보팅했다. 마치 이케아 가구를 만들 듯 작은 집을 조립한 후 오피스 공간 안에 집어넣는 기발한 방식인데, 도심 빌딩의 공실 문제도 해소하고 도심에 거주하기 원하는 사람들의 수요도 해결하는 창의적 발상으로 주목을 끌었다.[25] 기업이 가진 물리적 자원을 새로운 용도로 전환하는 하드웨어 피보팅은 향후 흥미로운 시도로 그치는 '임시 전략'이 아닌, 생존을 위한 '필수 전략'으로 자리 잡을 것이다.

출처: Lowe Guardians, 서울시

● ● ● 비어 있는 건물 내에 꼭 사무실만 들어가야 할까? 외국인 관광객 급감으로 위기에 처한 호텔. 숙박 시설이 아니라 주거지로 용도를 변경하면 어떨까? 조립식 집을 만들어 빈 건물에 집어넣는 영국의 셰드 프로젝트, 역세권 청년주택으로 탈바꿈한 서울 종로의 베니키아 호텔이 이에 대한 답을 찾았다.

3. 타깃 피보팅

피보팅의 세 번째 유형인 '타깃 피보팅'은 기업이 지금까지 사업을 통해 확보한 고객 리스트와 이들에 대한 정보를 중심으로, 변화하는 니즈에 재빨리 대응하며 사업을 전환하는 전략이다. 고객은 언제나 회사를 든든하게 지켜주는 중요한 자산이다. 하지만 코로나19처럼 예측하기 어려운 상황이 발생하는 경우 고객의 니즈도 바뀔 수밖에 없다. 이런 변화에 재빨리 대응하지 않으면 기존 고객이 단지 일회성으로 구매를 멈추는 것이 아니라 다른 영역으로 완전히 이탈해, 상황이 해결된 이후에도 매출은 완전히 회복되기 어려운 경우가 많다. 따라서 기업은 그동안 비즈니스를 진행하며 축적한 자기 고객에 대한 정보, 그리고 꾸준히 연구해온 타깃 소비자에 대한 지식을 바탕으로 고객 이탈을 최대한 방지하고자 신속하게 사업을 전환해야 한다.

ES투어는 비행기·숙소·골프장 예약 등을 대행하는 해외 프리미엄 골프투어 전문 여행사다. 예상치 못했던 코로나19 발발로 회사에도 위기가 닥쳤다. 직원들은 전원 휴가에 들어갔고 회사의 모든 프로그램은 중단됐다. 국내 투어로 사업 방향을 전환하는 일도 쉽지 않았다. 이미 많은 여행사들이 국내 사업을 펼치고 있어 경쟁은 치열했고, 해외 투어와 달리 예약 대행만으로는 이윤을 남기기 어려운 구조였기 때문이다. 새로운 사업 방향을 구상하지 않으면 안 되는 상황에서 ES투어는 자사가 보유한 가장 중요한 자산은 바로 VIP 고객 리스트라는 점을 깨달았다. 단순히 명단 자체가 아니라 그동안 해외 투어를 진행하며 획득한 고객들의 프리미엄 니즈에 대한 지식이 곧 자산이 됐다. ES투어는 이러한 고객 자산을 바탕으로 피보팅을 진행했다. 프리미엄 고객들은 단지 국내 골프장 예약 대행만이 아니라 집에서 골프장으로, 골프장에서 집으로의 편리한 이동을 지원하는 '토탈 도어투도어Door-to-Door 서비스'를 원한다는 사실을 발견한 것이다. 이에 곧바로 대리기사 업체, 중형버스 렌트카 회사 등과 네트워크를 구성해 단기기사·편도대리 서비스 등이 포함된, 그동안 국내에 없었던 신개념 프리미엄 골프투어 상품을 출시해 피보팅에 성공했다.

자유여행상품 중개 플랫폼 '마이리얼트립' 역시 코로나19 발발 이후 해외여행 중심의 사업 구조를 국내여행 중심으로 재빨리 전환했다. 해외여행이 막힌 기존 회원들이 국내여행으로 관심을 돌릴 것으로 예상한 것이다. 미식·스파·골프 상품 등 테마별로 상품군을 확보해 여행객들의 선택지를 다양화하고, 이용자들의 취향을 분석해 최적의 상품을 추천해주는 등 기술 투자도 강화했다. 이러한 노력은 결실로 돌아왔다. 코로나 사태로 한때 40건 아래로 곤두박질쳤던 하루 평균 예약량은 2020년 8월 3,000건까지 회복됐다. 7월 한 달 동안 국내여행만으로 기록한 거래액만 50억 원을 넘어섰다.[26] 코로나19로 인해 국내 소비자의 변화한 여행 니즈에 맞춰 사업을 피보팅해 새로운 기회를 맞이한 것이다.

방송가에서도 타깃 시청자를 지키기 위해 프로그램 내용을 과감하게 피보팅했다. JTBC 예능 프로그램 〈비긴어게인〉은 아일랜드·스위스·포르투갈 등 해외에서 현지인을 대상으로 버스킹 공연을 펼치는 프로그램이었는데 코로나19 이슈가 터지자 재빨리 촬영지를 해외에서 국내로 전환했다. 방역의 최전선인 인천국제공항, 코로나19로 큰 피해를 입은 대구 등지에서 버스킹을 진행하며 오히려 시청자로부터 더 큰 호응을 받았다. 정덕현 대중문화 평론가는 "이 프로그램의 의외의 성과는 다양한 공연 공간을 찾아냈다는 점이다. 지금껏 한 번도 공연의 공간으로 시도되지 않았던 곳들이 음악으로 가득 채워졌다"고 평하기도 했다.[27] 해외 오지를 탐험하는 프로그램인 SBS의 〈정글의 법칙〉 역시 해외 로케이션이 어려워지자 국내 오지 탐험으로 테마의 장을 변경해 기존 시청자의 이탈을 방지했다.

기존 타깃을 대상으로 하되 사업 콘텐츠를 완전히 전환한 사례도 있다. 해외 소비자를 대상으로 한국 여행 정보를 제공하는 플랫폼 '크리에이트립Creatrip'은 코로나19로 사업이 축소되자 2020년 3월, 외국인에게 한국 상품을 대신 구매해 발송해주는 '한국 직구' 서비스를 신설했다. 외국인 고객들이 그동안 한국을 관광하며 구매했던 패션·화장품·식품·주방 등 인기 한류 제품을 홈페이지에서 쉽게 구매할 수 있도록 사업을 전환한 것이다. 4월에는 이를 보다 확장하고자 국내외 인플루언서들과 협업해 제품을 소개하는 '한국 직구 방송' 콘텐츠도 제작해 방송하고 있는데 누적 시청자 수가 이미 12만 명을 기록할 만큼 좋은 반응을 얻고 있다.[28] 향후 지원 언어도 영어·일본어·태국어 등으로 확대해 서비스를 확장할 계획이다.

4. 세일즈 피보팅

피보팅의 마지막 유형은 상품 품목을 새롭게 기획하거나, 새로운 판로를 개척해 사업 전환을 모색하는 '세일즈 피보팅'이다. 옴니채널 전략 등 오프라인 중심에서 온라인 중심으로 판매 경로를 전환하는 사례는 이미 보편적으로 나타나고 있다. 세일즈 피보팅은 이처럼 기존 제조사가 신상품을 기획할 때나 기존 유통사가 온라인 중심으로 사업을 재편하는 경우는 물론이고, 그동안 상품 기획과 판매가 주된 업무가 아니었던 기업이 위기에 대처하고 급격한 시장 변화에 적응하고자 시도하는 사업 전환을 모두 포함한다.

항공 업계는 여객 운송 사업을 진행하면서 부가 서비스로 제공하던 영역을 상품화해 새로운 기회를 모색하고 있다. 캐나다의 에어노스Air North항공은 코로나19로 여객수송 사업이 축소되자 기반 지역인 유콘 일대에서 냉동 기내식을 배달하는 서비스를 시작했다. 기내식 특유의 맛을 그리워하는 사람들뿐만 아니라, 코로나19 장기화로 냉동 음식을 비축해두려는 사람들이 해당 서비스의 주요 이용 고객이다. 호주의 콴타스Qantas항공은 퍼스트클래스 탑승객에게 제공하던 잠옷·로션·간식거리를 패키지화한 '콴타스 케어팩'을 만들어 온라인 판매에 나섰다.[29] 코로나19를 극복하기 위한 노력에서 비롯된 현상이긴 하지만, 이러한 시도가 지속된다면 그동안 여객수송에만 집중했던 사업 전략에서 벗어나 자사 PB제품 생산 및 유통이라는 사업 영역의 다각화를 위한 교두보가 될 수 있을 것으로 예상된다.

호텔 업계 역시 호텔업 이외의 부대사업을 상품화하는 피보팅 전략으로 어려움을 극복하고자 노력하고 있다. 롯데호텔 서울은 2020년 5월, 호텔에서 제공되던 침구류와 수건, 가운 등을 자체 상품화해 이를 단독으로 판매하는 '해온 프리미엄 샵'을 호텔 1층에 오픈했다. 대부분 호텔이 침구류 자체 상품을 팔고 있지만 단독 매장을 신설한 것은 처음 시도된 일이다. 글래드 호텔 역시 이불·베개·수건 등을 PB화해 카카오톡 선물하기를 통해 판매하고 있다. 식당 방문을

출처: Qantas, 롯데호텔

●●● 비행기를 타지 않아도, 호텔에 가지 않아도 항공사와 호텔의 고객이 될 수 있다. 호주 콴타스 항공은 퍼스트클래스 고객을 위한 기내 용품을 패키지 상품으로 내놓았고, 롯데호텔은 자체 침구류를 판매하는 단독 브랜드 매장을 열었다.

꺼리는 소비자를 대상으로 호텔 브랜드로 도시락을 판매하는 사업 전환을 시도하기도 한다. 메이필드 호텔 서울은 직원들이 호텔 반경 2km 이내와 마곡동 전 지역으로 도시락을 배달한다. 웨스틴 조선호텔 서울은 호텔 내 일식당과 중식당, 베이커리의 도시락을, JW 메리어트 동대문 스퀘어 서울은 뷔페 레스토랑 '타볼로24' 도시락을 배달하고 있다.[30]

판매 경로를 변경해 일시적으로나마 사업의 성격이 피보팅되는 경우도 있다. 미국에서는 일부 식당이 '식료품 유통 소매업'으로 변신했다. 코로나19로 인해 매장 영업이 어려워지자 애리조나 주정부가 식당의 식재료 재판매를 허용한 것이다.[31] 식당 'Z테야스Z'Tejas'는 파스타·고기류·와인 등 식재료는 물론 미국 일부 지역에서 품절된 화장지도 판매한다. 유명 샌드위치 체인 '서브웨이' 역시 250개 넘는 매장에서 식료품을 판매한다. 이처럼 식당이 식료품점으로 피보팅하는 것은 식자재를 납품하던 도매상에게도 희소식이다. 도매로 농산물을 공급하던 농가나 업체가 갑자기 소매업으로 전환하는 것이 쉽지 않아 자칫하면 유통기한이 짧은 농산물이 그대로 폐기될 수 있기 때문이다.

학교 급식용 농산물을 납품하던 국내 업체들도 최근에는 판매 경로를 변경하는 세일즈 피보팅을 시도하고 있다. 학교에 친환경 농산품을 납품하는 농가들은 생산비가 일반 농산물보다 비싸기 때문에 보통 학교별 수요에 맞춰 계약 재배를 한다. 사회적 거리두기 장기화로 학교 수업이 비대면 수업으로 전환되면서 급식 정상화가 요원해지자, 농가들은 비용을 들여 재배한 친환경 농산물을 폐기하거나 헐값에 넘겨야 하는 어려움에 처하게 됐다. 이에 경기농식품유통진흥원은 친환경 농산물을 활용해 한 끼 식사로 간편하게 해결할 수 있는 밀키트Meal kit 제품을 출시해 B2B 위주의 판매 경로를 B2C로 변경하는 피보팅을 시도하고 있다. 다양한 농산물을 선물 형태로 받아볼 수 있는 '농산물 꾸러미' 정기구독 서비스도 기획 중이다.[32]

대기업도 판매 경로를 피보팅할 수 있다. 백화점이나 전문 매장 같은 시판 채널을 통하지 않고 방문판매를 주요 채널로 활용하던 코웨이는 최근 변화하는 소비자 트렌드에 맞춰 온라인으로 제품을 판매하는 세일즈 피보팅을 시도하고 있다. 2020년 7월 출시한 '나노직수 정수기 모노'는 온라인 전용 제품으로 코웨이 홈페이지 및 온라인 공식 판매처에서 구매 가능하다.[33] 코웨이의 사례에서 볼 수 있듯, 대형마트가 온라인마트로, 홈쇼핑이 모바일로, 온라인마트가 배송으로 판매채널을 전환하는 유통 격변기에 세일즈 피보팅은 시장 변화에 적응하기 위한 필수 전략이 되어가고 있다.

배경: 속도 경제 시대의 도래

●

앞서 살펴본 피보팅 유형 중 상당수가 코로나19 여파로 기업들이 생존을 위해 필사적으로 돌파구를 찾는 과정에서 발생한 것이다. 따라서 피보팅이 여행관광업, 문화예술업 등 코로나19로 인해 큰 타격을 입은 분야를 위한 전략으로 생각할 수도 있다. 하지만 중요한 사실은 코로나19가 발발하기 이전부터 이미 상당수의 기업들이 디지털 트랜스포메이션과 같은 격변기를 맞아 기업 와해의 위기를 실감하고 있었다는 사실이다. 액센츄어 조사에 따르면 글로벌 기업 임원의 93%가 시장의 속도를 따라가지 못해 기업의 존립 자체에 위협을 느낀다고 응답했다.[34] 코로나19 발발은 그 이전부터 진행되고 있던 소비자 라이프스타일과 구매 행동 변화, 그에 따른 유통 혁신, 새로운 비즈니스 모델로의 전환으로 이어지는 연쇄적인 변화를 더욱 가속화시킨 것뿐이다.

우리 사회는 이미 '규모의 경제'에서 '속도의 경제'로 전환되고 있다.[35] 잘 만든 제품을 많이 팔수록 수익이 극대화되는 '규모의 경제'에서는 철저한 계획으로 실패를 최소화해 최적의 제품을 만드는 것이 중요하다. 반면 소비자의 니즈가 수시로 변하는 '속도의 경제'에서는 변화하는 현실에 신속하게 대응해 제품과 서비스를 우선 제안하고, 소비자의 반응을 살핀 후 이에 따라 원래의 계획을 빠르게 수정·보완하는 가설 검증이 핵심이다. 장기 프로세스를 진행하는 동안에도 이미 소비자의 니즈가 변화하고 있기 때문이다.

규모의 경제 vs 속도의 경제

규모의 경제 (과거)		속도의 경제 (미래)
계획	⟶	실험
계획 실행	⟶	가설 검증
변수 최소화	⟶	속도 최대화
실패, 위험 회피	⟶	학습
최적화	⟶	혁신
개선, 증진	⟶	파괴적 혁신
비용 주도	⟶	기회 주도

출처: "철저한 계획 대신 재빠른 실험…그게 구글이 일하는 법", 매일경제, 2018.07.06.

피보팅이 가능한 환경 조성

기업들이 신속하게 사업을 전환할 수 있도록 지원하는 외부 환경이 조성된 것도 피보팅에서 주목해야 하는 배경이다. 그동안 기업들은 자사의 중요한 혁신을 '대외비'에 부치는 경우가 많았다. 기획부터 실행까지 모든 혁신 과정을 직접 하다 보니 속도도 느렸다. 하지만 이제 시대가 변했다. 피보팅 실행 준비가 완벽히 되지 않은 상태에서도 얼마든지 손쉽게 외부의 손길을 빌릴 수 있는 환경이 조성된 것이다. 대표적인 사례가 클라우드 기술이다. 회사가 직접 모든 서버를 구축하고 데이터를 관리할 필요 없이, 필요한 인프라를 클라우드에서 제공받으면서 회사가 관리해야 하는 서비스만 빠르게 수정·개선할 수 있게 된 것이다.

생산을 OEM으로 대체하고 지원 업무를 아웃소싱으로 해결하는 기본적인 '외주화'를 넘어, 최근에는 기획·지원·마케팅·영업 등 기업의 핵심 업무까지 외부의 손을 빌릴 수 있다. 가령, 연구 개발은 오픈 이노베이션Open Innovation 방식으로 대학 연구실과 공동으로 진행하고, 실행을 위해서는 대기업과 벤처기업이 손을 잡아 조인트벤처를 세운다. 마케팅과 홍보를 위해 대행사를 이용하는 것을 넘어, 최근에는 대면 영업으로 제품을 대신 팔아주는 세일즈 대행사까지 등장했다.[36] 피보팅의 방향만 결정되면 언제든 빠른 속도로 일사불란하게 전환된 방향으로 나아갈 수 있는 환경이 조성된 것이다.

전망 및 시사점

기업의 운명이 갈리는 '코닥 모멘트'를 대비하라

●

위기는 부실한 기업을 솎아내는 자본주의의 정리 메커니즘으로 작용하기도 한다. 미국의 경우 과거 세 차례의 경기 침체를 거치면서 상위 25%에 속하는 기업의 주가는 평균 6% 상승한 반면, 하위 25% 기업의 주가는 약 44%가량 떨어졌다고 한다.[37] 준비가 되어 있는 기업과 그렇지 않은 기업 사이의 극명한 대비를 보여준 것이다. 2020년 상반기 동안 한국 15대 그룹의 주력 계열사 중 11곳의 매출이 감소하는 등, 코로나19 위기를 지나고 있는 국내 기업들도 유사한 수순을 밟고 있다.[38] 위기를 극복하고 새롭게 도약하기 위해 피보팅을 성공적으로 수행하려면 어떤 준비가 필요할까?

가설 검증 능력과 실패 학습 능력

첫째, 피보팅 방향을 탐색하기 위한 가설 설정과 검증 과정을 상시 진행해야 한다. 사실 피보팅은 결과를 직접 확인하기까지는 누구도 성공 여부를 정확하게 예측하기 어렵다. 이러한 불확실성을 극복하기 위해서는 다양한 방법을 활용해 피보팅 방향 설정을 점검하는 것이 중요하다. 예컨대 비즈니스 의사결정 단계에서 많이 사용하는 대조실험 **'A/B 테스팅'**은 피보팅 방향을 결정할 때 활용될 수 있다. 실제로 넷플릭스는 메인 페이지를 구성할 때 디자인을 두 가지로 만들어 각각의 실적을 비교하는 실험을 수행해 시청률을 20~30% 끌어올렸다. 미국의 웹소설 플랫폼 래디쉬Radish 역시 신규 소설을 론칭할 때 첫 화를 여러 버전으로 만들어 결과를 비교하는 A/B 테스팅을 진행하고 있다.[39] 이외에도 스몰데이터small data, 빅데이터big data, 씩데이터thick data 등 다양한 소비자 데이터를 활용해 피보팅 방향을 설계할 수 있어야 한다(전망편, 'CX 유니버스' 키워드 참조).

A/B 테스팅A/B testing

A와 B 중 소비자의 선호도가 높은 것을 선정하기 위해 실시하는 종합 대조 실험이다. 일반적으로 웹페이지 개선 시 사용자 인터페이스UI/UX를 최적화하기 위해, 실사용자들을 두 집단으로 나누어 기존의 웹페이지 디자인 A안과 새로 개선된 B안을 각각 랜덤으로 보여준 후, A와 B중 선호도가 높게 나온 쪽으로 결정한다.[40]

둘째, 성공적인 피보팅을 위해서는 실패를 용인하는 유연한 조직 문화도 필수다. 예일대 딕 포스터Dick Foster 교수에 따르면 대기업은 혁신의 속도가 시장 변화보다 느리다.[41] 스타트업은 한정된 예산 내에서 계획을 세워 실행하고, 그 결과가 다시 피드백되기 때문에 시장 변화에 따라 전략을 비교적 쉽게 변경할 수 있다. 반면 대기업은 대부분 연간으로 계획을 세우는 데다, 조직 규모가 크기 때문에 계획과 실행이 서로 동떨어져 있고, 조직 문화도 관료적인 경우가 많다. 많은 기업이 성과 지표로 사용하는 투자수익률ROI, Return On Investment 역시 사업 전환을 주저하게 만드는 원인이다. '실행-수정-재실행'의 과정을 반복하는 피보팅 전략을 과감하게 진행하기 위해서는 실패의 경험으로부터 교훈을 얻어 이를 다시 새로운 수익으로 연결하는 실패수익률ROF, Return Of Failure 관점이 반드시 추가되어야 한다. 격변의 시대에 중요한 것은 "실패했느냐 아니냐"가 아니라, "실패로부터 무엇을 배웠느냐" 하는 학습 능력이다.

셋째, 신속한 피보팅이 가능하도록 각종 규제도 정비되어야 한다. 예측하기 어려운 위기 상황이 닥쳤을 때 신속한 피보팅이 필요함에도 불구하고 각종 규제로 인해 좌절되는 경우가 많다. 예컨대 코로나19가 장기화되자 몇몇 해외여행 업체가 국내여행업 등록 없이 내국인 모객에 나서 문제가 발생했다. 그렇다고 해서 이들을 구제하기 위해 규제를 완화하는 것은 관광진흥법 시행령 개정 등 절차가 복잡한 데다 기존 국내여행 업체와 형평성 문제도 있어 사실상 불가능에 가까웠다.[42] 노벨 경제학상 수상자인 밀턴 프리드먼Milton Friedman은 시장 문제에 대한 정부 개입의 효과적인 타이밍을 정하는 것이 결코 쉽지 않다고 주장하며, 이를 "샤워실의 바보"라는 말로 표현한다. 샤워실에서 갑자기 물을 틀면 찬물이 나오는데 이를 참지 못해 더운물 쪽으로 수도꼭지를 돌리면 뜨거운 물이 나와 다시 찬물로 돌려버리는 것처럼, 정부가 한쪽을 배려하면 다른 한쪽에서 예상하지 못한 문제가 발생할 수밖에 없다는 것이다.[43] 그럼에도 불구하고 생존의 위기를 넘나드는 기업들이 스스로 피보팅할 수 있도록 국가 차원의 제도 개선을 순발력 있게 처리해주는 것을 지속적으로 고민해야 한다.

빠른 포기와 순발력

마지막으로, 성공적인 피보팅을 위해 가장 중요한 요건은 과감한 결단력과 이해관계자를 설득하는 용기다. 피봇은 그때까지 투입한 돈과 시간을 포기하는 매몰비용을 수반한다. 그동안의 실패를 인정하며, 직원·투자자·기존 고객을 설득해야 한다. 최근 많은 기업에서 사용하는 업무용 메신저 '슬랙'으로 유명한 글리치Glitch는 원래 온라인게임 개발 회사였다. 2011년 MMORPG(다중 사용자 온라인 롤플레잉 게임)를 선보였으나 이용자를 충분히 모으지 못했고 급기야 2012년 서비스를 중단했다. 당시 직원들은 밴쿠버·샌프란시스코·뉴욕 등 각기 다른 지역에서 근무하고 있었는데 구성원끼리 원활하게 소통하기 위해 업무용 메신저를 사용하고 있었다. 대표는 이 프로그램의 가능성을 깨닫고, 게임에서 메신저로 사업을 전환하기로 결정한 후 기존 이해관계자들에게 공식 사과문을 발표했다. 게임 사업으로 고객을 유치하는 데 실패했음을 고백하면서 직장을 잃게 될 직원들에 대한 진심 어린 걱정, 그리고 서비스를 종료한 후 기존 게임 회원들에게 도움이 될 만한 정보를 공유했다.[44] 이러한 노력으로 글리치의 사업 전환은 큰 위험으로 이어지지 않았고, 심각한 반발 없이 피보팅에 성공할 수 있었다.

코닥이 사진과 카메라의 대명사로 통하던 시절, '코닥 모멘트'는 피사체가 빛나는 순간, 사진으로 남길 만한 멋진 순간을 뜻하는 말이었다. 그러나 20세기 세계 필름 카메라 시장의 1위 기업이었던 코닥은 필름 사업의 높은 수익성에 안주해 디지털 카메라로의 전환을 원하는 시장의 요구를 무시한 결과, 결국 파산에 이르고 말았다. 이후 '코닥 모멘트'는 시장이 변화하는 대변혁의 시기, 선제적 대응 여부로 기업의 운명이 갈리는 변화의 순간을 뜻하는 말이 됐다.[45] 2021년 우리 사회가 대면하고 있는 코로나19 환경과 디지털 대변혁은 수많은 기업에게 또다시 코닥 모멘트를 선사하고 있다. 시장은 살아 있는 생명체처럼 한순간도 멈춰 있지 않고 항상 역동적으로 움직이며 진화한다. 끊임없이 변하는 시장을 상대하기 위해 이제 '거침없이 피보팅'하라.

B

Best We Pivot

ON THIS ROLLERCOASTER LIFE

롤코라이프

1995년 이후에 출생한 10대 후반에서 20대 중반까지의 세대인 Z세대는 이전 세대와는 확연히 다른 라이프스타일로 기성세대와 기업들을 놀라게 하곤 한다. 갑자기 뜬 챌린지에 너도나도 몰려들고, 특이한 것에 반응하며 색다름을 즐기는 이들은 얼마 지나지 않아 흥미를 잃고 다른 재미로 갈아탄다. 뜨겁게 달아올랐던 유행도 금세 식어버린다.

이런 Z세대의 라이프스타일은 롤러코스터를 타는 것과 비슷하다. 반짝하고 지나가는 짧은 유행에 우르르 몰려가 참여하고, 그 안에서 재미를 찾아 즐기다가 얼마 지나지 않아 다음 놀거리로 넘어가는 모습이 놀이기구를 요리조리 갈아타는 모습과 무척 닮았기 때문이다. 『트렌드 코리아 2021』에서는 이처럼 롤러코스터를 타듯 자신의 삶을 즐기는 Z세대의 라이프스타일을 '롤러코스터 라이프', 줄여서 '롤코라이프'라 명명하고, 이러한 방식의 삶을 사는 사람들을 가리켜 '롤코족'이라고 부르고자 한다. 놀이기구 앞에 긴 줄이 있으면 더 타고 싶듯 이 젊은 소비자들은 유행하는 이벤트나 챌린지에 자발적으로 합류하고, 롤러코스터의 '예측할 수 없는 속도감'을 즐기듯 상식적인 예측의 범위를 넘어서는 짧은 변주와 이색적인 협주(컬래버레이션)를 찾으며, 하나의 유행이 끝나면 뒤돌아보지 않고 하차한 후 다음 유행으로 서둘러 갈아탄다.

롤코라이프의 등장은 참여를 중시하고 일상에서의 재미를 찾아다니는 Z세대의 정체성과 흐름을 같이한다. 디지털 네이티브인 이들은 '디지털 역마살'이라도 든 것처럼 스마트폰을 손에 들고 더 자극적이고 새로운 콘텐츠를 이리저리 찾아다닌다. 롤코라이프는 이제 소수 젊은이들의 변덕이 아니라 진지하게 대응해야 할 시장의 일반적 변화가 되고 있다. 이에 따라 기업은 고객의 변화에 맞춰나갈 수 있는 '빠른 생애사 전략'을 바탕으로, 오랜 기간 공들여 준비한 100% 완벽한 마케팅보다는 미완성일지라도 끊임없이 치고 빠지는 '숏케팅'이 필요해졌다.

#1 대학생 A는 요즘 친구들 사이에서 유행하는 댄스 챌린지에 참여하기 위해 한창 춤 연습 중이다. 30분 정도 안무를 연습한 후 삼각대에 스마트폰을 고정시켜 댄스 챌린지 영상을 촬영한다. 촬영된 영상을 자신의 SNS에 올리고 반응을 지켜보는 것도 재밌다. 무엇보다 댄스 챌린지 참여 인증으로 자신이 인싸의 대열에 속한 것 같아 뿌듯함을 느낀다.

#2 고등학생 B는 평소 젤리를 자주 사 먹는다. 그런데 편의점에 가보니 삼겹살 젤리와 단무지 젤리 등 이색적이고도 괴상한 젤리들이 유독 눈에 띄었다. 그는 평소 좋아하는 젤리가 있지만 색다르다는 이유 하나로 삼겹살 젤리를 구매한다. 그 젤리가 맛있는지 맛없는지, 진짜 삼겹살 맛이 나는지 아닌지는 크게 중요하지 않다. 그저 "재미있었으니까 됐다"며 만족스러워한다.

Z세대라고 불리는 요즘 친구들이 노는 방식이다. 이들은 갑자기 뜬 챌린지에 너도나도 몰려들고, 특이한 것에 반응하며, 색다름을 즐긴다. 얼마 지나지 않아 그 유행이 식어버리면 더 재미난 새 유행을 찾아 나선다. 기성세대는 고객이든 자녀든, 요즘 젊은 친구들을 도저히 이해하기 어렵다고 토로한다. 아직 학문적으로 명확한 정의는 없으나 대개 1995년 이후에 출생한, 10대 후반에서 20대 중반까지의 세대를 Z세대Generation Z, Gen.Z라고 지칭한다. 1970년대생인 X세대, 1980년대부터 1990년대 초반생을 이르는 Y(일명 밀레니얼)세대에 이은 명칭이다. 명칭이야 어떻든 요즘 친구들은 분명히 다르다. 그들은 왜 이렇게 노는 것일까?

잠시 롤러코스터를 타는 모습을 상상해보자. 롤러코스터를 타기 전, 두근두근한 마음으로 긴 줄을 서서 기다리다가 차례가 되면 열차에 사람들과 함께 와글와글 올라탄다. 안전바가 내려가고 열차가 출발하면 레일 위에서 "꺄악" 소리를 지르며 오르락내리락 돌고 도는 짜릿함을 만끽한다. 눈 깜짝할 새 운행이 끝나면 "오늘은 여기까지, 나가시는 출구는 왼쪽입니다"라는 운영자의 말소리가 들린다. 잠시 동안이지만 짜릿하게 즐겼으니 아쉬움 없이 하차한다. 그리고는 다음 놀이기구를 타기 위해 서둘러 출구로 나간다.

Z세대의 라이프스타일은 이 롤러코스터를 타는 것에 비유할 수 있다. 반짝하고 지나가는 짧은 유행에 우르르 몰려가 사람들과 함께 참여하고 그 안에서 재미를 찾아 즐기다가, 얼마 지나지 않아 다음 놀거리로 넘어가는 모습이 놀이기구를 요리조리 갈아타는 모습과 무척 닮았기 때문이다. 『트렌드 코리아 2021』에서는 이처럼 롤러코스터를 타듯 자신의 라이프스타일을 즐기는 Z세대의 라이프스타일을 '롤러코스터 라이프', 줄여서 '롤코라이프'라 명명하고, 이러한 방식의 삶을 사는 사람들을 가리켜 '롤코족'이라고 부르고자 한다.

롤코족은 유행하는 챌린지에 잠깐 참여하여 재미를 느끼고, 마음에 드는 신기한 상품이 나오면 다 함께 참여함으로써 소속감을 느낀다. 기존 상품보다는 이색적인 컬래버레이션 상품에 반짝 열광하고, 하나의 브랜드에 정착하기보다는 끊임없이 다양한 브랜드를 좇는 방식으로 늘 새로움을 찾아다닌다. 매일 반복되는 일상에 지루함을 견디지 못하고 새로우면서도 강렬한 자극을 찾는 주기가 점점 빨라지는 것이다. 이를 더 이상 소수 젊은이들의 변덕으로 치부할 것이 아니라 진지하게 관찰하고 대응해야 할 시장의 일반적 변화로 인식해야 한다. 이제부터 우리 삶 곳곳에 퍼져 있는 롤코라이프를 살펴보고 이러한 롤코라이프 현상이 산업에 어떠한 영향을 미치는지 차례대로 알아보자.

롤러코스터 타듯이 즐기는 삶, 롤코라이프

"가로로 보면 비극, 세로로 보면 희극."

가수 비가 2017년 발표한 노래 '깡'의 유튜브 뮤직비디오 영상에 달린 댓글이다. 스마트폰을 가로로 뉘여 전체 화면으로 영상만 감상했을 때는 재미가 없지만, 세로로 세워서 댓글을 함께 보면 재미있다는 뜻이다.[1] 실제로 비의 '깡' 뮤직비디오는 발표 당시에는 대중들에게 외면받았으나, 2020년 댓글놀이를 통해 재미있게 재해석되며 3년 만에 음원차트 역주행에 성공했다. '깡'의 인기 핵심은 뮤직비디오가 아니라 댓글이다. 깡 뮤직비디오의 영상만을 집중해서 보는 이는 별로 없다. 이 영상을 클릭하는 사람들의 대부분은 댓글을 보기 위해 찾아온 것이다. 그래서 하루에 한 번씩 깡을 본다는 이른바 '1일 1깡'이 가능했다. '깡'뿐만 아니라, 제국의아이들의 '후유증' 무대 영상과 드라마 〈야인시대〉, 〈천국의 계단〉 등 다양한 과거 콘텐츠들이 사람들의 재미있고 기발한 댓글을 통해 재조명받고 있다.

요즘에는 본 콘텐츠보다 댓글이 더 재밌는 경우를 가리켜 일명 ‘댓글맛집’이라고 부르는데, 사실 이러한 댓글놀이는 인터넷 문화가 형성되기 시작한 ‘디시인사이드’ 초창기 시절부터 즐겨온 젊은 세대의 놀이 방식이었다. 디시인사이드에 이어 주어진 이미지에 웃긴 제목을 달면서 노는 페이스북 페이지인 ‘제목학원’이 큰 인기를 끌기도 했다. 오늘날의 유튜브 댓글놀이는 거기에서 더 업그레이드된 버전이다. 과거의 제목학원이나 온라인 커뮤니티 댓글이 제공된 콘텐츠에 일방향적으로 응답하는 방식이었다면, 오늘날의 유튜브 댓글놀이는 참여자가 직접 비주류 콘텐츠를 ‘발굴해’ 댓글을 달아 주류 콘텐츠로 만든다는 의미에서 ‘버전2’라고 부를 만하다. 이를 재밌게 소비하다가 지루해지면 또 다른 콘텐츠를 만들어 갈아타는 방식이다.

이러한 현상은 바야흐로 ‘밈meme’의 시대가 도래했음을 보여준다. ‘밈’은 진화생물학자인 리처드 도킨스Richard Dawkins가 저서 『이기적 유전자』에서 주창한 개념으로, 문화적 요소들이 마치 유전자gene처럼 자신을 복제하며 진화한다는 개념이다.[2] 최근에는 댓글놀이의 결과물로 재조명된 이미지나 영상 콘텐츠를 의미하는 단어로 더 많이 쓰이고 있는데, 주로 온라인 커뮤니티나 SNS에서 공유되며 문화적 파급력을 가진다. 밈의 핵심은 자발적 참여, 강력한 재미, 짧은 생명이다. 사람들은 자발적으로 콘텐츠를 재가공하여 그 속에서 짧지만 강한 재미를 느낀다. 죽었던 콘텐츠도 소비자에게 선택되어 부활하는 ‘완벽한 소비자 중심의 새로운 시장’이 펼쳐지고 있는 것이다.

롤코라이프를 롤러코스터 타기에 비교하자면 세 단계로 나눌 수 있다. 첫 번째는 출발 전 ‘줄서기’다. 지금 뜨고 있는 유행에 자발적으로 참여하는 모습이, 사람들이 서 있는 긴 줄에 자발적으로 합류하는 롤러코스터의 줄서기와 닮았기 때문이다. 두 번째는 '타기'다. 도저히 예상할 수 없게 오르락내리락 돌고 돌면서 느끼는 속도감은 크나큰 재미와 짜릿함을 준다. 이런 롤러코스터 타기는 예측 불허의 새로운 변주를 찾아다니며 그 속에서 재미를 찾는 Z세대의 소비문화와 닮았다. 마지막은 '내리기'다. 롤러코스터 타기가 끝나면 아쉬운 마음을 안고 내리지만 그것은 순간일 뿐, 다들 뒤도 돌아보지 않고 다음 놀이기구로 몰려간다. 이렇듯 요즘 유행의 주기는 굉장히 짧게 끝나며, 그렇게 끝난 유행은 아무도 뒤돌아보지 않는다. 이 세 가지 비유를 통해 Z세대의 '롤코라이프'가 구체적으로 어떻게 나타나고 있는지 면밀히 살펴보도록 하자.

1단계 줄서기: 사람들이 많으면, 나도 타야 해

첫 소절이 흘러나오면 수줍게 양손 검지를 번갈아 까딱인다. 그러고는 박자에 맞추어 양팔을 위아래로 흔들며 신나게 춤을 춘다. 혼자서도 추고, 여럿이도 춘다. 2020년 상반기에 큰 인기를 누렸던 지코의 '아무노래 챌린지' 모습이다. 2020년 상반기 결산 디지털·다운로드·스트리밍 차트 1위를 석권한 '아무노래'의 인기 비결은 SNS를 중심으로 퍼져나간 댄스 챌린지다. 50초에 불과한 짧은 이 챌린지 영상은 글로벌 동영상 플랫폼 '틱톡'에만 10만 편 이상 올라왔으며, 관련 조회 수는 1억600만 뷰를 돌파했다.[3] 사실 가수들이 앨범 발매 시기에 맞추어 다양한 마케팅을 기획하는 것은 흔히 볼 수 있는 모습이었다. 그런데 특히 아무노래 챌린지가 이렇듯 이례적인 인기를 끌 수 있었

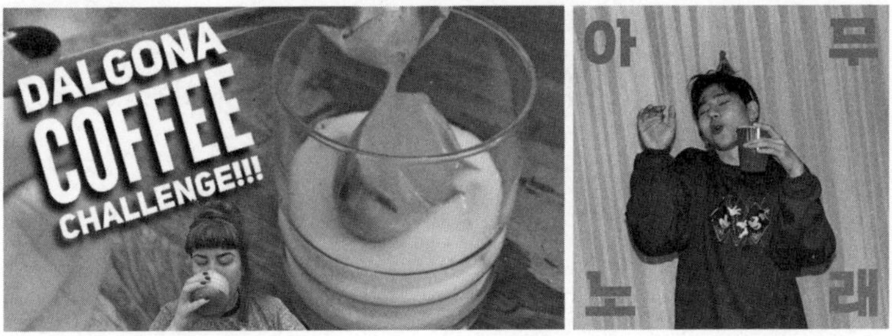

출처: 유튜브

●●● 달고나커피와 아무노래 챌린지는 롤코 세대가 원하는 '짧게 즐기고 빠지기'의 요소를 갖춤으로써 폭발적인 참여를 이끌어냈다.

던 이유는 무엇일까? 핵심은 '쉽게 따라 할 수 있는 안무'에 있다. 하체를 사용하지 않고 반복적으로 움직이는 안무의 특성 덕분에 춤을 잘 추지 못하는 사람도 쉽게 따라 할 수 있어서 남녀노소 모두 부담 없이 챌린지에 참여할 수 있는 데다가, 재미와 더불어 소속감까지 느낄 수 있었다. 놀이공원에서 사람들은 줄이 긴 놀이기구에 더 몰린다. 저렇게 줄이 긴 것을 보면 재미있을 것이 분명하기 때문이다. 그렇다면 나도 타야 한다. 긴 줄이 더 길어지는 이유다.

이러한 챌린지는 댄스에만 한정되지 않는다. 2020년 상반기 틱톡 인기 챌린지 1~10위를 살펴보면, '쿵' 하고 넘어지는 상황 속에서 당황하지 않고 화보 사진을 찍어보는 '어쩌다화보 챌린지', 좋아하는 짤이나 사진 속 포즈를 흉내 내는 '포즈복사기 챌린지', 어릴 적 부모님과 함께 찍은 사진을 그대로 재연하는 '리멤버 챌린지' 등 각양각색의 챌린지가 대중의 마음을 사로잡았다.[4] 한편, 코로나19가 확산되면서 집에서 모든 것을 즐기는 '집콕 챌린지'도 소비자로부터 큰 호응을 얻었다. 대표적인 집콕 챌린지인 '달고나커피 만들기'의 경우,

적게는 수백 번 많게는 수천 번까지 저어야 하는 엄청난 노력이 필요함에도 불구하고 많은 사람들이 만들기에 나섰다. 완성된 커피를 찍은 사진을 '#홈카페', '#집콕챌린지' 등의 해시태그와 함께 SNS에 인증하는 것도 놀이의 과정이다.

이처럼 자신이 직접 도전해야 더 신나게 즐기는 소비자들의 니즈를 반영해 기업들도 다양한 마케팅을 선보이고 있다. 특히 식품 업계에서 챌린지는 가장 큰 화두로 떠올랐다. 동아오츠카는 식음료 업계 최초의 브랜드 팬클럽 '오로나민C볼단'의 6기 지원자들을 챌린지로 모집했다. 자신의 개성을 생기 넘치게 표현한 사진이나 영상을 SNS에 업로드하면 신청할 수 있는데, 패러디 콘텐츠 제작에 열광하는 롤코족들이 반응한 결과, 무려 1만8,000개의 콘텐츠가 업로드됐다.[5] 글로벌 사이다 브랜드 '스프라이트' 또한 100만 명 이상의 팔로워를 보유한 인기 인플루언서와 함께 댄스 챌린지인 '#거침없이챌린지'를 진행해 누적 조회 수 2,700만 뷰를 돌파하며 큰 호응을 얻었다.[6] 길어지는 집콕 생활에 지치고 무기력해진 젊은 세대에게 기업이 제안하는 다양한 챌린지 무대들이 부담 없이 즐길 수 있는 놀이의 장이 된 것이다.

밈을 활용한 광고도 눈에 띄게 증가하고 있다. 그 시작은 버거킹의 일명 '사딸라' 광고였다. 버거킹은 드라마 〈야인시대〉의 대사인 '사딸라'가 화제의 밈이 되는 현상에 주목했고, 이를 패러디한 광고를 제작해 유튜브 조회 수만 무려 600만 회에 달할 만큼 큰 화제를 모았다. 이후 버거킹은 영화 〈타짜〉의 대사인 '묻고 더블로 가!'를 패러디한 유튜브 콘텐츠를 선보여 조회 수 700만 회를 기록하는 2연타에 성공했다.[7] 뿐만 아니다. 앞서 언급한 비의 1일 1깡 밈이 인기를 끌자 농심은 아예 비를 광고 모델로 발탁했다. 그 결과, 새우깡·감자깡·고구마깡 등 '깡 시리즈' 제품의 2020년 7월 한 달 매출액이 100억 원을 넘겼는데 이는 깡 스낵 출시 이후 최고 기록이다.[8]

사회적 거리두기가 장기화된 가운데 온라인에서나마 함께 어울려 놀고 싶어 하는 롤코족의 니즈를 반영한 애플리케이션의 진화도 눈에 띈다. 2020년, 젊은 여성들에게 가장 핫한 쇼핑 애플리케이션을 꼽으라면 단연 '러블리마켓'이다. 가끔 열리는 오프라인 플리마켓에 수만 명이 운집할 정도로 큰 인기를 끌고 있는 이곳은 쇼핑을 하는 공간인 동시에 친구를 사귀는 공간이기도 하다.[9] 러블리마켓을 이용하는 소비자들은 스스로를 '러덕(러블리마켓 덕후)'이라고 부르며 매일

출처: 버거킹, 농심

●●● '밈'의 롤러코스터에 올라타 대박을 터뜨린 버거킹의 '사딸라' 광고와 농심의 '새우깡' 광고

러덕 친구들과 단톡방에서 수다를 떨고 힙한 패션 아이템을 공유한다. 이렇게 단톡방에서 느낀 동질감과 소속감은 곧 러블리마켓의 충성도로 이어져 그 안에서 기꺼이 지갑을 열게 되는 것이다. 즉, 러블리마켓의 핵심은 '소통'과 '참여'라고 할 수 있다.

이렇듯 소통과 참여를 중시하는 롤코족이 증가함에 따라 소비자와 판매자가 실시간으로 대화하며 쇼핑하는 '라이브 커머스'의 인기도 고공 행진 중이다. 소비자는 "노란색 원피스 입어주세요. 뒷모습도 보여주세요"와 같은 댓글을 달아 판매자와 소통함으로써 자신이 원하는 제품 정보를 실시간으로 얻을 수 있음에 매력을 느낀다. 이처럼 라이브 커머스 시장이 성장하자 오프라인 유통 업계의 대표 주자인 백화점과 편의점도 뛰어들었다. 현대백화점이 진행한 패션 브랜드 '지컷'의 라이브 커머스에서는 단 1시간 만에 브랜드 평균 월 매출의 약 30%를 달성했으며, CU는 2시간 만에 아이스컵 3만 개를 완판하는 기염을 토했다.[10] 이뿐만이 아니다. 2020년에는 네이버와 카카오가 각각 '네이버 셀렉티브'와 '카카오쇼핑 라이브'로 라이브 커머스 플랫폼 사업을 본격화했다. 앞으로 라이브 커머스가 온라인 쇼핑 업계의 판도를 흔들 수 있을지 귀추가 주목된다.

2단계 타기: 예측 못할 속도감을 즐기자

롤러코스터가 일단 출발하고 나면, 재미의 핵심은 '예측할 수 없는 속도감'이다. 궤도가 이리저리 비틀려 있어 탑승자는 미처 마음의 준비를 하지 못한 채 짧고 짜릿한 스릴을 만끽할 수 있다. 롤코족은 뻔히 예측 가능하거나 반복되는 것을 지루해하며, 일상에서도 끊임없이 새로운 변화를 찾는다. 그래서 상식적인 예측의 범위를 넘어서는 짧은 변주, 일명 스핀오프가 롤코족들의 시선을 쉽게 사로잡는다.

긴 호흡의 지상파 TV 예능 프로그램보다 이를 변주한 짧은 유튜브 예능이 더 주목받고 있는 것도 롤코족들의 영향이 크다. 대표적으로, MBC 〈나 혼자 산다〉의 출연진인 박나래 · 한혜진 · 화사는 유튜브에서 각각 '조지나' · '사만다' · '마리아'라는 부캐(부캐릭터)로 활약을 펼치고 있다. 표현의 수위가 높아 지상파 방송에서 시도하기 힘든 '여은파(여자들의 은밀한 파티)-매운맛' 콘텐츠로 화끈한 재미를 안겨준 것이다. 또한 인기 먹방예능 프로그램 〈맛있는 녀석들〉의 김민경 역시 〈오늘부터 운동뚱〉이라는 스핀오프식 웹예능 프로그램으로 기존 예능을 뛰어넘는 화제를 끌었다. 이처럼 방송사에서도 짧은 스핀오프식 콘텐츠를 제작해 기존 TV 예능에 지루함을 느낀 시청자들에게 신선한 재미를 선사하고 있다.

이러한 변주는 콘텐츠에 한정되지 않는다. 2020년 유행처럼 번진 '이색 컬래버레이션' 열풍도 롤코족이 새로운 자극을 추구한 결과라고 볼 수 있다. 롤코족은 단순히 예쁘고 세련된 것에 반응하는 것이 아니다. 이들은 예상치 못한 이종 간의 결합으로 기존의 상식을 깨며 더 큰 새로움을 주는 반짝 컬래버레이션에 열광한다. 대표적으로 대한제분의 밀가루 브랜드 '곰표'는 톡톡 튀는 컬래버레이션 상품들을 선보여 출시하는 족족 이슈몰이에 성공했다. 의류 업체 '4XR'과 함께 출시한 '곰표 반팔 티셔츠'와 '곰표 패딩'은 SNS상에서 큰 화제가 됐으며, 뷰티 브랜드와 함께한 '곰표 밀가루 쿠션' 등의 아이템도 눈길을 끌었다. 편의점 업체 CU, 맥주 제조 업체 '세븐브로이'와 함께

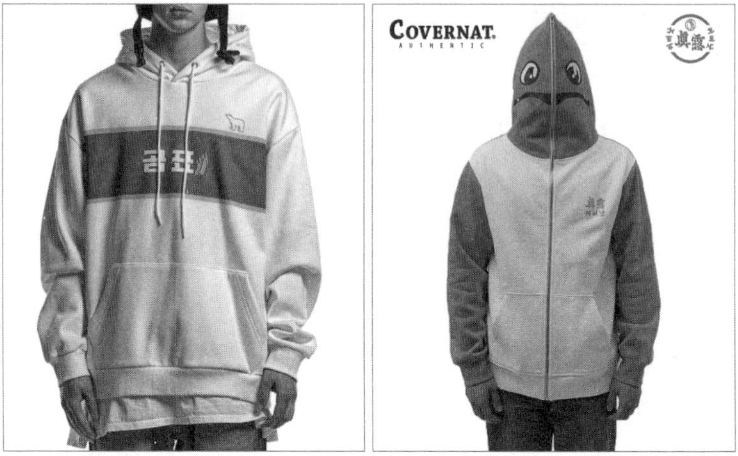

출처: 무신사

●●● 밀가루와 소주 브랜드 로고가 패션과 만나 만들어진 이종 컬래버레이션. 낯섦과 재미, 새로운 자극을 추구하는 롤코족의 인기를 끌었다.

선보인 '곰표 밀맥주'는 출시 3일 만에 10만 캔이 팔리는 등 선풍적인 인기를 모았다.[11] 누가 봐도 어울리지 않는 생뚱맞은 조합이 낯설지만 재밌는 것에 열광하는 롤코족의 니즈에 딱 맞아떨어진 것이다.

곰표의 성공 사례를 필두로 식품 업계와 패션 업계의 경계를 허문 이색 컬래버레이션이 속속 등장하며 이른바 '푸드패션'이 전성기를 누리고 있다.[12] 글로벌 샌드위치 브랜드 써브웨이는 스포츠 브랜드 휠라와 손을 맞잡았다. 써브웨이를 상징하는 초록·노랑·하얀색을 바탕으로 샌드위치 레시피와 로고가 그려진 티셔츠와 가방 등 독특한 라인업을 선보였다. 하이트 진로는 패션 브랜드 커버낫Covernat과의 컬래버레이션을 통해 진로의 푸른색 두꺼비 디자인을 적용한 의류와 액세서리를 선보여 큰 인기를 끌었다. 또한 해태제과는 캐주얼의류 브랜드 폴햄과 함께 맛동산 에디션 티셔츠를 출시했으며, 젤리 브랜드 하리보는 질스튜어트스포츠와, 모던 캐주얼 의류 브랜드인 지이크SIEG는 대웅제약의 우루사와 만나 컬래버레이션 제품을 출시하는 등 예상치 못한 이종 컬래버레이션 출시가 봇물 터지듯 쏟아지고 있다.

브랜드 소비 주기도 롤러코스터의 속도만큼이나 빨라지고 있다. 롤코족은 특정 브랜드만 계속 소비하기보다는 새로운 브랜드와 상품을 다양하게 소비하며 호기심을 충족시키려 한다. 이에 맞춰 뷰티 업계에서는 제품의 용량을 줄이고 가격 부담도 낮춰 소비자가 신상품에 쉽게 접근할 수 있도록 미니 사이즈 아이템을 잇달아 출시하고 있다. '더샘'은 스튜디오 파운데이션을 출시하면서 휴대가 간편한 미니 사이즈 제품을 함께 선보였으며, '레어카인드'도 인기 색조 제품의 크기를 3분의 1로 줄인 버전을 시장에 내놓았다. '세러데이스킨' 역시 베스트셀러 아이템을 2분의 1 사이즈로 출시해 어필하고 있다. 이러한 소용량 미니 사이즈 열풍은 앞으로도 지속될 전망이다.

3단계 내리기: 끝이 나면 미련 없이 떠난다

한 온라인 커뮤니티 게시판에서 '깡 놀이 공식 사망 선고'라는 글이 화제가 됐다. 글쓴이는 "비의 1일 1깡 열풍이 지상파 메인 뉴스에까지 등장했다"고 말하며 깡 놀이를 공식적으로 끝낸다고 선언했다.[13] 역설적이게도 밈은 대중화되면 생명력을 잃는다. 누구나 알게 되는 순간, 재미나 절묘함이 급속도로 떨어지는 것이다. 이처럼 밈의 중요한 특성 중 하나는 바로 '끝이 있다'는 것이다. 대중들은 하나의 밈이 끝나면 곧바로 다음 밈으로 갈아탄다.

과거에는 한 드라마가 인기를 끌면 방송사에서 연장방송이나 특별편을 제작하는 등 가능한 길게 끌고 가는 경우가 많았다. 인기 작품을 더 오래 보고 싶은 마음에 시청자들이 적극적으로 연장을 요청하기도 했다. 하지만 최근 방송가에서는 드라마 연장이 인기를 반증한다던 공식이 통용되지 않는다. 오히려 스토리가 늘어져 지루할 것이라는 대중의 우려감이 더 높다. 실제로 2019년 11월 종영한 화제의 드라마 〈동백꽃 필 무렵〉은 종영을 앞두고 8회가 연장될 것이라는 소식이 전해지자 많은 시청자들이 비판과 우려의 목소리를 높였다. 다행히 가짜뉴스로 밝혀져 실제 연장방송으로 이어지진 않았지만, 방송을 대하는 요즘 시청자들의 변화된 태도를 확인할 수 있었다.[14] 아무리 인기가 높은 예능이나 드라마라 할지라도 제대로 끝을 봐야만 아름다운 퇴장이 가능하다.

인기가 조금 있다고 해서 종영을 늦추기보다는 일단 끝을 보고, 잠시 휴식하며 재정비 시간을 가진 후 다시 새로운 이야기보따리를 풀며 돌아오는 것이 훨씬 효과적이다. 이를 반영해 등장한 것이 '시즌제 콘텐츠'다. 수년 전만 해도 해외에서만 가능한 포맷이라고 평가됐던 시즌제 드라마의 경우 이제는 국내에서도 흔히 볼 수 있는 익숙한 포맷으로 자리 잡았다. tvN의 〈슬기로운 의사생활〉과 〈비밀의 숲〉, 넷플릭스의 〈킹덤〉 등이 시리즈로 제작된 드라마의 대표적인 예다. 시즌1이 끝나도 시즌2로 또 다른 이야기의 시작을 기대할 수 있다는 점에서 시즌제 드라마는 지루할 틈 없이 새로운 자극을 좇는 롤코족의 특성과 맞닿아 있다.

게임 업계에서도 일정 기간 동안 게임을 즐긴 후 모든 데이터를 초기화하고 새로운 콘텐츠를 더한 게임을 즐기는 시즌제가 떠오르고 있다. 사실 하나의 게임에서 오랫동안 지속적으로 즐거움을 맛보기란 쉽지 않은 일이다. 때문에 게임 업계에서는 적극적으로 시즌제를 활용해 기존 이용자는 물론 복귀 이용자까지 잡아 게임의 생명력을 늘리고자 한다. 대표적인 예로 인기 게임인 리그오브레전드LOL는 매년 1월에 시즌을 시작해 11월에 종료한다는 원칙을 고수하고 있으며, 게이머들의 랭킹전 등급이 초기화되는 대신 각 등급별로 다음 시즌에서 사용할 수 있는 보상을 지급한다. 디아블로3, 패스오브엑자일 등의 게임도 시즌제를 도입하여 유저들이 계속 새로움을 만끽할 수 있는 환경을 조성하고 있다.

이러한 '끝의 미학'을 더 적극적으로 활용하는 방법이 바로 한정판이다. 성공적인 한정판 마케팅은 '대란'을 부를 만큼 큰 관심을 끌 때가 많다. 2020년 여름, 스타벅스 매장은 한정판 서머 레디백을 받기 위해 오픈 시간 전부터 몰려든 고객들이 장사진을 이루곤 했다. 스타벅스뿐 아니라 할리스에서 한정판 프로모션 상품으로 선보인 멀티 폴딩카트와 던킨도너츠의 한정판 노르디스크 폴딩박스도 이른바 '핵인싸 아이템'으로 등극하며 한정판 굿즈 전성시대를 열었다. 한정판이라는 끝이 있어서 더 가치가 높은 탓에 '득템'의 경쟁이 치열하다. 어렵게 손에 쥔 굿즈들은 당연히 SNS에 과시하며 인증해야 놀이의 여정이 끝난다. 희소성과 신선함 그리고 과시의 욕구가 어우러져 한정판의 인기는 좀처럼 식지 않을 것으로 보인다. 특히 최근에는 한정판을 다시 판매하는 '리셀(전망편, 'N차 신상' 키워드 참조)'이 활발해지면서 종결과 소멸이 더 큰 가치로 자리매김하고 있다.

배경: 그들이 롤러코스터를 타는 이유

이러한 롤코라이프 트렌드의 등장은 크게 세대 요인과 환경 요인으로 그 배경을 나누어 설명할 수 있다.

참여를 통해 즐기는 속성

먼저 Z세대는 '자기효능감'이 매우 높은 세대라는 점에 주목해야 한다. 자기효능감이란 심리학자 앨버트 반두라Albert Bandura가 소개한 개념으로, '자신이 어떤 일을 성공적으로 수행할 능력이 있다고 믿는 기대 또는 신념'을 뜻하는 심리학 용어다. 소비자의 적극적인 참여는 "참여를 통해 원하는 것을 얻을 수 있다"는 믿음에서 온다. 즉, 자신이 적극적으로 무언가에 참여함으로써 재미·소속감·정보 등을 얻을 수 있다는 확실한 믿음이 있기 때문에 자발적으로 유행에 동승하는 것이다. 나아가 이들이 온라인 활동에 적극 참여하는 것은 그곳에서 친구를 얻을 수도 있다고 믿기 때문이다. 실제로 이들이 지각하는 '동료'의 의미는 이전 세대와 많이 다르다. 과거에는 주로 직장이나 학교 등 물리적으로 같은 공간에서 활동하는 사람들을 동료라고 여겼다면, 요즘에는 취미나 취향이 같은 온라인 친구들도 '동료'로 여기며 심리적 동질감에서 비롯된 연대감을 느낀다.[15]

다음으로, Z세대는 이전 세대에 비해 부족함 없이 자라나 삶의 기대 수준은 높은 반면, 경기 침체와 고용 불안으로 더 큰 불안을 안고 사는 세대라는 점이 중요하다. 게다가 코로나19 사태가 장기화되며 평범한 일상까지 위협받게 되자 정체된 현실을 탈피하고자 소비에서

만큼은 짜릿한 재미를 느끼고자 하는 것이다. 뿐만 아니라 기성세대가 추구하는 '엄근진(엄격·근엄·진지의 앞글자만 가져와 만든 신조어)'에 대한 반감도 내재되어 있어 가볍고 재밌는 것에 더 큰 가치를 부여한다. '기-승-전-재미'를 추구하는 라이프스타일 속에서 롤코라이프를 타며 삶을 재충전하는 것이다.

마지막으로 Z세대는 디지털 기술을 당연하게 접하며 자란 인류 첫 세대로, 디지털 네이티브를 넘어선 '디지털 보헤미안'이란 점을 꼽을 수 있다. Z세대에게는 태어날 때부터 모바일이 생활의 중심 그 자체다. 이들은 커뮤니케이션·쇼핑·여가 등 일상 전반에서 모바일을 활용한다. TV보다 유튜브를 더 많이 보는 세대로, 짧은 콘텐츠를 선호하며 집중적으로 즐기고 바로 다른 콘텐츠로 갈아탄다. 최근 짧은 콘텐츠 플랫폼의 신흥 강자인 '틱톡'의 인기 또한 이와 맥을 같이 한다. 이들은 유행과 유행 사이를 자유자재로 넘나들며 유연하고 빠른 이동에는 익숙하지만 사고방식이 점차 단순화되어가고 집중력도 약하다. 마치 '디지털 역마살'이 낀 것처럼 한 곳에 붙어 있지 못하고 이리저리 계속 더 짧고 자극적이고 새로운 것을 찾아 떠돌아다닌다. '디지털 보헤미안'들은 콘텐츠뿐만 아니라 소비생활에서도 유행 아이템을 짧게 소비하고 바로 다른 유행으로 옮겨 타는 것에 익숙하다.

더 짧은 주기로 더 많이 소비

이러한 Z세대의 특성과 맞물려 롤코라이프 주기를 더욱 빠르게 극대화하는 환경도 조성되고 있다. 인류 역사상 가장 풍요로운 소비의 시대, 소비자들은 필요에 의한 소비보다 의미와 즐거움을 찾는 소비에 더 끌린다. 끊임없이 상품이 출시되는 공급과잉 상황에서 이른바 '진부화 경제' 패러다임이 자리를 잡고 있는 것도 주 요인이다. 프랑스의 경제학자이자 철학자인 세르주 라투슈Serge Latouche는 저서 『낭비 사회를 넘어서』에서 소비 사회의 기업들이 수요를 창출하기 위해 '진부화obsolescence'를 통해 소비자가 계속 더 많이 소비하도록 강요한다고 지적한 바 있다. 진부화란 그다지 나을 것이 없는 새 모델을 출시하기 위해 기존 모델을 구식으로 만드는 관행을 의미한다. 특히 제품 간 차별화가 어려워진 상황에서 광고나 유행을 통해 기존 제품에 싫증을 느끼게 만들고 신제품에 관심을 갖게 하는 심리적 진부화가 두드러진다. 즉, 기업이 계속해서 시장에 내놓는 새로운 광고와 미디어에서 시도 때도 없이 만들어내는 새로운 유행이 소비자로 하여금 더 짧은 주기로 더 많이 소비하도록 유도하는 것이다.

짧은 형태의 숏폼short-form 콘텐츠와 커뮤니케이션을 지원하는 기술의 발전도 빼놓을 수 없다. 2020년, 틱톡의 가파른 성장과 함께 다양한 '숏폼 플랫폼'들이 등장하고 있는데 숏폼 플랫폼에서는 AI 기반의 동영상 추천 기술을 사용하여 소비자가 지속적으로 새로운 콘텐츠를 즐기도록 유도한다. 나아가 AR이나 VR 등의 기술을 활용해 소비자에게 더욱 신기한 자극을 줄 수 있는 콘텐츠 개발이 활발해지고 있다. 다시 말해 제품과 콘텐츠가 과잉 공급되는 환경이 조성됨에 따라 앞서 언급한 콘텐츠와 콘텐츠 사이를 넘나들며 계속적으로 새로운 자극을 좇는 Z세대의 특성이 더욱 강해진 것이다. 이러한 세대적·환경적 특성이 롤코라이프를 소수의 이슈에서 다수의 트렌드로 격상시켰다.

전망 및 시사점

빠른 생애사 전략이 필요한 시점

●

롤코라이프를 소수 특이한 Z세대 젊은이들의 갑작스러운 변덕으로만 바라보았다면, 이제 그 생각을 바꿔야 할 때다. 젊은 세대의 트렌드는 다른 세대로 전파되어갈 가능성이 높기 때문에, 롤코라이프는 머지않아 반드시 대응해야 할 시장의 일반적인 변화로 자리매김하게 될 것이다. 짧은 주기로 짜릿한 재미를 원하는 롤코족들이 증가함에 따라 이에 대응할 수 있는 전략이 필요한 시점이다.

진화생물학적 관점에 근거한 생애사 이론life history theory에 따르면, 사람이 살아가는 방식은 크게 '느린 생애사 전략'과 '빠른 생애사 전략'으로 나뉜다. 이론에 의하면, 예측이 가능한 환경에서 성장하는 개인은 미래의 이익을 우선순위에 두는 '느린 생애사 전략'을 선택하는 반면, 예측이 불가능한 환경에서 성장하는 개인은 즉각적인 이익을 추구하는 빠른 생애사 전략을 선택한다.[16] 예를 들어 코로나19로 인해 장기적인 미래 예측이 불가능할 경우, 사람들은 기존의 미래지향적이었던 삶의 방식을 바꿔 현재에 집중하는 **'빠른 생애사 전략'**을 선택할 가능성이 높아지는 것이다.[17]

이를 기업 환경에 대입해보자. 특정 제품 혹은 비즈니스 모델이 나오기 위해서

빠른 생애사 전략

Fast Lifecycle Strategy

급변하는 소비자와 시장 환경에 대응하기 위한 기업의 전략을 일컫는다. 미래를 위해 차근차근 투자하는 '느린 생애사 전략'이 아니라, 빠르게 급변하는 환경 속에서 기업이 받아들일 수 있는 수준의 적정한 위험을 감수하면서도 새로움을 원하는 소비자들에게 주기적으로 신선한 자극을 선사할 수 있는 브랜드 관리·신제품 개발·마케팅 전략이다.

는 시장 분석-고객 니즈 파악-타깃 고객 선정-아이디어 개발-대안군 확보-컨셉 기획-소비자 조사-수요 예측-핵심 기능 요소 결정-디자인-유통망 확보 등으로 이어지는 길고 오랜 과정을 밟게 된다. 이렇게 출시된 상품은 시장에서의 반응 여부에 따라 개선되거나 후속 제품에 자리를 내주게 되는데, 이런 일련의 과정을 제품의 생애사 혹은 라이프사이클이라고 부를 수 있다. 과거 안정적 환경 아래에서는 투자수익률ROI, Return on Investment을 만족시킬 수 있는 '실패하지 않을 상품'의 개발이 중요했기 때문에 치밀하고 오랜 기획 과정이 필요했고, 따라서 느린 생애사 전략이 불가피했다고 할 수 있다. 하지만 요즘처럼 트렌드가 하루가 다르게 변화하는 환경에서 기업은 미래를 위해 차근차근 근거를 찾아 투자하는 느린 생애사 전략만으로는 트렌드를 따라가기 힘들다. 새 제품이 나올 때는 이미 소비자와 시장이 바뀌어 있기 때문이다. 따라서 급변하는 환경 속에서 기업이 받아들일 수 있는 적정한 수준의 위험을 감수하면서도 새로움을 원하는 소비자들에게 짧은 주기로 신선한 자극을 계속 선사할 수 있는 빠른 생애사 전략이 필요해졌다.

빠른 생애사 전략은 작은 신생 조직에게만 해당되지 않는다. 오히려 역사가 오래된 회사에게 더욱 필요하다. 국내의 대표 라면회사 농심은 신라면·너구리·짜파게티 등 매출이 일정 수준으로 유지되는 장수 상품들이 있음에도 불구하고, 재미난 신상품을 기습적으로 출시해 소비자들의 큰 호응을 받고 있다. 그 대표적인 신상품이 바로 '앵그리 RtA' 라면이다. RtA는 한때 온라인에서 한 외국인이 '너구리'를 거꾸로 보고 'RtA'라고 읽었다는 사연에서 시작되어 너구리의 별

출처: 농심

●●● 출시 즉시 농심 매출 3위를 기록한 '앵그리 RtA' 라면. '너구리'를 뒤집어서 'RtA'로 읽었다는 외국인의 사연에서 비롯된 제품으로 '재미'와 '숏케팅'의 진가를 보여주었다.

칭이 됐다. 이에 농심은 화제가 된 별칭을 너구리 한정판 신제품의 이름으로 삼고, 기존 너구리에 비해 3배 더 맵게 만들어 출시했는데 단 2주 만에 400만 개 이상이 팔리며 신라면과 짜파게티에 이어 매출 3위를 차지하기도 했다.[18] 이러한 치고 빠지는 식의 신제품 전략은 소비자로 하여금 트렌디한 젊은 기업, '열일하는 기업'으로 느끼게 한다는 점에서 큰 의미가 있다.

빠른 생애사 전략은 제품에만 한정되는 이야기가 아니다. 유통사들도 제품을 보여주는 방식을 변주하는 등 새로운 시도를 통해 롤코족에게 다가가야 한다. CJ오쇼핑은 젊은 세대를 타깃으로, 쇼호스트가 제품을 설명하는 방식의 포맷을 넘어 다양한 콘텐츠를 접목해 새로움을 주는 홈쇼핑 방송을 제안하고 있다. SNS에서 화제가 됐던 '슈퍼마켓'의 경우, 아이돌그룹인 슈퍼주니어가 출연하여 마치 한 편의 예능 프로그램을 보는 듯한 재미있는 홈쇼핑 방송을 선보여 인기를 끌었다. 뿐만 아니라 집콕 생활이 장기화되며 문화생활을 즐기지 못하는 소비자를 위해 콘서트와 홈쇼핑 방송을 결합한 색다른 콘텐츠를 선보이기도 했다. '한여름 밤 집에서 즐기는 음악 공연'이라는 컨셉으로 인기 록밴드 자우림의 콘서트 무대와 함께 제철 과일을 판매하는 신개념 방송은 매진 신화를 기록했다.[19] 이처럼 다양한 산업에서 조직이 받아들일 수 있는 수준의 적정한 위험을 감수하면서도 차별화된 콘텐츠를 선사하는, '빠른 생애사 전략'은 이제 대세가 되어 가고 있다.

뭘 좋아할지 몰라 다 준비했어, 다다익선 숏케팅

롤코라이프 트렌드가 기업에게 주는 두 번째 시사점은 오랜 기간 공들여 준비한 100% 완벽한 마케팅보다는 약간 미완성이라 할지라도 끊임없이 치고 빠지는 **'숏케팅**short+marketing**'**이 필요하다는 것이다. 매일같이 신제품과 프로모션이 쏟아지며 트렌드 주기도 날로 빨라지는 탓에 인기 제품일지라도 수명이 3개월을 넘기기 힘들 정도인 요즘이다. 브랜드 충성도가 낮고 새로운 자극을 원하는 롤코족이 주도하는 소비 시장에서는 '메가 히트'의 개념이 점차 사라지고 있다. 반짝 인기를 누리며 제품이 매진되다가도 금세 인기가 시들해진다. 새로운 전략을 바로바로 시도하지 않으면 시장에서 곧바로 도태되고 만다. 이 때문에 치고 빠지는 짧은 호흡의 숏케팅으로 재미있고 이색적인 이벤트의 물량 공세를 펼치는 것이 중요해졌다.

숏케팅Shortketing
앞에서 제시한 '빠른 생애사 전략'을 실천하는 마케팅 방법론으로 『트렌드 코리아 2021』이 제시하는 신조어다. 빠르고 짧다는 의미의 'short'에 'marketing'을 합성했다. 고객 니즈·기술·시장 환경이 급변함에 따라 치고 빠지는 식의 단발적인 마케팅 캠페인이 중요해지고 있다.

치고 빠지는 숏케팅의 대표 주자는 편의점이다. 2020년 CU는 고조선 건국에 얽힌 단군신화를 모티브로 이색적인 마케팅 이벤트를 선보였다. 신화 속에 등장하는 곰과 호랑이, 쑥과 마늘을 각각 호랑이 라테와 곰표 팝콘, 쑥떡쑥떡 바와 국산 다진 마늘로 재구성하여 출시한 것인데, 이벤트 홍보물 상단에 조금은 특이한 제목이 적혀 있었다. 바로, '의식의 흐름대로 단군신화 상품'이라는 문구였다. 이는 말 그대로 별다른 전략도, 기획 의도도 없이 생각나는 대로 펼친 이벤트임을 표현한 것이다. 실제로 이 행사는 단 2주 만에 기획부터 실행까지 최대한 힘을 빼고 진행됐다. 미완성으로 보이지만 단순하고 직관적인 발상 덕분에 오히려 소비자들의 큰 호응을 얻었다. 단군신화 이벤트 상품 모두 전월 대비 매출이 증가했으며 특히 편의점 주력 상품이 아닌 다진 마늘의 매출이 전월 대비 45.3%나 올라 숏케팅의 저력을 제대로 보여주었다.[20] Z세대 롤코족 소비자들이 가벼운 재미와 신선함을 느끼며 잠깐 소비하기에 제격인 마케팅

●●● 롤러코스터가 아무리 재미있어도 끝나면 바로 내리듯이 Z세대 소비자들은 잠깐의 재미를 즐기고 바로 떠난다. 기존의 마케팅 대신 '숏케팅'이 필요한 이유다.

이라고 할 수 있다.

20대를 중심으로 인기가 높은 의류 쇼핑몰 무신사의 경우 2019년 공개한 콘텐츠 수가 6만6,000여 개에 달할 만큼 콘텐츠 마케팅에 사력을 다하고 있다.[21] 유튜브 채널 '무신사TV'도 출범해 길거리 패션, 스타일링 꿀팁, 브랜드 스토리 등의 다양한 콘텐츠를 끊임없이 제공한다. 마치 소비자를 향해 "네가 뭘 좋아할지 몰라 다 준비했어!"라고 말하는 것만 같다. 무엇이든 다 준비되어 있으니 소비자들은 각자 자신이 원하는 걸 선택하면 된다. 마찬가지로 29CM · 지그재그 · W컨셉 등의 온라인 유통사들도 소비자에게 다양한 콘텐츠와 이벤트를 짧은 주기로 제공하고 있다. 대박 콘텐츠나 이벤트 하나를 만들기 위해 시간과 공을 들이는 시대는 이미 지났다. 이것저것 기획해보다가 소비자와 초점이 맞는 타이밍에 대박 하나를 터뜨리는 '다이소'식 물량 공세가 먹히는 시대가 된 것이다.

물론 무조건적인 '복붙(복사해서 붙이기)' 마케팅은 지양해야 한다. 소비자들이 원하는 재미를 제공하지 못하고 그저 매출을 올리기에 급급하게 되면 불편함과 불쾌감으로 이어질 수밖에 없다. SNS상에서 떠도는 유행거리를 패러디하려다가 원작자의 동의를 받지 않고 무작정 콘텐츠를 사용하면 저작권 논란에 휩싸일 위험도 있다. 소비자와 함께 롤코라이프를 즐기면서도 적정선을 지킬 줄 아는 균형 감각이 필요한 이유다.

시도 때도 없이 새롭고 재미있는 소비를 즐기는 Z세대, 롤코족이 지금 트렌드를 주도하고 있다. 롤러코스터는 짜릿한 재미를 선사하지만, 사고에 대비하고 안전을 준수해야 하는 엄격한 운영이 생명이다. 즉, 짜릿한 재미라는 소비자의 니즈에 대응하기 위해서는 기업도 어느 정도의 리스크를 감수해야 할 수밖에 없다. 그러나 명심하라. 인기 있는 놀이공원이라면 반드시 롤러코스터가 있듯이, 트렌드를 주도하는 기업이라면 반드시 소비자가 마음껏 즐길 수 있는 '판'을 깔아주어야 한다는 사실을 말이다.

YOUR
DAILY
SPORTY LIFE

Y

#오하운, 오늘하루운동

운동 붐이 일고 있다. 등산로에는 형형색색의 레깅스를 차려입은 젊은이들의 발길이 끊이지 않고, 소수의 전유물로 여겨졌던 골프·서핑 등의 저변이 넓어지고 있다. 러닝은 트레일 러닝·클린 세션 등으로 변주되고, 요가는 플로팅 요가·명상 요가·선셋 요가 등으로 분화된다. 중요한 사실은 이러한 트렌드가 단순히 활동 자체로 끝나지 않고, 패션·인증샷·챌린지 등으로 이어져 사회 전반에 선한 영향력을 미치고 개인의 성장까지 이룬다는 점이다. 나아가 크루나 커뮤니티를 통해 여러 사람이 함께 운동하면서 관계를 확장해나가는 경향도 강해지고 있다.

운동 열풍은 단지 코로나19의 영향으로 건강 증진과 면역력 강화에 관심이 커진 결과만은 아니다. 자기 관리에 투철한 MZ(밀레니얼+Z세대)의 세대적 특성, 정체의 시대에 운동으로 성취감을 찾으려는 경향, 관련 기기 및 플랫폼 시장의 성장 등 복합적인 원인이 일으킨 현상이다. 운동의 일상화는 소비자가 시간을 소비하는 패러다임의 변화를 예고한다. 무엇보다 운동이 일상의 영역으로 확장되면서 브랜드는 소비자의 여가를 지원하는 내비게이터이자 라이프스타일 전반을 설계하는 '라이프 액티비티 디자이너'로서의 역할을 요구받게 될 것이다. 운동의 일상화는 한국인의 삶의 기준이 성취와 경쟁에서 즐겁고 건강한 가치를 찾는 일로 이동하고 있음을 시사한다.

몸의 굴곡을 그대로 드러내는 형형색색의 레깅스, 발목을 덮는 긴 패션 양말, 스트리트 브랜드 로고가 크게 박힌 티셔츠, 볼캡이나 버킷해트에 힙색으로 준 포인트까지……. 각양각색의 옷차림을 한 젊은이들의 줄이 끝없이 이어진다. 언뜻 보면 새로 오픈한 대형 쇼핑몰이나 핫플레이스 앞이라고 착각할 법한 이곳은 관악산 정상 연주대 앞이다. 등산로가 런웨이 못지않게 패셔너블해졌다. '해발 629m 冠岳山'이란 글자가 새겨진 거대한 바위 앞에서 인증샷을 찍기 위해 젊은 등산객들은 오랜 기다림도 마다하지 않는다.

요즘의 핫플레이스를 하나 꼽는다면, 바로 산이다. 밀레니얼 세대와 등산, 어울릴 것 같지 않은 두 단어가 어우러져 새로운 트렌드로 떠오르고 있다. 탁 트인 공간에서 적은 인원이, 혹은 혼자서도 즐길 수 있는 액티비티들이 각광을 받으면서 비교적 진입 장벽이 낮은 등산이 젊은이들의 대세 야외 활동으로 떠올랐다. 초보 등산객이라는 의미로 '산린이(산+어린이)'라고 불리는 이들은 형형색색의 레깅스, 그 위에 올려 신은 긴 양말, 벙거지 모자나 볼캡으로 가벼운 등산룩을 완성한다. 투박한 등산화, 천편일률적인 아웃도어 재킷, 길쭉한 등산용 스틱으로 무장한 중년의 등산룩과는 사뭇 다르다.

20~30대를 중심으로 새로운 운동 트렌드가 대두되고 있다. 힘들고, 어렵고, 피하고 싶은 레저였던 등산이 핫한 액티비티로 변모한 것은 하나의 사례일 뿐이다. '아재'들의 전유물로 통했던 종목들이 힙해지고 한국에서 흔하지 않던 액티비티를 즐기는 사람들이 많아지고 있다. 나아가 하나의 종목이 다채로운 형태로 변주되면서 운동을

통해 삶의 경험을 확장하려는 라이프스타일이 관찰된다. 다양한 액티비티와 운동이 결합되면서 여가를 보내는 새로운 방식으로 운동의 저변이 넓어지는 중이다.

운동이 일상이고 일상이 곧 운동인 생활밀착형 운동의 시대. 운동이 라이프스타일의 중심이라고 말하는 신인류들은 일상에서 나를 드러내는 수단의 하나로써 운동을 활용하고, 극한의 다이어트보다는 건강한 자신을 응원하기 위해 운동을 한다. 더 나아가 사회에 선한 영향력을 퍼뜨리면서 운동하고, 타인과 관계를 맺을 때도 운동이 빠지지 않는다. 『트렌드 코리아 2021』에서는 이러한 새로운 운동 트렌드, '요즘운동'을 조명하고자 한다. 체육 시간에나 겨우 몸을 움직이던 한국인에게 운동이 어쩌다 이렇게 핫해진 것일까? 코로나블루(코로나 우울증)라는 말이 등장할 만큼 몸도 마음도 움츠러든다는 브이노믹스 시대에 사람들의 관심을 듬뿍 받고 쑥쑥 성장하고 있는 요즘운동의 세계를 탐구해본다.

우리가 주목해야 하는 요즘운동, #오하운

●

- #등산스타그램(등산+인스타그램), #혼산(1인 등산) 등 등산 관련 해시태그 약 300만 건
- 국내 서핑 인구 최근 5년 새 400% 급성장[1]
- 전체 골프장 이용객 중 1990년대생 비율 31.3%[2]

운동에 대한 관심이 뜨겁다. 요즘 밀레니얼 세대에게 운동은 일상이자 여가 생활이고, 취미이자 특기다. 특히 코로나19로 사회적 거리두기가 장기화되자 타인과의 밀도가 낮으면서 안전하게 즐길 수 있는 운동의 수요가 급격하게 증가하는 중이다. 이와 관련된 액티비티 취미 플랫폼 시장도 성장하고 있다. 일례로, 여가 액티비티 플랫폼 프립Frip의 회원 수는 2020년 6월 기준 95만 명에 달했다. 프립에서 운영하는 클래스 중 인기가 많은 것으로는 등산, 서핑, 프리다이빙, 카약, 도보 여행, 낚시 등이 있다. 그런데 여기서 의문점이 생긴다. 많고 많은 운동 중 왜 등산이나 서핑, 프리다이빙 등이 인기를 끌까? 운동이 트렌드라고 해서 모든 종목이 뜨는 것은 아니다. 그렇다면 '요즘운동러'들이 즐기는 힙한 스포츠는 기존의 운동과 어떻게 다른가? 힙한 스포츠의 조건은 무엇인가?

단순히 운동을 하는 인구가 증가하는 양적 변화만 일어난 것이 아니다. 2030세대가 운동에 적극적으로 뛰어들면서 운동과 관련된 문화가 달라지고 있다는 것에 주목해야 한다. 문화가 바뀌면 연관 산업의 지형도 바뀐다. 운동 문화의 변화와 그에 따른 산업의 변화는 세계적으로 나타나는 현상이다. 일본 시장에서 유명한 자전거 부품 회사인 시마노의 시가 총액은 자동차 회사 닛산을 넘어섰다. 요가복계의 샤넬로 불리는 미국 룰루레몬의 시가총액은 독일의 BMW보다 5조 원가량 높다(2020년 8월 기준). 2019년 말까지만 해도 BMW의 시가총액이 룰루레몬보다 약 24조 원 높았다.[3] 1년도 안 되는 사이에 룰루레몬이 급성장하여 순위가 역전된 것이다. 이러한 변화는 이제 운동이 그저 심신 단련에 그치지 않고 경험·자아·관계의 확장으로 연결되어 삶 전체의 문제로 승화되고 있다는 사실을 말해준다. 그렇기 때문에 운동 라이프에 대한 고찰은 앞으로 소비자의 시간 사용법을 유추해볼 수 있는 바로미터인 동시에 관련 산업의 변화 포인트를 발굴하고 시사점을 얻는 중요한 계기가 된다.

인스타그램에서는 '오늘하루수고하세요(혹은 하셨어요)'를 줄인 '#오하수'라는 해시태그가 많이 사용된다. 하루를 시작하거나 마무리할 때 인사처럼 덧붙이는 말이다. 하루를 운동으로 시작해서 운동으로 끝내는 요즘 사람들은 아마 이렇게 해시태그를 붙이지 않을까? '오늘하루도운동합니다', #오하운.

운동은 하고 싶은데 하나만 하고 싶진 않아!
— 경험의 확장

●

"필라테스는 혼자서 정적으로 하는 운동이에요. 전 필라테스 외에도 수영이나 헬스, 사이클링 등 다양한 운동을 하고 있어요. 운동 하나만 계속하면 지겹고, 여러 가지 스포츠를 체험하고 도전하는 것이 삶에 활력을 주는 것 같아요." (26세 여성 회사원, 서울대 소비트렌드분석센터 자체 FGD Focus Group Discussion 발언 중)

요즘운동의 첫 번째 특징은 다양한 종목을 다양한 방식으로 즐긴다는 것이다. 여기에는 두 가지 유형이 있다. 여러 종목을 수평적으로 확장하는 유형과 하나의 종목을 수직적으로 변주하는 유형이다. 수평적 확장은 다른 연령대의 전유물이었거나 한국에서 대중적이지 않았던 운동에 도전하는 것이고, 수직적 변주는 늘 하던 운동을 다양한 액티비티와 결합함으로써 새로운 경험을 추구하는 것이다.

수평적 확장의 대표적인 사례는 아재들의 스포츠라고 여겨졌던 등산이나 골프를 즐기는 연령대가 점차 어려지는 것이다. 특히 중·장년층의 전유물이었던 등산의 인기가 정말 뜨겁다. 2020년 3월, 도봉산으로 더 친숙한 북한산 국립공원의 탐방객은 전년 동기 대비 41.7% 증가했다고 한다.[4] 북한산 등산객도 41.7% 늘었는데, 유입된 인구 중 2030세대의 비중이 높다. 이들이 자연과 더불어 만들어가는 건강하고 다양한 산행 방법이 또 다른 젊은이들을 산으로 끌어들이고 있다.

이처럼 산을 즐기는 세대가 밀레니얼로 재편되면서 산린이·등린

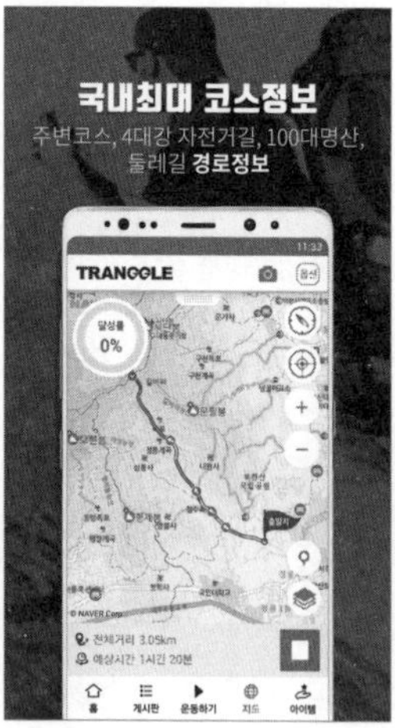

출처: 트랭글, 램블러

●●● 등산 인구가 늘어나면서 산린이·등린이를 위한 앱도 인기를 끌고 있다.

이(등산 초보자)를 위한 앱도 증가하는 추세다. 트랭글Tranggle은 운동 기록에 따라 계급이 정해지는데, 짐꾼부터 천상제까지 총 15개의 계급이 있고 각 계급을 세분화하여 총 66레벨로 구성되어 있다. 유저는 게임을 하듯 주어진 미션을 완수해서 보상을 받고 레벨업을 하며, 등산을 완주하면 배지도 얻는다. 램블러Ramblr는 산의 등고선과 상세한 지명, 테마별 등산 코스 등을 정리해서 제공한다. 코스별로 이미 다녀온 사람들의 댓글을 볼 수 있어 꿀팁을 원하는 '초보 등산러'에게 인기가 높다. 밀레니얼 세대의 등산은 산악회가 아니라 '크루' 단위로 이뤄진다. 등산 크루에서는 회장님 대신 '파운더', 산행 대신 '세션'이란 용어를 사용한다. 블랙야크가 운영하는 산행 커뮤니티 플랫폼 '블랙야크 알파인 클럽'은 2020년 4월 기준 신규 가입자가 전년 동기 대비 2배 이상 늘었다. 이 중 2030세대의 비중이 50% 이상이다. 특히 2030세대 가입자 중 여성의 비중이 처음으로 남성을 앞질렀다는 점이 눈에 띈다.[5]

골프 시장에서도 밀레니얼 세대가 새로운 소비층으로 떠오르고 있다. 인터파크에 따르면 2020년 5월부터 두 달간 골프 카테고리 매출이 2019년 같은 기간보다 62.5%나 올랐다고 한다.[6] 한편, 대한골프협회의 조사 결과 전체 골퍼 중 2030세대의 비중은 31.3%로, 36.5%인 5060세대 다음으로 많았다. 또한 향후 골프를 배울 의향이 있다고 응답한 사람 중 2030세대가 56.6%를 차지했다.[7]

새로운 골프 소비층이 유입되면서 골프장의 풍경도 바뀌고 있다. 언택트 문화에 익숙한 밀레니얼 세대에 맞춰 캐디와 카트 없이 셀프 골프를 즐길 수 있는 골프장이 등장한 것이다. 무인 시스템이나 다양한 기기를 활용한 서비스도 돋보인다. 경북 경주에 위치한 블루원 디아너스CC는 스마트 체크인과 셀프 라운드를 운영하며, 제주도에 위치한 롯데 스카이힐 제주CC는 골프장 내에 셀프 계산대와 대면 인증 처리 시스템 등을 도입한 자판기형 편의점을 설치했다.[8]

한국에서 흔하지 않았던 독특한 운동에 대한 관심도 뜨겁다. 대표적인 사례가 최근 급성장한 수상스포츠 시장이다. 그중 서핑은 여름 하면 자연스레 떠오르는 운동으로 자리 잡았다. 국내 3대 서핑 명소 중 하나로 알려진 강원도 양양의 죽도 해수욕장은 한 해 10만 명 이상이 서핑을 하러 찾아올 정도로 인기가 높다. 프리다이빙의 인기도 만만치 않다. 프리다이빙은 소수 마니아들이 즐기던 이색 스포츠였지만 몇 년 전부터 강습이나 체험 클래스가 늘어나며 일반인들이 접근하기가 수월해지고 있다.

수직적 변주는 다양한 액티비티와의 컬래버레이션으로 익숙했던 종목에 트렌디함을 더하는 것이다. 예를 들어 그냥 달리기가 아니라 트레일 러닝으로, 평범한 요가가 아니라 플로팅 요가로 더 매력적이고 솔깃한 조합을 만드는 것이다.

특별함을 원하는 러너들이 많아지면서 달리기에 엣지를 더한 '달리기 부캐(회고편, '멀티 페르소나' 키워드 참조)'들이 등장하고 있다. 트레일 러닝은 등산에 달리기를 접목한 것으로, 숲·오솔길·자갈길 등에서 달리는 것이다. 다양한 코스를 빠르게 달려야 하는 역동적 특성 때문에 운동 효과가 높은 데다가 자연도 함께 즐길 수 있어 전문 운동인들의 체력 훈련을 위한 스포츠로 인기가 많다. 이 밖에도 밤에 달리는 나이트 러닝, 도심의 핫플레이스를 코스로 삼는 시티런·스트리트 러닝 등 달리기는 다양한 종류로 분화되고 있다. 관련 프로그램도 확대되는 추세다. 코오롱스포츠가 오픈한 액티비티 플랫폼 '로드 랩 서울'은 총 세 가지 프로그램으로 구성된다. 안전하게 트레일 러닝을 즐기는 주법과 스틱 사용법 등을 공유하는 '윈드 체이서', 서울의 문화 감성을 함께 소개하는 인문학 트레킹 프로그램 '나이트 하이커', 쓰레기를 주우면서 달리는 **플로깅**을 통해 서울의 자연과 환경에 대해 고찰하는 '쓰담쓰담 솟솟' 등 일반적인 달리기를 변주해 러너들의 호기심을 자극하는 점이 인상적이다. 2020년 6월에 프로그램을 론칭한 직후부터 많은 관심이 쏠리며 7월 프로그램은 오픈 후 단 15분 만에 모집이 마감될 만큼 좋은 반응을 얻고 있다.[10]

플로깅 Plogging
플로깅은 스웨덴에서 만들어진 용어로, 이삭을 줍는다는 뜻의 스웨덴어 'Plocka Upp'과 조깅 Jogging을 합친 말이다. 조깅을 할 때 작은 가방이나 비닐봉지를 가지고 나가서 빈 페트병 등의 쓰레기를 주워 담아 집으로 돌아오는 것이다. 운동하면서 환경도 지키는 일석이조의 아이디어에 스웨덴 사람들이 적극 동참했고 이후 프랑스·아이슬란드·미국을 거쳐 전 세계로 퍼져나갔다.[9]

요가의 변신도 놀랍다. 몸매 관리를 위한 실내 스포츠로 익숙했던 요가는 플로팅 요가·선셋 요가·루프탑 요가·명상 요가 등으로 그 형태를 달리하며 갈수록 힙해지고 있다. 일반적인 요가 동작에 지루함을 느낀 이들에게는 요가 프로그램의 수직적 변주가 새로운 호기심을 제공한다. 같은 동작이라도 어디에서, 언제 하느냐에 따라 특별한 경험이 될 수 있다. 특히 호텔 업계가 다양한 형태의 요가를 활용해 차별화된 자체 프로그램을 개발하고 있다. 대표적으로 신라호텔은 수영장에서 하는 플로팅 요가를 내세운다. 플로팅 요가는 물 위에서 중심을 잡으며 요가 동작을 수행하는 운동으로, 많은 칼로리를 소모하는 것으로 알려져 있다. 주로 캘리포니아, 하와이 등 해양스포츠가 발달한 지역에서 인기가 많은데, 그래서인지 플로팅 요가를 하다 보면 국내에서도 마치 하와이에 온 것 같은 인생샷을 남길 수 있다는 점이 매력적이다.

명상도 각광을 받고 있다. 명상이 운동에 포함되는지를 두고 논쟁의 여지가 있겠으나, '마음의 근육'을 키우는 명상은 앱·유튜브·팟캐스트·원데이 클래스 등의 영역에서 급격히 부상하는 중이다. 코로나19 사태가 장기화되면서 명상 시장은 더욱 성장하는 추세다. 혜민 스님이 만든 '코끼리'는 국내에서 이용자가 가장 많은 명상 앱이다. 마음 보기의 준말인 '마보'라는 이름의 명상 앱은 2020년 4월 기준 가입자 수가 15만5,000명이 넘었으며, 한 달 사이에 2배 이상 성장했다.[11]

또한 명상은 여러 액티비티와 연계되어 차별화된 프로그램으로 업그레이드되고 있다. 그 예로는 명상과 비건 브런치를 함께 즐기는 원데이 클래스, 요가 후 명상을 강조하는 호텔 프로그램, 숲속에서 대화 없이 명상하는 '숲명' 등이 있다. 나이키, 룰루레몬 등 글로벌 스포츠 브랜드도 명상 콘텐츠를 확대하는 추세고, 건강관리 앱 눔코치에서도 운동만큼이나 명상과 심리 관리를 중요하게 다룬다. 몸의 건강과 마음의 건강은 별개가 아니라는 가치관이 반영된 것이다. 운동의 영역이 일상으로 확장될수록 명상 시장의 범위도 함께 넓어질 것으로 보인다.

운동은 하고 싶은데 운동만 하고 싶진 않아!
— 자아의 확장

●

운동은 본래 단련을 목적으로 몸과 마음을 움직이는 행위를 가리키지만, 요즘 사람들은 운동을 통해 단련 이상의 것을 얻기를 원한다. 운동의 모든 과정에서 인증·기록·성취를 남기고자 하는 것이다. 요즘운동의 두 번째 특성은 자아의 확장이다. 운동을 하는 행위에서 그치는 것이 아니라 운동을 즐기는 과정에서 나를 표현하고 나의 신념을 드러내는 것이다. 앞서 설명한 요즘 힙한 운동의 핵심은 어떤 종목이냐가 아니라 즐기는 이의 자아를 확장할 수 있느냐다. 단순히 움직이는 모든 행위에 대해 힙하다는 해시태그를 붙일 수 없는 이유다.

자신을 표현하는 가장 중요한 수단인 패션부터 살펴보자. 최근 인스타그램에 올라오는 수많은 '산린이'들의 사진에서는 등산복을 찾아볼 수 없다. 젊은 등산객들에게는 형형색색의 레깅스, 발목을 덮는 긴 양말, 스트리트 브랜드 로고가 크게 박힌 티셔츠, 바람막이 재킷을 기본으로 입고 여기에 볼캡이나 버킷해트, 힙색으로 포인트를 주는 스타일이 하나의 패션 공식처럼 여겨지는 듯하다. 히말라야산맥을 등반한다 해도 어색하지 않을 전문 장비와 기능성 소재의 무거운 옷차림이 아닌 가볍고 미니멀한 일상적 복장을 선호하는 것이다. 등산 인구의 급격한 증가에도 전통적인 아웃도어 시장이 오히려 침체하는 것은 바로 이 때문이다. 기능성을 중심으로 하는 정통 아웃도어 컨셉을 유지해온 업체들은 사업을 철수하는 추세다. 최근 스위스 명품 아웃도어 브랜드 마무트가 사업을 포기했고, 2019년에는 LF가

15년 만에 라푸마 사업 중단을 예고한 바 있다.[12]

요즘 유행하는 등산 패션은 등산복 같지 않은 등산복이다. 대놓고 '나 오늘 등산갑니다' 하는 분위기를 풍겨서는 안 된다. 정통 스포츠나 아웃도어가 아닌 일상복의 성격을 강조한 스타일을 업계에서는 '라이프스타일 컨셉', 혹은 **'애슬레저'**라고 부른다. 2030세대가 선호하는 심플하고 가벼운 스타일을 얼마나 잘 반영하느냐에 따라 브랜드의 생존이 결정될 만큼 스포츠의류 시장의 트렌드가 급변하고 있다. 등산복 같지 않은 등산 패션의 대표적인 예는 레깅스다. 등산 외에도 달리기, 요가 등 각종 스포츠를 즐기거나 일상복으로도 편하게 입을 수 있다는 장점 덕분에 레깅스 시장의 규모가 급격하게 커지고 있다. 온라인 쇼핑몰 무신사에 따르면 2020년 상반기 스포츠의류 중 레깅스를 포함한 하의 품목의 판매량이 전년 동기 대비 500% 이상 증가했다. 상의 품목 판매량 증가 폭의 2배를 뛰어넘는 수치다.[13] 관련 업계는 변화하는 트렌드를 발 빠르게 트렌드를 반영하고 있다. 이에 따라 남성용 레깅스 출시도 활발해졌다. 국내 레깅스 문화를 이끌었던 안다르, 젝시믹스 등의 브랜드는 레깅스와 반바지로 구성된 맨즈 라인을 강화하고 있다.

애슬레저Athleisure

애슬레틱athletic과 레저leisure를 합친 스포츠웨어 용어로, '가벼운 스포츠웨어'라 할 수 있다. 이는 일상에서도 편안한 스포츠웨어를 선호하는 현대인의 추세를 반영한 것으로, 일상생활과 레저를 동시에 즐기면서 스타일까지 연출할 수 있는 의상을 뜻한다.[14]

요즘운동에서 패션만큼 중요한 것은 사진이다. 밀레니얼 세대의 직장인 브이로그라는 컨셉으로 화제가 된 MBC 파일럿 예능 프로그램 〈아무튼 출근〉에서는 국내 1호 러닝 전도사 안정은 씨가 소개됐다. 특히 안정은 씨가 러닝을 하면서 사진이 예쁘게 나오는 법을 알려주는 장면이 흥미를 끌었다. '사진 찍는 사람이 앞에 있는 경우 발 앞부분으로 디뎌 뛰면서 다리를 길어 보이게 연출한다', '사진 찍는 사람이 옆에 있을 경우 왼쪽 뒤로 시선을 돌리며 자연스럽게 시계를 보면 좋다' 등 그녀는 달리기 주법만큼이나 진지하게 자신의 러닝 사진 촬영 노하우를 공유했다.

요즘 트렌드를 설명할 때 빼놓을 수 없는 요소인 인증샷은 운동에 있어서도 빠지지 않는다. 액티비티 플랫폼에서는 등산이나 서핑에 전문 포토그래퍼가 동반하는 클래스가 인기고, 프리다이빙이나 패러글라이딩을 즐길 때는 고프로를 이용한 영상 촬영이 필수다. 산이나 바다와 같은 광활한 자연을 배경으로 인생샷을 남기고 싶은 욕구가 반영된 것이다. 혼자 산행을 하는 사람들은 앱을 활용하기도 한다. 등산 앱 리라이브Relive에서는 산행 코스와 사진을 엮어 영상으로 만들 수 있고 피드백 공유도 가능하다. 바디프로필을 촬영하는 사람들도 꾸준히 증가하고 있다. 바디프로필이란 운동으로 다져진 자신의 몸을 기념하기 위해 전문 스튜디오에서 촬영하는 사진으로, 인스타그램의 경우 '#바디프로필' 해시태그가 달린 게시물이 100만 개가 넘을 만큼 인기가 높다(2020년 8월 기준).[15]

기록 인증도 필수다. 내가 수행한 운동 기록이 쌓일수록 성취감도 높아지기 때문이다. 위치기반서비스LBS, Location Based Service를 제공하는 온라인 운동 앱은 오래전부터 인기였다. 그중 가장 유명한 '나이키런클럽NRC'의 2020년 4월 월간 이용자 수MAU, Monthly Active Users는 10만7,371명으로 전년 동기 대비 150% 성장했다. 오픈라이더 · 스트라바·아디다스러닝·리라이브 등 다른 LBS 운동 앱들도 같은 기간 52~129%가량 상승한 것으로 나타났다.[16] SNS 문화에 익숙한 밀레니얼 세대에게 운동 앱은 운동하는 자신의 '부캐'를 보여줌으로써 자아를 표현하는 일종의 커뮤니케이션 수단이다. 기존의 동호인들 사이에서만 인기 있던 앱들의 저변이 최근 넓어진 이유도 운동의 새로운 소비층들이 이러한 인증과 공유 문화에 익숙하기 때문이다. 대표적으로 국내외 자전거 마니아들 사이에서 유명한 앱 '스트라바'는 GPS 기능을 이용해 기동 거리·페이스·속도·고도 등 주요 통계 정보를 제공한다. 이때 자신의 운동 기록이나 활동을 담은 사진과 이야기를 페이스북처럼 피드 형식으로 친구들과 공유할 수 있다는 점에 주목해야 한다.

등산에서는 블랙야크 알파인 클럽의 '100대 명산 챌린지'가 유명하다. 다녀온 산을 기록하고 정상에서 찍은 사진으로 이를 인증하는 방식이다. 관악산 연주대 앞에 긴 줄이 늘어서는 이유가 바로 이 때문이다. 정상석 앞에서 인증샷을 공유하면 인증 개수에 따라 패치가 주어진다. 트랭글은 러닝 앱처럼 등산하는 동안 나의 운동 기록을 볼 수 있도록 지원한다. 코스를 완주하면 배지도 주는데, 이러한 보상 시스템이 사용자의 성취감을 더욱 자극한다. 각 프로그램에서 제공하는 보상 패치나 배지 등을 모아서 SNS에 인증하는 과정을 마치 '도장 깨기' 하듯 즐기는 것이다.

최근 가장 힙한 트렌드는 환경보호다. 달리면서 쓰레기를 줍는 '플로깅'이나 '줍깅', 등산과 쓰레기 줍기를 연계한 '클린 세션', '콘셔스conscious 트레킹'이 인기를 끌고 있다. 자연을 최대한 덜 훼손하고 머물렀던 흔적 없이 떠나는 백패킹에 대한 관심도 높아지는 중이다. 소비를 할 때도 선한 영향력을 중시하는 밀레니얼의 문화가 반영된 결과다. 블랙야크 알파인 클럽이 진행하는 '클린 마운틴 365' 캠페인의 2020년 5월 인증 건수는 전년 동기 대비 약 80% 증가했으며, 같은 기간 첫 인증자 수 역시 약 63% 늘었다. '#클린산행', '#트래시태그' 등 해시태그를 통해 환경보호 활동을 공유하고 참여를 유도하는 게시물도 빠르게 증가하는 추세다.[17]

이러한 트렌드를 반영하여 업계에서는 선한 영향력을 실천할 수 있는 다양한 프로그램이 출시되고 있다. 백패킹 전문 브랜드 제로그램은 10년 전부터 LNTLeave No Trace 백패킹 문화를 선도하며 친환경 가치를 알리는 데 주력하고 있다.[18] 앞서 언급한 코오롱스포츠의 액티비티 플랫폼 '로드 랩 서울'에서 운영하는 '쓰담쓰담 숫숫'은 플로깅 프로그램으로, 쓰담쓰담은 '쓰레기를 담는다'는 뜻이다. 친환경에서 한 걸음 더 나아가 기부와 운동을 연계하기도 한다. 2020년으로 5년째 진행되고 있는 현대자동차의 '롱기스트 런'은 달리거나 자전거를 타면서 숲 조성에 기여하는 행사다. 당초 코로나19로 인해 취소될 예정이었으나 전용 애플리케이션을 내려받은 뒤 '나 홀로 마라톤'을 뛰는 언택트 방식으로 전환했는데, 유료 참가권이 판매 당일 모두 매진될 만큼 높은 관심을 모았다.[19]

운동은 하고 싶은데 혼자 하고 싶진 않아!
— 관계의 확장

●

요즘운동의 마지막 조건은 관계, 그중에서도 '느슨한 관계'다. 운동을 혼자 하고 싶지는 않지만 깊은 관계는 부담스럽고, 같이 뛰고 즐기는 페이스메이커가 필요하지만 거리는 유지하고 싶은, '따로 또 같이'가 운동을 즐기는 새로운 방식으로 등장했다. 운동 후 회식 등 친목 모임은 가급적이면 갖지 않고, 모임을 갖더라도 술을 강요하지 않는다. 언제든 자리를 뜨고 싶을 때 자유롭게 갈 수 있으며 회식비는 N분의 1로 부담하는 것이 규칙이다. 운동은 더 이상 혼자만의 고독한 싸움이 아니다. 이제 사람들은 타인과 함께 스포츠를 즐기며 관계를 확장하면서도 관계 자체에는 연연하지 않는 쿨한 사이를 추구한다.

'크루고스트Crew Ghost'는 쿨한 러닝 문화를 보여주는 대표적인 러닝 크루다. 2016년 7월 회원 2명으로 시작한 이 러닝 크루는 같은 해 10월 동명의 러닝 크루 앱을 출시했고, 2019년 기준 다운로드 수가 1만2,000회를 넘어설 만큼 성장했다.[20] 크루고스트라는 이름처럼 러너들은 함께 달리고 유령처럼 사라진다. 앱에 올라온 달리기 모임 일정을 확인하고 신청하면 누구나 참여할 수 있는 오픈 런이라는 점도 요즘운동에 알맞은 방식이다. 한편, 전국적으로 소규모의 러닝 크루들이 많아지면서 나이키는 크루를 탐색할 수 있는 사이트를 만들었다. '나이키 런 크루 파인더'에서는 본인이 원하는 러닝 타입, 크루의 성향, 지역 등을 검색할 수 있다. 다른 스포츠들도 크루나 클럽 문화를 지향한다. 나무늘보 클라이밍은 서울·경기 지역에서 운영되는 최대 클라이밍 크루다. 혼자서는 쉽게 도전하기 어려운 클라이밍을 여러 명이서 함께 즐기는 동시에 친목도 도모할 수 있어 일석이조다.[21] 르꼬끄는 매월 정기적으로 라이딩을 함께하는 사이클 크루 '클럽 드 벨로Club de Velo'를 운영 중이며 반포 한강공원에 사이클 복합공간 '바운더리 반포'를 열기도 했다.[22]

관계의 확장이 오프라인으로만 이루어지는 것은 아니다. 코로나19 사태가 장기화되면서 온라인으로 함께 운동하는 풍경이 낯설지 않아졌다. 운동계의 넷플릭스로 불리는 펠로톤Peloton은 뉴욕에 본사를 두고 있는 홈트레이닝 서비스 회사다. 홈트는 집에서 혼자 하는 운동이지만 역설적이게도 펠로톤의 차별화 포인트는 관계의 연결이다. 사용자가 원하는 강사의 채널에 접속하면 강사가 실시간으로 이용자들을 지도해준다. 코로나19 사태가 벌어지기 전에도 펠로톤은 성장세를 보였으나, 코로나19 사태 이후 수요를 감당하지 못할 만큼 가입자 수가 늘었다고 한다.[23] 펠로톤의 창업자 존 포레이John Foley는 성공 비결을 묻는 질문에 다음과 같이 말한 바 있다.

> "포인트는 연결이었죠. 운동은 '같이' 할 때 신나고 오래 할 수 있다는 걸 깨달았어요. 혼자 집에서 운동하더라도 '같이' 운동하는 효과를 내고 싶었습니다."[24]

2015년 미국의 스타트업이 론칭한 즈위프트Zwift는 사이클 커뮤니티를 온라인으로 구현한 서비스다. 기존에 사용하던 자전거를 스마트 트레이너에 장착하면 블루투스 사이클링 파워 미터나 스피드 센

출처: Zwift.com

● ● ● 가상현실 기술을 이용한 실내 사이클링, 즈위프트. 실제로는 혼자지만, 세계적인 대도시를 여럿이서 달리는 것 같은 경험을 한다.

서를 연결할 수 있고, 이를 통해 런던·뉴욕 등 세계의 여러 도시를 배경으로 가상 라이딩을 즐길 수 있다. 실제에 가까운 그래픽과 사운드를 구현한 점도 놀랍지만 온라인 접속으로 친구와 함께 라이딩이 가능하다는 점이 흥미롭다. 글로벌 커뮤니티를 맺으면 전 세계 라이더들과 팀을 이뤄 사이클을 즐길 수도 있다.

배경: 운동에 빠진 MZ세대

운동은 인간의 오래된 활동이지만, '운동이 2021년의 트렌드'라고 할 때는 단순히 그 연장선상에서만 해석해서는 안 된다. 30대의 밀레니얼 세대와 20대의 Z세대를 통칭하는 'MZ세대'의 새로운 가치관과 산업적·기술적 기반 그리고 코로나19 사태가 몰고 온 시기적 특성 등이 융합하면서 만들어낸 트렌드이기 때문이다.

젊다고 방심하지 않는다, 건강을 저축하는 MZ세대

최근 속담처럼 사용되는 말로 '체력 곳간에서 인심 난다'라는 말이 있다.[25] 건강한 육체가 바탕이 되어야 가족이나 지인에게 다정할 수 있고, 나아가 스스로에게도 너그러워질 수 있다는 뜻이다. MZ세대는 하고 싶은 일과 해야 하는 일을 내일로 미루지 않고 지금 바로 실천하는 세대다. 일터가 자신의 건강을 착취하도록 허락하지 않고, 젊음을 허투루 소모하지 않는다. MZ세대에게 운동은 건강하고 행복하게 살기 위한 저축과도 같다. 특히 자신만의 기준을 중시하는 MZ세대의 특성에 따라 운동의 목표가 다양해지고 있다는 점이 운동의 저변을 넓히는 중요 유인이 되고 있다. 예를 들어, MZ세대는 무조건 체중 감량을 위해서만 운동하거나 특정 몸무게를 절대적인 목표로 삼지 않는다. 코미디TV에서 방영 중인 인기 예능 프로그램 〈맛있는 녀석들〉의 스핀오프 웹예능 프로그램 〈오늘부터 운동뚱〉에서 김민경 씨가 화제가 된 것은 "맛있게 먹기 위해 운동한다"는 그녀의 소신 때문이었다. '누군가에게 예쁘게 보이기 위해서' 혹은 '44사이즈의 옷을 입기 위해서'가 아니라 건강한 체력을 유지하면서 맛있는 음식을 마음껏 먹겠다는 그녀의 발언에 MZ세대는 많은 지지와 공감을 보냈다.

뜻대로 되지 않는 세상, 유일한 성취로 찾는 자아존중감

운동은 성취감을 느끼고 자아존중감을 확인하는 중요한 통로이기도 하다. 러닝 전도사로 활동하는 안정은 씨는 2030세대가 러닝을 열심히 하는 이유로 칭찬의 힘을 강조한다. 칭찬을 받거나 만족감을 느끼기 힘든 현대사회에서 운동을 통해 얻는 성취감이 더욱 크게 다가온다는 것이다.[26] 동료들의 응원과 칭찬을 받다 보면 '나도 괜찮은 사람'이라는 자존감이 생긴다. 건강관리 앱 눔코치는 이에 관련하여 핵심을 짚는다. 눔코치에서 회원을 관리하는 코치들은 절대로 잘못을 지적하거나 혼내지 않는다. 작은 성취도 지속적으로 칭찬해주면서 동기를 부여해야 이용자들이 중간에 포기하지 않고 목표를 이룰 수 있기 때문이다. 국내 한 스포츠 브랜드 담당자도 비슷한 조언을 했다. 젊은 사람들이 많이 참여하는 힙한 운동 라이프를 만들기 위해서는 운동이 죽을 만큼 힘들어서는 안 된다는 것이다. 완주 거리를 줄이거나 종목을 간소화해서 사람들이 운동을 축제처럼 즐기며 작은 것이라도 성취할 수 있어야 능동적인 운동 태도와 자존감을 함께 높일 수 있다.

시공간을 초월하는 운동 플랫폼과 관련 기기 시장의 성장

무엇보다 운동 관련 기기와 플랫폼의 성장이 일반인들의 운동 라이프를 확장시키는 데 크게 기여하고 있다. 특히 액티비티 밴드나 스마트워치 등 웨어러블 기기 시장의 규모가 커지는 추세다. 국내 시장만 봐도 애플 워치는 나이키의 '나이키런클럽', 삼성의 갤럭시 워치는 언더아머의 '맵마이런'과 협업하여 운동 기록을 측정하고 나아가 코칭 서비스까지 제공하고 있다. 주목할 점은 운동 관련 산업이 서비스업으로 빠르게 재편되고 있다는 것이다. 운동 콘텐츠를 구독 서비스로 제공하는 펠로톤의 비즈니스 모델이 성공하면서 비슷한 유형의 운동 플랫폼이 미국 시장을 중심으로 속속 등장하고 있다. 디지털 거울을 통해 운동 콘텐츠를 제공하는 기술로 주목받고 있는 '미러Mirror'가 대표적인 예다. 미러에서는 근력 운동·요가·필라테스·발레·복싱·스트레칭 등의 콘텐츠가 라이브 혹은 VOD로 제공되고 트레이너와 양방향 커뮤니케이션이 가능하다. 미러는 이러한 차별성을 인정받아 최근 룰루레몬에 약 5억 달러(약 6천억 원)에 인수됐다.[27] 앞으로 AR이나 VR 등 관련 기술이 발달할수록 운동산업의 영역도 시공간의 제약을 뛰어넘어 더욱 확장될 것이다.

코로나19에 대처하는 자구책

사실 코로나19 사태 이전부터 운동 및 액티비티 시장은 꾸준히 성장해왔다. 하지만 코로나19가 기폭제가 되어 운동에 대한 관심의 '속도'가 폭발적으로 빨라졌다. 코로나19 사태를 장기간 견디면서 건강관리의 필요성이 높아진 동시에 야외 활동에 대한 갈증이 커지면서 타인과 접촉을 줄이면서도 여가를 즐길 수 있는 방법으로 등산과 같은 운동이 떠오른 것이다. 전문가들은 코로나19로 여행 업계는 유례없는 침체기를 맞이했지만 야외 액티비티의 예약률은 늘어나는 추세라고 말한다.[28] 특히 코로나19로 인해 자연·아날로그·가족과 같은 보다 본질적인 것을 향한 갈망이 사람들을 운동으로 이끄는 유인이 된다는 것이다(전망편, '브이노믹스' 키워드 참조). 이 때문에 대면 접촉을 최소화하면서 스포츠를 즐길 수 있는 방법이 다각도로 모색되고 있다. 브이노믹스의 시대, 운동은 바쁜 일상과 복잡한 도심을 벗어나 육체적 건강뿐 아니라 심리적 안정을 얻기 위한 방책이자 가장 가성비 좋은 투자가 된 셈이다.

전망 및 시사점

운동이 일상이 된 시대, 건강한 삶의 방식을 제안해야

1998년 IMF로 모든 국민들이 시름에 잠겨 있을 때, 당시 최고의 골프 선수였던 박세리 선수의 경기 장면을 담은 공익광고가 있었다. 가수 양희은 씨의 단단한 목소리로 절정에 다다른 광고는 '끝내 이기리라~!'라는 노랫말과 함께 끝난다. 즉, 스포츠란 우리에게 승리의 상징, 극복의 메타포였다. 하지만 오늘날 스포츠는 일상의 영역으로 확대되면서 이기기 위한 승부라기보다 즐기는 액티비티에 더 가까워지고 있다. 문화체육관광부의 '2019년 국민 생활체육 조사'에 따르면, 주 1회 이상 규칙적으로 생활체육에 참여하는 2030세대의 비율은 남녀 모두 60%가 넘는다고 한다.[29] 그렇다면 일상이 운동이고, 운동이 곧 일상이 되는 시대에 우리가 주목해야 할 변화는 무엇일까?

우선 의류 업계에서는 일상복과 운동복의 경계가 모호해지는 트렌드가 지속될 것으로 보인다. 전문적이고 고기능 위주이던 스포츠 의류가 일상에서도 입는 평상복의 영역으로 확장될 것이다. 조사 전문 기관 마크로밀엠브레인이 국내 성인 남녀 1,000명을 대상으로 진

● ● ● 사회적 거리두기가 일상이 되면서 명상·요가 등 자기계발형 웰니스 투어, 마인드풀니스 여행이 뜨고 있다.

행한 조사 결과에 의하면 10명 중 3명이 애슬레저를 구매했고, 8명이 애슬레저에 호감을 보이는 것으로 나타났다. 또한 응답자의 13%만이 '애슬레저를 운동할 때만 입는다'고 답했다. 코로나19 사태가 장기화될수록 원마일 웨어one-mile wear의 니즈도 커질 것으로 보인다. 원마일 웨어는 '집으로부터 1마일(약 1.6km) 거리 내에서 입을 수 있는 옷'이라는 의미로, 일상은 물론 운동할 때나 집 근처 슈퍼를 갈 때도 적당한 패션을 일컫는 말이다.[30] 즉, 이제 스포츠웨어는 기능성뿐만 아니라 활동성과 범용성까지 고려해 만들어야 한다는 뜻이다. 최근 레깅스보다 더 주목을 받고 있는 조거팬츠나 활동성을 강조한 속옷의 인기 역시 비슷한 맥락에서 이해할 수 있다. 기능성을 강조했던 스포츠 전문 브랜드들이 변화의 길목에 서 있다.

코로나19로 가장 큰 타격을 받은 여행 및 호텔 업계에서는 스포츠와 액티비티 중심의 여가 프로그램으로 활로를 찾을 수 있을 것이다. 사실 코로나19 사태 이전부터 호텔이나 여행지에서의 액티비티는 중요한 차별화 요소로 꼽혀왔다. 특히 다양한 경험에 가치를 두는 밀레니얼 세대에게는 더욱 그렇다. 호텔스닷컴이 발표한 〈세대별 여행 트렌드〉 리포트에 따르면 밀레니얼 여행객들의 93%가 '대담한 자기계발자' 유형에 속하는 것으로 나타났다. 대담한 자기계발자 유형은 새로운 것을 배우거나 경험하면서 육체적·정신적 발전에 도움이 되는 여행을 원하는 사람들이다. 업계에서는 **웰니스 투어리즘**이나 **마인드풀니스** 여행이 새로운 뉴노멀이 될 것으로 전망한다. 글로벌웰니스협회가 발표한 자료에 따르면 2017년 6,390억 달러 규모였던 웰니스 투어리즘 시장이 2022년에는 9,190억 달러 규모로 증가할 것으로 보인다.[31] 국내에서도 사회적 거리두기를 유지하면서 명상·요가를 비롯한 여러 체험 프로그램을 경험할 수 있는 여행지를 선호하는 현상이 두드러질 것이다.

웰니스 투어리즘
Wellness Tourism
웰니스 투어리즘이란 여행을 하면서 스파·요가·명상·피트니스·건강식·레크리에이션, 교류 등을 통해 심신의 건강을 고려한 여행, 지역 자원을 접하며 새로운 자기 발견과 자기계발을 할 수 있는 여행, 긴장을 풀고 건강을 되찾아 새로운 활력을 얻는 여행을 말한다.[32]

마인드풀니스Mindfulness
마인드풀니스는 '마음 챙김'으로 번역된다. 불교의 명상에 뿌리를 둔 단어로, 산스크리트어로 '매 순간의 알아차림'이라는 의미를 지니며 지금 이 순간 마음에서 일어나는 것들을 온전히 알아차리는 상태를 일컫는다. 1979년 MBSRMindfulness-Based Stress Reduction 프로그램을 개발한 매사추세츠대학교 의과대학의 존 카밧 진Jon Kabat-Zinn 교수에 의해 세계적으로 유명해졌다.[33]

무엇보다 운동이 일상의 영역으로 확장되면서 소비자의 라이프스타일 전반을 설계하는 디자이너로서 브랜드의 역할이 강화될 것이다. 소비자들은 어느 한 스포츠의 전문가가 되고 싶은 것이 아니다. 다양한 운동 및 액티비티를 경험함으로써 인생의 멋진 장면을 모으고 삶의 이야기를 완성하고자 하는 것이다. 따라서 기업은 소비자의 여가 라이프를 지원하는 내비게이터이자 '라이프 액티비티 디자이너'로서의 역할을 요구받게 될 것이다.

운동의 일상화는 성취와 경쟁을 지향하던 한국인의 삶의 기준이 건강하고 즐거운 가치를 찾는 일로 이동하고 있음을 의미한다. 결국 미래 시장의 승패는 이러한 가치를 얼마나 충족시켜줄 수 있는가로 재편될 것이다. 코로나19로 몸도 마음도 지쳐 있는 소비자에게 건강한 삶의 방식을 제시할 라이프 디자이너는 누가 될 것인가? 브이노믹스의 시대에 우리의 가치는 어디를 향하고 있으며 건강한 라이프의 정의는 무엇인가? 이에 대한 고민이 넥스트 '#오하운'의 새로운 시작점이 될 것이다.

HEADING TO THE RESELL MARKET

N차 신상

중고시장의 성장세가 심상치 않다. 요즘 중고마켓은 '아나바다 운동'으로 대표되는 이전의 중고거래와는 질적으로 다르다. 단순히 '남이 쓰던 상품'이 아니라, 몇 번째 받아 쓰더라도 새것에 버금가는 가치를 가지고 있는 중고품은 이제 '신상품'과 다름없어졌다. 이러한 현상을 'N차 신상'이라 지칭하고자 한다. '여러 차례(N차)' 거래되더라도 '신상(품)'과 다름없이 받아들여지는 트렌드를 표현한 것이다.

N차 신상은 새로운 재테크 수단으로도 주목받고 있다. 안 쓰는 물건을 팔아 현금화하거나 재능을 거래해서 용돈을 버는 식인데, 특히 명품이나 한정판 운동화에 프리미엄을 붙여 파는 '리셀'은 MZ세대의 새로운 투자 방법으로 떠올랐다. 나아가 N차 신상의 거래 플랫폼은 소비자의 놀이터다. 마케팅놀이·댓글놀이는 물론이고 보물찾기의 매력에 빠진 소비자들이 N차 신상의 성장을 주도하고 있다. 중고마켓은 사람과 사람을 잇는 공동체로도 기능한다. 지역을 기반으로 뭉치고 취미로 엮이면서 중고시장이 생활 플랫폼으로 진화하는 중이다. 이렇게 N차 신상의 판이 커지게 된 원인으로는 구매할 때 처분까지 생각하는 필환경 시대의 도래, 공유에 너그럽고 싫증을 빨리 내는 MZ세대의 등장, 코로나19로 인한 짠테크와 집콕소비 증가, 쉽고 안전한 거래 플랫폼의 발달 등을 들 수 있다.

N차 신상 시장이 정착되려면 중고품 시장을 투명하게 관리하며 신뢰성을 높일 수 있도록 서비스와 제도가 보완돼야 할 것이다. 앞으로는 중고시장에 인공지능AI과 빅데이터 기술을 접목하여 서비스 차별화를 시도하는 사례가 많아지는 동시에, 단지 중고거래 플랫폼의 기능을 넘어 커뮤니티로서의 역할이 강화될 것으로 보인다. 이러한 상황에서 기업들에게는 중고마켓에 열광하는 소비자의 감성을 끌어안는, 보다 유연한 시도가 필요하다. N차 신상은 이제 더 이상 낡고 오래된 2등 물건을 의미하지 않는다. 새 제품보다 N차 신상이 더 매력적이라고 말하는 소비자들, 이제 시장이 소비자에게 답해야 할 차례다.

#1 현금 200만 원을 가지고 있던 젊은이가 100만 원짜리 노트북을 샀다면, 그는 얼마가 남았다고 생각할까? 답은 100만 원이 아니라 140만 원이다. 왜냐하면 그 100만 원짜리 노트북을 다시 판매하면 언제든 40만 원을 손에 넣을 수 있기 때문이다.

#2 "100만 원짜리 커즈와일 sp4-8 신시사이저를 중고로 70만 원에 샀어요. 한 여섯 달 신나게 쳤죠. 그리고는 중고로 60만 원에 되팔았어요. 그럼 저는 10만 원으로 그 제품을 6개월간 실컷 써본 거예요."[1]

MZ세대(밀레니얼+Z세대)와 기성세대를 구별하는 특성으로는 여러 가지가 있지만, 소비와 관련해서 가장 두드러지는 차이는 바로 '중고거래'에 대한 태도다. 풍요롭지 못한 시대를 거친 기성세대에게 '중고'란 남이 쓰던 것을 물려서 쓰는, 부정적인 이미지가 컸다. 중고는 새 제품을 구매하지 못했을 때 어쩔 수 없이 선택해야 하는 차선책이자 가난의 상징으로 여겨지기도 했다. 하지만 MZ세대에게 중고시장은 합리적인 가격으로 가치 있는 소비를 하고, 투자의 수단이 되고, 취향을 거래하며, 보물찾기를 하는 놀이터이자, 사람과 사람을 잇는 공간이다. 이제 '중고거래를 얼마나 잘 활용하느냐'가 '힙hip함'의 새로운 기준이 되고 있다.

업계에서 추산하는 국내 중고거래 시장 규모는 무려 20조 원에 달한다. 최근의 중고시장은 완성품을 판매하는 1차 시장보다 더 핫하다. 2020년 4월 모바일 데이터 분석 플랫폼 모바일인덱스가 발표한 〈중고거래 앱 시장 분석 리포트〉에 따르면, 중고거래 앱 '당근마켓'

의 일일 사용자 수는 약 156만 명으로, 국민쇼핑 앱으로 불리는 쿠팡(397만 명)에 이어 2위를 차지했다. 당근마켓은 11번가·G마켓·위메프·티몬 등 대형 오픈마켓을 제쳤을뿐더러, 톱5 쇼핑 앱 중 유일한 중고거래 전문 앱이었다.[2] 이러한 중고거래의 열풍은 MZ세대를 넘어 다른 세대로까지 이어지는 중이다.

이에 『트렌드 코리아 2021』에서는 현대인의 일상에 빠르게 자리 잡고 있는 중고거래 시장을 다각도로 들여다보고자 한다. 요즘 사람들에게 중고품이란 단순히 '남이 쓰던 상품'이 아니다. 몇 번째로 받아 쓰더라도 새것에 버금가는 가치를 지니기 때문에 '신상품'이나 다름없다. 이러한 점에 주목하여 'N차 신상'이라는 신조어를 제안하고자 한다. '여러 차례(N차)' 거래되더라도 '신상(품)'과 다름없이 받아들여지는 트렌드를 표현한 것이다. 최근에는 **'리셀** resell·resale**'**이라는 말도 자주 사용하는데, 이는 '프리미엄을 붙여 되파는 투자적 성격을 갖는 중고거래'를 의미한다. 새 제품보다 N차 신상이 더 값어치 있고 매력적이라고 말하는 소비자들, 소비의 패러다임을 바꾸는 'N차 신상'의 다양한 양상을 살펴보고 향후 시장에 미칠 영향력을 예측해본다.

resell과 resale

'리셀'은 영어로는 resell(동사)과 resale(명사·형용사)이 동시에 쓰인다. 거의 같은 말이지만 resell이 단순한 '재판매' 행위만을 의미한다면, resale은 제품을 되팔려는 의지가 강하게 반영된 투자의 뉘앙스가 포함돼 있다.[3] 따라서 엄밀히 말하자면 'resell'은 '중고거래'와 동의어로, 'resale'은 '프리미엄을 붙여 되파는 투자적 성격을 갖는 중고거래'의 의미로 특정해 사용할 수 있다. 하지만 발음도 비슷하고 개념적인 혼란도 있어서, 본서에서 리셀은 영어 표기를 구별하지 않고 '투자 목적의 중고거래'만을 지칭하고자 한다.

소비의 새로운 패러다임, 'N차 신상'이 떴다

"입금했습니다. 운포(운송료 포함) 맞나요?"

"실례지만 혹시 방탄 랩몬스터(RM)님 맞으세요? 주소랑 이름을 보니 맞으신 것 같은데……."

(중략)

"감사합니다."[4]

인터넷 커뮤니티를 뜨겁게 달궜던 글의 일부다. 방탄소년단의 리더 RM으로 추정되는 구매자에게 중고 바지를 팔았다는 한 네티즌의 후기였다. 글로벌 톱스타인 BTS가 택배비까지 챙겨 중고거래를 한다는 사실에 세간의 이목이 집중됐다. BTS뿐 아니라, 연예인이 개인적으로 중고거래를 하는 경우가 종종 화제가 되고 있다. 중식의 대가 이연복 셰프는 본인이 쓰던 조리 기구를 중고로 내놨고, 걸그룹 걸스데이의 멤버인 소진은 tvN 예능 프로그램 〈온앤오프〉에서 당근마켓을 통해 직거래하는 모습을 보여주기도 했다.

N차 신상의 등장은 단지 중고시장의 양적 팽창만을 의미하지는 않는다. 연예인들도 스스럼없이 나설 만큼 중고거래에 대한 선입견이 바뀌고 있다. 1997년 외환 위기를 극복하기 위해 온 국민이 동참했던 '아나바다 운동' 같은 절약 목적의 중고거래와는 질적으로 다르다. N차 신상은 크게 두 가지 측면에서 소비 패러다임을 바꾸고 있다.

첫째, 신상품의 신화가 깨지고 있다. 이제 중고품은 신상품을 살 만한 여력이 안 되어 어쩔 수 없이 선택하는 차선책이 아니다. 남이 사용한 흔적이 있는 께름칙한 물건이 아니라 사용성이 충분히 남아 있는 쓸 만한 물건이며, 합리적인 가격의 가성비 높은 제품이다. 특히 최근 중고마켓의 성장을 주도하고 있는 MZ세대는 어릴 때부터 많은 브랜드와 상품에 노출된 '자본주의 키즈'다. 시장이 성숙되면서 제품들 간의 차별화가 크지 않은 상황에서 이들은 새 제품이 주는 효용을 크게 느끼지 못한다. 새로운 것을 사도 결국 중고가 된다는 것을 잘 알고 있는 자본주의 키즈는 굳이 비싸게 값을 치러야 하는 신상에 집착하지 않는다.

둘째, 중고마켓의 급성장은 소비 기준이 '소유'에서 '사용'으로 이동하고 있음을 시사한다. 중고마켓 이용자들은 10만 원짜리 옷을 하나 사서 10번 입고 옷장에 보관하느니, 30만 원짜리 옷을 5번 입고 20만 원에 되파는 편이 더 낫다고 말한다.[5] 10만 원짜리 옷을 소유하기 위해서가 아니라 30만 원짜리 옷을 "입어봤다"는 경험을 얻기 위해 소비를 한다는 뜻이다. MZ세대는 빠르게 변화하는 트렌드에 적응하고 자신의 정체성과 가치를 끊임없이 찾아내기 위해 새로운 자극에 노출되는 것을 즐긴다(전망편, '롤코라이프', '레이블링 게임' 키워드 참조). 이들은 새 제품을 많이 소유하는 것보다 힙하고 희귀한 아이템을 발굴해 사용하는 경험 자체를 더 중요시한다. 경험이 끝나면 나에게 필요 없는 물건은 집에 쌓아두지 않고 다른 사람에게 팔거나 무료로 나누기도 한다. 다시 말해서 중고품이 사용 후 버려지는 것이 아니라 소비자의 구매 및 사용 목록에 다시 등판해 새 상품과 경쟁하며

N차 신상의 성장이 가져올 소비 패러다임의 변화

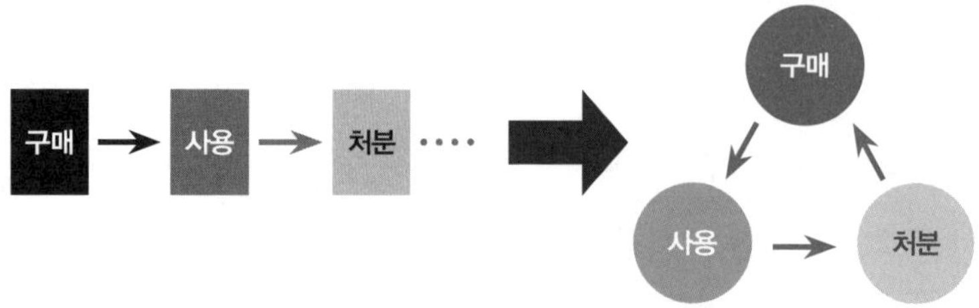

어깨를 나란히 할 수 있게 됐다. 즉, N차 신상의 성장은 처분에서 다시 구매로 이어지는 순환형 소비 문화로의 전환이다. 지난 2008년, 스페인의 SPA 브랜드 자라ZARA가 론칭되며 '빠른 생산-빠른 소비'라는 패러다임이 모든 산업에 영향을 줬던 적이 있었다. SPA 전략과 대척점에 있는 중고마켓의 성장은 소비 패러다임의 대전환을 예고한다. 우리는 지금 변화의 기점에 서 있다. N차 시장이 바꿔나가는 소비 지형도를 면밀히 살펴봐야 하는 이유다.

본래 중고시장은 MZ세대가 주도했지만, 최근에는 다양한 연령대로 확산되는 추세다. 〈조선일보〉가 20~60대 남녀 1,535명을 대상으로 설문조사를 진행한 결과, 중고거래를 가장 활발히 즐기는 연령대는 30대(65.4%)였고, 40대(60.8%)가 그 뒤를 이었다. 코로나19로 모바일 사용에 차츰 익숙해진 50~60대 소비자들도 중고시장의 저변을 확대하는 데 한몫하는 중이다. 이제 자녀들이 중고 앱을 사용하는 모습을 보고 집에서 안 쓰는 물건을 팔아 용돈벌이를 한다는 중·장년층의 후기를 흔하게 볼 수 있다.

중고거래 플랫폼도 다양하게 성장하고 있다. 가장 주목을 받는 중고거래 앱은 앞서 소개한 '당근마켓'이다. 당근마켓은 2015년 '판교장터'로 시작해 같은 해 10월 '당근마켓'으로 이름을 바꾸고 2018년 1월부터 전국 단위의 서비스를 제공하고 있다.[6] 당근마켓은 '당신 근처의 마켓'의 준말로, 이용자의 거주 지역을 기준으로 반경 6km 이내에서만 거래가 가능하다. 지역 기반이라는 신뢰성 덕분에 최근 1년 새 이용자가 3배가량 늘었다. 이용자 1인당 월평균 24회, 하루 20분씩 사용했고, 당근마켓 앱의 총 다운로드 횟수가 2천만 회를 넘는 등 폭발적인 성장세를 보이는 중이다. 그 인기를 증명하듯 최근에는 '당근하다'라는 신조어까지 등장해 '당근마켓에 중고품을 내놓는다'라는 의미로 쓰이고 있다. 당근마켓에서 구매했다가 다시 재판매하는, 일명 '재당근' 행위가 늘면서 몇 번째 재판매된 상품이냐는 의미로 '몇 당근'한 물건인지도 자연스럽게 물어볼 정도가 됐다.[7]

동네보다 더 좁은 생활권을 상정한 플랫폼도 있다. 중고거래 플랫폼 '마켓빌리지'는 거래 대상을 1km 반경 이내로 제한한다. 엘리베이터를 같이 쓸 정도로 가깝다는 의미의 '엘베권' 내 아파트 주민 간의 거래로 차별화한 것이다. 대학생들의 당근마켓은 '에브리타임'이다. 에브리타임은 대학생들의 온라인 커뮤니티 플랫폼으로 더 유명하지만 중고 교재 거래를 위한 '책방' 게시판을 통해 학교 내 직거래가 활발히 이루어지는 편이다.

중고시장은 특정 물품만 거래하는 전문 플랫폼으로도 진화하는 중이다. 유아·아동 용품을 전문으로 하는 온라인 중고거래 플랫폼 '땡큐마켓', 명품 전문 중고거래 앱 '필웨이', 골프 마니아들의 성지 '골마켓', 음악인에게 없어서는 안 될 공간으로 꼽히는 중고 악기 거래 사이트 '뮬' 등이 있다. 이와 관련된 실험적인 시도들도 눈여겨볼 만하다. 스타트업 '파라바라'는 무인 중고거래 자판기를 개발했다. 판매할 물건을 투명한 사물함에 넣고 연락처·상품 안내·희망 가격 등을 적어두면 불필요한 대면 접촉 없이도 거래가 가능하다. 이 자판기는 2020년 8월 롯데마트 중계점에 설치됐으며, 광교점과 양평점에도 설치를 검토 중이다. 이처럼 중고거래가 소비 행태의 중심으로 떠오르면서 이를 활용한 다양한 플랫폼과 서비스들이 출시될 것으로 보인다.

거래되는 품목도 기상천외하다. 'BTS 정국 레모나 한 통 3만 원', '샤넬 향수 빈 병 2만 원', '에르메스 쇼핑백 1만5천 원'……. 누가 이런 물건을 돈 주고 살까 싶겠지만 중고시장에서 인기 상품으로 꼽히는 아이템들이다. N차 신상 시장은 단순히 안 쓰는 제품을 저렴한 가격에 팔던 마켓에서 이전에는 볼 수 없었던 독특한 아이템이 거래되는 장場으로 진화하고 있다. 레트로 아이템도 중고시장의 인기 품목이다. 2020년 상반기 중고거래 플랫폼 '번개장터' 내 도서·취미 분야의 1위 검색어는 일본의 캐릭터 브랜드 산리오에서 1970년대에 출

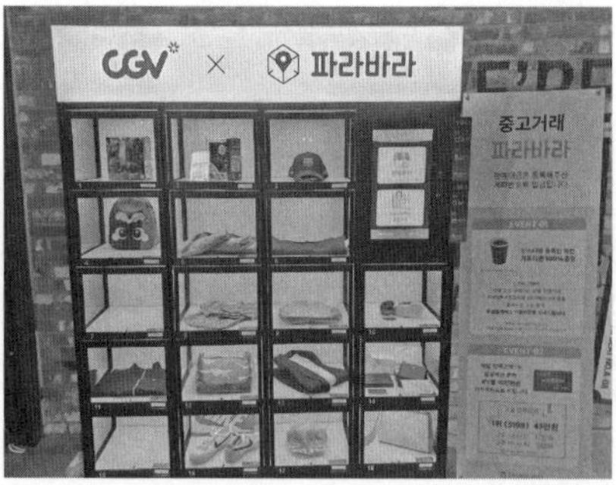

출처: 파라바라

●●● 스타트업 '파라바라'가 개발하여 운영 중인 무인 중고거래 자판기. 판매자와 직접 만나지 않고도 상품을 눈으로 확인한 뒤 구매할 수 있어 기존의 중고거래에 부담을 느꼈던 소비자들로부터 호응을 얻었다.

시한 캐릭터 '마이멜로디'였다. 그런가 하면 레트로 취미가 유행하며 10~20대 사이에서 '다꾸(다이어리 꾸미기)' 열풍이 불기도 했다. 과거 유행했던 캐릭터·문구·스티커 등이 복고 아이템으로 떠오르면서 오래전의 캐릭터까지 소환된 것이다.[8] 비슷한 맥락에서 레트로 커피잔이나 빈티지 그릇 등도 N차 신상으로 거듭난 단골 아이템이다.

당근마켓에서는 지역 특성이 반영된 중고 리스트를 보는 재미도 쏠쏠하다. 수도권 최대 인구 밀집 지역인 성남 분당이나 용인 수지 등에서는 육아 용품 거래가 많고 제주에서는 돌보말·노랑가오리 등 직접 잡은 수산물이 거래 리스트에 올라온다. 1인 가구가 많은 지역에서는 용량이 절반 정도 남은 샴푸도 중고거래의 대상이 된다. 흙이나 벽돌처럼 일반적이지 않은 품목은 물론이고, 캠핑카·전원주택 등 생활의 모든 것들이 중고시장에 등장하고 있다.

팔이(처분) 끝에 돈이 온다, N차 신상 재테크

"운이 좋으면 중고거래 앱에서 한정판 운동화를 득템할 수 있어요. 이렇게 산 운동화의 시세가 오르면 다시 중고거래 앱을 통해 되팔아 수익을 남기는 거죠."[9]

중고거래가 용돈벌이를 넘어 새로운 재테크 수단으로 각광받고 있다. 특히 코로나19가 장기화되면서 아르바이트 자리가 줄어든 MZ

세대에게 중고마켓은 유용한 돈벌이 수단이다. 주로 '덕질(취미 활동)'을 위한 품목의 거래가 활발하다. 물건만 거래하는 것이 아니라 소소한 재능도 사고판다. 좋아하는 캐릭터 그림이나 반려동물 초상화를 그려주기도 하고, 다이어리 꾸미기용 스티커를 직접 제작해서 팔기도 한다. 이렇듯 중고시장에서 개인의 재능이나 노동력을 제공하고 그 대가로 돈을 받는 것을 일명 '커미션 거래'라고 부른다. 특히 1020세대의 이용률이 높은 중고거래 플랫폼 번개장터에서 커미션 거래가 활발히 이뤄지는 편이다. 카페 등에서 아르바이트를 하지 않고도 나의 특기를 살려 재능을 거래함으로써 돈을 버는 것이다.

한편, 기성세대도 중고마켓을 통한 '헌테크' 활동에 적극적이다. 코로나19로 집에 있는 시간이 늘어나면서 불기 시작한 정리 열풍의 여파로 그동안 처분하려고 생각만 했던 물건들을 중고시장에 속속 내놓고 있다. 하루 종일 집에만 있다 보니 스타일에 맞지 않아 옷장 속에 쌓아둔 옷, 몇 번 쓰지 않고 방치한 주방 기기, 더 이상 사용하지 않는 가구 등이 눈에 들어왔기 때문이다. 특히 부피가 큰 품목들은 버리기도 쉽지 않아 중고마켓에 내놓는 편이 훨씬 이득이다. 구매보다 처분이 재미있다는 N차 '팔이피플'들이 증가하고 있다.

나아가 중고품에 프리미엄을 붙여서 판매하기도 한다. 앞서 언급했듯, 희소 제품에 프리미엄을 더해 판매하는 행위를 리셀resale이라고 부른다. 본래 리셀이란, 말 그대로 중고상품을 되파는 것을 의미하지만 최근에는 희소한 새 제품을 사서 웃돈을 얹어 되파는 행위를 일컫는 말로 통용되고 있다.[10]

2020년 여름, 한 고객이 스타벅스에서 진행한 프로모션의 리워드인 '서머 레디백', '서머 체어'를 받기 위해 커피 300잔을 주문한 뒤 299잔을 두고 가는 일이 있었다.[11] 300잔의 커피값이 아깝다고 생각할 법하지만 중고거래 플랫폼에서 서머 레디백을 거래하면 개당 약 3~5만 원 정도의 이익을 낼 수 있다. 실제로 희소성을 지닌 스타벅스 굿즈는 중고거래 앱들을 뜨겁게 달궜다. 번개장터가 5월 1일부터 8월 22일까지의 거래 데이터를 분석한 결과 스타벅스 서머 레디백이 1위를 차지하기도 했다. '레디백' 키워드의 검색량은 약 25만 건이었으며, 실제 거래는 약 2,500건 이루어진 것으로 나타났다.[12]

한정 수량의 매력은 N차 신상의 재테크화로 이어진다. 2020년 5월에는 명품 브랜드 샤넬이 가격을 인상한다는 소문에 오픈런(매장 문이 열리자마자 달려가서 구입하는 것)을 노리는 사람들이 백화점 앞에 장사진을 이룬 모습이 화제가 됐다. 사회적 거리두기가 한창이던 시기라 더 눈길을 끌었는데 이들이 줄을 설 수밖에 없었던 이유는 바로 시세 차익이었다. 이른바 '샤테크(샤넬+재테크)'를 목적에 둔 소비였기 때문이다. 일례로 '샤넬 클래식 플립백 미디엄'의 가격은 2020년 5월 기준 715만 원이었는데, 3개월 뒤인 8월 중고나라에서 동일한 제품이 860~900만 원에 판매됐다. 만약 이 가방을 오픈런으로 715만 원에 구매해 900만 원에 리셀했다면 그 수익률은 25.8%에 달한다.[13]

이처럼 리셀은 이미 MZ세대의 새로운 재테크 수단이다. 번개장터에서는 남성 스니커즈 품목 리셀 거래액이 2020년 전년 동기 대비 75.9% 증가한 것으로 나타났다.[14] 2019년 11월, 나이키 홍대 매장이 나이키와 가수 지드래곤의 컬래버레이션 운동화 '에어포스1 파라노이즈'를 사려는 사람들로 인산인해를 이룬 적이 있다. 놀라운 것

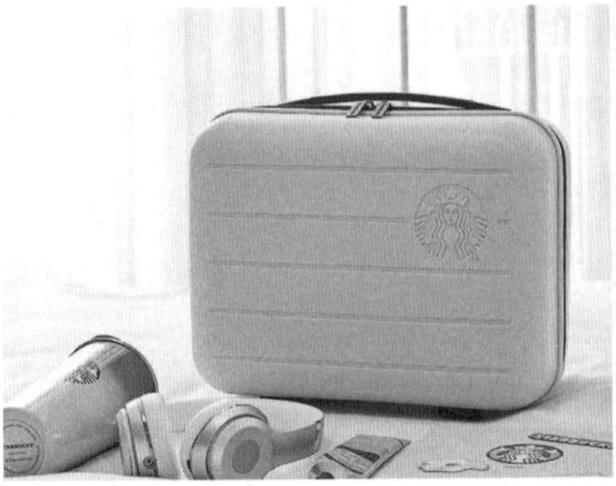

출처: 스타벅스커피 코리아, 나이키

●●● 한정판으로 출시되어 중고시장을 뜨겁게 달궜던 스타벅스의 '서머 레디백'과 나이키의 '에어포스1 파라노이즈'. 리셀이 새로운 재테크 수단으로 떠오르면서 특정 제품의 수익률은 1,000%를 넘기기도 했다.

은 길게 줄을 선 사람들이 받은 것이 파라노이즈가 아니라 파라노이즈를 살 수 있는 응모권이었다는 사실이다. 응모권은 8,888명에게만 지급됐는데, 응모권을 받으려면 반드시 나이키 상의와 에어포스1 운동화를 신고 가야 한다는 조건이 있었음에도 당일 모두 소진됐다. 여기서 끝이 아니다. 그날 저녁부터 중고나라에는 파라노이즈를 사고팔려는 사람들이 넘쳐났다. 정가 21만9,000원이었던 운동화가 하루 만에 2배가 넘는 50만 원에 거래되고, 지드래곤 친필 사인이 있는 한정판의 경우 1,500만 원까지 가격이 뛰었다.[15] 2020년 5월 한정판으로 출시된 '나이키×벤앤제리스 SB 덩크 로우 청키 덩키'도 정가는 12만9,000원이었지만, 두 달 뒤인 7월 중고시장에서 130만~175만 원에 거래됐다. 이 제품의 판매자는 단기간에 1,000%가 넘는 수익을 가볍게 올린 것이다.

실제로 스테크(스니커즈+재테크)·슈테크(슈즈+재테크)의 판이 날로 커지고 있다. 어떻게든 희소성 있는 제품을 구매하려는 사람들은 한정판 스니커즈를 사기 위해 몇 날 며칠을 매장 앞에서 밤을 새우는 '스니커즈 캠핑'을 마다하지 않는다. 경쟁이 과열되면서 판매 방식도 변화하고 있다. 선착순이 아닌 복권 추첨식의 **'래플'** 방식이 도입된 것이다. 래플은 공정성을 확보할 수 있을 뿐만 아니라 마케팅 측면에서도 이점이 있다. 래플 방식으로 판매한다는 것 자체가 MZ세대 사이에서 화제가 되기 때문이다. 언제 래플이 뜰지 모른다는 기대감은 온라인 사이트를 방문하게 만드는 유인이 되기도 한다.

래플 Raffle

추첨식 복권을 뜻하는 말로, 적은 수의 상품을 많은 사람이 갖고 싶어 할 때 응모를 받아 판매하는 방법을 일컫는다. 그동안 판매할 제품의 수량은 적은데 사고 싶어 하는 사람이 많으면 보통 선착순으로 판매하곤 했다. 하지만 이 방법이 공정하지 않다는 불만이 나오면서 패션 기업들이 새로운 판매 방식으로 래플을 도입하는 추세다. 국내에선 나이키·아디다스·무신사 등이 한정판 제품을 판매하는 방식으로 래플을 활용하고 있다.[16]

신발 리셀 시장이 커지면서 기업들의 진출도 활발하다. 네이버 자회사 스노우는 최근 한정판 운동화 거래 플랫폼 '크림KREAM'을 출시했고, 무신사도 스니커즈 리셀 플랫폼 '솔드아웃'을 오픈했다. 서울옥션블루도 스니커즈 거래 플랫폼인 '엑스엑스블루XXBLUE'를 론칭하며 오프라인에서는 '드롭존'이란 중개장터를 열었다. 이 중개장터는 판매자가 엑스엑스블루 온라인 사이트에 상품을 등록하고 직접 오프라인 매장인 드롭존에 방문해 해당 제품을 놓고 가는 방식으로 운영된다. 대기업도 시장에 빠르게 진입하고 있다. 롯데쇼핑은 국내 최초의 한정판 스니커즈 리셀 거래 플랫폼 '아웃오브스탁'과 손잡고 시장에 뛰어들었다.

늦게 배운 처분놀이에 날 새는 줄 모른다,
N차 신상 놀이터

●

중고거래가 하나의 놀이가 되며 사용자들이 뜻밖의 재미와 감동까지 만들어가고 있다. 판매자는 마케터이자 세일즈맨이 되고, 구매자는 흥정을 가장한 일명 '티키타카(짧은 대화 주고받기)'를 즐긴다. 물건을 잘 팔기 위해 재치 있는 홍보 문구를 만드는 것도 즐거운 고민이다. 사용하다 남은 줄을 판매할 때는 "동아줄 잡고 높이 올라가세요!"라는 멘트를 붙이고, 1972년도에 발행된 희귀 주화를 팔면서 1970년대생이 공감할 법한 이야기로 관심을 유도한다. 제품을 직접 큐레이션하는 사례도 등장하고 있다. 1인 가구가 필요할 만한 생필품들을 모아 꾸러미로 만들거나 중고 도서를 팔면서 책과 어울리는 LP판을 함께 판매하는 식이다. 상상하기 어려운 이색 조합으로 눈길을 끄는 경우도 있다. 봄·가을용 재킷 2벌과 골뱅이 통조림을 묶어 팔며 호기심을 자극하는 등 나름의 판매 노하우를 동원해 중고거래를 즐긴다.[17] 사는 사람 입장에서도 가격을 두고 흥정하는 자체를 재미로 받아들인다. 과도한 흥정은 무례한 요구가 될 수 있지만 적당한 수준의 '밀당'은 마치 재래시장에서 값을 깎거나 덤을 받던 추억을 떠올리게 한다.

사실 이전부터 중고거래의 묘미는 의외성에서 나오는 재미에 있었다. 황학동 주방·가구 거리나 청계천 중고책방 거리에서 숨어 있는 보석을 찾기 위해 빈티지 매장을 뒤져봤던 사람이라면 중고거래의 매력이 단지 저렴한 가격에만 있지 않다는 사실에 동의할 것이다.

혹시나 보물 같은 아이템을 발견할지도 모른다는 기대감은 중고시장을 더욱 매력적으로 만든다. 이러한 기대감은 온라인 플랫폼으로도 고스란히 이어졌다. MZ세대에게 중고마켓은 보물찾기 놀이터다. 필요한 물건이 없더라도 참새가 방앗간 드나들듯 틈만 나면 중고거래 플랫폼에 들러 새로 올라온 물건들을 부지런히 탐색한다. 당근마켓의 자체 조사 결과 사용자의 일평균 방문 횟수는 20회가 넘는다고 한다. 마치 수시로 SNS에 접속해서 관심 있는 분야를 팔로우하는 것처럼 틈틈이 플랫폼에 접속하고 관심사를 검색어로 설정해서 알림을 받는 등 이른바 '인스타그램형' 사용법이 중고시장에 적용되고 있다.[18]

이와 같은 소비 행태의 변화는 중고마켓이 단지 물건을 사고파는 장소가 아니라 시간을 보내는 여가 수단으로 기능하고 있음을 시사한다. 필요해서 제품을 구매하는 것이 아니라 마치 정글을 탐험하듯 온라인 쇼핑몰 이곳저곳을 둘러보면서 좋은 아이템을 찾는 여정 자체를 즐기는 소비를 **포슈머리즘**Fauxsumerism이라고 하는데, 이러한 소비 유형을 '발견형 소비'라고 부른다. 반대로 필요에 의한 소비는 '목적형 소비'다. 전문가들은 발견형 소비에 어울리는 중고시장의 특성상 괜찮은 중고물품을 찾고 거래하는 과정에서 소비자가 '유능감'을 경험한다고 분석한다.[19] 초창기의 온라인 쇼핑은 목적형 소비에 큰 강점이 있었다. 필요한 제품을 가장 저렴하게 구매할 곳을 바

포슈머리즘Fauxsumerism
실제 구매는 하지 않고 온라인 쇼핑몰을 둘러보거나 장바구니 기능을 이용해 위시리스트만 채우는 현상으로, 구매 행위 자체보다 구매를 위해 연구하고 검색하는 과정을 더 흥미롭게 생각하는 밀레니얼 세대 사이에서 두드러지게 나타난다. 많은 소비자들이 온라인 쇼핑을 오락의 한 형태로 보는 등 온라인 검색이 목적을 위한 수단 이상으로 기능하고 있음을 의미한다.[20]

로바로 찾을 수 있었기 때문이다. 하지만 중고마켓은 미지의 세계다. 아무도 발견하지 못한 '숨겨진 보석 같은 중고제품'을 찾아내는 재미로 소비의 맥락이 변화하고 있다. 더불어 가치 있는 제품을 알아보는 나의 안목을 은근히 테스트해볼 수 있는 곳이기도 하다.

판매보다 소통하는 맛, 끼리끼리 N차 신상

MZ세대에게 취향은 또 하나의 정체성과도 같아서 자신을 드러내는 가장 강력한 수단으로 자리 잡았다. 이에 MZ 소비자는 중고시장에서도 취향에 따라 끼리끼리 모인다. 이에 따라 10~20대에게 인기 있는 중고 플랫폼 번개장터는 타깃 소비자를 위한 취향 콘텐츠를 다양하게 선보이고 있다. 매주 금요일마다 다양한 라이프스타일을 고려한 콘텐츠를 발행하는 '취향을 잇는 거래' 캠페인이 대표적인 예다. 캠핑을 시작한 캠린이들을 위한 '내게 맞는 캠핑의자 찾기', 최근 K-팝 팬들의 최대 관심사인 케이콘을 겨냥한 '방구석 콘서트 아이템.zip', 라이더들에게 인기 있는 '오토바이 BEST 5' 등 관심사를 기반으로 모일 수 있도록 취향 아이템을 큐레이션해주는 것이다.

실제로 중고마켓 이용자들은 비슷한 취향의 구매자나 판매자를 만날 수 있다는 점을 N차 신상의 큰 장점으로 꼽는다. 중고거래 플랫폼을 통해 관심사가 유사한 사람들끼리 해당 분야에 관해 깊이 있는 이야기를 나누거나 제품의 사용법을 공유한다. 플레이스테이션 게임 CD를 직거래하면서 서로의 덕질을 응원하고, 희귀 LP판을 거래하면서 같은 판매자를 여러 번 만나 친목을 쌓기도 한다. 이는 새 상품을 구매할 때는 기대하기 어려운 독특한 소비 경험이다. 또한 취미 기반의 제품을 중고로 살 때는 풀세트 구성으로 구매할 수 있는 경우가 많다. 예를 들어, 중고거래 플랫폼에 카메라를 검색하면 카메라와 함께 삼각대나 렌즈도 판매하는 게시글을 쉽게 찾을 수 있다. 마니아의 컬렉션이나 큐레이션 목록을 함께 구매하게 되는 셈이다.

취향은 중고시장의 불확실성을 제거하는 역할도 한다. 모바일 기반의 플랫폼에서 이뤄지는 중고거래가 이전의 중고거래와 다른 주요 특징 중 하나는 판매자의 거래 리스트를 확인할 수 있다는 점이다. 구매자는 그동안 어떤 물건을 팔았는지 확인함으로써 판매자의 취향이나 성향을 파악할 수 있다. 그저 가격만 보고 사는 게 아니라 나와 관심사가 비슷한 사람인지를 살펴보고 거기에서 신뢰감을 얻는 것이다. 신뢰를 넘어 공감대를 형성하면 해당 판매자를 팔로우하기도 한다. 가볍게 취향을 중심으로 모이는, 이른바 '가취관'을 중요시하는 MZ세대에게 N차 신상은 관심사로 소통할 수 있는 놀이터와 같다.

취향에 맞는 구매를 하는 데는 내 근처의 사람들과 거래한다는 점도 중요하게 작용한다. 지역 기반인 당근마켓의 성공 요인은 가까운 곳에서 거래를 할 수 있다는 편리성만은 아니었다. 동네마다 특유의 성향이 있기 마련인데, 이러한 '동네의 취향'이 거래에 반영되어 '내 취향에 맞는 살 만한 물건'을 쉽게 찾을 수 있다는 것이 큰 역할을 했다. 그 결과 당근마켓은 자연스럽게 동네 중심의 커뮤니티 플랫폼을 지향하게 됐다. 실제로 당근마켓 이용 후기를 살펴보면 거래를 위해 만났다가 동네 친구가 됐다거나, 당근마켓을 통해 잃어버린 개를 찾았다는 식의 훈훈한 사연들이 많다. 사는 곳이 취향만큼이나 강력한 공통분모가 되는 것이다. 코로나19로 멀리 있는 친구·지인·가족들을 만나기 힘든 때에 동네 기반의 중고거래가 온정을 느낄 수 있는 창구가 되고 있다.

동네 기반 중고거래는 더 나아가 지역 정보를 나누는 커뮤니티로 진화하는 중이다. 플랫폼 내에서 물건이 아닌 원데이 클래스나 강습 등의 지역 광고가 자주 관찰되자 당근마켓은 지역 정보를 공유할 수 있는 서비스 '동네생활'을 론칭했고, 2020년 9월부터는 이를 전국적으로 확대해 동네 상권의 소상공인과 주민들을 연결하는 지역 광고 게시판 '내 근처' 서비스를 새롭게 선보였다. 더 흥미로운 것은 당근마켓이 앱 카테고리를 기존의 '쇼핑'에서 '소셜'로 변경했다는 점이다. 이러한 당근마켓의 행보는 중고거래 사이트로 시작해 구인구직·

출처: 당근마켓

●●● 지역 정보를 공유하기 위해 당근마켓에서 새롭게 선보인 '내 근처' 서비스. 동네 상권의 소상공인과 주민들을 연결해준다는 점에서 지역 커뮤니티의 기능까지 하고 있다.

소모임 만들기·집 구하기 등 다양한 서비스를 제공하는 지역 플랫폼으로 성장한 미국의 크레이그리스트Craigslist를 떠올리게 한다.

배경: 생산과 소비의 패러다임을 바꾼 중고거래

시장에서 가장 오래된 거래 방식인 중고거래는 생산과 소비의 패러다임을 바꾸며 그 어느 때보다 우리의 일상에 깊은 영향을 미치고 있다. 그렇다면 1차 신상보다 N차 신상이 더 핫해진 이유는 무엇일까?

처분까지 생각하는 필환경 세대

요즘 MZ세대의 관심사 중 하나는 환경이다. 일상을 위협하는 기후변화와 바이러스를 경험하며 어떻게 하면 잘 버릴지 고민하고 실천하는 필환경 세대가 등장한 것이다. 이러한 맥락에서 새 제품을 사지 않고 누군가 사용하던 물건을 재사용하는 N차 신상이 빛을 발한다. 미국의 대표적인 리세일 플랫폼 중 하나인 스레드업Thred up은 10년 이내에 패스트 패션을 구매하는 사람들보다 세컨드핸드second-hand 제품을 구매하는 사람의 비율이 더 높아질 것이라고 전망했으며 2033년에는 중고제품들이 개인 옷장의 3분의 1을 채울 것이라고 예측한 바 있다.[21] 집 근처에서 직거래하는 당근마켓을 선호하는 이유로 불필요한 택배 박스나 포장지를 줄일 수 있다는 점을 꼽기도 한다.

공유에 너그럽고 싫증은 빨리 내는 변덕쟁이 MZ세대

중고품을 보는 시각이 달라졌다는 점도 N차 신상의 매력을 키우는 중요한 요인이다. 쏘카·우버·에어비엔비·위워크 등을 통해 물건과 공간을 타인과 함께 쓰는 공유경제의 붐을 경험해온 젊은 층은 남이 사용하던 제품에 대한 거부감이 덜하다. 또한 그때그때 유행을 경험해보고 다른 트렌드로 빨리 갈아탈 수 있다는 점도 MZ세대가 중고거래를 선호하는 이유다. 물건의 가치를 소유보다 경험에 두면서 한 번 사용해보고, 혹은 SNS에 인증한 후 다른 사람에게 되팔고 또 다른 경험이나 '인증템'을 찾아다니는 것이다. 기성세대의 관점에서는 하나의 물건을 진득하게 사용하지 못하는 소비 방식이 변덕스럽게 보일 수도 있지만 MZ세대에게는 사고팔기를 반복해 손에 쥔 N차 신상이 싫증을 해결하는 나름의 솔루션이다.

한정적이지 않은 한정판 마케팅의 향연

브랜드의 한정판 마케팅도 리셀 시장의 열풍을 주도하는 원인 중 하나다. 최근 몇 년간 분야와 상관없이 마케팅 업계에서는 인플루언서와의 컬래버레이션이 유행이었다. 특히 코로나19로 소비 절벽에 직면하면서 위기를 타계하기 위한 방법으로 한정판 마케팅이 더욱 활발해지는 추세다. 비슷비슷한 기성품들에 시들해진 MZ세대에게 한정판은 인증하고 자랑할 수 있는 최고의 아이템이다. 이러한 시장의 변화에 따라 특히 고가의 명품이나 운동화 업계에서 지속적으로 화제를 만들어낼 수 있는 컬래버레이션 기획력이 브랜드의 중요한 능력으로 평가받고 있다. 소위 '플렉스' 할 수 있는 제품을 기획해야 하는 것이다. 전문가들은 나만의 것에 열광하는 MZ세대의 성향과 어떻게든 이슈를 만들어내고 싶은 브랜드의 마케팅 전략이 만나 리셀 시장의 판을 키웠다고 분석한다.[22]

코로나19로 인한 짠테크와 집콕소비 증가

무엇보다 코로나19로 인한 경기 불황이 N차 신상 트렌드를 가속화하고 있다. 판매자 입장에서는 집에서 잠자고 있던 물건들을 팔아 용돈이나 생활비에 조금이라도 보탤 수 있고, 구매자 입장에서는 저렴한 가격으로 필요한 물건을 득템할 수 있다. 실제로 대학교 커뮤니티 에브리타임에는 기프티콘이나 통신사에서 주는 할인 혜택까지 알뜰하게 모아 거래하는 '짠테크'가 자주 목격된다.[23] 당근마켓에 피자 4조각을 판매한다는 글이 올라와 화제가 된 적도 있다. 양이 너무 많아 반쯤 남긴 피자를 2,000원에 판다고 올렸더니 업로드 2시간 만에 거래가 성사된 것이다.[24] 코로나19로 집 안에 머무는 시간이 길어졌다는 점도 N차 신상의 규모를 키운다. 집이 본래의 역할에 더해 공부하는 공간이자 일하는 장소로 다양한 기능을 수행하게 되면서 집 안을 재정비하는 사람들이 많아졌기 때문이다(전망편, '레이어드 홈' 키워드 참조). 그동안 쌓아놨던 물건들을 정리하면서 발견한, 필요 없지만 버리긴 아까운 품목들이 중고시장으로 모이고 있다.

쉽고 안전한 거래 플랫폼의 발달

중고거래 활성화에 가장 큰 역할을 한 것은 단연 플랫폼의 등장이다. 직관적이고 사용하기 쉬운 플랫폼들은 온라인 중고거래가 어려울 것이라는 심리적 부담감을 대폭 낮췄다. 예를 들어, 당근마켓은 어떤 연령대도 사용할 수 있도록 복잡한 가입 절차를 없애고 메뉴를 단순화했다. 가까운 동네에서 거래하는 방식도 번거로움을 줄이는 동시에 누구나 부담 없이 중고거래를 시도해볼 수 있는 유인으로 작용한다. 중고거래가 지닌 위험성을 근본적으로 해소하려는 플랫폼들의 노력도 N차 신상의 저변이 넓어지는 데 중요한 역할을 했다. 그동안 중고거래에 대한 잠재 수요는 꾸준히 존재했지만 사기나 정보 비대칭 등의 문제로 인해 시장 확대에 한계가 있었다. 아직 완벽하다고 평가하기는 어렵지만, 중고거래 플랫폼들이 이용자들 간의 신뢰나 거래 관련 문제가 발생하지 않도록 다양한 제도를 도입하는 추세다. 그 대표적인 예로 당근마켓의 성공 요인 중의 하나로 꼽히는 '매너온도' 기능을 들 수 있다. 매너온도는 구매자가 판매자를 평가하는 일종의 에티켓 지수로, 좋은 평판을 많이 받을수록 높아지기 때문에 판

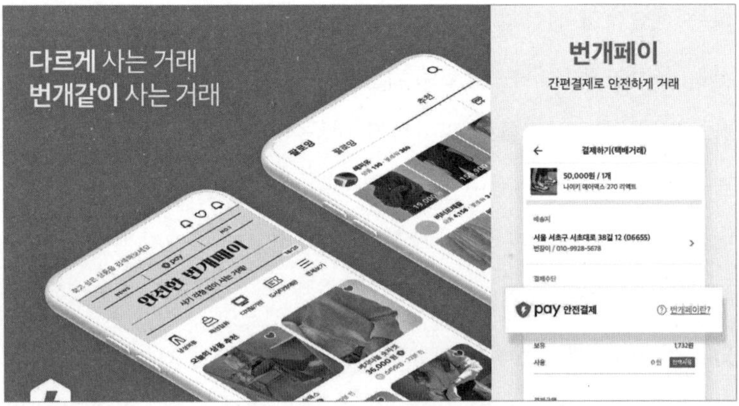

출처: 번개장터

●●● 번개장터에서 사용할 수 있는 자체 안전결제 서비스 '번개페이'. 중고거래가 지닌 위험성을 낮추기 위한 플랫폼들의 노력이 이어지고 있다.

매자의 신뢰도를 파악하는 데 중요한 지표가 된다. 번개장터는 앱 내에서 제공하는 에스크로 기반의 안전결제 서비스 '번개페이'로 안전성을 높였다. 번개페이는 구매자가 결제한 금액을 보관하고 있다가 상품 전달이 완료되면 판매자에게 지급하는 방식으로, 사기와 같은 거래 피해를 방지하기 위한 안심 거래 시스템이다.[25]

전망 및 시사점

안전하고 차별화된 거래로 새로워지는 중고시장

●

소비트렌드를 이끌어갈 중고거래 시장이 성장하고 궤도에 안착하기 위해서는 앞으로 얼마나 투명하게 관리해 신뢰성을 높일 수 있는지가 관건이다. 개인 간 거래가 대부분인 중고시장의 특성상 사기 사건이 끊이지 않고 있다. 아이폰을 샀는데 사과가 오고, 노트북을 구매했더니 벽돌이 왔다는 말은 우스갯소리가 아니다. 경찰청에 따르면 2019년 중고거래 사이트 등을 통한 사이버 사기 발생 건수는 13만 6,074건으로 2018년 대비 21.5%나 늘었다.[26] 탈세 위험도 존재한다. 전자상거래법에 따르면 6개월 동안 거래 횟수가 20회 이상이면서 거래액이 1,200만 원 이상인 경우 판매자는 사업소득세 및 부가가치세를 납부해야 한다. 하지만 SNS나 비공개 블로그를 통해 이뤄지는 개인 간 거래는 규정의 사각지대로 남아 있다.[27]

정부의 정책이나 단속보다는 역시 업계 자체의 원천적인 신뢰성을 확보하려는 노력이 더 효과적일 것이다. 특히 고가의 명품이나 한정판 제품을 사고파는 리셀 시장이 커질수록 제품에 대한 보증은 더욱 중요한 이슈로 부각될 것으로 보인다. 일찍이 세컨드핸드 마켓이 발달한 미국에서는 보증 시스템을 도입한 플랫폼들이 주요 플레이어로 성장해왔다. 중고 럭셔리 판매업체 '더 리얼리얼The RealReal'은 판매자가 보낸 제품을 먼저 검증한 뒤 온라인 사이트에 업로드한다. 제품 검수를 위해 핸드백·보석·시계 등 다양한 분야의 제품 인증 전문가를 100명 이상 고용하고 있다. 중고 명품이라도 높은 가격에 거래되는 만큼 소비자가 신뢰할 만한 인증 제도를 갖추는 것이 중요하기 때문이다. 이러한 노력 덕분에 더 리얼리얼은 2019년 뉴욕 나스닥에 상장됐으며, 2020년 2월에는 샌프란시스코에 8,000평방피트 규모의 매장을 열어 업계를 놀라게 했다.

중고에도 '정품'이 있다

국내에서도 이러한 움직임은 가속화되고 있다. 한정판 신발 거래 플랫폼 프로그Frog는 2020년 8월 정품 인증 서비스 '개구리 손맛'을 선보였다. 인터넷 구매자의 짝퉁 불안증을 해소해주기 위한 취지로 거래와 무관하게 정품 여부를 검사해주고 정품인 경우 태그와 인증서도 제공한다.[28] 네이버 자회사 스노우가 시작한 스니커즈 리셀 플랫폼 '크림'도 인증 기능을 강조했다. 전문 검수팀에서 박스·태그·오염·가품 등의 여부를 면밀히 검토해 합격 상품만을 구매자에게 배송하는 것이다.

마지막으로 중고마켓에도 인공지능AI과 빅데이터 기술을 접목하여 서비스 차별화를 시도하는 사례가 많아질 전망이다. 당근마켓은

AI 기술을 기반으로 가짜 제품을 걸러내고 사기 우려가 있는 이용자를 차단하고 있다. 머신러닝에 가품 데이터를 학습시켜 가품 게시물이 올라오면 자동으로 인식하는 방식이다. 판매 불가 상품인 주류·담배 등도 AI가 판별해 걸러낸다.[29] 번개장터는 2019년 8월 빅데이터 전문 스타트업 부스트Voost의 인수를 발표한 바 있다. 부스트의 기술력을 토대로 검색·추천 시스템·데이터 마이닝 기능 등을 집중적으로 강화해 사용자경험UX을 향상시키겠다는 계획이다.[30] 안전한 거래는 물론이고 차별화까지 노리는 플랫폼들의 전략이 돋보인다.

비정상적인 상행위에 대한 사회적 합의도 필요하다. 사실 가격을 더 얹어서 되파는 것은 부정거래 행위다. 대표적인 사례가 콘서트 티켓이나 야구 관람권의 암표팔이다. 이러한 행위는 '되팔렘(사재기를 일삼는 전매상들을 낮잡아 부르는 말)', '플미충(본래 가격에 프리미엄을 얹어 파는 암표상들을 벌레에 비유한 표현)'이라는 비판을 지속적으로 받았고, 국회에서도 이러한 행위를 퇴치하는 법안을 발의하는 등 근절돼야 할 '비정상적 상행위'로 꼽힌다.[31] 그런데 한정판 운동화나 희귀 아이템 등에 프리미엄을 얹어 파는 행위는 다소 애매하다. 부정적인 방법으로 티켓을 대량 구매하여 다른 사람의 기회를 박탈하는 것과 달리 한정판 스니커즈의 경우 판매자가 자신의 노동과 시간을 투자해 얻은 품목이기 때문이다. 일부 아이템의 경우 개인의 안목이 필요한 재능의 영역으로 보는 시선도 있다. 이에 대해 이은희 인하대학교 소비자학과 교수는 누군가 나 대신 시간을 투자해 득템하기 어려운 물건을 구매하면 그 시간과 노동의 가치가 추가적인 비용으로 환산되는 것이라고 분석한다.[32]

N차 신상의 세계에서 '1차 신상'이 살아남을 수 있을까?

해결해야 할 과제들이 많지만 N차 신상은 2021년 가장 뜨거운 유통 채널이 될 것이다. 제품의 가치가 새 물건에만 있는 것은 아니라고 말하는 소비자가 늘고 있기 때문이다. 이러한 시장의 변화 속에서 여전히 신상품을 팔아야 하는 기업들의 고민이 깊어진다. 그렇다면 N차 신상의 세계에서 새 제품, 즉 '1차 신상'은 어떻게 살아남을 수 있을까?

전문가들은 브랜드에 중고거래를 적극적으로 접목해야 한다고 조언한다. N차 신상이 MZ세대에게 쿨한 소비 문화로 받아들여지는 만큼 젊은 세대의 취향을 대변한다는 측면에서 시도 자체에 의의를 두어야 한다는 것이다. 2019년 4월 프랑스의 유명 백화점 갤러리 라파예트Galeries Lafayette는 파리의 한 스타트업과 협력해 세컨드핸드 유통 플랫폼 '르 굿 드레싱Le Good Dressing'을 론칭했다. 기존의 세컨드핸드 의류 재판매 사이트와 달리 이용자 간 물물교환이 백화점에서 이뤄지도록 한 점이 흥미롭다. 라파예트는 판매자에게 백화점 매장이나 온라인 사이트에서 쓸 수 있는 상품권을 지급하는데, 이렇게 지급되는 보너스가 백화점으로 되돌아올 수 있고 제품 교환 과정에서 구매자와 판매자 모두 백화점에 직접 방문해야 한다는 점에 주목했다.[33] 이 밖에도 명품 리세일 플랫폼 더 리얼리얼에 곱지 않은 시선을 보내던 명품 브랜드들이 협업을 제안하는 사례도 증가하고 있다. 스텔라 맥카트니Stella McCartney는 더 리얼리얼에 자사 상품을 파는 소비자에게 스텔라맥카트니에서 사용할 수 있는 100달러짜리 상품권을 제공한다. 중고거래 플랫폼을 한때 자사 브랜드의 고객이었던 소비자에

게 "우리 브랜드가 지속가능성을 위해 노력한다"는 이미지를 어필하는 기회로 활용하는 것이다.[34]

국내에서도 비슷한 시도가 있다. 2020년 7월 광명점에서 처음 선보인 이케아의 바이백Buy-back 서비스는 고객이 사용하던 이케아 가구를 이케아에 되팔면 이를 이케아가 수선해 다른 고객에게 재판매하는 방식으로 운영된다.[35] 저렴한 제품을 사서 한철 쓰고 버리는 SPA식 제품 소비에 거부감을 갖는 MZ세대를 고려한 변화다. 외식 브랜드 CNP컴퍼니가 선보인 편의점 브랜드 '나이스웨더'도 오프라인 중고거래 플랫폼을 지원한다. 일반 편의점에 택배 기능이 있는 것처럼 N차 신상을 거래하고 싶은 MZ세대를 위한 중고장터를 자처한 것이다. 거래수수료 중 일부를 기후변화에 대응하는 국제환경단체에 기부하는 등 공간에 요즘 소비자들의 감성을 적극 녹였다.[36]

중고마켓은 더 이상 낡고 오래된 2등 물건들의 집합소가 아니다. 첫 번째 주인이 되기보다 나만의 N번째 가치를 찾는 소비 문화가 시장의 패러다임을 바꾸고 있다. 박노해 시인은 '오래된 것들은 다 아름답다'라는 시에서 '오래된 것'을 가리켜 "낡아짐으로 꾸준히 새로워지는 것"이라고 노래한 바 있다. 끊임없이 누군가에게 새로워지는 N차 신상의 가능성은 여전히 무궁무진하다. 'Useful'에서 'Usedful'로 소비자의 변화가 시작됐다. 이제 시장이 소비자에게 답해야 할 차례다.

EVERYONE MATTERS IN THE 'CX UNIVERSE'

E

CX 유니버스

고객이 접하는 상품과 브랜드의 수는 폭발적으로 증가하고, 넘쳐나는 소비자 정보 속에서 고객충성도는 갈수록 떨어지고 있다. 이러한 상황에서 편의성을 좇는 소비자를 위해 브랜드를 관리하고, 디지털 트랜스포메이션Digital Transformation을 성공적으로 이뤄내기 위해서는 무엇이 가장 중요한가? 바로 고객경험, 즉 CXCustomer eXperience의 총체적 관리다. CX가 단편적인 접점 관리에 그치지 않고 마치 마블 유니버스처럼 특정 브랜드의 세계관을 함께 공유할 때, 『트렌드 코리아 2021』에서는 이를 'CX 유니버스'라고 부르고자 한다.

셀 수 없이 많은 디지털의 접점을 접하며 살아가는 오늘날, 소비자들은 모든 접점에서 마찰과 번거로움이 없는 매끈한seamless 고객경험을 원한다. 특히 체험 마케팅에 익숙한 MZ세대 고객들을 대상으로 한 CX의 차별화가 최우선의 시장 경쟁 전략이 되면서, 고객경험을 기획하는 일은 점점 고도화되고 있다. CX 유니버스를 구축하기 위해서는 ① 물 흐르듯 매끈한 심리스 경험을 제공하고, ② 고객의 자발적 데이터 제공 경험을 유도하며, ③ 색다르고 흥미로운 경험을 제공하는 것이 필요하다.

CX는 신뢰와 몰입을 거쳐 충성까지 가는 여정이다. 이 여정은 끝나지 않고 되먹임되어 다음 구매 때 다시 시작된다. 이 과정은 반복될수록 확고해지는데, 이를 'CX 사이클'이라고 한다. 충성 고객이 사라진 시대, CX 사이클은 고객충성이라는 황금알을 낳을 수 있는 거위다. 마블 유니버스처럼 팬덤을 만들고 고객이 브랜드와 함께 자신이 원하는 세계를 확장해나가는 즐거움을 누리게 하고 싶다면, 2021년을 CX 고객경험 혁신의 원년으로 삼아야 할 것이다.

서울 강남권에서 "건물 3개 건너 하나씩 입점해 있다"는 말이 나올 만큼 흔히 볼 수 있는 스타벅스 매장은 늘 만원이다. 상권의 특수성을 감안하더라도 수많은 카페들이 있는 강남에서 거의 모든 스타벅스 매장이 북적인다는 것은 놀라운 일이다. 스타벅스는 무엇이 다른가? 답을 먼저 이야기하자면 '고객경험'의 차별화다.

스타벅스가 국민 공간으로 자리매김한 데 가장 큰 공을 세운 것 중 하나가 바로 로열티 프로그램 '마이 스타벅스 리워드'와 '사이렌 오더'다. 스타벅스 코리아는 2009년 스타벅스 카드를 도입한 이후 2012년 앱 서비스로 확대했으며, 2014년 앱으로 미리 주문해 고객의 대기를 없앤 혁신적 언택트 서비스 '사이렌 오더'를 전 세계 매장에서 처음으로 선보였다. 사이렌 오더의 누적 주문 건수는 2019년 기준 1억 건을 돌파했으며, 현재 전체 주문 건수 중 약 22%를 차지하고 있다. 이러한 성공에 힘입어 스타벅스는 지속적으로 다양한 IT 서비스를 접목해 새로운 고객경험을 창출하고 있다. 드라이브스루drive-through 방식의 매장에서는 화상 주문 스마트 패널로 더 손쉽게 주문이 가능하고 차량 정보를 자동으로 인식하는 '마이 디티 패스My DT Pass' 자동 결제 기술을 도입해 고객이 기다리는 시간을 줄였다. 조사 결과, 차량을 이용한 일반 드라이브스루 서비스의 대기 시간이 2분 40초라면 스타벅스의 마이 디티 패스 서비스는 1분 40초로 나타났다. 이런 기술과 서비스의 조합으로 마이 디티 패스 서비스 가입자는 9개월 만에 50만 명을 넘어섰다.[1] 이 과감한 디지털 혁신의 중심은 '고객경험'이다. "어떻게 하면 고객이 더 편리하고 쾌적한 경험을 하게 할 수 있을까"에 대한 끊임없는 고민이 고객 감동 브랜드지수 1위라는 결과를 가져온 것이다.

커피 수요는 같지만 구매의 경로도, 과정도, 그 안에서 겪는 경험은 모두 다르다. 특히 디지털 라이프 속에서 소비자가 겪는 경험의 채널은 너무나 다양하고, 느끼는 감정 역시 변수가 많다. 그 많은 변수를 전부 통제할 수 없기 때문에 변수가 될 만한 요인들을 미리 파악하고 선제적으로 대응하는 전략이 중요해졌다. 불만의 씨앗을 미리 제거하고 만족의 방향으로 이끌어야 하는 고객경험 시대가 도래한 것이다. CXCustomer eXperience, 즉 고객경험이 고객 관리, 나아가 경영 전반의 핵심으로 떠오르고 있다.

고객이 접하는 브랜드의 수가 과거보다 압도적으로 많아진 환경에서, 고객과의 정서적 관계는 고객충성도를 확보하고 경쟁 우위에 서기 위한 필수 요건이다. 고객충성도는 판매 기업과 서비스 재이용에 대한 호의적인 인지적 태도가 장기간 지속될 때 확보할 수 있다. 『트렌드 코리아 2021』에서는 특정 브랜드나 기업이 총체적인 고객경험 관리를 통해 호의적인 태도와 친밀한 관계를 형성해나가는 일련의 노력을 'CX 유니버스'라고 명명하고자 한다.

CX 유니버스의 개념

UX, DX · DT 그리고 CX

사용자들이 제품이나 서비스를 이용하면서 경험하는 인지 반응을 사용자경험 또는 UXUser eXperience라고 한다. 고객경험을 뜻하는 CX는

UX에서 한 걸음 더 나아간 개념이다. CX란 'Customer eXperience'의 약어로 기업과 고객의 접점인 매장, 제품, 점원, 앱 등 전반적인 경험의 총체적인 흐름을 일컫는다. 고객이 상품과 서비스를 경험하는 모든 과정에서 겪는 감정과 반응을 기획하고 분석하는 일이다. 다시 말해 제품이나 서비스를 인지하는 순간부터 구입·사용·수리·폐기·재구매까지의 전체 과정에서 고객이 느끼는 경험과 정서를 통틀어 CX라고 한다. CX는 고객의 불만을 개선하는 CS Customer Service를 넘어 고객이 기대하는 것 이상의 가치를 제공하는 것, 즉 상품과 서비스의 매력도를 높이는 일이다. 최근 몇 년 사이 소비 지형이 온라인과 옴니채널omni-channel 중심으로 재편되면서 CX는 디지털 영역에 무게중심을 두고 빠른 속도로 발전하고 있다.

고객을 위한 새로운 가치를 창출하기 위해 기존의 비즈니스 모델

UX와 CX의 비교

	UX	CX
대상	사용자	소비자(잠재 소비자 포함)
주목 과정	사용 과정	구매 전 – 구매 – 사용 – 사용 후까지의 전 과정
목표	사용자 니즈 분석	고객 니즈 창출
개념	사용상 접점 정의	고객 접점의 총합
핵심 활동	접점·인터페이스 설계	전략 수립
검증·활용	테스트 및 검증	KPI(핵심평가지표) 수립
지향점	사용하기 쉽게 제작	좋지 않은 경험 찾아 제거

을 디지털 기반으로 새롭게 구상하는 것을 디지털 트랜스포메이션, 약어로 DT 혹은 디지털 경험을 강조해서 DX라고 한다. DT는 현재 산업계의 가장 뜨거운 화두라고 할 수 있는데, DT의 진전으로 더욱 본격화된 CX는 온·오프라인의 경계를 허물며 최근 경영 혁신의 거의 모든 영역에서 그 중요성이 부각되고 있다. 특히 체험 마케팅에 익숙한 MZ세대 고객들을 대상으로 CX의 차별화가 시장 경쟁 전략의 최우선이 됐다. 기술력 혹은 경쟁력 있는 제품과 공격적인 마케팅만으로도 실적을 올릴 수 있던 과거와 달리 오늘날은 기업 문화·인력·기술 투자 등 모든 요소의 초점을 고객에게 맞춰야 하는 복잡다단한 고객경험의 시대다. 고객경험은 직접경험·간접경험·가상경험까지 포함하며, 직접경험은 탐색경험·사용경험·구매경험으로, 사용경험은 다시 공유경험과 재판매경험으로, 점점 다양하게 세분화되고 있다.

유니버스의 의미

마블의 수많은 슈퍼 히어로들은 개별적인 주인공일 뿐만 아니라, 영화 〈어벤저스〉 시리즈에서 볼 수 있듯 다 함께 세계관을 공유하는데 이를 '마블 유니버스' 또는 **'마블 시네마틱 유니버스'**라고 부른다. 단순한 마블 히어로의 합을 넘어선 마블 유니버스는 강력한 팬덤과 로열티를 만들어내는 원천이다. CX를 통한 소비자

마블 시네마틱 유니버스

Marvel Cinematic Universe, MCU

마블 시네마틱 유니버스는 마블 코믹스에서 2008년 〈아이언맨〉을 시작으로 〈어벤저스〉의 기록적인 성공에 힘입어 구축된, 세계에서 가장 유명한 시네마틱 유니버스다. 이는 마블이 개봉하는 각 영화들이 하나의 큰 스토리 축에서 진행 과정을 공유하는 시스템이다. 마블 유니버스 안에서 팬들은 각각의 영화를 감상하면서도 하나의 세계관 전체를 공유한다.

출처: marvel.com

●●● 세계에서 가장 유명한 '시네마틱 유니버스'로 꼽히는 '마블 유니버스'. 각각의 히어로들과 이들의 팬들은 모두 동일한 세계관을 공유한다. 이처럼, 단순한 CX의 누적이 아니라 이들이 모여 하나의 '유니버스'를 형성할 때 비로소 경쟁 우위를 점할 수 있는 전략이 된다.

와의 관계 구축 역시, 개별적인 경험이 아니라 기업과 소비자가 함께 지켜가는 하나의 고유한 '공유된 세계관'을 만들어나가야 한다는 의미에서 CX에 '유니버스'라는 용어를 추가했다.

새로운 고객을 창출하기 위한 비용보다 기존 고객을 단골로 만드는 비용이 훨씬 경제적이라는 것은 이미 잘 알려진 사실이다. 결정적인 임계 수준 이상의 만족은 반복적인 구매를 급격하게 증가시킨다는 연구 결과도 있다.[2] 그 임계점에 불을 붙이는 건 다름 아닌 감정이다. 소비자들의 긍정적인 감정을 배가시키기 위해서는 일반적인 만족 이상의 것, 그 브랜드가 이끄는 세계관이 필요하다. 단순한 CX의 누적이 아니라 이들이 모여 시너지를 갖는 하나의 '세계관'을 이룰 때, CX 유니버스는 경쟁 우위를 점할 수 있는 주요한 전략이 된다.

CX는 신뢰와 몰입을 거쳐 충성까지 가는 여정이다. 이 여정은 끝나지 않고 다시 되먹임 되어 새로 시작된다. 이 반복이 거듭될수록 고객충성은 확고해지며 하나의 세계관으로 발전한다. 세계관은 개인과 집단이 세계를 인식하는 관점이자 각 개인과 사회가 가지고 있는 신념 체계를 뜻한다. 보통 기존의 세계관이 위기에 직면했을 때 특정 세계관은 그 시대의 문제를 해결하고 새 시대의 비전을 제시하기 위해서 새롭게 구성된다.

예를 들어 움직이는 대형 컴퓨터라 불리는 테슬라의 경우 운전자의 모든 데이터를 실시간으로 테슬라 서버를 통해 전송받는다. 자동차 내부 및 외부 센서를 통해 운전자의 손 위치와 운전 방법에 대한 정보까지 고스란히 수집하고 있다. 이러한 데이터를 활용해 기존 제품의 성능을 업그레이드하고 다음 제품을 설계하는 자료로 사용한다. 데이터들은 바로바로 분석·반영되어 테슬라가 시스템을 수정하는 것을 돕는다. 자율주행 자동차의 매력에 빠진 테슬라 운전자들은 본인들의 데이터가 전달되면 될수록 안전한 자율주행 자동차를 만드는 데 일조할 수 있다는 일종의 자부심까지 느끼게 된다. 고객들의 자기효능감과 소속감을 동시에 높여주면서 테슬라 유니버스가 구축되는 선순환이 이루어지는 것이다.

이러한 브랜드 유니버스의 구축은 마블·테슬라 혹은 애플·삼성 같은 거대 글로벌 기업의 전유물은 아닐 것이다. 브랜드가 고객에게 주는 즐겁고 색다른 경험을 총체적으로 만들어나갈 수 있을 때, '김가네 유니버스', '크린토피아 유니버스' 등 작은 로컬 브랜드도 얼마든지 나름의 유니버스를 구축할 수 있을 것으로 기대한다. 그 목표와 구축 전략에 대해 살펴보자.

CX 유니버스 구축의 목표

●

목표 1. 물 흐르는 듯한 심리스 경험

CX 유니버스의 첫 번째 목표는 단연 '심리스seamless'다. '이음매 없는'이란 뜻의 이 영어 단어는 봉제선이나 분리·결합된 흔적이 없는 제품 디자인 등 물리적인 대상에 쓰였다. 그러다 디지털 라이프가 본격화된 이후 인터넷 환경이나 이커머스, 연속적인 모바일 경험 등에 쓰이며 온·오프라인 경험 전반에 주요한 가치로 부각됐다. 번역하자면 소비자에게 '번거로움을 주지 않는, 매끈한, 끊김 없는, 단절되지 않는' 속성을 말하는데, 관련 업계에서는 심리스라는 용어를 자연스럽게 사용하고 있으므로, 이 책에서도 '심리스'라고 표기하겠다.

넷플릭스가 기존의 VOD 서비스와 가장 달랐던 점은 무엇일까? 답은 '정주행'이다. 드라마를 처음부터 끝까지 이어서 한 번에 보고 싶다는 니즈를 수용하여 중간 광고며 지난 편 줄거리 등을 모두 건너뛰어 스토리 전체를 중간에 끊지 않고 이어서 볼 수 있는 경험을 제공하는 것이다. 이를 위해 넷플릭스는 일주일에 한 번씩 콘텐츠가 공개되던 관행을 과감하게 벗어던지고 시리즈 전편을 일괄 공개하는 방식을 택했다. 이는 실제로 미디어를 소비하는 패턴에 큰 변화를 몰고 왔다. 몰입도 높은 시청 패턴을 만들었을 뿐 아니라 시즌 공개 후 24시간 안에 가장 빨리 시청을 완료하는 '정주행 레이싱', 몰아 보기를 뜻하는 '빈지뷰잉Binge-viewing'과 같은 시청놀이 문화까지 만들어내며 시청자들을 열광하게 했다. 이는 요즘 소비자들에게 끊김이 없다는 것이 얼마나 큰 소비 가치인지를 분명하게 보여주는 사례다.

대세로 떠오른 동영상 쇼핑에서는 구글이 '숍루프Shoploop'라는 심리스 서비스를 론칭하며 시선을 모았다. 구글 사내 스타트업 에어리어 120Area 120이 개발한 숍루프는 인플루언서들이 업로드한 사용 후기 동영상에 제품 구매 링크가 삽입되어 있어 사용 후기를 보다가 즉시 구매가 가능하다.[3] 일반적으로 동영상 광고를 보다가 제품을 구매하기까지 3~4개의 앱을 사용해야 하는 번거로움을 확 줄임으로써 이커머스와 광고를 효과적으로 통합시켰다는 평을 듣고 있다. 숍루프 이용자들은 특정 분야 제품을 잘 아는 사람에게서 리뷰와 꿀팁을 얻을 수 있을 뿐 아니라 실제 매장에 가지 않고도 쇼핑하는 것 같은 경험을 한다.

출처: 구글 숍루프

●●● 구글이 출시한 모바일 전용 동영상 쇼핑 서비스, 숍루프. 광고와 이커머스를 통합시킴으로써 심리스 구매 경험을 제공한다.

실제로 이러한 매끈한 경험을 완성하기 위해서는 수많은 종류의 기술 지원과 통합 작업 그리고 세세한 기획이 필요하다. 우리 눈에 보이지 않는 영역에서 최신 기술이 전폭적으로 지원되며 고객들의 불편 사항pain point을 발견하고 선제적으로 대응해줄 때 심리스한 경험이 충족된다.

목표 2. 자발적인 데이터 제공 경험

더 많은 데이터가 모일수록 더 나은 CX 구축이 가능하다. 그래서 현재 성장 가도를 달리는 기업들은 고객경험 데이터를 수집하기 위해

온 힘을 쏟고 있다. 고객이 무엇을 원하고 어떻게 느끼는지를 알아내는 게 성장의 전제 조건이기 때문이다. 이러한 분위기가 혹여 디지털 기업들에게만 해당되는 이야기라고 생각한다면 오산이다.

내비게이션이 없던 시절로 돌아가는 것은 상상도 할 수 없을 만큼 오늘날 내비게이션은 완전한 일상의 기술이 됐다. 길 안내뿐만 아니라 교통 체증이 심한 구간의 정보를 반영해 우회 경로를 알려주는 것은 사용자가 얻을 수 있는 확실한 혜택이다. 여기서 더 나아가 SK 티맵은 손해보험사들과 제휴를 맺어 이용자들의 티맵 점수에 따라 자동차 보험료를 할인해주는 안전운전 습관 연계 특약을 제공하고 있다. 운전 습관은 지극히 사적인 개인 정보다. 자신의 운전 패턴을 고스란히 제공하지만 본인이 챙겨갈 수 있는 이득이 더 많은 한 사용자들은 거부감 없이 정보 제공에 동의하게 된다. 이처럼 "어떠한 경험을 통해 무슨 혜택을 줄 것인가?"가 CX로 기획되어야 하는 화두다.

2021년부터 인천국제공항에 주차 로봇이 등장할 예정이다. 현대글로비스가 스마트 주차 시스템을 구축하며 주차 로봇을 도입하기로 한 것인데, 드넓은 공항에서 주차할 공간을 찾아 시간을 허비해본 사람이라면 얼마나 유용할지 기대가 클 수밖에 없다. 스마트 주차 시스템이 도입되면 '픽업존'에 세워놓은 차를 주차 로봇이 인근 주차장에 대신 주차해주기 때문에 주차 시간을 획기적으로 절약할 수 있다. 또한 장기 여행 후 차를 찾을 때도 주차 로봇이 가져다주므로 신속하게 차량을 픽업할 수 있다.[4] 이러한 혜택을 누리기 위해 공항 혹은 주차 로봇에게 본인의 자동차 정보나 항공 정보, 휴대전화번호 등의 개인 정보를 넘기는 것 역시 당연한 수순이 될 것이다.

기업들은 빅데이터에 소비자들이 자발적으로 제공해주는 개인 식별 정보 수집을 더해, 맥락적 소비자 파악과 경험 개선에 박차를 가하고 있다. 개인 식별 데이터를 수집하게 되면 이를 통한 초개인화·맞춤화가 가능해진다. 대표적으로 온·오프라인에서 벌어지는 각종 참여 이벤트는 개인 식별 데이터를 소비자들로부터 가장 기분 좋게 얻어낼 수 있는 방법이다. 자발적으로 이벤트에 참여했을 때 기업은 그에 상응하는 혜택을 제공하고 기업은 개인 정보를 취할 수 있어 CX에 적극적으로 활용되고 있다.

목표 3. 색다르고 흥미로운 경험

경험 소비를 추구하는 밀레니얼 세대가 소비 시장의 주역이 되면서 어떠한 경험을 제공할 것인가를 기획하는 일도 점점 고도화되고 있다. 상품과 서비스의 구매전환율을 높이기 위해서는 우선 일회성 체험 행사와 같은 관성에서 탈피해 보다 흥미롭고 색다른 경험을 제공해야 한다.

3m 높이의 선반 위에 놓인 운동화 한 쌍을 점프해서 손에 넣으면 무료로 가져갈 수 있는 신발 가게가 있다면 당신은 도전해보겠는가? 아디다스가 2015년 런던에서 개최한 '디로즈 점프 스토어D'rose Jump Store' 행사는 아디다스 마니아와 스타 농구 선수인 데릭 로즈의 팬 모두를 사로잡았을 뿐만 아니라 브랜드와 소비자 모두에게 소중한 경험을 제공했다. 지극히 아날로그적인 이벤트 같지만 사실 이 스토어에서는 곳곳에 내장된 카메라를 통해 참여자의 연령과 성별, 점프력과 신체 조건, 나아가 소비자 반응에 대한 정보까지 수집됐다. 운

● ● ● '4억 원짜리 주방'을 체험할 수 있는 삼성전자의 데이코하우스. 체험형 컨셉 매장의 형식으로 소비자경험을 끌어올렸다.

영 데이터가 과거 발생한 일에 국한된 것이라면, 경험 데이터는 이처럼 직접 실시간으로 고객 행동에 관한 이유를 설명해준다는 면에서 기업에게 더 소중하다.

단순한 제품 판매의 목적을 넘어 브랜드 경험을 제공하는 체험형 컨셉 매장들도 속속 모습을 드러내고 있다. 삼성전자는 프리미엄 빌트인 가전 브랜드인 '데이코Dacor'를 홍보하기 위해 2019년 메가스토어 삼성대치점에 데이코하우스를 공개했는데, 이곳을 판매 공간이 아닌 전시 공간으로 특화해 주목을 끌었다.[5] 이 '최대 4억 원짜리 주방을 체험할 수 있는 특별한 쇼룸'은 사전 예약제로 진행되며 하루 최대 9팀만 투어 신청을 받는다. VIP와 주요 거래 상대에게만 공개됐던 이 럭셔리한 공간은 사람들의 선망을 자극하는 드림 하우스로 연출되어 잡지 속에서나 보았던 펜트하우스에 직접 들어가 온몸으로 럭셔리함을 만끽할 수 있도록 했다.

최근 문을 연 한샘 키친앤바스 전문관 롯데마트 광교점의 경우 코로나19로 대면 상담을 불안해하는 고객들을 위해 '언택트 셀프 상담 시스템'인 스마트 키오스크를 도입했다. 한샘의 3D 설계 서비스인 '홈플래너'가 고객이 실제 살고 있는 평수에 맞춰 제품을 설계할 때의 규격과 시공 후의 모습을 사전에 파악할 수 있도록 3D로 제공하는 방식이다. 고객이 시공을 결정하는 데 큰 도움을 주며 VR 콘텐츠 서비스를 통해 가상현실 속 시공 사례들도 접할 수 있다. 시공 후 주방이나 욕실 분위기를 가상현실 기술을 통해 직접 경험해보는 듯한 서비스로 소비자들의 흥미를 유발하고 있다.

CX 유니버스 생성 전략

●

이렇듯 CX가 중요해지다 보니 고객을 더 잘 이해하고 유기적으로 서비스 대응을 하기 위해 관련 부서를 만들거나 다양한 직책과 조직을 구성해 CX를 관리하는 기업들이 늘고 있다. 패션 플랫폼 스타트업 스타일쉐어에는 CS가 아닌 CX팀이 있고, 현대자동차에는 CRM, 서비스 경험 그리고 고객 관리팀으로 구성된 CX부서인 고객경험본부가 있으며, GS홈쇼핑 역시 고객경험 개선 부서를 두고 있다.

그렇다면 어떻게 CX 유니버스를 만들어낼 수 있을까? 전술했듯이 디지털이 주는 편의성에 최적화된 현대 소비자들은 마찰과 번거로움이 없는 심리스한 고객 경험을 원한다. 탐색과 구매 그리고 구매 후 공유의 과정까지 사용하는 매체가 다양하고, 온라인과 오프라인을 구분해서 인식하기보다는 옴니채널에 익숙한 디지털 네이티브들이 늘어나며 그 어느 때보다 장애물 없는 매끈한 경험을 추구하게 됐다. 이러한 상황에서 고객 만족을 극대화하고 정서적 유대관계를 만들어 주는 CX 유니버스를 정립하기 위한 세 가지 전략을 소개한다.

1. 마이너스 전략: 고객 애로 사항을 제거하라

CX 유니버스는 단편적인 체험의 합이 아니기에 구매하려는 제품이나 서비스의 전체 주기life-cycle를 고려해야 한다. 이 과정에 수없이 도사리고 있는 고객 애로 사항들을 제거하는 것이 심리스한 경험의 조건이다. 많은 기업이 큰 비용을 들여 디지털 트랜스포메이션을 적극적으로 진행하고 있는 것도 결국은 불만 사항을 효과적으로 제거하고 만족 포인트로 바꾸기 위해서다.

DT를 이용한 CX의 개선은 글로벌 기업들에서부터 시작됐다. 도미노피자는 주문의 번거로움을 최소화하고 피자를 기다리는 시간에 대한 불만을 해소하기 위해 '도미노 애니웨어' 프로젝트를 실시했다. 소비자가 모든 디지털 수단에서 피자를 주문할 수 있도록 만드는 전략이다. 그 결과 트위터·페이스북·이모지·TV·AI 비서 등 다양한 루트로 피자를 쉽게 주문할 수 있는 기술을 개발했다. 특히 주문 후 피자가 요리되고 배달되는 전 과정을 확인할 수 있는 피자 추적기Pizza Tracker를 개발해 고객이 내가 주문한 피자가 얼마나 완성됐고, 어디쯤 오는지 알 수 있도록 하는 독특한 경험을 창출했다. 이로써 시장점유율은 물론이고 도미노피자의 주가도 기록적인 경신을 보였는데, 2010년 11달러 선이었던 주가가 10년 동안 무려 3,200% 상승

도미노피자 vs 4대 테크기업의 주가 상승률 비교

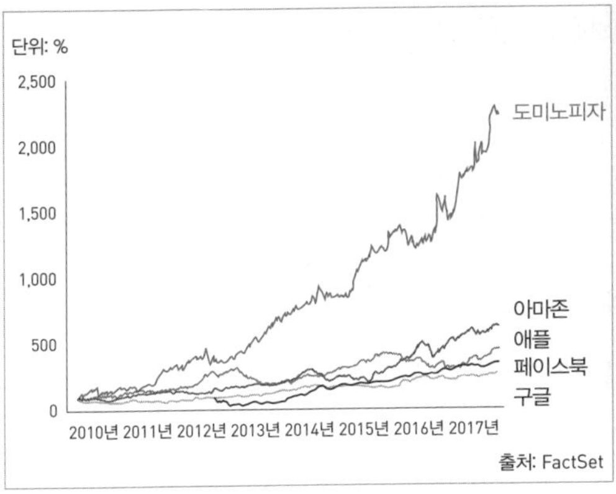

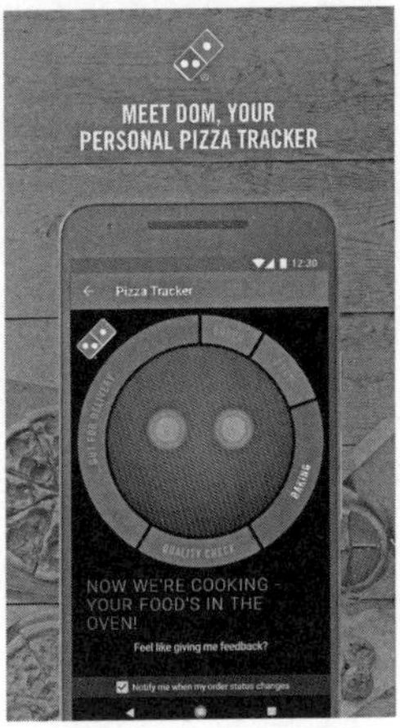

출처: 도미노피자

●●● 디지털 트랜스포메이션의 성공 사례로 꼽히는 도미노피자. 소비자의 불만은 최소화하고 만족은 극대화하는 기술 도입으로 지난 10년간 주가 상승률은 애플과 아마존을 뛰어넘었다. 오른쪽 사진은 주문한 피자의 진행 상황을 알려주는 '피자 추적기'다.

한 375.55달러(2020년 6월 19일 기준)를 기록한 것이다. 이는 같은 기간 미국 IT 대표 기업인 넷플릭스(2,325%), 아마존(1,967%), 애플(836%), MS(632%)의 주가 상승률을 훌쩍 뛰어넘는 것이다.[6] 디지털 트랜스포메이션의 성공 사례로 도미노피자가 종종 회자되는 이유다.

국내 기업들도 부지런히 CX 사례를 선보이고 있다. 최근 상용화를 시작한 배달의민족의 실내 배달용 자율주행 로봇 '딜리타워'는 라이더가 고객을 대면할 필요 없이 건물 1층까지만 음식을 배달하면 되도록 했다. 이후에는 딜리타워가 엘리베이터를 타고 주문한 고객이 있는 층까지 찾아가 음식을 전달한다. 이전에는 보안상 건물에 외부인 출입이 제한되거나 절차가 복잡한 경우가 많아 라이더들이 1층에서 대기하며 버려지는 시간이 많았다. 이 시스템의 도입으로 라이더들은 주문자를 기다리지 않고 곧바로 다음 배달을 진행할 수 있게 됐다. 이용자 입장에서는 배달 시간 단축이라는 가장 큰 혜택과 음식을 받으러 가는 번거로움이 해소되고 비대면 배달로 인해 사무 및 생활 공간의 보안이 강화된다는 이점이 있다.

소비자 입장에서 휴대폰을 변경하는 것은 설레면서도 한편으론 귀찮은 일이다. 직접 매장을 찾아가야 하고, 또 기기를 받기까지 기다리는 시간도 만만치 않다. 이를 해결하기 위해 SK텔레콤은 소비자가 온라인에서 주문하는 즉시 SKT 매장 직원이 직접 고객을 찾아가는 '바로도착' 서비스를 시작했다. 고객이 SK텔레콤의 온라인몰인 T 다이렉트샵에서 휴대폰을 주문하면 AI가 고객과 가장 가까운 인근 SKT 매장을 매칭해주고, 해당 매장에 근무하는 직원이 즉시 고객을 찾아가는 일종의 컨시어지concierge 서비스라고 할 수 있다.

많이 간편해졌다고는 하지만, 모바일·인터넷뱅킹에는 여전히 번거로운 점이 많다. 케이뱅크·카카오뱅크와 같은 인터넷 전문은행의 등장과 함께 공인인증서로 악명 높던 한국 뱅킹 업계에 변화의 바람이 불고 있다. 법이 개정돼 비밀번호만으로 로그인을 할 수 있게 되면서, 이제는 거의 모든 은행에서 생체 인식만으로 접속이 가능할 만큼 기술도 발전했다. 무엇보다 산재되어 있던 앱들을 통합해 은행 업무를 비롯한 카드 업무와 앱카드까지 모든 은행 업무를 하나의 앱에서 처리할 수 있는 풀 뱅킹 서비스를 누리게 됐다. 선택이 아닌 생존을 위한 필수 전략이 된 DT를 은행들이 재빠르게 시도한 결과다. 규제와 관행으로 좀처럼 개선되지 못하던 국내 핀테크 역시 고객경험 혁신을 위해 고군분투 중이다.

2. 플러스 전략: 새로운 접점을 추가하라

끊김 없는 경험에는 롱테일 법칙이 작용한다. 하나하나로 보면 미미할지라도 그것들을 모두 합하면 매우 큰 영향력을 갖게 된다는 롱테일 법칙은 소비자들의 구매 여정을 재점검하고 새로운 점들을 채워나갈 것을 권유한다. 미미하고 사소한 경험에 주목해 새로운 접점을 찾아야 하는 것이다.

코로나19 이슈로 최대 위기를 겪고 있는 오프라인 산업들은 디지털 트랜스포메이션을 감행하며 한계에 부딪힌 오프라인 접점을 온라인으로 옮기고 있다. 예컨대 갤러리와 전시회 분야는 사회적 거리두기가 장기화되면서 집객 시설 제한에 따른 위기를 새로운 접점을 모색함으로써 돌파하고 있다. 라이브 커머스의 인기가 날로 높아지는 추세에 맞춰 그림 역시 온라인 경매로 거래가 이루어지고 있다. 정해진 시간에 유튜브 채널에서 실시간 경매를 진행하는 방식이다. SNS 팔로워 3만 명을 거느린 작가 잭슨심은 기성 화단의 관성을 깨고 인스타그램과 유튜브를 통해 수시로 신작을 공개하는 것으로 유명하다. 인스타그램에서 작가의 작업 과정을 지켜보는 팔로워들은 작가와 신뢰가 쌓여 실물을 보지도 않고 그림을 주문한다. 일상의 접점들이 구매로 전환되는 것이다. 개인전 역시 라이브 송출로 실시간 스트리밍 방식을 택한 잭슨심은 '라이브 드로잉쇼'라는 신개념 퍼포먼스로 고객들에게 그림을 감상하는 새로운 경험까지 선사하고 있다.

그동안 저주받은 기술로 치부되던 AR·VR 기술이 코로나19 시대 원격 서비스에 대한 수요와 함께 성장하면서 접점 기획에 활용되고 있는 모양새다. 특히 자동차 업계가 새로운 기술을 이용해 고객과의 접점을 늘리는 데 적극적이다. 기아자동차가 출시한 증강현실 앱 '기아 플레이 AR'을 이용하면 고객이 언제 어디서든 본인이 찜해놓은 차량을 모바일로 소환해 자세히 살펴볼 수 있다. 태블릿이나 모바일만 있으면 식탁 위에 실감 나는 쏘렌토를 올려놓고 외장 색상과 휠을 바꾸며 각종 옵션을 추가하는 등의 가상 경험이 가능하다. 교체 주기가 긴 소비재에 속하는 자동차는 그 특성상 구매 이벤트가 있어야만 고객의 흥미를 모을 수 있었는데, 이제는 AR 기술을 이용해 고객의 참여를 높일 수 있게 됐다.

모바일 쇼핑은 시공간의 제약이 없어 편리하지만 직접 경험할 수 없다는 한계가 있다. AR·VR 기술은 이 한계를 뛰어넘을 수 있는 가장 좋은 대안이다. 롯데홈쇼핑은 VR을 활용해 실제 매장에 있는 것처럼 쇼핑할 수 있게 해주는 VR 스트리트 서비스를 운영 중이다. 2020년 8월, 누적 이용 건수가 440만 건에 달하며 지속적으로 증가하고 있다. 특히 코로나19가 확산된 이후 4개월간(2020년 3월 1일~6월 30일)의 서비스 이용 고객이 50%가량 증가하고 매출도 전년 동기 대비 3배나 상승했다.[7] 신세계TV쇼핑은 KT와 함께 홈쇼핑 가상현실 피팅 서비스를 시작했다. 소비자의 성별과 신체 사이즈를 적용한 아바타에 방송 중인 상품을 입히고 360도 돌려가며 핏을 확인할 수 있어 마치 직접 착용한 것과 흡사한 피팅 결과를 알 수 있다.

새단장을 마친 올리브영 명동 플래그십스토어에는 증강현실 서비스를 통해 가상 염색 체험이 가능한 '헤어 컬러링 바'가 있다. 강남본점의 경우 스마트미러가 고객의 피부 상태를 측정한 후 적합한 화장품을 추천해주는 서비스를 제공한다. 고객이 구입을 목적으로 매장을 방문하는 것이 아니라 튀는 컬러로 가상 염색을 해보고 칙칙해진 피부 상태를 점검해볼 겸 지나가는 길에 쓱 들어올 수 있게 만드는 것, 이것이 바로 소비자와의 관계를 형성하기 위해 접점을 추가하는 CX 전략이다.

3. 곱하기 전략: 데이터를 곱해라

고객 접점과 개인 정보가 만났을 때 CX는 막강해진다. 소비자들이 나를 위해 존재하는 브랜드라는 생각을 갖게 되면 그 브랜드와의 좋은 관계가 시작되고, 나아가 유니버스도 공유되기 시작한다. 데이터를 활용한 소리 없는 고객경험 지원은 충성 고객으로 가는 보이지 않는 징검다리를 놓아준다.

로레알은 '페르소Perso'라는 개인 맞춤형 화장품 디바이스를 발표했다. 세계 최대 IT·가전 전시회인 CES2020에 전통 화장품 기업이 참가한 것만으로도 화제에 올랐던 로레알은 첨단 기술을 이용한 소비자 맞춤 제품을 선보임으로써 다시 한번 세계를 리드하는 소비재 기업으로서의 위상을 확인시켜주었다. 사용자 피부에 정확히 들어맞는 화장품 포뮬러를 즉석에서 만들어주는 이 기기는 정통 제조산업이 디지털 트랜스포메이션을 통해 서비스업으로 전향하는 과정을 보여준 사례다. 사용자가 앱을 통해 사진을 찍으면 AI가 그날그날의 피부 상태와 주름 상태, 대기질과 자외선 지수, 공해 및 오염도, 최신 트렌드 등을 분석해 정보를 디바이스로 보내고, 디바이스는 최적화된 스킨이나 로션을 즉석에서 만든다. 그동안 본인의 피부톤보다 밝거나 어두운 화장품이 고민이었거나 제품마다 상이한 커버력 때문에 사용해보지 않으면 알 수 없는 화장품 때문에 고민이었던 소비자들에게 혁신적인 결과를 선사했다. 뷰티 테크 기업으로 거듭나고 있는 로레알의 이러한 도전은 다음 제품을 손꼽아 기다리는 팬층을 형성하며 CX 유니버스의 효과를 톡톡히 누리고 있다.

이슈몰이에 그칠 줄 알았던 화제의 무인 슈퍼마켓, '아마존 고'는 온·오프라인 쇼핑을 결합해 기존 유통시장의 변화를 꾀하며 미국 내 공항과 극장가로의 진출을 계획하고 있다. 가상 쇼핑카트·전자영수증 등 신기술을 총망라해 취합한 고객의 구매 습성·빈도·주기·결제 금액 등의 데이터를 '스마트 데이터'로 활용하며 소비자에게 디지털 경험을 쌓아갈 수 있도록 하고 있다.

전망 및 시사점

답은 스몰데이터에 있다

●

애플이나 삼성 브랜드를 맹목적으로 추종하는 고객을 '애플빠'·'삼성충'으로 낮춰 부르기도 한다. 하지만 이런 팬덤의 존재는 그 업계에서 성공적인 CX 유니버스를 구축한 브랜드에게 주는 훈장으로 여겨도 좋을 것이다. 브랜드의, 나아가 그 기업의 세계관을 이식받은 고객들은 그 브랜드가 자신의 삶을 윤택하게 할 뿐 아니라 정서적 만족감을 높여준다는 믿음을 갖게 된다. 그리고 더 많은 제품을 사용하면 할수록, 더 잦은 서비스를 겪으면 겪을수록 그 세계관은 더욱 공고해지고 재방문과 반복 구매로 이어지며 **'디드로 효과'**를 불러온다.

나아가 자발적으로 정보를 확산하는 팬슈머로까지 발전할 수 있다. 고객에게 베푼 경험 혁신이 결국 고객을 다시 불러들인다는 CX 사이클 이론이다.

고객이 말해주지 않는 애로 사항을 발견하고, 본인도 잘 모르는 구매 의사 결정 과정을 정확하게 파악할 수 있는 가장 좋은 도구는 데이터다. 고객은 말해주지 않아도 데이터는 말해주기 때문이다. 지난 10년간 귀가 따갑도록 들어온 빅데이터는 방대한 투자에 비해 효율성이 떨어지고 있는 실정이다. 빅데이터 기술과 분석에 많은 투자를 하고 있지만 항상 성공하는 것은 아니며, 실제로 빅데이터 기술의 평균 수익률은 달러당 55센트에 불과하다는 결과도 보고된 바 있다.[8] 뿐만 아니라 많은 데이터를 외부에서 쉽게 구할 수 있는 시대가 되면서 빅데이터와 함께 소비자경험 개선 솔루션으로서의 '스몰데이터'도 주목해야 한다.

디드로 효과 Diderot Effect
프랑스 철학자 드니 디드로Denis Diderot가 에세이 〈나의 오래된 가운을 버림으로 인한 후회Regrets on Parting with My Old Dressing Gown〉에서 처음 언급한 용어로 하나의 물건을 갖게 되면 그 물건과 어울리는 다른 제품들을 계속해서 구매하게 되는 연쇄 소비 현상을 말한다. 이런 소비는 물건의 기능보다 정서적·문화적 통일성을 추구하는 심리에 기인한다.

스몰데이터는 지극히 개인적인 데이터로서 일반화하기보다는 특징 자체에 가치를 두는 행태 데이터를 말한다. 개인 식별 데이터의 추적 관리와 같은 스몰데이터가 CX에서는 빅데이터보다 더 큰 효과를 창출한다. 그보다 한 단계 더 들어간 심층 데이터를 씩데이터Thick Data라고 부르는데, 이는 소비자의 일상적인 정서적 삶에 대한 통찰력을 제공하는 질적 정보로, 빅데이터가 보지 못하고 간과하는 정보들을 포착하기 위해 연구된다. 경험 데이터로서의 씩데이터는 라이프스타일에서 나오는 개인화된 데이터를 다루기 때문에 빅데이터에서 배제됐던 소비자들의 감성 DNA를 발견할 수 있다. 인간은 뇌뿐 아니라 몸으로도 생각한다. 생활 습관을 면밀히 들여다보고 사소한 행동에서 나오는 정보를 감정이라는 변수를 대입해 풀어내야 한다. 빅데이터가 DT의 전유물이라는 생각을 버리고 데이터 성격에 따라 세분화하여 마치 탐정이 단서를 찾듯이 작은 규모의 데이터에서 인사이트를 얻기 위한 노력을 기울여야 한다. CX는 바로 그 단서를 발견하기 위한 가장 좋은 툴이다.

컴퓨터 소프트웨어 개발 회사에서 디지털 트랜스포메이션, 특히 CX를 선도하는 기업으로 거듭나고 있는 어도비Adobe는 해마다 디지털 트렌드 보고서를 발표하고 있는데, 그들이 내놓은 〈2020 디지털 트렌드Digital Trends 2020〉에 의하면 2019년 CX를 주도한 기업 5곳 중 2곳(40%)이 목표치를 초과하는 성과를 보인 반면, CX에 투자하지 않

빅데이터와 씩데이터의 비교

	빅데이터	씩데이터
분석 대상	소비자 행동 결과	소비자 행동 원인과 동기
영역	수학·분석Analytics의 영역	인문·사회과학의 영역
수집 방법	기계적 정보 수집	사람이 직접 수집
분석 방법	객관적 분석	추리와 파악
핵심 가치	볼륨(양)과 속도	통찰
알고리즘	머신러닝	휴먼러닝

았던 기업 중 사업 목표를 달성한 곳은 13%에 그쳤다. 또한 아태 지역 기업 5곳 중 1곳(19%)은 2020년 가장 주목하는 사업으로 CX 향상을 선택했고, 절반 이상(57%)은 CX 지원에 대한 기술 투자를 높이겠다고 답변했다.[9]

이제 CX 혁신을 추구하는 기업들은 디지털 역량 제고와 나아가 디지털로의 전환에 전사적 노력을 기울여야 한다. DT를 이용한 CX 개선은 재구매 고객 확보에 도움을 준다. 경영 컨설턴트 마이클 르뵈프Michael Leboeuf는 일반적으로 기업에 만족하지 못한 고객의 4%만이 그 불만을 이야기하고 나머지 96%는 그냥 조용히 떠나며, 그 가운데 91%는 다시 돌아오지 않는다고 했다.[10] 다시 한번 강조하지만 DT를 통해 달성해야 하는 가장 큰 목표는 CX 혁신이다.

CX는 능동적이다. 예방적으로 문제를 해결하며 고객이 깨닫기 전에 만족시켜야 하는 선행성을 갖고 있다. 충성 고객이 사라진 시대, CX는 고객충성이라는 황금알을 낳을 수 있는 거위다. 혁신적인 고객경험은 재방문 및 반복 구매의 CX 사이클을 확대하며 거대한 브랜드 세계관인 유니버스를 구축하게 된다. 마블이 구축한 수많은 슈퍼 히어로들의 세계, 그것을 관통하는 세계관인 마블 유니버스처럼 팬덤을 만들고 고객이 브랜드와 함께 원하는 세계를 확장해나가는 즐거움을 누리고 싶다면, 2021년을 CX 고객경험 혁신의 원년으로 삼아야 할 것이다.

'REAL ME': SEARCHING FOR MY OWN LABEL

R

레이블링 게임

나를 꽃으로 표현한다면 무슨 꽃일까? 혹은 색깔이라면, 브랜드라면? 최근 다양한 유형의 자기진단 테스트가 인기다. MBTI · 꼰대레벨 · 학과 테스트 등 각종 자기성향 유형화 테스트가 급격히 유행하는 것은 다원화된 현대사회에서 '찐(진짜)' 자아를 찾으려는 현대인의 갈구로 해석할 수 있다. 한 사람이 여러 개의 정체성을 동시에 갖는 '멀티 페르소나'의 시대, 한 사람에 대해서도 맥락에 따라 다양한 큐레이션을 실시하는 '초개인화'의 시대에 "나는 누구인가?"는 스스로도 대답이 쉽지 않은 질문이 됐다.

사회적 접촉이 현격히 줄어들며 실존적 불안을 가중시키는 팬데믹 시대의 현대인이 '내 안의 나', 자기정체성을 찾는 과정을 일컫는 '레이블링 게임Labeling Game'이라는 용어를 새롭게 제시한다. 이는 자신에게 스스로를 규정하는 딱지를 붙인다는 의미로서, "자기정체성을 특정 유형으로 딱지(레이블)를 붙인 뒤, 해당 유형이 갖는 라이프스타일을 동조 · 추종함으로써 정체성의 불확실성을 해소하려는 게임화된 노력"을 말한다. 레이블링 게임은 현실의 자아를 확인해줄 뿐 아니라 타인과의 공유와 비교를 통해 '자기정체성 찾기' 놀이로 진화하기도 한다. 나의 정체성에 대한 고민이 일상에서 소비의 즐거움으로 치환되는 것이다.

소비 사회를 사는 현대인에게 자아란 단지 철학적 영역에 머무르지 않는다. 이제 소비자들은 각종 테스트를 통해 자기정체성을 확인하고 이에 따라 자기 유형에 맞춘 소비를 하게 됐다. 과거에는 자신을 표현하기 위해 자기정체성에 맞는 브랜드를 선택했다면, 이제는 "이런 브랜드를 구매하는 걸 보니 나는 이런 사람"이라는 역의 인과관계가 성립하는 것이다. 레이블링 게임이 우리 산업에 의미하는 바는 이제 브랜드는 브랜드 정체성과 타깃 고객의 자기특성이 정확히 들어맞는다는 느낌을 줄 수 있어야 한다는 점이다. 소비자와 쌍방향으로 소통하며 자발적인 정체성의 동일시를 이룰 수 있을 때, 새로운 트렌드를 이끄는 브랜드로 성장할 수 있을 것이다. 분명 쉬운 일은 아니지만, 브랜드의 미래는 바로 이 동일시에 달려 있다.

"이성에게 고백하던 순간, 특별했던 여름휴가, 맛있는 음식 등, 추억이 담긴 사진을 보고 내가 느끼는 감정은 무슨 색깔일까?"

인간의 감정을 색깔로 추출해 전시하는 이색적인 체험 행사가 열렸다. 서울 우란문화재단 전시장에서 진행된 '랜덤 다이버시티Random Diversity' 전시의 일부다. 인공지능을 활용한 감정 분석 실험으로 체험자가 본인이 가져온 사진을 보고 특정 감정이 떠오를 때 뇌파와 안구의 움직임을 측정한 뒤, 감정을 분석하는 감성 컴퓨터Emotion AI 기법을 사용해 해당 감정의 색깔이 무엇인지 알려준다. 특정 사진을 바라볼 때 가장 강렬하게 반응한 색깔들이 검출되고, 컴퓨터와 연결된 기계가 해당 색깔의 액체 색소를 플라스크로 쏟아내 섞은 후 추출하는 방식이다. 사전예약제로 진행된 이 전시회는 예약이 어려워 소셜미디어상에 암표까지 등장할 정도로 뜨거운 인기를 누렸다.[1] 더 이상 만날 수 없는 할머니, 인생에서 뜻깊었던 여행지 등 내가 갖고 있는 사진에서 느껴지는 나의 감정을 색으로 치환해 소유할 수 있다는 특별함이 사람들의 발길을 모은 것이다. 특히 자기가 좋아하는 아이돌에 대한 애정을 색으로 뽑아내 간직하고 싶은 팬들의 입소문이 전시의 인기를 한층 더 뜨겁게 만들었다.

컴퓨터가 기분까지 분석해 나를 색깔로 표현해주는 시대다. 나의 기분을 가장 잘 아는 사람은 자신임에도 불구하고 내가 누구인지, 나는 어떻게 표현될 수 있을지 우리는 끊임없이 궁금해한다. 코로나19가 확산되기 시작하던 2020년 초, 전 세계의 우려와 공포가 커져가고 있을 때 한국에서는 '나만의 꽃 심기'라는 검색어가 네이버 검색 인기 순위 1위로 떠오른 적이 있다. 일부 여론에서 검색 조작이라는 말이 나올 만큼 팬데믹 상황과는 동떨어진 뜬금없는 주제가 갑자기 주목받은 것이다. 5분이면 간단하게 결과를 볼 수 있는 이 게임은, 자신의 성격과 성향을 찾아주는 일종의 심리 테스트였다. 잔잔한 음악과 함께 예쁜 그림으로 채워진 화면 속 화분에 무슨 씨앗을 심을지 고르는 것에서 시작해 몇 개의 질문에 답하면 해바라기·카네이션·벚꽃 등 본인을 나타내주는 식물이 등장하며 자신의 성향에 대한 묘사와 함께 본인에게 어울리는 스터디 친구 유형, 성향에 따라 집중이 더 잘될 수 있는 장소를 알려준다. 서로 어떤 식물인지를 공유하며 입소문을 타던 이 테스트는 한국에서 단 이틀 만에 약 800만 명이 참여할 정도로 인기를 끌었다. 최고 동시 접속자 수가 7만 명에 달해 서버 접속이 지연될 정도였다.[2]

이뿐만이 아니다. 코로나 사태로 사회 전체가 불안에 떨던 와중에, 'MBTI 테스트'를 필두로 '꼰대레벨 테스트'·'대학교학과 테스트'·'샌들로 성격 테스트' 등 다수의 자기진단 심리 테스트들이 인기를 끌며, 자신의 성격 유형을 분석해 인증하는 과정이 유행처럼 퍼졌다. 테스트 결과가 확실한 정답이 아니라는 것을 알지만 게임을 통해 또 다른 자신의 모습을 발견할 수 있는 이러한 유행은, 질병에 대한 공포를 잠시 잊게 해준 하나의 놀이였다고 해석할 수 있다.

하지만 의문은 여전히 남는다. 사람들은 왜 자기 자신을 규정하는 테스트에 그토록 열광하는 것일까? 『트렌드 코리아 2020』에서 설명했던 '멀티 페르소나' 개념이 일부 대답이 될 수 있을 것이다. 디지털 다매체 시대의 현대인들이 너무 많은 '나' 속에 묻혀 있기 때문이다.

페이스북·인스타그램·블로그·트위터 등 각각의 자신을 다르게 표현하는 매체 속에서 길을 잃어버리기도 하지만, 자신과 대면하는 순간에는 스스로의 정체성을 다시 찾고 싶어 한다. 내 안의 다양한 페르소나의 등장은, '나'라는 진짜 존재에 대한 궁금증을 더욱 커지게 만들었고, 그 결과 내 안의 '진짜 나'를 찾는 정체성 놀이가 중요해졌다는 것이다.

한 사람이 여러 개의 정체성을 동시에 갖는 '멀티 페르소나'의 시대, 한 사람에 대해서도 맥락에 따라 다양한 큐레이션을 실시하는 '초개인화'의 시대에, "나는 진정으로 무엇인가?"는 스스로도 대답하기 쉽지 않은 질문이 됐다. 사회적 거리두기로 혼자 지내는 시간이 늘어나면서 "나는 누구인가?"에 대한 대답을 타인과의 관계를 통해서가 아니라, 스스로 찾아야 하는 상황이 만들어졌다. '진짜 나'를 찾으려는 현대인의 고민이 깊어지는 가운데 어떤 '검사'를 통해 객관화된 나를 발견할 수 있다면 귀가 솔깃하지 않을 수 없다.

이에 『트렌드 코리아 2021』에서는 실존적 불안을 가중시키는 팬데믹과 디지털 기술 시대의 현대인이 '내 안의 나', 자기정체성을 찾는 방법으로 '레이블링 게임Labeling Game'이라는 용어를 새롭게 제안한다. 레이블label이란 '사물의 정보를 표시하는 표, 혹은 사람의 성격을 묘사하는 딱지' 등을 의미한다.[3] 따라서 레이블링 게임이란 "자기정체성을 특정화된 유형으로 딱지(레이블)를 붙인 뒤, 해당 유형의 라이프스타일을 동조·추종함으로써 정체성의 불확실성을 해소하려는 게임화된 노력"을 말한다. 말하자면 멀티 페르소나 시대의 유동적 정체성을 고형화하기 위한 스스로의 자구책인 셈이다. 레이블링 게임

출처: 널 위한 문화예술, seekrtech

●●● 내가 예술가라면 누구와 가장 비슷할까? 내가 꽃이라면 어떤 꽃일까? '나를 닮은' 대상을 찾는 각종 심리 테스트가 봇물을 이루고 있다.

은 현실의 자아를 확인해줄 뿐 아니라 타인과의 공유와 비교를 통해 '자기정체성 찾기' 놀이로 진화하기도 한다. 나의 정체성에 대한 고민이 일상에서 소비의 즐거움으로 치환되는 것이다.

각종 테스트가 묻는다. 당신의 특성은 어떻게 유형화되는가? 그 특성에 따라 당신은 어떤 라이프스타일을 갖고 어떤 소비를 할 것인가? 당신은 도대체 누구인가?

레이블링 게임의 개념

레이블링: 타자의 시선으로 자신을 유형화하기

인간은 자신의 정체성이 늘 궁금하다. 동서양의 신화·민담·전래동화의 근원을 따라 들어가다 보면, 늘 "나는 누구인가?"라는 정체성의 질문에 닿는다. 그런데 디지털 커뮤니케이션이 극도로 발달한 현대

사회에서는 이 질문이 가진 함의가 더욱 복잡해진다. 디지털 매체의 영향으로 '나'라는 정체성이 알게 모르게 타인의 영향을 받으며 조정되기 때문이다. 원래 본인이 SNS에 올리려고 했던 글이나 사진을 방문자의 댓글을 보고 그들의 기대에 맞춰 변형하거나 포기한 경험이 있을 것이다. 그렇게 타자의 시선에 맞춰 게시물을 올리기 시작하면, SNS 방문자들은 나의 정체성을 그렇게 인식하게 되고, 종국에는 스스로도 자신을 그런 사람으로 인정하게 된다. 이런 현상이 오랜 기간 반복되면 자신이 추구했던 본래의 자기와 외부로 표현되고 인정받는 자기가 점차 동떨어지게 되며 정체성 혼란이 가중될 수 있다.

자기 이미지에 대한 의문은 비대면 계정이 많아질수록 심화된다. SNS 유형이 다양해지고 온라인 플랫폼의 특성도 각기 달라지면서 이러한 정체성의 위기는 높아질 수밖에 없다. "나인가? 계정인가?" 혹은 "계정 속의 나는 진짜인가?" 이러한 질문에 대해, 타인의 기대가 나의 자아상에 영향을 끼치는 현상을 연구한 미국의 사회학자 찰스 쿨리Charles Cooley는 '거울 자아 이론'을 제시한 바 있다. 거울 자아 이론이란, 한 개인이 거울 속 자신의 모습을 보는 것처럼 다른 사람들이 바라보는 자신의 모습, 혹은 다른 사람들이 기대한다고 생각되는 모습을 자기 모습의 일부분으로 흡수하여 개인의 자아상을 형성해간다는 이론이다.[4] 이렇듯 우리는 알게 모르게 타자의 영향을 받는다.

문제는 나를 바라보는 타자의 시선이 중구난방이라는 점이다. 가뜩이나 혼란스러운 정체성이 더욱 규정하기 어려워지는 것이다. 그 결과 현대인은 자신을 설명하는 하나의 표식, 즉 레이블을 원하게 된다. 그것이 심리 이론에 입각한 과학적 검사든, 그냥 재미로 보는 간단한 테스트든 말이다.

게임: 놀이로 정체성 찾기

코로나19 이후, 사람들은 비자발적으로 사회생활에서 거리를 두게 됐다. 삼삼오오 모여서 함께 즐기던 일들이 줄어들면서 갑자기 혼자 일하고, 혼자 놀아야 하는 상황에 직면했다. 모두가 사회에서 소외되는 불안을 느끼게 되면서 사람들은 스스로가 통제할 수 있는 일상에서의 작은 즐거움을 추구하기 시작했다. 커피 믹스 가루를 몇 백 번 이고 저어 달고나 커피로 만들기 같은 것이 대표적인 예다. 놀이로 불안을 극복하기 시작한 것이다.

'놀이'를 심도 있게 연구한 네덜란드의 역사학자, 하위징아Johan Huizinga는 놀이의 핵심을 "즉각적으로 만족되어야 하는 욕구를 넘어서는 것"으로 정의한다. 그는 인간 문명의 발달이 과학이나 이성의 힘이 아닌 '놀이의 힘'으로 이뤄진다고 생각하며 인간이 '놀이'를 통해 본인의 가치 증명을 이뤄내는 것에 주목했다. 특히 현대인들은 이러한 **'호모 루덴스'**로서의 특성이 더욱 분명하다. 디지털 기술의 발전으로 더욱 진화한 게임 때문이다. 그런데 집콕시대가 본격화된 이후에는 '나'를 대신하는 게임을 향해 그 놀이의 열정이 집중되고 있다. 다시 말해서 게임의 종류가 무척 다양해지는 가운데, 그중에서도 '내 안의 나', 즉

호모 루덴스 Homo Ludens
네덜란드의 문화사학자 요한 하위징아(1872~1945)가 제창한 개념으로, '노는 인간' 또는 '놀이하는 인간'이라는 뜻이다. 그는 저서 『호모 루덴스』(1938)에서 놀이는 문화의 한 요소가 아니며 문화 그 자체가 놀이의 성격을 가지고 있다고 역설했다.

정체성을 표현하는 놀이가 주목받고 있는 것이다.

일반적으로 놀이는 상호 합의된 규칙을 기본으로, 하나 이상의 참여자와 함께하는 성격을 갖고 있다. 과거의 놀이는 윷놀이나 포커처럼 타인과 함께 승부를 가르며 능력을 보여줄 수 있는 성격이 강했다. 그러나 최근의 놀이, 특히 일반적으로 비디오게임이라고 불리는 게임의 영역에서는 '자기투영성'이 강조된다. 예를 들면, '내'가 슈퍼마리오의 입장에서 모험을 떠나기도 하고, 전사가 되어 나타나는 적들을 총으로 해치우는 식이다. 게임이라는 도구의 특별한 힘은 플레이어의 자발적인 참여와 능동적인 경험을 통해 그 과정이 실체적 현실이 된다는 점이다.[5] 이 때문에 자기투영적 게임을 통해 현실을 가상 세계에서 시뮬레이션해보고, 그 과정에서 자기 확신과 안정을 얻으려는 이들이 점점 증가하고 있다. 현실에서 따르는 책임과 의무에서 벗어나, 게임 속에서의 관계를 통해 자유와 재미 그리고 허구적 상상을 따르며 본인의 자아정체성을 찾고자 하는 것이다.

일상생활 속에서 게임을 즐기는 인구가 폭발적으로 늘어나면서, 놀이는 폐쇄된 가상 세계에 머물러 있기를 거부하고 더 넓은 세상으로 빠르게 파고드는 진화의 양상을 보이고 있다. 단지 게임 자체에 그치지 않고, 교육·마케팅·홍보 등 각종 영역에서 디지털 매체의 게임적 사고·기법·전략을 활용해 사용자를 몰입시키고 문제를 해결하는 역할을 담당하게 된 것이다. 이를 게임화 혹은 **게이미피케이션** gamification이라고 하는데, 지금까지 놀이

게이미피케이션gamification
게임이 아닌 분야에 대한 지식 전달, 행동 및 관심 유도 혹은 마케팅 등에 게임의 메커니즘, 사고방식과 같은 게임의 요소를 접목시킴으로써 소비자나 참여자의 관심을 유발하고 몰입도를 높이는 것을 말한다.[6]

로 인식되지 않았던 다양한 분야들을 게임으로 확장하는 현상을 지칭한다. 그 결과, 나를 찾아 떠나는 '레이블링' 여행의 무궁무진한 원동력으로 '게임'이 적극적으로 활용되고 있다.

레이블링 게임의 과정

그렇다면 레이블링 게임은 어떻게 이뤄지는가? 다시 말해서 자기를 유형화하고 규정하는 놀이는 어떤 과정과 방법을 통해 이루어지는가? 크게 세 가지 단계로 나누어 살펴볼 수 있다.

1. 계량화하기

자신을 레이블링하는 첫 번째 단계는, 여러 테스트를 통한 데이터로 스스로를 계량화해 유형을 도출하는 것이다. 구체적으로는 자신에게 맞는 항목에 응답하면서 점수를 부여하고 그 결과를 토대로 자신의 성격이나 특성에 대한 카테고리를 나누는 방식을 취한다. 그 중 가장 유명한 것이 2020년 내내 화제였던 MBTI 테스트다.

MBTI는 '마이어스-브릭스 유형 지표Myers-Briggs Type Indicator'의 약자로, 스위스 정신분석학자인 카를 융Carl Jung의 심리유형론을 토대로 만들어진 성격유형 검사 도구다. 외향-내향(E-I), 감각-직관(S-N), 사고-감정(T-F), 판단-인식(J-P)이라는 네 가지 반대되는 선호 지표를 조합해 성격 유형을 16가지로 분류해준다. 2020년 젊은이들 사이에서 이 MBTI 테스트 받기 열풍이 불었는데, MBTI에 대한 젊은 층의 관심이 높아지자 카카오는 카카오메이커스를 통해 MBTI 결과를 인쇄한 티셔츠 16종을 판매하는 발 빠른 마케팅을 선보였다. 이 티셔츠에는 MBTI 유형과 함께 해당 유형을 나타내는 대표 키워드가 로고처럼 박혀 자신이 어떤 유형의 사람인지 인증하는 매개체 역할을 했는데 채 일주일도 안 돼 완판을 기록하고 2차 판매까지 이어지는 성황을 이뤄 MBTI 검사의 인기를 확인시켰다.[7]

50만 명에 가까운 참여자를 기록한 꼰대레벨 테스트, 일명 KKDTI도 이러한 '자기계량화'의 한 예다. MBTI를 익살스럽게 풀어낸 KKDTI는 'Kkon Dae Type Indicator'의 약자로 크리에이터 집단 르르르가 대학내일 20대연구소의 자문을 받아 개발한 테스트다.[8] 내 안의 꼰대 성향을 알아보는 이 테스트는 약 40문항의 설문을 거치면 참가자의 꼰대력 레벨과 여덟 가지 꼰대 유형을 알려주는데, 이름만 들어도 대체로 성격을 알 수 있는 '만취한 장비', '조용한 암살자', '옹졸한 평화주의자' 등 유머스러운 작명으로 인기를 끌었다. 자신의 유형을 알고 나면 꼰대성에서 탈출하는 방법과 대처법까지 알 수 있어 그동안 몰랐던 자신의 꼰대스러움을 되돌아볼 수 있는 기회를 제공한다.

유형이 아닌 점수로 본인을 검사하는 테스트도 있다. "MZ세대들이 사용하는 ㅈㅂㅈㅇ의 뜻은?"처럼 4지선다형 퀴즈 게임인 '트렌드 능력고사', 줄여서 '트능'이라고 불리는 검사가 대표적이다. MZ세대들 사이에서 널리 쓰이는 각종 유행어와 줄임말, 소비 패턴 등을 얼마나 이해하고 있는지 테스트해보는 시험이다. 테스트를 마치면 결과가 수능 점수처럼 제시되어 계량화된 본인의 트렌드 능력 지수를

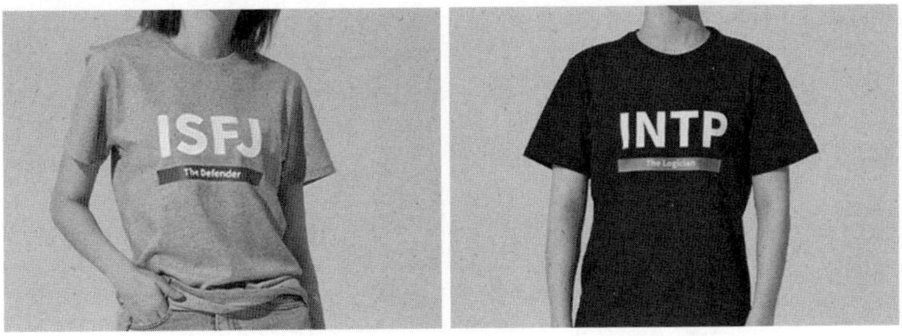

출처: 카카오메이커스

●●● "나 이런 유형이야." 심리 테스트가 유행하면서 굳이 말하지 않아도 나의 MBTI 유형을 알려주는 티셔츠가 인기를 끌었다.

파악할 수 있고 해당 점수의 집단이 어떤 유형인지까지 확인할 수 있다.

최근의 성격 유형 테스트들은 과거 혈액형이나 별자리로 성격을 구분하던 방식과 달리 보다 과학적이고 통계적인 접근 방식을 취하고 있어 자신을 되돌아보는 시험이자, 타인과 공감할 수 있는 일종의 힐링 테스트로 각광받고 있다.

2. 비유화하기

'인간 구찌', '인간 샤넬', '인간 디올'…….

인터넷 검색창에 인간 구찌나 인간 샤넬처럼 명품 브랜드와 인간을 조합한 결과물을 보면 유명 연예인들의 이미지가 쏟아져 나온다. 걸그룹 블랙핑크의 제니는 인간 샤넬, 수지는 인간 디올, 어떤 스타는 걸어 다니는 구찌 등의 표현과 스타들의 사진이 무성하다. 그렇다면 내가 명품이 된다면 과연 어떤 브랜드로 표현될 수 있을까?

사실 브랜드는 그 자체로 하나의 은유다. 소비 사회에서 내가 어떤 브랜드를 소비하느냐가 개인의 정체성을 찾는 과정이 되기 때문이다. 과거 화제가 됐던 영화 〈악마는 프라다를 입는다〉의 여주인공 앤디의 변화되는 모습이 대표적이다. 명품 혐오증을 가진 여주인공이 패션계에 발을 들인 후 자신의 정체성에 혼란을 겪다가 명품 소비를 받아들이며 완전히 다른 사람으로 변신하는데, 이를 통해 소비지향적인 현대사회에서 브랜드는 사치나 과시를 넘어 개인의 자기표현 수단이 될 수 있음을 보여주고 있다.

이러한 사례는 소비가 나를 남과 구별시킨다는 전제를 담고 있다. 그래서 나만의 매력이 브랜드로 쉽게 의인화될 수 있는 것이다. 이런 의인화를 통한 정체성 딱지 붙이기를 전술한 '계량화'에 대비해 '비유화' 방법으로 부를 수 있다. 하나의 비유를 통해 스스로의 특성을 찾아보려는 것이다.

"나와 닮은 예술가는 누구일까?"와 같은 예술 성향 테스트도 이러한 '내가 내세울 자원'으로서의 문화 자본을 확인하는 과정이다. "오랜만에 비가 내리는 여유로운 어느 주말, 당신은 어떤 것을 하겠는가?"라는 질문으로 시작해서 오랜만에 들른 서점에서 어떤 책을 살 것인지를 묻는 등 약 10개의 질문으로 구성된 이 테스트는 나와 닮은 예술가를 찾아주며 당신이 어떠한 사람인지를 묘사해준다. 단순한 묘사를 넘어 나를 특별한 사람으로 구분 지어주기까지 하는데, 예를 들어 누군가의 예술가 유형이 '마크 로스코'가 나온다면 이 유형의 사람에게 강력한 한 줄의 카피를 날린다. "침묵은 정확하다", "수백 가지 말보다 하나의 깊은 통찰로 사람들의 감정을 흔드는 당신! 추상 표현주의의 거장 '마크 로스코'를 닮았군요"와 같은 문장으로 그 사람의 유형을 심리적으로 파고드는 것이다. 이렇게 참가자만의 예술적 감각을 설명해주며 세상을 바라보는 남다른 관점을 인정해주고 자신만의 독창성을 표현해주는 문장을 통해 자기정체성을 더 깊게 느끼도록 해준다. 프리다 칼로, 데이비드 호크니, 앙리 마티스까지, 세계적인 예술가들과 나의 유사성을 통해 숨겨왔던 내 안의 예술 감각을 발견하며 나를 표현하는 레이블 하나를 추가하게 된다.

3. 공유하고 확인받기

테스트를 통한 계량화나 비교를 통한 비유화를 통해 자신을 레이블링하고 나면, 그다음으로 그 결과를 타인과 공유하고 확인받는 과정이 이어진다. 테스트 결과 페이지들에는 어김없이 '페이스북·인스타그램·트위터 등에 공유하기' 버튼이 있다. 버튼 하나만으로 SNS에 쉽게 접속하여 주변 친구들에게 내 성향 테스트 결과를 공유할 수 있도록 한 것이다. 사람들은 "난 선인장이 나왔어", "프리다 칼로가 나왔어" 하며 자신의 결과를 자발적으로 여러 SNS에 올린다. 자신을 나타내는 지표를 공유하며 서로 공감을 구하는 것이다. 인스타그램에서 '#심리테스트'를 검색하면 무려 3만 건이 넘는 관련 내용이 등장할 정도로 관심이 뜨겁다.

한편, 심리 테스트의 핵심은 결과의 공유에 있기 때문에 SNS에 공유할 만한 요소가 없는 심리 테스트는 인기를 끌지 못한다. 심리 테스트를 하는 이유로는 심리 테스트의 결과에 대한 호기심도 있지만 이를 공유하는 재미도 있기 때문이다. 결과를 확인하는 순간보다 자신의 결과를 올리고 이에 대한 댓글을 확인하는 순간이 더 기다려지고 흥미롭다. 나에 대한 테스트 결과를 SNS에 올리는 과정이 놀이 안에 포함된 가장 중요한 요소인 것이다. 자신의 또 다른 모습을 나눈다는 의미도 있고, 자신감을 드러내는 수단이기도 하며, 나와 다른 성향의 사람들과 대화를 이끄는 과정이 되기도 한다. 나아가 인스타그램에서 심리테스트들은 '좋아요', '댓글' 등을 통해 마케팅 인플루언서든 일반인이든 서로의 관심을 공유하면서 심리 테스트의 긍적적 피드백 루프loop는 더 깊어진다.

소비로 표현되는 레이블링 게임

현대인의 자아 찾기는 이제 철학의 영역에만 머무르지 않고 소비의 영역으로 넓혀가고 있다. 현대 소비 사회를 사는 소비자들에게 자아란 성찰보다는 소비로부터 규정되기 때문이다. 그렇다면 이러한 레이블링 게임은 현대인의 소비에 어떠한 영향을 주고 있을까?

사실 상품이 기호적인 의미를 갖는 현대 소비 사회에서 우리는 필요에 의해 상품의 '기능'만을 소비하지 않으며, 자신의 욕망을 충족하는 '의미'를 구매한다는 점은 여러 학자에 의해 지적돼왔다. 실제로 우리는 자신을 표현하기 위해 자기정체성에 맞는 브랜드를 선택하고 주머니 사정을 초과하는 고가품을 구매하며 유행을 추종한다. 그런데 최근 이 인과관계가 뒤집어지는 현상이 관찰되고 있다. 다시 말해서 "나는 이런 사람이니까 이런 브랜드를 구매"하는 것이 아니라, "이런 브랜드를 구매하는 걸 보니 나는 이런 사람"이라는 인식을 갖는 역의 인과관계가 성립하고 있다는 것이다.

이처럼 자기가 소속하기를 희망하는 어떤 집단의 소비자가 구매할 것으로 여겨지는 상품을 자신도 구매함으로써 그 집단에 소속하고자 하는 욕망을, 프랑스의 기호학자 장 보드리야르는 '파노플리 효과Panoplie effect'라고 불렀다.[9] 어린아이가 경찰놀이 장난감 세트에 들어 있는 배지·수갑·권총 등을 사용하면 마치 경찰관이 된 것 같은 기분을 느끼듯이, 현대인들은 유명인들이 사용하거나 광고하는 브랜드를 구매함으로써 그들과 동류同類가 된 듯한 기분을 느낀다. 이처럼 파노플리(세트)를 이루는 특정 상품을 소비하면 그것을 소비할 것이라고 여겨지는 집단에 소속된다는 환상을 갖게 되는 것을 파노플리 효과라고 한다.

현대인의 소비는 알게 모르게 파노플리 효과의 영향을 많이 받아왔다. "유럽의 왕족, 특히 다이아나 황태자비가 애용했던 브랜드", "조선시대에는 임금님만 드실 수 있었던 진상품", "유명 연예인 ○○이 주로 사용하는 제품" 등과 같은 광고를 볼 때, 해당 상품을 구매하면 자신도 유럽 귀족·임금님·연예인과 같은 수준이 된 것 같은 느낌을 받는 경우다. 따라서 레이블링 게임에 입각한 구매 행위는 현대판 파노플리와 다를 바 없다.

이는 사실 오래 전부터 존재하던 현상이지만, 레이블링 게임이 지금까지의 파노플리 효과와 다른 점은, 소비자가 소속되고자 원하는 집단이 미묘하게 변화하고 있다는 것이다. 다시 말해서 예전에는 귀족이나 연예인처럼 자신이 선망하지만 현실적으로는 소속되기 어려운 집단의 구매를 따라 했다면, 이제는 자신의 개성을 가장 잘 표현해주는 집단, 그리고 얼마든지 내가 소속될 수 있는 집단의 소비를 공유하고자 한다. 하늘의 별처럼 손 닿기 어려운 곳에 있는 유명 스타보다 자신과 일상의 관심사를 공유하는 SNS의 미니 인플루언서가 소개하는 상품이 훨씬 더 큰 파급력을 갖는 이유도 여기에 있다. 과거의 파노플리 효과가 상향적·수직적이었다면, 레이블링 게임에서 발생하는 파노플리 효과는 상호적·수평적이다.

그런데 문제는 앞에서 설명한 것처럼 디지털 다매체 사회에서는 정체성이 액체처럼 흔들리면서, 나의 개성은 무엇이며, 내가 소속할 수 있는 집단은 무엇인가에 대한 자기 확신이 흔들리기 쉽다는 점이다. 이것은 전술한 멀티 페르소나 현상, 초개인화 마케팅, 코로나 사태로 인한 인간관계 축소 등과 후술할 현대인의 불안 문제가 복합적으로 작용한 결과다. 결국 나는 누구인가, 어떤 집단에 속하고 싶은가를 결정하기 위해 각종 테스트에 몰두하게 되고 해당 테스트 결과에서 나타나는 자기를 확인하고 공유하며, 나아가 그 특성에 맞는 브랜드나 소비 라이프스타일을 추종하게 됐다는 해석이 가능하다.

우리는 '나'라는 존재에 대한 확신을 느끼고 싶어 하지만, 그것을 자기모색으로부터 찾는 것이 아니라, 어떤 객관적 지표 혹은 타인의 인정으로부터 얻고 싶어 한다. 결국 레이블링 게임은 자신에 대한 성찰이 어려워지면서 데이터·테스트·비유 등을 통해 나를 정의하고자 하는 사회적 경향성의 표현이라고 분석할 수 있다.

배경: 불안의 시대

현대인은 왜 '나'를 비춰주는 게임에 흥미를 갖는 것일까? 내가 누구인지, 나의 정체성을 확인하는 것이 왜 이토록 중요하게 떠오른 것일까? 서론 부분에서 디지털 시대의 다매체적 특성을 언급했지만 결국 그 근원을 파고들다 보면 현대인이 직면하는 가장 큰 실존적 문제인 '불안'과 만나게 된다. 결론부터 이야기하자면, 여러 원인에서 비롯되는 현대사회의 다양한 불안이 우리로 하여금 정체성의 혼란을 불러일으키게 하면서 "나는 어떤 유형의 사람일까?"에 대한 각종 테스트에 열광하도록 만들었다는 것이다.

전술한 레이블링 게임과 파노플리 소비 행태는 개인의 자아정체성이 흔들릴수록 심해진다. 이는 현재의 불안한 상황을 자신이 가진 수단과 자원을 통해 성공적으로 극복할 수 있을지에 대한 염려에 기인한다. 코로나19와 불경기, 그리고 격변하는 사회트렌드 속에서 현대인은 스트레스로 가득한 힘겨운 상황을 맞고 있으며, 자기 행동의 주체이자 지배자로서 "내가 내세울 수 있는 자원은 과연 무엇일까"라는 질문을 던질 수밖에 없게 됐다. 팬데믹 상황은 일상의 모든 것을 불확실하고 불안정하게 만들었다. 해야 하는 것, 하고 싶은 것, 할 수 있는 것을 못하게 되는 전대미문의 통제 불능한 상황 속에서 개인은 자기 자신에 대한 불안함과 의문까지 키우게 됐다.

알랭 드 보통은 그의 저서 『불안Status Anxiety』에서 "우리가 동등하다고 여겨 우리 자신과 비교하는 사람이 늘어날수록 우리의 불안감도 커진다"고 이야기했다. 사람들에게 서로 소통할 수 있는 무제한의 기회가 주어지면 초반에는 대체로 명랑한 분위기가 조성되지만 종국에는 울화·우울·증오가 커진다는 것이다. 소통과 더불어 비교도 늘어나기 때문이다. 이러한 역설을 통해 작가는 우리 모두가 꿈을 성취할 수 있는 민주적이고 자본적인 사회라고 하지만 그 이면에는 '성취하지 못한 사람'을 실패로 간주하는 능력주의가 존재하고 있음을 꼬집었다.[10]

비정형화되는 사회적 가치 속에서 보편적인 기준점도 흔들리고 있다. 개인의 요구와 세상의 불확실한 조건 사이의 불균형이 심화되고 있는 것이다. 대표적인 예가 취업 현장의 갭gap이다. 청년층의 약 70%가 대학 졸업자이면서 동시에 실업자 절반이 대학 졸업자이기도 한 현실이다. 청년 실업자 40만6,000명 시대, 모두가 원하는 일자리를 위해 고군분투하지만 현실은 고학력 실업자들에게 상상도 해본 적 없는 불안하고 낮은 지위의 저임금 일자리를 제안하고 있다. 채용 과정도 대규모 공채가 아닌 소규모 상시 채용 구조로 바뀌어 취업이 지연되면서 경기 침체로 한번 고용시장에서 밀려난 청년들이 전 생애에 걸쳐서 양질의 일자리를 얻기가 점점 어려워지는 현상이 일어난 것이다. 요컨대 일자리를 통해 자신의 정체성을 찾던 산업사회 시대의 모델이 흔들리면서 이 시대 청년층의 불안이 시작됐다고 말할 수 있다.

"21세기 안에 나의 직업이 사라지지는 않을까?" 최근 누구나 한 번쯤 고민해봤을 질문이다. 기술의 발전과 직업의 미래에 대한 우려는 인류가 풀지 못한 오랜 과제였다. 16세기 손뜨개질 기계가 발명되고, 18세기 영국의 반자동 직조기가 등장하며 산업혁명에 분노한 러다이트운동까지, 사람들은 자동화가 일자리를 없앨 것이라며 지속적으로 불안해했다. 현대인들도 자신이 꿈꾸는 직장에 들어가기도 어렵지만, 설령 들어간다 하더라도 언제 새로운 기술의 등장으로 하루아침에 자신의 일이 사양 직종으로 전락할지 모른다는 불안감에 시달리고 있다.

20세기 경제학자 존 케네스 갤브레이스는 "인류는 현재 오랫동안 우리 모두의 운명이었던 가난에서 벗어났다"고 말했다. 그렇다면 가난에서 벗어난 인류가 지금 가장 행복한 시기를 보내고 있는가? 고용 불안정에 대한 고통은 경제적 문제를 넘어 현대인의 정체성과 더 깊은 관련이 있다. 일을 해야 존중받고 존재감을 확인할 수 있는 현대사회에서 일자리 불안은 정체성의 균열로 이어지기 때문이다.

더구나 사회적 거리두기, 언택트 기술의 발전 등으로 사회적 결속력은 상대적으로 약화되기 시작했다. 어릴 때부터 디지털 기기와 상호작용하며 사람 간의 관계 맺기를 힘들어하는 디지털 원주민들은 그 해답을 얻기가 더 어려워졌다. 대면 방식의 소통이 줄어들수록 사람들의 물리적 소속감 또한 시험당하게 된다. 비대면을 선호하는 Z세대조차 인정하듯이 SNS를 통한 소통 참가는 반강제적 성격을 띠게 된다. 디지털 소통 외에는 직접적 소통 방법이 사라지고 있기 때문이다. 현대사회에서 노동력·자본·아이디어가 자유롭게 이동할 수 있게 된 점은 긍정적이지만 사회가 분화되고 파편화되면서 부정적 감정도 함께 자라고 있다. 불확실한 환경에서 적절한 연대와 공정함을 갈구하면서도 사회적 결속력의 부족을 느끼게 되는 것이다.

사실 예전에는 부모님이나 선생님이 삶의 가치와 지향점을 제시해주었고, 위인전을 읽으며 삶의 롤모델을 설정하기도 했다. 하지만 가정과 사회가 개인에 대해 영향을 미칠 수 있는 결속력이 현저하게 감소하면서 위인전에 나오듯 사회적으로 널리 인정받는 훌륭한 사람이 될 필요는 없으며 "그냥 나다운 삶을 살면 된다"는 신조가 강해졌다. 개인의 선택이 중시되고 가치가 다원화된 것은 바람직한 현상이겠지만, 이제 "나답다는 것은 무엇인가"를 시작으로 "나는 무엇을 잘하는가, 무엇을 좋아하는가, 무엇이 되고 싶은가?"에 대한 대답을 구하는 것은 오롯이 개인의 몫이 됐다. 하지만 "너 자신을 알라"는 철학자의 말이 역설적으로 말하듯, 스스로를 깨닫는 일만큼 어려운 일은 없다. 그 결과 자기존재의 지향점을 구하기 어려워진 사람들은 자기를 찾기 위해 디지털 공간의 각종 자기진단 테스트를 찾아다니게 됐다.

전망 및 시사점

소비자가 바라는 것은 브랜드와의 정체성 동일시

●

> 배 나온 아이언맨 유형, 역삼각형 캡틴 아메리카 유형, 체구가 작고 일자몸매인 스파이더맨 유형, 목과 몸이 두껍고 둥근 타노스 유형…….

온라인 맞춤 셔츠 플랫폼 '셔츠스펙터'는 한국 고객의 신체 사이즈와 취향 데이터를 바탕으로 인공지능을 활용해 고객의 유형을 크게 위와 같은 네 가지로 구분한다. 이 업체는 한국 남성 체형을 영화 〈어벤져스〉의 4개 캐릭터에 비유해 유형을 나눈 후, 이 고객 유형에 따라 적합한 소재·디자인의 셔츠를 추천하는 서비스를 제공하고 있다.[11] 레이블링 게임의 논리를 그대로 따르고 있어 고객에게 재미를 선사한다.

신용카드 비교·추천 사이트 '카드고릴라'에서는 아예 MBTI별 신용·체크카드 추천 서비스를 활용하고 있다. 예를 들어 "ISFJ 유형은 성실·인내심·공감 능력이 강한 유형이므로, 혜택이 적더라도 지출 관리가 쉬운 체크카드가 어울린다"며 'NH농협카드의 라이언치즈 체크카드'를 추천하는 식이다.

이처럼 "소비자가 제공한 응답과 정보를 바탕으로 고객을 계량적으로 범주화한 후, 특정 유형으로 비유하고 해당 유형에 따른 추천 서비스를 제공함으로써 고객만족과 구매가능성을 높인다"는 레이블링 게임의 논리는 사실 아마존이나 넷플릭스 같은 거대 기업에서는 이미 사용하고 있는 방식이다. 물론 모든 비즈니스에서 위의 경우처럼 고객을 유형화하거나 특정 캐릭터에 비유할 필요는 없을 것이다. 하지만 자신의 특성과 취향, 나아가 정체성을 고민하는 현대 소비자에게 레이블링을 직접 시도하지 않더라도, 이 개념에서 얻을 수 있는 시사점을 비즈니스 모델과 브랜딩에 적용할 가능성은 충분해 보인다.

이제 브랜드는 타깃 고객이 "이것은 바로 나"라고 느낌을 가질 수 있도록 해야 한다. 디지털 문화가 막 발아하던 시점인 싸이월드 시절부터 우리는 '미니미'와 같은 아바타 혹은 캐릭터를 사용하곤 했다.

출처: Zepeto

● ● ● 정체성놀이의 디지털 버전은 나의 '아바타' 만들기다. 나와 닮았으면서도 조금 더 예쁘고 귀여운 아바타를 만들어주는 앱, 제페토는 출시 1년이 안 되어 1억4천만 명이 넘는 사람들이 가입했다.

자기정체성의 디지털적 표현의 출발점이다. 최근에는 이러한 경향이 조금 더 진보했다. 예를 들면, '라이언' 같은 그냥 귀여운 캐릭터가 아니라, '나와 비슷한' 모습을 가진 아바타를 추구하고 있다.

나와 닮긴 닮았지만 실제보단 조금 더 예쁘고 귀여운 아바타를 생성해주는 앱 '제페토Zepeto' 같은 경우가 좋은 예다.[12] '제페토'는 네이버가 자회사 스노우를 통해 개발한 증강현실AR 기반의 3D 아바타 앱이다. 나의 아바타를 실제 사진이나 가상 배경에 자연스럽게 합성해서 인스타그램 등 다른 앱에서도 쉽게 공유할 수 있도록 했다. 2018년 8월 출시된 이후, 2019년 3월 누적 가입자 1억 명을 돌파했고, 2020년 7월에는 1억4천만 명을 넘기는 등 가파른 성장세를 보이고 있다. 이용자의 90% 이상이 해외 사용자일 정도로 세계적으로 인기 있는 앱이다. 셀카나 사진 한 장으로 나의 아바타를 생성하고 이목구비나 헤어스타일 등을 마음대로 바꿔 1,000여 가지 감정 표현이 가능하다. 단순히 나와 닮은 아바타를 제공하는 것이 아니라, '내 마음대로 표현할 수 있는 나'를 통해 10대들의 놀이 문화를 자극해 자발적인 참여를 이끌어낸 것이다. 다시 말해서, 객관적인 나의 모습을 확인하고 싶어 하는 사람들을 위한 기술, 혹은 "나 이런 사람이야" 하고 말하고 싶을 때 쓸 수 있는 나만의 아바타를 만들어냈다는 데 의미가 있다.

팬데믹의 끝이 보이지 않는다. 요동치는 사회경제 상황과 맞물려 불안은 다양한 형태로 우리를 흔든다. "나는 누구인가?", "나는 무엇을 좋아하는가?", "무엇이 나를 아침에 침대에서 일어나게 하는가?" 이 무거운 질문에 대해 현대인은 이미 불안한 자신을 더 괴롭히지 않고, 스스로 재미와 즐거움을 느끼며 만족을 찾을 수 있는 가벼운 방법을 강구하기 시작했다. 이러한 상황에서 레이블링 게임은 소비자들이 기업과 함께 자신의 '의미 회복'을 모색할 수 있다는 측면도 함께 가지고 있다. 다시 말해서, 레이블링 게임은 자신의 내면을 들여다보고 표현하고 싶어 하는 현대인의 자발적인 소비자 행동이기 때문에, 기업이 소비자와 끊임없이 함께 소통하며 상호 간의 자발적인 정체성의 동일시를 이룰 수 있을 때, 새로운 트렌드를 이끄는 브랜드로 성장할 수 있다는 것이다. 분명 쉬운 일은 아니지만, 브랜드의 미래는 바로 이 동일시에 달려 있다.

'ONTACT', 'UNTACT', WITH A HUMAN TOUCH

휴먼터치

코로나19 사태로 가장 조명받은 트렌드는 '언택트untact' 기술이다. 하지만 시간이 지날수록 언택트 기술이 지향해야 할 방향은 인간과의 단절이나 대체가 아니라, 인간적 접촉을 보완해주는 역할이어야 한다는 점이 부각되고 있다. 역설적이게도 '휴먼터치Human Touch'의 필요성이 커진 것이다. 온라인과 오프라인이 혼재한 시장에서 소비자가 구매 결정을 내리는 가장 중요한 순간인 '진실의 순간'에 반드시 필요한 것이 바로 휴먼터치다. 진정한 공감대를 이끌어내는 능력은 여전히 인간에게 있기 때문이다. 휴먼터치를 구현해나가기 위해서는 ① 고객 중심의 공간과 동선 꾸미기, ② 인간적 소통의 강화, ③ 기술에 사람의 숨결 불어넣기, ④ 내부 조직 구성원들의 마음 챙김이 중요하다. 장시간 이어지는 온라인 접속 상태는 인간의 연결 강박을 강화시키며 오히려 더 큰 외로움을 느끼게 만든다. 화상회의 시스템도 전에 없던 스트레스를 주고 있다. 나만 따돌려질지 모른다는 FOMOFear Of Missing Out 증후군과 디지털 패러독스에 따른 외로움을 극복할 수 있는 능력을 기르는 것이 그 무엇보다 중요한 과제가 될 것이다.

휴먼터치가 의미하는 바는 인간적인 손길을 기술로 만들거나 기술을 최대한 인간적으로 만들겠다는 것이 아니라, 말 그대로 "인간의 손길은 여전히 필요하다"는 점이다. 휴먼터치는 사실 대단한 첨단 기술이 필요하거나 세계적인 큰 기업만 할 수 있는 것이 아니라, 소비자의 마음에 다가가는 진정성을 가진 조직이라면 누구나 실천할 수 있는 기본 중의 기본이다. '브이노믹스' 키워드에서 언급했듯이, 코로나19 사태는 우리로 하여금 '기본'에 대해 다시 돌아보게 만들었다. 불가항력의 역병이 창궐하고, 첨단 기술은 빛의 속도로 앞서나가며, 트렌드는 숨 가쁘게 바뀌는 어려운 시대다. 『트렌드 코리아 2021』이 이 변화의 삼각파도에서 살아남을 수 있는 가장 중요한, 그리고 마지막 키워드를 제시해야 한다면 그 답은 하나, 바로 진심이 담긴 인간의 손길이다.

"너의 꿈을 응원해!"

넓은 운동장을 가득 채운 건 사람들이 아니라 응원의 메시지가 적힌 플래카드들이었다. 학생도 학부모도 보이지 않는 운동장에서 그 어느 때보다 조용하고 작은 졸업식이 시작됐다. 학사모를 쓴 학생들은 각자의 차량에 탑승한 채 졸업장을 수여받았다. 2020년 8월 21일, 홍익대학교 서울캠퍼스에서 진행된 드라이브 인Drive-In 졸업식은 코로나19 여파로 대면 졸업식이 어려워지자 학교와 KT가 손잡고 학생들이 직접 학위증서를 받을 수 있도록 마련한 행사다. 졸업식 전 과정은 KT와 홍익대 공식 유튜브 채널에서 생중계됐으며, 행사장 전면에 설치된 대형 전광판을 통해 각자의 공간에서 졸업식에 참석한 학생과 학부모의 모습도 담았다. 졸업식을 기다려온 학생들에게는 아쉬우면서도 한편으로는 따뜻한 위로와 축하의 장이 됐다. 졸업식뿐 아니라 비대면 방식으로 결혼식을 연 커플도 있다. 이들은 유튜브를 통해 결혼식을 생방송으로 진행하며 양가 친척 및 지인들과 축하 메시지를 실시간 영상으로 주고받았다.

두 사례는 모두 KT가 2020년 4월부터 시작한 '마음을 담다' 캠페인의 비대면 소통 시리즈 '마음: TACT(마음택)'의 일환으로 진행됐다. 사회에 첫발을 내딛는 졸업생, 결혼식이 연기된 예비부부 등 인생의 새로운 출발선에 선 이들이 낙담하지 않도록 기업이 적극적으로 나서 온라인 라이브 방송을 지원한 것이다. 일방적 행사 홍보에서 벗어나 사람들의 마음을 헤아리고 어루만져주는 기업의 노력이 언택트untact의 시대를 감성적인 터치로 컨택트contact하고 있다.

코로나19라는 유례없는 상황에서 디지털 트랜스포메이션의 속도가 이전과는 비교할 수 없을 정도로 빨라지며, 더 많은 사람들이 비대면 서비스의 편리함과 효율성을 경험하기 시작했다. 그런데 언택트 사용이 늘어날수록 디지털 기술의 한계도 더욱 명확하게 드러나고 있다. 디지털 기술에만 의존하게 되면 인간적 공감과 스킨십의 가치가 쉽게 묻혀버리기 때문이다. 감성적 공감과 따뜻한 체온으로 스킨십하는 휴먼 감성이 그 어느 때보다 중요해지고 있다. 첨단 기술이 발전할수록 역설적으로 사람의 따뜻한 감성에 대한 목마름이 강렬해질 것이다.

미래학자 존 나이스비트John Naisbitt는 일찍이 20년 전 하이테크high-tech의 시대에 인간적 감성인 하이터치high-touch를 강조했다.[1] 그에 따르면 첨단 기술의 궁극적인 지향점은 인간 중심의 휴먼터치가 되어야 한다. 기술 발전에 있어서 인간 중심성은 디지털 트랜스포메이션이 고도화될수록 지향해야 할 핵심 가치다. 존 나이스비트는 인간 중심의 하이터치에 관한 통찰을 다음과 같이 묘사했다.

> 하이터치란 무엇인가? 그것은 처음 보는 세 살 먹은 아이가 우연히 당신에게 얼굴을 돌리며 짓는, 귀엽고 해맑은 환한 미소다. 그것은 자식에 대한 부모의 사랑이다. 그것은 아름다운 장관을 보기 위해 산을 오르며, 내쉬는 가쁜 숨이다. (중략) 하이터치는 휴먼 렌즈human lens다. 그것은 인간성을 수호하는 기술을 받아들이고, 인간성을 저해하는 기술을 거부하는 것이다. 그것은 기술이 문화 발전에 절대적인 요소이며, 우리의 상상력과 꿈과 열망의 창조물임을 깨닫는 것이다. 또한 새로운 기술을 창조하려는

갈망이 기본적인 본능임을 아는 것이다. 하지만 예술과 이야기, 연극, 종교, 자연, 그리고 시간은 영혼에 자양분을 주고 영혼의 갈망을 충족시키는 것들이기에, 기술 진보에서 간과할 수 없는 대등한 동반자들임을 잊지 않는 것이다. 그것은 인간다움을 표현하되, 더욱 효율적으로 표현하기 위해 기술을 이용하는 것이다. 그것은 기술에 지나치게 집착하는 것이, 기술을 무조건 배척하는 만큼이나 무모한 행동임을 아는 것이다.

- 존 나이스비트, 『하이테크 하이터치』 중에서

기술이 소비자들에게 제대로 수용되기 위해서는 무엇보다 인간에 대한 이해가 선행되어야 한다. 『트렌드 코리아 2018』에서 처음 언택트 키워드를 제시했을 때도, 무엇보다 사람에 대한 철저한 분석과 이해가 필수적이라고 강조한 바 있다. 2020년의 언택트 기술은 단절이나 대체가 아닌 인간적 접촉을 보완해주는 역할로 업그레이드 중이다. 본격적인 비대면 시대를 맞아 어떻게 하면 조직 관리와 경영의 많은 국면에서 최대한 사람의 숨결과 감성을 불어넣을 수 있을 것인지를 많은 기업들이 고민하고 있다. 『트렌드 코리아 2021』이 언택트를 넘어서 '휴먼터치Human Touch'에 주목하게 된 것도 시대적 고민을 함께하자는 의미다. 하이테크·언택트로 불리우는 기술 주도의 시대에 휴먼터치가 불가피한 이유와 산업적인 적용 사례, 이러한 트렌드가 중요해지는 시대적 배경을 살펴본 후, 그 시사점을 알아보도록 하겠다.

필요성: 언택트 기술을 보완하는 휴먼터치

언택트 기술과 문화가 자리 잡아가고 있는 이 시대에, 휴먼터치가 왜 필요한가? 이 질문의 답은 미국에서 가장 주목받고 있는 언택트 건강관리 기업 '눔코치'가 인간적 손길을 어떻게 활용했는가를 보면 잘 알 수 있다.

AI가 따라오지 못하는 인간 코치와의 공감

눔코치는 한국 청년 정세주 대표가 2007년 뉴욕에서 창업한 이후 1억 달러가 넘는 투자 유치에 성공하고 전년 대비 4배가량의 성장을 거듭하고 있는 디지털 헬스케어 서비스 회사다.[2] 처음 눔코치의 목표는 헬스케어 분야에서 가장 뛰어난 IT 기술을 가진 회사가 되는 것이었다. 그래서 초기에는 모든 초점을 기술에 맞췄고, 극소수를 제외한 대부분의 직원을 엔지니어로 채웠다. 그러나 뛰어난 기술에도 한계가 있었다. AI의 알고리즘이 아무리 정교해지고 흥미를 유발하는 게임 요소gamification를 도입한다고 해도 사용자가 혼자 스스로 건강관리를 하는 것은 쉬운 일이 아니다. 지속적인 동기부여와 흥미 유발이 무엇보다 중요했다. 결국 눔코치는 사용자에게 진짜 사람을 붙여주기로 했다. 휴먼터치가 결합된 것이다. 다이어트는 사람의 마음이 중요한데, AI 기반 코칭 알고리즘만으로는 사용자들의 운동 의지·스트레스·귀찮음 등의 감정까지는 세밀하게 헤아리기가 어렵기 때문이다. 먼저 회원들에게 이메일로 응원의 메시지를 보내고 다이어트의 고충에 공감해주며 식사나 운동 관련 궁금증에 대해 구체적인 답변 등을 제공하자, 회원들의 만족도가 높아졌다. 마라톤을 할 때의 페이스메이커pacemaker와 같은 역할을 한 것이다.

가장 중요한 것은 사람 코치의 역할이었다. 눔코치는 사용자에게 일대일로 사람 코치를 붙이되, 역으로 AI가 사람을 보조하는 방식을 도입했다. 사람과 AI가 협업해서 코치 1명이 20명이 넘는 회원을 관리할 수 있게 하자는 아이디어였다. 자동 응대가 가능하거나 반복적인 일은 AI에게 맡겨 사람의 노동을 대체하게 함으로써 효율적인 코칭이 가능해졌다. 기술을 활용해서 사람이 잘하는 것은 더 잘할 수 있도록 돕고 기술적으로 가능한 것은 기술에 맡기는 하이브리드hybrid 접근 방식인 셈이다. 눔코치에서 사람의 역할은 '지적인 대화rich conversation'를 만들어내는 것이다. 2015년 10월부터는 기존 AI 기반 앱에 인간 코치를 붙이고 일대일 원격 상담 서비스를 강화하면서 가격을 올렸는데 가입자는 오히려 늘었다.[3] 사용자들은 저가의 획일

출처: 눔코치

●●● 앱을 다운로드받는 것에서 끝나지 않고, 인간 코치를 붙여주는 건강관리 앱, '눔코치'. AI 기술이 사람을 보조하는 역할을 한다.

화된 서비스가 아니라 더 비싸더라도 나만을 위한 맞춤형 건강 코치가 필요했던 것이다.

눔코치의 사례는 소비자가 구매를 결정하고 서비스의 지속적인 유지를 마음먹게 하는 '진실의 순간MOT, Moment of Truth'을 만드는 가장 강력한 힘은 사람의 손길, 즉 휴먼터치에서 나온다는 점을 잘 보여준다.

한 땀 한 땀, 넷플릭스 알고리즘을 만드는 사람들

우리가 최고의 기술 기업이라고 알고 있는 회사들도 사실은 사람의 손길을 필수적으로 거친다. 인간만이 가지고 있는 특유의 감성적 센스를 기계는 결코 따라오지 못하기 때문이다. 인공지능을 활용한 고도의 추천 알고리즘으로 유명한 넷플릭스도 예외가 아니다. 넷플릭스에는 '태거tagger'라고 불리는 영상 콘텐츠 분석 전문가들이 있다. 영화·TV·애니메이션 등의 신규 콘텐츠가 들어오면 약 50여 명의 전문가들이 해당 콘텐츠를 일일이 감상하고 분석해서 태그와 메타데이터를 생성한다. 이를 위해 태거들은 일주일에 20시간 정도 TV와 영화를 몰아보는 경우가 많다.

태거들은 영화 및 방송 업계에서 5년 이상의 경험을 가진 사람들로, 콘텐츠에 관한 높은 수준의 지식과 함께 콘텐츠의 미묘한 뉘앙스까지 구별하는 능력과 영화나 드라마 콘텐츠의 본질적 특성을 추출해서 간결하게 전달하는 능력을 겸비한다. 이와 같이 디테일한 작업들은 AI가 수행하기 어려우며, 오롯이 경험이 풍부한 인간만이 할 수 있는 영역이다. 이들이 넷플릭스에서 생성하는 태그 유형만 1,000개

넷플릭스 양자이론

Netflix Quantum Theory

콘텐츠와 관련된 정보를 더 이상 쪼갤 수 없는 수준까지 분류해 쪼개낸다는 이론. '양자'는 물리학에서 더 이상 쪼갤 수 없는 단위를 가리키는 것으로, 넷플릭스는 정확한 추천을 위해 콘텐츠를 그만큼 세분화한 단위로 분석한다는 의미다.[5]

가 넘는다. 태그 유형을 통해 비디오 콘텐츠는 무려 7만6,000여 가지의 마이크로 장르로 나뉘며, 이는 결국 넷플릭스의 축적된 데이터와 결합해서 아무도 흉내 내지 못하는 차별성을 만들어낸다.[4] 이렇게 극도로 세분화된 넷플릭스의 분류 작업을 **넷플릭스 양자이론**Netflix Quantum Theory 이라고 부르는데, 이는 곧 넷플릭스 큐레이션의 탁월성은 '기술'에 있는 것이 아니라, 콘텐츠를 극도로 잘게 쪼개내는 '사람'에게 있다는 것을 의미한다.

이처럼 인공지능을 통한 초개인화 기술로 유명한 넷플릭스도 사람의 손길, 즉 휴먼터치를 통해 고객들의 만족을 고도화시키고 있다. 태그나 마이크로 장르의 생성을 위해서는 기계 학습이나 데이터 분석 등의 자동화된 AI 기법들을 활용하지만 최적의 결과를 도출하기 위해서는 분석 전문가와 같은 인간의 손길이 반드시 필요하다. 결국 고도의 취향 클러스터링taste clustering이 필요한 기초 작업은 고도의 감성적 취향을 가지고 있는 사람을 거쳐야 비로소 완성되는 것이다.

개인 스타일링 서비스로 유명한 의류 회사 스티치픽스Stich Fix도 사용자가 선호하는 패션 스타일을 기반으로 알고리즘을 구성해 추천 시스템에 적용하지만, 단순히 인공지능에만 의존하는 것이 아니라 3,000명이 넘는 스타일리스트의 직접적인 손길을 거친다. 인공지능과 인간 사이의 적절한 균형점을 찾는 방식이다. 스타일리스트의 오랜 경험과 세련된 패션 감각을 기반으로 고객과의 직접적인 소통을 통해 더 세심하게 옷을 골라준다. 예를 들어, 고객이 스타일리스트에게 "결혼식에 입고 갈 옷을 추천해주세요", "친구들과의 송년회에서 입을 예쁜 옷을 추천해주세요" 등의 메시지를 전달하면, 스타일리스트가 적절한 옷을 골라 보내주는 것이다. 때때로 옷을 담은 상자에 "이 옷은 이런 방법으로 스타일링하세요"라는 식의 메모를 적어보내기도 한다. 이러한 인간적 상호작용은 고객과 브랜드가 인격적으로 소통하고 교류하며 연결되어 있다는 느낌을 주고, 이는 고객 충성도를 크게 끌어올리는 역할을 한다. 이처럼 스티치픽스는 과학적인 빅데이터 분석을 통해 신뢰도를 높이는 한편, 스타일리스트와의 인간적인 연결을 통해 감성적인 따뜻함을 느끼게 함으로써 브랜드 가치를 높이고 있다.[6]

인간과 달리 AI에게 없는 것은 바로 공감 능력이다. 콜센터 업계에서 적극적으로 도입하고 있는 챗봇은 기업에게는 편리한 기술이지만 상담을 받아본 고객들의 만족도는 별로 높지 않다. 채팅 기술이 부족해서라기보다 인공지능에게는 사람의 마음을 헤아리는 공감 능력이 없는 탓이다. 많은 과학자들이 인공지능의 무한한 발전 가능성을 이야기하지만 인간의 공감 능력만은 모방하기 어려운 영역으로 남는다. 결국 인공지능이 빠르게 발달하더라도 사람의 마음을 다루는 영역만큼은 인간을 대체하지 못할 것이다. 정신건강의학과 전문의 정혜신 박사는 "인공지능이나 로봇은 무엇인가를 적극적으로 함으로써 자신의 존재를 증명해야 하지만, 인간이 가진 공감 능력은 평가나 판단을 하지 않고 오롯이 상대의 마음을 수용하고 품는 과정"이라고 말하며[7] 공감의 힘을 강조했다. 결국 디지털 기술이 고객에게 제공될 때는 인간과 기술이 상호 보완적으로 통합되어야 비로소 소비자 만족도를 크게 끌어올릴 수 있다. 따라서 디지털 트랜스포메이션을 진정으로 완성하기 위해서는 휴먼터치의 개입이 필수다. 인간적 감성이 불어넣어져야 진정한 '고객경험CX'을 선사할 수 있기 때문이다(전망편, 'CX 유니버스' 키워드 참조).

휴먼터치의 실현 방법

●

그렇다면 코로나 사태로 급속하게 가속화된 언택트, 즉 비대면 환경 속에서 어떻게 휴먼터치를 느끼게 할 수 있을까? 크게 네 가지로 방향을 제안할 수 있다. ① 고객 중심으로 환경 꾸미기, ② 인간적 소통의 강화, ③ 기술에 사람의 손길 녹이기, 그리고 ④ 내부 조직 구성원들의 마음 챙김이다.

1. 고객 중심의 공간과 동선 꾸미기

미국 오리건주 포틀랜드에 본사를 둔 움프쿠아Umpqua 은행은 휴먼터치 감성을 통해 공간과 서비스 자체를 완전히 재구성해 주목을 끌고 있다. 은행의 내·외부 디자인과 서비스를 최고급 호텔 수준으로 개선하자는 '프리티쿨호텔Pretty Cool Hotel' 캠페인을 벌여 은행을 고객들이 오랜 시간 머물면서 다양한 체험을 할 수 있는 여유로운 공간으로 바꾼 것이다. 이를 위해 움프쿠아 은행의 전 직원은 리츠칼튼호텔 서비스 스쿨에 파견되어 교육받고, 지역 카페에서 커피 바리스타 교육

출처: 움프쿠아 은행

●●● 호텔과 같은 인테리어와 서비스로 고객이 더 많은 시간을 은행에 머물도록 한 미국의 움프쿠아 은행. 비대면이 강화되고 있는 시점에서 사람을 중심으로 한 '슬로우 뱅킹'을 도입해 높은 성과를 내고 있다.

까지 받았다. 더 나아가 은행 안에서 요가 스쿨도 운영하는 등 은행을 다목적 문화 공간으로 탈바꿈시켰다. 대다수의 은행이 빠르고 편리한 비대면 서비스를 내세울 때 움프쿠아 은행은 반대로 느리고 여유롭고 인간을 중심으로 하는 '슬로우 뱅킹'을 표방했다. 고객이 매장에 머무는 시간을 늘려서 은행 서비스를 더 많이 이용하도록 유도한 것이다. 은행이라는 다소 기계적이고 비인간적인 영역에 대한 편견을 깬 사람 중심의 감성화 전략은 고객들의 큰 호응을 이끌어냈다. 은행 서비스의 핵심인 모바일뱅킹 앱과 무인화 기기 등 언택트 기술을 강화하면서도, 휴먼터치를 강조한 고객 커뮤니케이션을 절묘하게 결합해 서비스의 완성도를 높였다.

특히 고객이 직접 상담 직원을 선택할 수 있는 모바일뱅킹 앱, '움프쿠아 고-투Go-To'는 휴먼터치를 강조한 대표적인 서비스다. 고객이 모바일 앱을 통해 실제 지점에서 근무하는 직원들의 자기소개·사진·경력·취미 등의 신상 정보를 온라인으로 조회한 후 선택하면 전담 상담원으로 배정받고, 스마트폰의 음성·화상·문자 서비스 등을 활용해 직원과 수시로 커뮤니케이션하며 다양한 업무 처리에 도움을 받을 수도 있다. 모바일 뱅킹에 휴먼터치를 조합한 방식으로 기술에 감성을 결합한 일종의 '디지털 프라이빗 뱅킹'을 구현한 것이다.[8]

지극히 이성적인 서비스 분야인 병원에서도 인간적 감성은 핵심적인 가치로 자리 잡을 수 있다. 미국의 클리블랜드 클리닉Cleveland Clinic은 차가운 병원을 따뜻한 서비스로 차별화한 사례다. 환자들과 그 가족들이 겪는 고민과 어려움을 진솔하게 담은 병원의 홍보 동영상은 인간에 대한 따뜻한 예우를 보여줌으로써 유튜브 조회 수 500만 회 이상을 기록할 정도로 화제를 모았다. 환자들의 마음을 보듬는 작은 노력들이 쌓여 이 병원은 2019년 〈뉴스위크〉가 선정한 세계 베스트 병원 2위에 오르기도 했다. 한때는 환자경험 분야에서 미국 내 최하위권에 머물렀던 병원이 이제는 경영 혁신의 아이콘으로 떠오르고 있다.[9]

무엇보다 클리블랜드 클리닉은 '환자 제일주의'를 모토로 내걸고 모든 직원들이 환자를 중심으로 생각할 수 있도록 시스템을 구성했다. 클리블랜드 클리닉 환자경험 최고관리자Chief Experience Officer이자 외과 교수인 제임스 메를리노는 그의 책에 이렇게 썼다.

> "그동안 환자는 사람이 아니었다. 치료가 필요한 질병일 뿐이었다. 그들은 '응급실에 있는 소장폐색'이거나 '총상 입은 백인 남자'였다. 우리에게 너무 많은 질문을 하는 환자나 가족들은 귀찮은 존재였고, 우리의 권위에 도전하는 사람에겐 그게 누구든 공격적인 태도를 취했다. 우리는 동료들도 사람으로 보지 않게 됐다."[10]

오로지 기술 중심, 효율 중심으로 움직이는 시스템이 얼마나 비인간적인 상황으로 환자와 가족들을 내몰았으며, 심지어 동료들까지도 적으로 만들었는지 알 수 있는 대목이다.

이처럼 고객 중심으로 공간과 동선을 재설계하는 전략은 비단 병원뿐 아니라 거의 모든 비즈니스 영역에서 화두가 되고 있다. 기술이 얼마나 뛰어난지도 중요하지만 그보다 고객의 경험을 중심으로 비즈니스 체계를 다시 생각하는 노력이 필요한 때다. 고객이 보고, 듣고, 느끼는 것이 무엇일지 그들의 입장에 서서 생각하고 진정한 공감을 이끌어낼 때 비로소 고객의 마음을 사로잡을 수 있다.

2. 인간적 소통의 강화

기업과 고객의 물리적 접촉의 기회는 크게 줄었지만 온라인을 통한 연결 통로는 더욱 활성화되고 있다. 이른바 '온택트 마케팅'의 기회가 크게 늘고 있는 것이다. 이전에는 언택트 기술을 잘 활용하지 않았던 시니어들까지도 본격적으로 언택트 기술에 익숙해지면서, 고객 터치 포인트를 더 넓혀갈 수 있게 됐다. 하지만 기술의 편리함만 강조해서는 고객들과 소통하고 공감하기 어렵다. 언택트 기술을 활용하더라도 고객이 따뜻한 감성과 진실한 마음을 느낄 수 있게 해야 한다.

이를 위해서는 기존 오프라인 세상에서 소비자와 기업, 수요자와 공급자를 분리했던 두터운 벽을 허물고 보다 친근하게 다가서야 한다. 이런 면에서 비대면 온라인 세상은 물리적인 벽을 넘어 더 가까이 다가갈 수 있는 쉬운 통로가 되어준다. 예를 들어 대기업 회장이 유튜브 먹방을 하고 마트에 가서 장을 보는 것만으로도 사람들은 금세 마음의 벽을 허문다. 오뚜기 함영준 회장은 유튜브에서 딸과 함께 먹방을 선보이며 화제에 올랐다. 그는 제품별 최적 조합 조리법 영상을 올리거나 신제품 홍보를 하며 고객들과 스킨십하고 소통한다. 오비맥주 브랜드 카스는 광고 모델인 백종원 씨와 협업해서 자사의 공식 유튜브 채널에 '알짜 맥주 클라쓰'라는 콘텐츠를 올렸다. 이 콘텐츠에서 백종원 씨는 소맥의 황금비율과 맥주 칵테일 조리법 등을 공유하며 소비자들과 교류하고 소통한다. 교촌치킨도 자사 유튜브 채널을 통해 '교촌ASMR', '교촌이 알고 싶다' 등 다양한 콘텐츠와 브랜드 소식을 전하며 고객들의 공감을 이끌어내고 있다.[11]

코로나19의 2차 재확산으로 인해 문을 닫아야 했던 헬스클럽들은 오프라인 운동 수업을 온라인으로 옮겨 끊어진 관계를 복원하면서 회원들의 운동을 독려하고 있다. 스포츠 브랜드들도 온라인을 통한 랜선 스킨십 강화에 열심이다. 요가복 업체 룰루레몬은 매장에서 진행하던 오프라인 클래스를 인스타그램 라이브 스트리밍으로 운영한다. 브랜드 홍보대사로 활동하는 전문가들이 수업을 진행하고, 인스타그램에 집에서 따라 할 수 있는 '홈 튜토리얼' 영상을 업데이트하고 있다. 일례로 스포츠 브랜드 다이나핏은 자사 유튜브 채널을 통해 '다이나핏 엘리트 아카데미 콘텐츠'를 제공해 누구나 집에서도 쉽게 운동을 따라 할 수 있도록 도와주고 있다.[12]

숙박 공유 플랫폼 에어비엔비는 다양한 액티비티를 집에서 즐길 수 있도록 다양한 랜선 스킨십 체험 프로그램을 마련했다. 예를 들어 양들과 함께하는 숙면 유도 명상, 마술의 비밀 배우기, 바텐더 체험, 봅슬레이 선수가 알려주는 영양학, 가상 자전거 여행 등 현지에서 즐기던 프로그램 50여 가지를 온라인 체험 방식으로 제공한 것이다. 이제 기업들은 온라인의 통로를 통해 오프라인 체험의 영역을 확장시키는 다양한 스킨십 마케팅을 시도하고 있다.[13]

코로나19 이후 SNS 사용량도 급증하면서 소셜미디어를 통한 양방향적 소통과 마케팅이 무엇보다 중요해지고 있다. 트위터 코리아가 2020년 7월에 발표한 자체 설문조사 결과에 따르면, 트위터 사용자들 중 코로나19 이후 트위터 사용량이 늘었다고 응답한 사람이 45.8%였고, 유튜브(74.5%), 인스타그램(45.1%), 페이스북(39.8%) 등 다른 SNS 사용량도 크게 늘었다. 또한 응답자의 8%만이 현 상황에서 기업들이 광고를 줄여야 한다고 답했고, 50%는 광고가 평범했던 과거의 일상을 떠올리게 한다며 기업들의 광고에 호의적인 태도를 보였다. 재난의 와중에도 오히려 소비자들은 기업과의 활발한 소통을 원하고 있음을 알 수 있다. 위기의 시기일수록 고객들과 활발하게 소통하고 유용한 정보를 다양하게 제공하는 기업이 더 확고한 신뢰를 얻을 수 있다는 얘기다.[14]

3. 기술에 사람의 숨결 불어넣기

기술에 인간적인 감성과 따뜻한 숨결을 넣기 위한 노력이 이어지고 있다. 특히 생활 속으로 빠르게 들어오고 있는 인공지능 스피커 분야에서 경쟁이 치열하다. KT는 콘텐츠의 유형과 사용자의 취향을 맞춘 감성지능형 대화 기법을 선보이고 있다. 사용자가 AI스피커의 대답이 너무 딱딱하다고 느껴진다고 말하면 친구처럼 친근한 말투로 응대하는 '내 친구 지니'를 부를 수 있는 식이다. 뉴스 등의 정보를 찾을 때는 '차분한 지니' 모드로 바꾸면 된다. 사용자 개인의 취향에 맞춘 음성 기능을 통해 서비스 차별화에 나선 것이다. 이 밖에 AI비서의 목소리를 유명 연예인의 목소리로 설정해 색다른 감성을 입히기도 한다. 특정인의 음성 데이터를 AI가 학습해 진짜 목소리처럼 구현하는 것이다. SK텔레콤은 AI스피커 누구NUGU에 '누구 셀럽 알람' 기능을 도입하며 첫 셀럽으로 걸그룹 레드벨벳의 멤버인 아이린의 목소리를 담았다. 이 기능을 통해 사용자는 다양한 알람을 아이린의 목소리로 제공받을 수 있다. 예를 들어, 사용자가 자신의 이름이나 애칭을 입력하면 아이린이 "(준혁씨) 밥 먹자", "(자기야) 일어나"라고 옆에서 속삭이듯 말하는 소리를 들을 수 있는 것이다.[15] 아나운서의 반듯한 표준어와 목소리로 길 안내를 해주던 내비게이션의 사투리 버전이 인기를 끄는 것도 이런 맥락에서 이해할 수 있을 것이다.

첨단 디지털 기술에 둘러싸인 현대인들이 일상에서 진정으로 원하는 것은 '기계 같지 않은' 인간적인 기계일지 모른다. KT가 2019년 인공지능 스피커 기가지니에게 사용자들이 건넨 말을 분석했는데, 가장 많이 한 말은 다름 아닌 "사랑해"였다. 그다음으로 "안녕", "뭐해?"가 뒤를 이었고, "고마워"나 "미안해"처럼 인간적이고 감성적인 대화를 시도하는 경우도 많았다. 이를 통해 사람들이 음성 비서에게 기대하는 역할은 감정을 나눌 수 있는 친구, 즉 디지털 동반자digital companion라는 것을 알 수 있다.

그렇다면 과연 기술은 사람을 위로할 수 있을까? 이에 대한 답을 찾으려는 다양한 시도가 이어지고 있다. 코로나19 사태가 장기화되면서 미국의 몇몇 주들은 반려동물 로봇을 보급하기 시작했다. 감염병에 취약한 노인들의 외로움을 덜어주기 위해서다. 미국 뉴욕주·플로리다주·앨라배마주·펜실베이니아주 등 고령자 관련 부서가 있는 주들이 중심이 되어 반려동물 로봇 제조업체 에이지리스 이노베이션Ageless Innovation과 협업하여 로봇을 제공하는 시범사업을 시작했다. 단 1년 만에 참가자의 70%가 고립감이 감소됐다고 답변할 만큼 반응이 좋다.[16] 이 로봇 덕분에 집 안에 고립된 노인들은 산책이나 배설물 치우기 등 실제 반려동물을 키우는 데 필요한 잔일을 하지 않아도 친근감과 따뜻한 위로를 느낄 수 있다고 한다. 반려동물을 일종의 디지털 동반자 기술로 구현한 것이다.

4. 내부 조직 구성원들의 마음 챙김

코로나19 이후 원격근무 시스템이 자리 잡으면서 집에서 효율적으로 일하는 방식에 익숙해져가고 있지만, 동료들과 함께하는 시간을 그리워하는 사람들도 많아졌다. 고립되어 일하다 보니 같이 있을 때의 교류와 스킨십이 부족해 허전함을 느끼기 때문이다. 부서원들의 사기 진작을 위해 일부 회사는 랜선 회식을 진행하기도 했는데, 각자

음식과 주류를 앞에 두고 먹으면서 화면상으로 서로 얘기를 나누는 방식이었다. 오프라인 회식을 못하니 온라인으로나마 인간적인 교류의 맛을 보는 것이다. 이러한 상황에서 직원의 정신건강에 대한 관심도 커지고 있다. 건강한 정신은 높은 생산성과 직결된다는 점에서 직원들의 마음 챙김mindfulness은 중요하다. 2019년 8월 취업포털 인크루트는 직장인 671명을 대상으로 '직장병'에 관한 설문조사를 실시했는데, "입사 전보다 건강이 나빠졌다고 느끼는가?"라는 질문에 놀랍게도 무려 83.9%의 사람들이 그렇다고 응답했다. 직장인들이 호소하는 직장병 1위는 '스트레스성 질환(18.9%)'이었으며 구체적으로는 우울증·화병·불면증·만성피로 등이었다.

이러한 상황에서 직장인들은 '프리젠티즘presenteeism'에 시달릴 수밖에 없다. 프리젠티즘은 회사에 나오기는 하지만 제대로 일을 하지 못하는 상태를 지칭한다. 이는 '앱선티즘absenteeism', 즉 건강 문제로 병가를 내고 회사에 나오지 못하는, 다시 말해 눈에 보이는 생산성 손실보다 심각하다. 앱선티즘은 외부로 표출되므로 관리가 가능하지만 프리젠티즘은 눈에 보이지 않아 파악하기 어렵기 때문이다.

조직 구성원의 심리 상태가 건강하지 않으면 의욕이 저하되고 공격성도 높아져서 조직 내 갈등이 심화된다. 그러므로 회사에서는 조직원들을 대상으로 다양한 방식의 심리 터치를 강화해야 하는데[17] 여기서 가장 중요한 것이 감성경영의 실천이다. 이에 대해 대니얼 골먼Daniel Goleman은 직원 성과에 영향을 주는 가장 중요한 요소는 감성이라고 강조한 바 있다. 그는 조직 성과에서 이성의 영향력은 20%에 불과하지만 감성의 영향력은 80%에 달한다고 지적했다. 이 때문에 기업경영에 있어 감성리더십·감성지능·감정노동 등의 개념이 갈수록 더욱 중요해지고 있다. 감성경영을 실현하기 위해서는 무엇보다 직원들 개개인에 맞춤화된 배려가 필수적이다. 직원 간 친목 모임을 지원하거나 직원들 간 소통, 조직 관리자와의 대화, 문화생활 지원, 기념일 축하, 휴게 및 복지시설 확충 등 다양한 방식으로 심리적 터치를 세심하게 계획해야 한다.[18] 최근에는 '코로나블루', 즉 코로나19로 인한 격리와 고립으로 불안과 외로움에 시달리는 사람들이 늘어나면서 직장인들의 스트레스 관리가 더욱 중요한 문제로 부상하고 있다.

배경: 언택트 패러독스

●

되도록이면 인간적 접촉을 배제하는 언택트 문화에서 인간적인 요소가 더 중요해지는 역설적인 상황은 왜 발생하는 것일까? 기술이 주는 큰 편리함 이면에 현대인의 외로움과 소외가 자리하기 때문이다. 온라인을 통한 접속이 늘어나면 과연 인간관계는 더 풍부해질까? 아니면 더 외로워질까? 이는 온라인을 어떻게 활용하는가에 달려 있다. 풍부한 인간관계를 위해 온라인 사용 시간은 너무 많지도 않고 적지도 않은 수준을 유지하는 것이 좋다. 일명 **골디락스 가설**이 온라인 사용에도 적용되는 것이다.

대부분의 현대인들은 온라인 접속에서 쉽사리 빠져나오지 못한다. 유튜브·인스타그램·넷플릭스 등의 테크 기업들이 고객이 자사의 앱이나 사이트에 최대한 오래 머물도록 고도의 전략적 심리 장치를 설계해놓았기 때문이다. 예를 들어, 인스타그램에서는 스크롤을 해서 아래로 내리면 끝도 없이 새로운 콘텐츠가 나온다. 유튜브는 동영상이 끝나면 다른 영상으로 바로 넘어가도록 자동 재생이 설정되어 있다. 이들 서비스는 일단 접속하면 고객들을 낚아채 몰입시키고 중독시킨다. 앱 서비스 회사의 입장에서 수익을 극대화하려면 자사 서비스의 **월간 이용자 수**MAU를 최대한 많이 확보해야 하기 때문에 이용자들이 될 수 있는 한 오래 시간 동안 머물도록 유도할 수밖에 없다. 이러한 맥락에서 앞으로는 고객 지출 점유율의 개념보다 고객 시간 점유율의 키워드가 더욱 중요해지는 시대가 될 것이다.[19]

심리학자 앤드류 프시빌스키Andrew Przybylski와 네타 와인스타인Netta Weinstein은 스크린을 사용하는 시간에 따라 이용자에 대한 긍정적 또는 부정적 영향력이 달라진다고 주장하기도 했다. 골디락스 가설에 의하면, 스크린 앞에서 하루 1~2시

골디락스Goldilocks **가설**

영국의 전래동화 〈골디락스와 곰 세 마리〉에 등장하는 소녀의 이름에서 유래한 용어. 숲속에서 길을 잃은 골디락스는 곰의 집에 들어가 곰이 끓여놓은 뜨거운 수프, 차가운 수프, 뜨겁지도 차갑지도 않은 세 가지의 수프 가운데 세 번째 것을 먹고 행복해한다. 이후 '골디락스'라는 말은 과열도 아니고 냉각도 아닌 적정하고 이상적인 경제 상황을 일컫는 말로 자주 쓰이고 있다. 경제 분야 외에 마케팅·의학·천문학 등에서도 널리 사용된다.

월간 이용자 수

Monthly Active Users

한 달 동안 해당 서비스를 이용한 순수한 이용자의 숫자를 지칭하는 말이다. 보통 인터넷 기반 서비스에서 해당 애플리케이션 등을 얼마나 많은 사람들이 실제로 이용하고 있는지를 나타내는 중요한 지표로 활용한다. MAU는 사용자들의 이용 패턴을 연구하는 데 적절할 뿐 아니라 해당 서비스의 인기 여부와 성패를 보여주는 신뢰성 있는 지표로 활용된다. 오늘날 기업의 전략 수립에 있어서 매출 데이터 못지않게 중요한 역할을 하고 있다.[20]

간 정도를 보내는 것은 해가 되지 않지만 그보다 더 많은 시간을 보내는 것은 악영향을 준다는 것이다. 마찬가지로 영상에 전혀 노출되지 않은 아이들의 경우 적당한 시간 동안 노출된 아이들에 비해 좋지 않은 영향을 받았다. 영상과 온라인 접속이 일상화된 현대사회에서 완전히 차단되어 노출되지 않는 것도 소외감이나 고립감을 유발하는 결과를 낳는다는 것이다.

온라인을 통한 과잉 연결은 현대인을 연결 강박에 빠뜨려버렸다. 과거에는 외로움이란 삶에서 불가피하게 맞닥뜨리게 되는 것으로 여겼지만, 스마트폰으로 누군가와 어느 순간이든 연결될 수 있게 된 현대인들은 외로움을 언제나 달랠 수 있는 무언가로 생각한다. 연결 강박에 시달리면서 우리는 혼자 있을 때도 자기 자신에게 침잠할 생산적인 기회를 갖기보다는 스마트 기기를 통해 누군가와 끊임없이 연결되고자 한다. 게다가 혼자서 무엇이든 즐길 수 있다는 것이 쿨하다는 이미지가 형성되면서, 자신이 외롭다는 것을 남에게 드러내는 것을 매우 꺼리는 경향도 나타나고 있다.

스마트 기기는 SNS를 통한 타인과의 교류 욕망을 끊임없이 자극함으로써 현대인의 외로움을 오히려 증폭시킨다. 사람들은 때로 SNS 세상에서의 따돌림에 대한 공포를 의미하는 'FOMO Fear Of Missing Out' 증후군에 사로잡히기도 한다. 이 때문에 자신의 계정에 끊임없이 글이나 사진을 올리는 것으로 누군가와 연결을 시도하고 또 거기에 '좋아요'가 붙지 않으면 실망감을 느끼면서 남들이 더 좋아해줄 또 다른 글과 사진을 올린다. 고독에 대한 두려움이 온라인으로 연결될수록 역설적으로 외로움이 더 심해지는 '언택트 패러독스' 현상이 나타나고 있는 것이다.

특히 코로나19 사태 이후 학업과 업무에서 줌Zoom · 웹엑스WebEx 같은 비대면 화상회의 서비스 이용이 크게 늘면서 전에는 경험하지 못한 새로운 스트레스가 발생하고 있다. 이른바 '줌 피로Zoom Fatigue' 현상이다. 〈뉴욕타임스〉는 2020년 4월 "Why is zoom terrible?(왜 줌은 끔찍한가?)"라는 제목의 기사를 냈다. 우선 영상 커뮤니케이션에 익숙하지 않은 사람들에게 줌은 큰 스트레스다. 사람이 커뮤니케이션할 때는 언어적 단서 외에 비언어적 소통이 중요한데 화상통화는 이를 크게 방해한다는 것이다. 작은 화면에서 상대방의 비언어적 단서를 찾는다는 것이 스트레스를 매우 가중시킨다. 줌으로 대화할 때는 기본적으로 자신의 얼굴을 보면서 사용하게 되는데 스스로 자신의 표정을 관리하고 모니터링하는 것 역시 스트레스를 안긴다. 심리학자·신경과학자·컴퓨터과학자들은 화상통화에서 나타나는 왜곡이나 지연 현상 자체가 사람들로 하여금 고립감·불안감·단절감을 더 강하게 느끼게 만든다고 지적한다.

언택트의 편리함은 극대화시키되 지나치게 남용한다면 골디락스 가설처럼 기술의 부작용이 커질 수 있다는 점을 명심해야 한다. 언택트 기술을 필요한 순간 적재적소에 활용하고 오프라인의 가치를 지혜롭게 접목시킨다면 그 효과를 더욱 극대화할 수 있을 것이다. 언택트가 강화될수록 휴먼터치가 필요해지는 이유다.

● ● ● 비대면 화상회의가 일상화되면서 단절과 고립감, 비언어적 커뮤니케이션 요소의 부재로 피로감을 호소하는 사람들이 늘고 있다.

전망 및 시사점

인간의 손길은 여전히, 언제나 필요하다

●

"어떻게 고객의 삶에 더 가까이 다가가서 가치를 창출할 것인가?"에 대한 고민이 절실한 시대다. 어느 순간부터 우리 삶에 깊이 자리 잡은 쿠팡·배달의민족 등의 라이프 플랫폼은 디지털 기술을 이용해 개인의 생생한 데이터들을 수집·분석해서 고객에게 초개인화된 서비스를 제공하고 있다(회고편, '초개인화 기술' 키워드 참조). 라이프 플랫폼 서비스를 비롯한 현대의 새로운 산업이 빠르게 확산되고 있는 비대면 상황에서 고객 행복에 이바지하기 위해서는 휴먼터치를 통해 서비스의 수준을 고도화시키는 일이 불가피하다.[21]

스타벅스의 예를 보자. 카페는 전통적인 아날로그 산업이지만 앞의 'CX 유니버스' 키워드에서 설명한 것처럼, 업계 내 치열한 경쟁 속에서 스타벅스는 성공적인 디지털 트랜스포메이션에 힘입어 선두를 유지하고 있다. 레드오션인 카페 업계에서 압도적인 시장 우위를 차지할 수 있었던 원동력인 스타벅스의 디지털 전략을 '디지털 플라이휠Digital Flywheel'이라고 부른다. 플라이휠은 커피를 추출할 때 사용되는 기계의 회전속도를 일정하게 유지하는 핵심 부품을 말하는데, 스타벅스에게 디지털 플라이휠이란 단지 맛있는 커피를 만드는 것이 아니라 정교한 알고리즘을 통해 고객이 더욱 빠르고 편리하게 주문하고 결제할 수 있게 만들려는 전략을 통칭하는 말이다. 스타벅스는 이제 단순한 카페가 아니라 디지털 기업으로 자리 잡았다. 하지만 데이터기술 기업을 표방하고 있는 스타벅스도 휴먼터치의 중요성을 설파한다. 스타벅스의 CEO인 케빈 존슨Kevin Johnson은 다음과 같이 강조한다.

> "로봇이 바리스타를 대체하는 이야기를 하는 것이 아닙니다. 디지털 트랜스포메이션을 통해 바리스타가 좀 더 자유로워지면서 음료를 만드는 데 더 능력을 발휘하고 고객에게 조금 더 가까이 다가갈 수 있도록 지원해주는 것을 표방합니다."[22]

이 말을 다시 표현하면, 인간적인 손길을 기술로 만들거나 기술을 최대한 인간적으로 만들겠다는 것이 아니라 말 그대로 "인간의 손길은 여전히 필요하다"는 것이다. 앞서 설명했듯이 온라인과 오프라인을 넘나드는 고객 여정Customer Journey에서 고객을 붙잡을 수 있는 '진실의 순간'은 인간의 손길이 느껴지는 그 순간이다. 카페에서 고객이 느끼는 가장 중요한 순간은 에스프레소 머신이 아니라 커피를 내리는 바리스타의 손길과 커피를 전달하는 매니저의 미소에 의해 비로소 결정된다. 핵심 품질을 결정하는 가장 중요한 순간은 바로 휴먼터치의 지점이라는 것이다.

휴먼터치는 사실 대단한 첨단 기술이 필요하거나 세계적인 큰 기업만 할 수 있는 일이 아니라, 소비자의 마음에 다가서기 위한 진정성을 가진 기업이라면 누구나 실천할 수 있는 기본 중의 기본이다. 앞서 '브이노믹스' 키워드에서 코로나19 사태는 우리에게 '기본'에 대해 다시 돌아볼 기회를 제공했다고 언급한 바 있다. 불가항력의 역병이 창궐하고, 첨단 기술은 빛의 속도로 앞서나가며, 트렌드는 숨가쁘게 바뀌는 시대다. 이럴 때일수록 기본을 돌아봐야 한다. 『트렌드 코리아 2021』이 이 변화의 삼각파도에서 살아남을 수 있는 가장 중요한, 그리고 마지막 키워드를 제시해야 한다면 그 답은 하나, 바로 진심이 담긴 인간의 손길이다.

〈트렌드 코리아〉 선정
2020년 대한민국 10대 트렌드 상품

2020년에는 어떤 트렌드가 한국 소비자들의 마음을 사로잡았을까? 서울대학교 생활과학연구소 소비트렌드분석센터가 선정한 '2020년도 10대 트렌드 상품'을 통해 살펴보자.

선정 방법

●

후보군 선정

먼저 '트렌드 상품'의 후보는 단순히 물리적인 제품뿐만 아니라, 인물·이벤트·사건·서비스 등이 모두 포함되도록 정의했다. 또한 조사 시점이 8월 중순이라는 점을 고려해, 2020년 트렌드 제품으로 선정되기 위한 기준 기간을 '2019년 9월부터 2020년 8월'로 조정했다.

후보 제품군은 주관적 및 객관적 자료를 기반으로 엄격하게 선정했다. 먼저 주관적 자료는 서울대 소비트렌드분석센터의 트렌드헌터 모임인 '트렌더스 날' 멤버 170명이 각자 10개 제품을 추천하고, 그중 중복 추천을 제외해 총 223개의 후보군을 확보했다. 다음으로 객관적 자료는 국내 유통사와 언론사에서 발표하는 판매량 순위와 히트 순위 등을 다수 수집해 작성했다. 참고한 유통사는 TV홈쇼핑(CJ오쇼핑·GS홈쇼핑·현대홈쇼핑·롯데홈쇼핑·NS홈쇼핑)이며, 이외에도 대형서점(예스24·인터파크·교보문고), 포털사이트 인기 검색어(구글·네이버), 언론 기사(매일경제·이투데이), 영화진흥위원회의 통계를 참고했다.

이렇게 나열된 후보들을 한국표준산업분류의 대분류 및 산업중분류를 기준으로 하위 항목으로 분류하고, 각 분야마다 다양한 트렌드 상품 후보군이 등장하는지 확인했다. 최종적으로 식품, 패션·뷰티, 전자, 가구, 자동차, 유통·장소, 여가, TV, 영화, 음원, IT·SNS, 애플리케이션, 인물, 광고·마케팅, 금융, 공공, 기타 부문에 대해 37개의 후보 제품이 선정됐다.

설문조사

조사 전문 기관 마크로밀엠브레인에 의뢰하여, 나이·성별·지역에 대한 인구 분포를 고려한 전국 단위의 대규모 온라인 설문조사를 실시했다. 응답 방식은 제시된 총 37개 후보 제품군 중 2020년을 대표하는 트렌드 상품 10개를 무순위로 선택하게 했고, 아울러 설문의 후보 상품의 '보기' 순서를 무작위로 순환하도록 하여 예시의 순서가 선정에 미치는 영향을 최소화하도록 문항을 설계했다. 2020년 8월 4일부터 8월 11일까지 시행된 조사에 총 2,454명이 응답했으며, 표본 오차는 신뢰수준 95%에서 ±1.97%였다.

10대 트렌드 상품 선정

최종 마무리된 설문조사의 순위를 주된 기준으로, 서울대학교 생활과학연구소 소비트렌드분석센터의 연구원들의 치열한 토론과 심사를 거쳐 '10대 트렌드 상품'을 최종 선정했다. 전년도와 마찬가지로, 트렌드 상품 선정의 가장 중요한 기준은 "해당 연도의 트렌드를 가장 잘 반영하는 상품인가" 혹은 "트렌드를 만들고 선도하는 의미가 높은 상품인가"다. 따라서 단지 최근에 발생하여 소비자의 기억에 쉽게 회상되는 사례, 선거나 스포츠 행사처럼 반복되는 사건, 2020년이라는 특성을 반영하지 못하는 TV 프로그램 등은 제외됐다. 다만 동일한 경우라 할지라도 '그해의 특수한 현상'을 잘 반영하고, 후년에 이것을 회상하는 것이 2020년 당시 우리 사회를 이해하는 데 도움이 된다고 판단된 경우에는 포함시켰다. 출시 시기와 관련해서도 최초 출시된 시기에 초점을 두는 것이 아니라 그것이 화제가 된 시기를 주요 기준으로 했다. 이러한 기준을 바탕으로 최종 선정된 '2020년 10대 트렌드 상품'은 나열 순서가 순위를 의미하지 않도록 '숫자-한글(가나다순)-영문' 순으로 서술했다.

응답자의 인구통계적 특성

분류		응답자 수(%)
성별	남자	1,235(50.3%)
	여자	1,219(49.7%)
연령	만 19세 이하(최소 15세)	90(3.7%)
	만 20~29세	406(16.5%)
	만 30~39세	441(18.0%)
	만 40~49세	540(22.0%)
	만 50세 이상(최대 69세)	977(39.8%)
직업	직장인	1,380(56.2%)
	자영업	198(8.1%)
	파트타임	76(3.1%)
	학생	210(8.6%)
	주부	369(15.0%)
	무직	130(5.3%)
	기타	91(3.7%)
월평균 가계 총소득	300만 원 미만	408(16.6%)
	300만 원 이상~400만 원 미만	490(20.0%)
	400만 원 이상~500만 원 미만	385(15.7%)
	500만 원 이상~600만 원 미만	421(17.2%)
	600만 원 이상	750(30.6%)

분류		응답자 수(%)
지역	서울	486(19.8%)
	부산	161(6.6%)
	대구	112(4.6%)
	인천	144(5.9%)
	광주	63(2.6%)
	대전	64(2.6%)
	세종	25(1.0%)
	울산	59(2.4%)
	경기	660(26.9%)
	강원	65(2.6%)
	충북	76(3.1%)
	충남	102(4.2%)
	전북	73(3.0%)
	전남	79(3.2%)
	경북	110(4.5%)
	경남	141(5.7%)
	제주	34(1.4%)

총 2,454명(100%)

10대 트렌드 상품의 소비가치

최종 선정된 2020년도 10대 트렌드 상품 리스트를 종합해보면, 우리 사회를 관통하는 2020년의 몇 가지 흐름을 발견할 수 있다. 첫째, 전 세계를 덮친 코로나19 위기를 극복하기 위한 노력이 돋보였다. 바이러스를 차단하는 'KF마스크'는 이제 생활 속 필수품으로 자리 잡았으며, 코로나19로 인해 경기가 어려워지고 지역 상권이 침체되자 지자체에서는 이를 타개하기 위해 '지역화폐'를 선보여 소비자들의 큰 호응을 얻었다.

둘째, 위기 속에서 위로가 되는 일상의 즐거움을 추구하는 모습이 관찰됐다. 영화 '기생충'의 아카데미상 수상 소식은 침체된 한국 영화에 자긍심을 고취시켰으며, '트로트'가 전 세대를 아우르는 인기를 끌며 코로나19로 어느 때보다 지친 사람들의 마음을 위로해주었다. '좋았던 그 시절'의 향수를 불러일으키는 '1990년대' 가요와 패션이 부활해 소비자들에게 작은 즐거움을 선사하기도 했다. 한편, 소비자들은 해외여행을 대신해 다양한 형태의 '국내여행'에 주목하며 지친 삶에 활력을 불어넣었다.

셋째, 개인화 및 원자화를 추구하는 소비 현상이 두드러졌다. 혼잡한 지하철 안에서 사회심리적 보호막이 되어주는 '무선 이어폰'은 현대인들에게 필수적인 아이템이 됐다. 또한 거실에 여럿이 둘러앉아 TV를 시청하는 대신 혼자 스마트폰으로 원하는 콘텐츠를 즐기는 소비자들이 증가하면서 'OTT 서비스'가 콘텐츠를 소비하는 주요 방식으로 자리 잡았다.

〈트렌드 코리아〉 선정 2020년 대한민국 10대 트렌드 상품(숫자 – 한글 – 영문 순)

1990년대	• 한국의 문화적 르네상스 시기였던 1990년대의 음악과 패션이 인기 • 젊은 세대에게는 새롭고, 기성세대에게는 향수를 자극하는 문화
국내여행	• 해외여행을 대신한 국내여행 열풍 • 자동차를 활용한 차박, 잘 알려지지 않은 여행지 발굴 등 새로운 여행 트렌드 부상
기생충	• 한국 역사상 최초 아카데미상 수상으로 한국 영화의 자부심 고취 • 가진 자와 못 가진 자의 양극화 문제에 대한 전 세계적 공감
무선 이어폰	• 현대인들의 사회심리적 보호막 역할 • 스마트폰 관련 주변기기 시장의 성장 • 노이즈 캔슬링, 방수 등 다양한 기능을 추가하며 진화
배달 서비스	• 사회적 거리두기로 인한 배달 서비스 활성화 • 기존 배달 음식 외에 커피, 디저트 등 배달 품목의 다양화 • 특화된 배달 애플리케이션의 등장
지역화폐	• 지역 상권 침체에 대처하는 지방자치단체의 전략 • 어려운 경기 속 할인 혜택으로 큰 인기 • 슬세권 소비트렌드와 지역 상권 활성화의 시너지 효과
트로트	• 전 국민에게 사랑받는 음악 장르로 도약 • 음악 프로그램뿐만 아니라 예능·광고까지 장악한 트로트 스타 • 중·장년층의 적극적인 문화 활동
화상 커뮤니케이션	• 코로나19로 인한 비대면 화상업무 및 화상교육 일상화 • 점차 모호해지고 있는 대면과 비대면의 경계
KF마스크	• 코로나19 확산에 따른 KF마스크 품귀 현상 • 생활 방역의 중요성 증가
OTT 서비스	• 콘텐츠 소비 방식의 변화 • 코로나19로 인한 실내 활동 지속으로 급격한 성장세 • 다양한 OTT 서비스 플랫폼 출범

10대 트렌드 상품의 의미

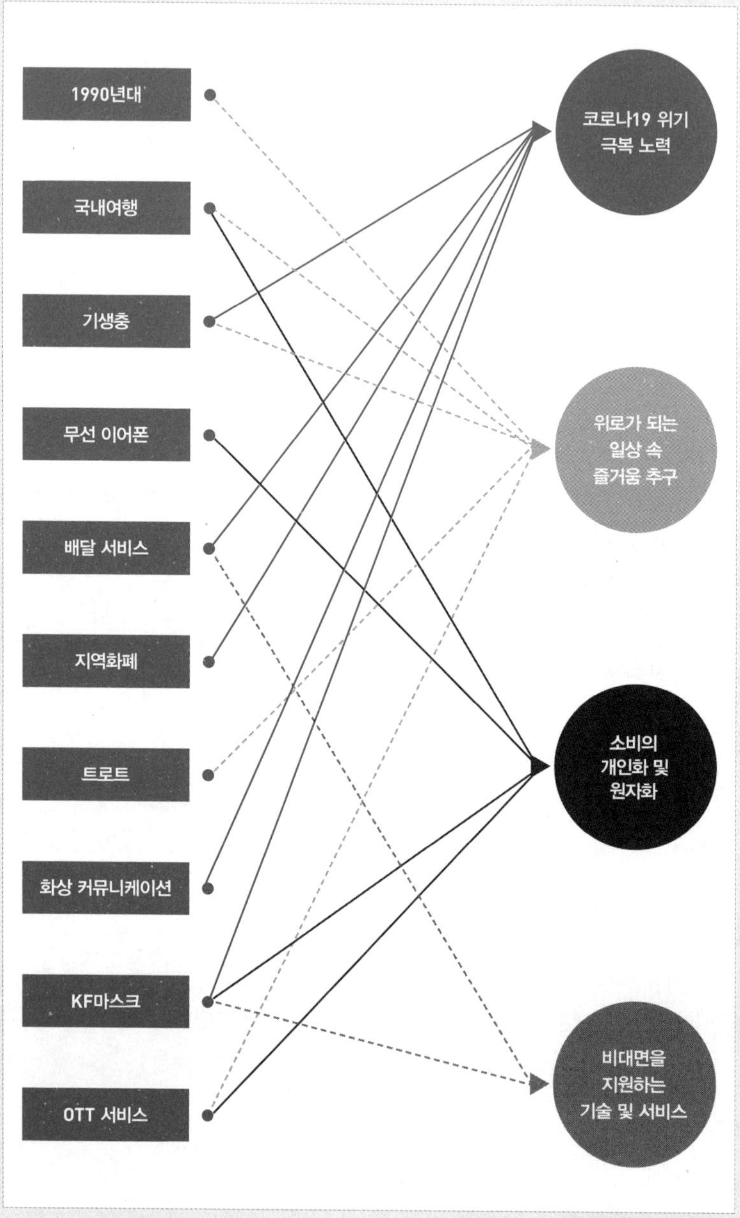

마지막으로 일상 속 거리두기를 위해 비대면을 지원하는 기술과 서비스가 향상됐다. 코로나19의 장기화로 재택근무와 비대면 강의가 불가피해지면서 '화상 커뮤니케이션'을 이용하는 소비자들이 급격히 늘어난 한 해였다. 또한 식당이나 카페에 직접 방문하기보다는 집에서 손쉽게 끼니를 해결하고 싶은 소비자의 욕구가 증가하면서 '배달 서비스' 시장이 크게 성장했다. 코로나19 사태가 종식된 이후에도 대면과 비대면을 자유롭게 넘나드는 현대인을 지원하는 기술과 서비스가 중요해질 전망이다.

1990년대

그때 그 시절, '1990년대'가 다시금 주목받고 있다. MBC 예능 프로그램 〈놀면 뭐 하니?〉를 통해 결성된 유재석·이효리·비의 3인조 혼성그룹 '싹쓰리'는 1990년대를 연상시키는 스타일링과 함께 그 시절의 감성이 녹아 있는 노래를 선보이며 큰 화제를 모았다. 뿐만 아니라 1990년대 노래들이 리메이크되고 디스코 장르의 음악이 인기를 끄는 등 가요계 전반에서 1990년대 열풍이 불었다. 이를 시작으로 1990년대 감성이 문화계를 넘어 우리 삶 곳곳에 스며들고 있다.

'패션은 돌고 돈다'는 말이 있듯이 1990년대 의상과 패션 소품 또한 각광받고 있다. 배꼽티·멜빵바지·곱창 머리끈 등 1990년대에 유행했던 패션이 트렌디한 아이템으로 급부상했으며, 1990년대 인기 헤어스타일인 브릿지 염색 역시 강다니엘·제니·선미 등 스타들이 시도하며 다시 떠오르고 있다.[1] 기업들도 이러한 1990년대 열풍을 활용한 마케팅을 선보이며 소비자를 모으는 중이다. 유통가에서는 옛날 방식대로 튀긴 통닭을 노란 종이봉투에 담아 판매하거나 추억의 불량 식품을 재출시하는 등 뉴트로 기획전을 열었다.[2] 식품 업계에서도 '사랑방 선물'이나 '진로이즈백' 등 그때 그 시절 인기를 끌었던 제품을 다시 출시하거나 한정판 레트로 에디션을 속속 선보이고 있다.

출처: MBC

배경 트렌드 및 향후 전망

왜 하필이면 '1990년대'가 이토록 큰 사랑을 받는 것일까? 1980년대까지만 해도 우리나라는 정치·경제·문화적으로 늘 억압되어 있었다. 1990년대에 들어서며 이 억압이 풀리기 시작하면서 향유할 수 있는 문화와 콘텐츠 영역이 넓어졌다. 서태지와 아이들을 시작으로 HOT·SES·신화 등 소위 '1세대 아이돌'이라 칭하는 이들도 모두 1990년대에 등장하여 현재 K-POP의 초석을 닦았다. 한마디로 1990년대는 한국 대중문화의 '르네상스' 시기라 할 수 있다.

이러한 1990년대 문화는 이 시기를 경험해본 옛날 세대에게는 반갑고도 친근한 정서로, 이 시기를 경험해보지 못한 젊은 세대에게는 새롭고 흥미로운 문화로 다가왔다. 즉, 누군가에게는 반갑고 어떤 이에게는 새로운 뉴트로 트렌드가 2020년에도 히트를 친 것이다. 사실 뉴트로 트렌드는 몇 년 전부터 국내에서 지속적으로 이어져왔는데, 2020년의 1990년대 열풍이 유독 크게 분 것은 특정한 시대를 좁게 타깃팅하여 구체적으로 기획하는 것이 중요해졌음을 시사한다. 흘러간 과거라고 다 같은 과거가 아니다. 대한민국이 애정하는 특별한 시대, 1990년대를 집중적으로 복기하며 그 속에서 미처 발견하지 못한 재미와 감동을 찾아내는 작업이 새로운 영감의 원천이 될 수 있을 것이다.

관련 키워드: **『트렌드 코리아 2019』**, 요즘옛날, 뉴트로

☰ 국내여행 🔍

코로나19 사태로 가장 큰 변화를 맞이한 분야 중 하나는 '여행'이다. 해외여행길은 막혔지만 그렇다고 해서 어딘가로 떠나고 싶어 하는 인간의 욕구가 사라지는 것은 아니다. 사람들은 '국내여행'으로 시선을 돌렸고 각자 안전하면서도 즐거운 여행 방법을 찾아 나섰다. 이에 따라 차박이나 제주도 신혼여행 등 대안적 형태의 다양한 국내여행이 주목받았다.

바이러스를 피할 수 있는 대표적인 여행 방법은 바로 '자동차'를 활용하는 것이다. 거대한 마스크의 역할을 해주는 차량 안에서 안전하고도 독립된 여행을 할 수 있다는 점이 유용했다. 특히 이동뿐만 아니라 숙식까지 모두 자동차에서 해결하는 이른바 '차박(자동차+숙박)'이 화제에 올랐다. 공간 활용성이 높은 SUV 차량을 차박에 이용하는 경우가 늘면서, 자동차 업계에서도 신형 카니발·신형 쏘렌토 등 이에 특화된 차량을 새롭게 선보이고 있다.[3] 팬데믹으로 발이 묶인 신혼부부들도 새로운 방안을 찾아냈다. 단 한 번뿐인 신혼여행을 포기하기보다는 부모님 세대의 최고의 신혼여행지였던 제주도로 눈길을 돌렸다. 이에 따라 호텔 업계도 발 빠르게 대응하고 있다. 제주신라호텔은 해외 신혼여행이 일반화되면서 사라졌던 허니문 패키지를 7년 만에 재출시하며 큰 인기를 끌었다.[4] 휴가철 국내여행의 모습도 점차 달라지고 있다. 사람들이 몰리는 유명 관광지보다는 조개 속에 숨은 진주를 찾듯 잘 알려지지 않은 여행지를 발굴하며 색다른 재미를 얻으려는 이들이 증가했다. 온라인 여행사 익스피디아의 국내여행 트렌드 조사 결과에 따르면, 2020년의 소비자들은 대형 관광지보다 담양이나 태안 등 비교적 인파가 적은 중소 여행지를 여유롭게 돌아보고 싶어 하는 것으로 나타났다.[5]

출처: 한국관광공사

배경 트렌드 및 향후 전망

국내여행이 해외여행의 대체재로 떠오른 가운데 가장 주목할 지점은 '장소'가 아닌 '활동'이 중요해졌다는 사실이다. 다시 말해 과거에는 '어디로 가는지'가 중요했다면, 오늘날에는 '무엇을 하는지'가 더 중요해지고 있다는 것이다. 각 지방자치단체도 국내여행 트렌드가 지역경제 회복과 연결될 수 있도록 지역의 '가볼 만한 곳'을 제안하고 있는데, 이와 더불어 각 지역에서 '해볼 만한 활동'을 강조하는 것이 효과적인 전략이라 하겠다. 이러한 특수 상황은 그동안 해외에 밀렸던 국내 레저 문화를 선진적으로 만드는 적기라 할 수 있다. 해외여행에 비해 부족한 국내여행의 프로그램과 콘텐츠 등을 더욱 개발하는 것은 물론이고, 바가지 요금이나 불법 운영 등의 근절을 위한 제도 정비가 이어져야 할 것이다.

관련 키워드: **『트렌드 코리아 2018』**, 소확행, 작지만 확실한 행복

기생충

"The Oscar goes to…Parasite!" 2020년 2월, 미국 로스앤젤레스에서 열린 제92회 아카데미 시상식에서 우리나라 영화 〈기생충〉이 각본상·감독상·국제장편영화상에 이어 최고상인 작품상까지 수상하며 4관왕에 올랐다. 이는 한국 영화 101년 역사상 처음 있는 일이며 우리나라 영화의 세계적 위상이 무척 높아졌음을 보여준 사건이다. 특히 아시아 영화에 장벽이 높아 백인만의 축제라고 불리던 아카데미 시상식에서 새로운 역사를 썼다는 점에서 아시아 영화의 자부심이 됐다. 사실 〈기생충〉은 2019년 5월에 개봉한 영화인 탓에 2020년 10대 트렌드 상품에 부적합하다는 의견도 있었으나, 2020년 상반기 설문조사에서 많은 사람들의 표를 받아 순위권에 등극했다. 그만큼 많은 대중들에게 〈기생충〉의 아카데미상 수상 쾌거가 2020년을 상징하는 영화계 이슈로 깊은 감명을 남긴 것이다.

출처: CJ엔터테인먼트

상류층과 하류층, 전혀 다른 두 가족의 이야기를 다룬 블랙코미디 가족드라마인 〈기생충〉은 아카데미상 외에도 칸영화제 황금종려상·골든글로브 최우수 외국어영화상 등을 수상했으며 국내에서도 많은 상을 휩쓸며 역대 한국 영화 매출 1위에 등극했다. 이에 국내에서는 2020년 4월 〈기생충: 흑백판〉을 특별 상영하기도 했다. 등장인물들이 부르는 "제시카 외동딸 일리노이 시카고~"라는 가사의 일명 '제시카송'은 미국에서 선풍적인 인기를 끌며 다양하게 패러디됐고, 영화 속에 등장하는 한국 소주와 한우 채끝살 짜파구리(짜파게티+너구리)도 전 세계적으로 화제에 오르며 〈기생충〉의 인기를 실감하게 만들었다.[6]

배경 트렌드 및 향후 전망

〈기생충〉은 전 세계적으로 심각한 화두인 양극화 문제를 다룬 데다 작품성도 높아 국경과 인종을 뛰어넘어 많은 이들과 보편적인 공감대를 형성했다. 〈기생충〉의 아카데미상 수상 이후 확산된 코로나19로 인해 이 작품을 필두로 다른 한국 영화들이 재평가받을 수 있는 기회를 놓쳤다는 아쉬움이 남는다. 그럼에도 다사다난했던 2020년, 〈기생충〉의 선전은 가뭄 끝의 단비와 같았다. 이와 더불어 방탄소년단의 노래 'Dynamite'가 한국 가요 최초로 빌보드 메인 싱글 차트 정상에 오르면서, 'K-컬처'가 국제적 유명세를 얻고 있다. 갈수록 거세지고 있는 K-컬처의 파급력이 K-푸드·K-뷰티 등 다양한 분야에도 영향을 미치며 이른바 'K-산업'의 지평도 넓어질 것으로 보인다.

관련 키워드: **『트렌드 코리아 2020』**, 멀티 페르소나

☰ 무선 이어폰

사치품으로 여겨졌던 무선 이어폰은 이제 현대인의 필수품이 됐다. 2016년, 애플이 에어팟 1세대를 처음 출시했을 때만 해도 '콩나물 디자인'이라는 혹평을 받았으나 무선 이어폰 시장이 매년 급성장하면서 무선 이어폰 춘추전국시대가 열렸다. 요즘 지하철에서 대다수의 사람들이 무선 이어폰을 끼고 있는 것을 보면 출퇴근길의 '필수템'이라 부를 만하다. 실제로 한 소비자 인터뷰에서 "무선 이어폰 없이 어떻게 지하철을 탈 수 있을지 모르겠다"는 이야기가 나오기도 했다. 무선 이어폰은 2018년부터 10대 트렌드 상품 조사 후보군에 꾸준히 올랐는데, 2020년 들어 처음으로 10위권 안에 진입해 그 인기가 무르익었음을 확인할 수 있었다.

코로나19로 인한 국제적 소비 위축으로 IT 기기 분야의 수요가 둔화되고 있음에도 불구하고 유독 무선 이어폰 시장만은 성장세를 이어가고 있다. 글로벌 시장조사 업체 카운터포인트리서치에 따르면 2020년 1분기 무선 이어폰 출하량은 4,451만 대를 기록해 전년 동기 대비 151%가량 증가했으며, 2020년 출하량도 전년의 2배 이상 규모로 늘어날 것으로 전망했다.[7] 이러한 상황 속에서 시장의 패권을 쥐었던 애플에 삼성전자·LG전자·구글 등이 연달아 도전장을 내밀고 있어 더욱 첨예한 경쟁이 벌어질 전망이다. 실제로 다양한 브랜드가 외부 소음을 차단하는 '노이즈 캔슬링' 기능이 탑재된 무선 이어폰을 선보이는가 하면, 배터리 개선·방수 기능 등 더 유용하고 편리해진

제품들을 출시하면서 무선 이어폰은 점차 진화하는 중이다.[8]

배경 트렌드 및 향후 전망

무선 이어폰이 인기를 끄는 이유는 단지 음악을 들려주는 것을 넘어 나를 지켜주는 '갑옷'의 역할을 하기 때문이다. 미국의 트렌드 분석가인 페이스 팝콘Faith Popcorn은 현대인들은 불확실한 사회에서 단절되어 보호받고 싶은 욕망을 가지고 있으며, 마치 누에고치처럼 외부와 차단된 자신만의 안락하고 안전한 공간, 일명 '코쿤'에서 시간을 보내고 싶어 한다고 주장했다.[9] 무선 이어폰은 이 '코쿤'의 역할을 해준다고 볼 수 있다. 사람들로 가득한 출퇴근 시간의 지하철 안이라도 무선 이어폰만 있다면 불안하지 않다. 다시 말해 현대인에게 무선 이어폰은 사회심리적 보호막인 셈이다. 『트렌드 코리아 2018』에서 우리 사회가 점차 개인화·원자화되고 있다고 밝힌 바 있는데, 무선 이어폰이야말로 원자화되어가는 현시대를 잘 보여주는 아이템이라 하겠다.

한편, 스마트폰 시장이 포화 상태에 이르러 관련 주변기기 시장도 성장하면서 많은 기업들이 '생태계 확장'에 전념을 다하고 있다. 무선 이어폰의 성장세는 당분간 이어질 전망이며, 스마트워치와 함께 웨어러블 기기 시장을 끌고 가는 견인차가 될 것이다.

관련 키워드: **『트렌드 코리아 2018』**, 나만의 케렌시아, **『트렌드 코리아 2019』**, 그곳만이 내 세상, 나나랜드

배달 서비스

2020년은 수많은 배달 오토바이들이 거리를 지배했던 한 해였다. 코로나19로 인한 사회적 거리두기가 강화됨에 따라 배달 서비스 이용이 급격히 증가했기 때문이다. 직접 집에서 음식을 만들어 먹거나 식당에 가기보다는 손가락 하나로 간단히 주문할 수 있는 배달 서비스를 이용하여 끼니를 해결하는 사람들이 많아진 것이다. 실제로 통계청 조사에 따르면, 2020년 7월의 배달 음식 온라인 거래액은 전년 동월 대비 66.3% 늘어난 1조3,780억 원으로 나타났다.[10] 배달 품목도 다양해졌다. 커피 한 잔, 빵 한 봉지도 집에서 배달시켜 먹는 시대가 됐다. 특히 사무실이 밀집된 지역과 자취 인구가 많은 지역에서 커피 배달 주문이 크게 늘었다. 이에 따라 카페베네·탐앤탐스·할리스커피 등 다양한 프랜차이즈 카페들이 커피를 비롯해 빙수·디저트 등을 배달해주는 서비스를 확대하고 있다.[11] 나아가 편의점 상품도 배달 주문이 가능해져 큰 호응을 얻고 있으며, 몇몇 재래시장에서도 경쟁력 강화를 위해 배달 서비스를 시작하는 등 다양한 영역에서 배달 붐이 일고 있다.[12] 이처럼 배달 시장이 지속적으로 성장함에 따라 요기요·배달의민족·쿠팡이츠 등 유명 배달 애플리케이션 외에 특화 배달 애플리케이션이

출처: 허니비즈

속속 등장하는 추세다. 예를 들어 '띵동'은 유명 레스토랑의 음식을 배달해주고, '삼청동식탁'은 다양한 종류의 반찬을 즉시 배달해주는 것으로 차별화하고 있다.[13]

배경 트렌드 및 향후 전망

주목할 점은 모바일 배달 애플리케이션을 이용하는 연령층이 차츰 넓어지고 있다는 것이다. 과거에는 주로 젊은 세대가 배달 서비스를 이용했으나 '언택트' 소비가 확산되면서 50대 이상의 중·장년층도 모바일 주문에 익숙해져 배달 애플리케이션을 이용하기 시작했다. 10대 트렌드 상품 설문조사 결과에 따르면, 배달 서비스는 여러 연령대 중에서도 50대 이상(60%)에게 가장 많은 표를 얻었다. 이는 배달 서비스를 2020년의 가장 핫한 트렌드 상품으로 여길 만큼 중·장년층이 본격적으로 배달 문화에 빠져들었다는 증거라 할 수 있다. 코로나19가 종식된 이후에도 배달 서비스의 편리함을 경험한 소비자들은 이를 계속 이용하게 될 것이다.

한편, 배달 서비스가 성장함에 따라 배달 중개 수수료 문제나 배달원의 안전 문제에 대한 이슈도 불거지고 있다. 소상공인의 부담을 낮추고 배달 노동자의 처우를 개선하는 등 모두가 상생할 수 있는 방안을 마련하기 위한 노력이 필요할 것이다.

관련 키워드: **『트렌드 코리아 2020』** 라스트핏 이코노미, **『트렌드 코리아 2020』** 편리미엄

지역화폐

서울시의 '서울사랑상품권', 대전시의 '온통대전', 세종시의 '여민전'……. 2020년에는 다양한 지역화폐가 주목받았다. 코로나19의 대유행으로 소비 심리가 위축되면서 지역 상권이 급속도로 얼어붙자 각 지방자치단체에서 지역경제에 활력을 불어넣기 위해 지역화폐 사용을 독려한 덕분이다. 전국적으로 200여 곳의 지자체가 지역화폐를 발행했으며, 규모 또한 전년보다 3배 증가해 7,500억 원어치가 발행됐다.[14] 지역화폐 열풍을 실감하게 만드는 숫자다.

그렇다면 이렇게 발행된 지역화폐는 어디에 쓰였을까? 한 지자체가 2020년 5월부터 6월 중순까지의 지역화폐 소비 금액 상위 3개 업종을 살펴본 결과 일반음식점(19.6%), 의료 기관 및 제약(17.5%), 학원(15.2%) 순인 것으로 나타났다. 금액으로 환산하면 일반 음식점에 약 191억 원, 의료 기관 및 제약에 약 171억 원, 학원비로 약 148억 원이 사용된 셈이다.[15] 즉, 일반음식점을 제외하면 의료비나 사교육비 등 비생계형 고액 지출에 주로 사용된 것인데, 이를 두고 일각에서는 '지역 소상공인 매출 증대'라는 지역화폐의 취지가 무색해졌다고 주장하기도 했다.

배경 트렌드 및 향후 전망

지역화폐는 예전부터 꾸준히 발행되어온 거래 수단이다. 그런데 왜 하필 2020년에 그 인기가 치솟은 것일까? 가장 핵심적인 인기 요인은 바로 평균 10%에 이르는 높은 할인 혜택이다. 하지만 이는 지역화폐의 가장 큰 약점이기도 하다. 사실 소비자에게 높은 할인율을 제공하는 것은 정부와 지자체의 재원이 뒷받침됐기에 가능한 일이었다. 특히 코로나 사태로 지역 상권이 침체될 위기에 처하자 국비 지원이 크게 늘었다. 하지만 지원을 통한 경기 부양에는 한계가 있기 마련이다. 실제로 지자체의 지역화폐 할당 예산은 빠른 속도로 소진되고 있다.[16] 나아가 국가 경제 차원에서 볼 때, 각 지역이 경쟁적으로 지역화폐를 발행하다 보면 소비가 늘어나지는 않고, 발행·유통비용만 소요될 수 있다는 비판도 제기되고 있다.

출처: 경기도

이러한 논쟁에도 지역 상권을 살리기 위한 지자체의 지역화폐 열풍은 한동안 이어질 전망이다. 코로나 사태로 인해 슬리퍼와 같은 편한 복장으로 자신의 집 근처에서 소비하는 '슬세권(슬리퍼+○세권) 소비'가 하나의 소비트렌드로 자리 잡으면서 각 자치체로서는 위축되는 소비를 자기 공동체 영역 내에서만이라도 부양하고자 할 것이기 때문이다.

관련 키워드: **『트렌드 코리아 2020』** 라스트핏 이코노미

☰ 트로트 🔍

2020년은 트로트 전성시대였다고 해도 과언이 아니다. 2019년 TV조선에서 방영된 〈미스트롯〉의 흥행에 힘입어 2020년 상반기에 방영된 〈미스터트롯〉은 최종회 시청률이 무려 35.7%를 기록할 만큼 큰 화제를 모았다.[17] 트로트는 코로나19로 지친 국민들에게 위로와 희망을 안겨주며 중·장년층부터 2030세대까지 모두에게 사랑받는 음악 장르로 거듭났다. 가장 눈에 띄는 것은 음원차트의 변화다. 그간 비주류 장르였던 트로트가 이제는 전 국민의 사랑을 받는 대세로 자리 잡았다. 특히 〈미스터트롯〉에서 진으로 뽑힌 가수 임영웅의 '이제 나만 믿어요'는 발표와 동시에 벅스·바이브·소리바다 등에서 실시간 음원차트 1위를 기록하는 저력을 발휘했다.[18] 트로트 열풍은 가요계를 넘어 방송가 전체를 장악했다. 〈미스터트롯〉이 인기리에 종영된 이후 SBS 〈트롯신이 떴다〉·TV조선 〈신청곡을 불러드립니다-사랑의 콜센타〉·〈뽕숭아학당〉 등 트로트를 소재로 한 예능 프로그램들이 앞다투어 안방극장을 찾아왔다.[19]

이러한 현상은 『트렌드 코리아 2020』에서 소개된 신중년층 '오팔세대'가 문화적 활동에 적극적으로 나서게 된 것과 맥을 같이한다. 이들은 스마트폰과 인터넷 사용에 취약함에도 불구하고 음원 스트리밍을 어떻게 하는지 교육까지 받으며 '스밍 총공격(음원 스트리밍 총공격)'이나 '조공(좋아하는 연예인에게 선물을 보내는 행위)' 등 다양한 활동을 통해 트로트 스타를 응원하고 있다.[20] 뿐만 아니라 트로트

스타가 특정 제품을 광고하면 자발적으로 구매 운동을 벌이기도 한다. 실제로 가수 송가인이 한 주류 제품의 모델이 되자마자 해당 제품의 매출이 20%가량 증가하는 등 소비 영역에서도 트로트의 열풍을 확인할 수 있었다.[21]

출처: TV조선

배경 트렌드 및 향후 전망

트로트의 대유행은 우리에게 "그동안 대중문화가 과도하게 젊은 사람들만을 위한 콘텐츠를 제공하지는 않았는가"라는 문제의식을 가지게 해주었다. 아이돌 가수들이 문화계를 휩쓸면서 여기에 적응하지 못한 세대가 즐길 문화는 전무하다 싶었던 것이 사실이다. 그런데 이번 트로트 열풍으로 대중문화를 소비하는 주체가 젊은 세대만이 아님이 증명됐다. 특히 젊은 세대가 갈수록 TV를 멀리하고 유튜브나 OTT 서비스 등 스마트폰 콘텐츠를 가까이하면서, 중년층을 타깃으로 한 TV 프로그램들이 많아지고 있다. 이러한 현상은 지상파·케이블 TV를 주 매체로 하는 콘텐츠 영역에서 더욱 심화될 것으로 전망된다. 이제 트로트뿐만 아니라 전 국민이 즐길 수 있는 다양한 장르가 공존하는 문화 생태계가 조성되어야 할 것이다.

관련 키워드: **『트렌드 코리아 2020』**, 오팔세대, **『트렌드 코리아 2020』**, 팬슈머

화상 커뮤니케이션

코로나19의 영향으로 재택근무·원격수업 등이 확대되면서 '화상 커뮤니케이션 플랫폼'이 주목받고 있다. 대면 의사소통을 하는 대신 줌Zoom이나 웹엑스Webex 등의 다양한 화상 커뮤니케이션 플랫폼을 활용하는 것이다. 코로나 사태 초기 줌은 하루 동안 약 231만 회나 다운로드될 만큼 엄청난 인기를 얻었으며,[22] 매출액 또한 2020년 5~7월을 기준으로 전년 동기보다 355%나 상승했다.[23] 하지만 줌의 보안 문제가 제기되면서 구글의 행아웃Hang out과 미트Meet·마이크로소프트의 팀즈Teams·시스코의 웹엑스 등이 줌을 대체할 플랫폼으로 떠오르며 빠르게 성장하고 있다.

직장에서는 이러한 화상 커뮤니케이션 플랫폼을 활용하여 재택근무를 실시하고 있다. 코로나19 사태가 장기화되자 IT 기업들을 중심으로 시작된 재택근무가 점차 제조업 분야로도 확산되는 모양새다.[24] 학교에서도 화상 서비스를 활용한 온라인 강의를 실시하고 있다. 직장이나 학교뿐만이 아니다. 코로나 사태 이전에 사람들이 오프라인 공간에서 모여서 했던 것이라면 무엇이든 화상 플랫폼을 활용하여 온라인에서 모여 즐기고 있다. 정해진 시간에 화상 커뮤니케이션 플랫폼에 접속해 대화를 나누며 독서 모임·요가·피트니스 등을 함께하는 온라인 동호회는 이제 일상이 됐으며, 심지어 화상 커뮤니케이션 플랫폼을 이용해 온라인 결혼식을 올리기도 한다.[25]

배경 트렌드 및 향후 전망

화상 커뮤니케이션이 2020년 10대 트렌드 상품에 선정됐다는 것은 많은 점을 시사한다. 화상 커뮤니케이션 기술은 이미 존재했으나 그동안 널리 사용되지 않았던 기술이다. 그런데 코로나19로 인해 많은 사람들이 화상 커뮤니케이션에 참여할 수밖에 없게 됐다. 어떤 이들은 화상으로 회의하고 수업을 듣는 것이 기대 이상으로 효율적이라며 긍정적으로 평가하기도 하지만, 일각에서는 화상 커뮤니케이션에는 생산성이나 집중도가 떨어지는 등 여러 한계가 있다며 부정적인 목소리를 내기도 했다.[26]

하지만 이제는 화상 커뮤니케이션이 좋다 혹은 나쁘다고 한마디로 평가하는 것이 무의미해졌다. 코로나19 사태는 우리의 일상을 너무나 많이 바꾸어놓았고 다시는 그 이전으로 돌아갈 수 없기 때문이다. 코로나19가 종식되더라도 100% 대면이나 100% 비대면이라는 극단적 의사소통 방식을 취하기보다는, 대면과 비대면의 경계가 점차 사라지며 두 방식이 자연스럽게 공존할 것으로 보인다. 적합한 업무나 환경에는 화상 커뮤니케이션이 더욱 적극적으로 활용될 것이다.

관련 키워드: 『**트렌드 코리아 2018**』, 언택트 기술, 『**트렌드 코리아 2018**』, '워라밸' 시대

KF마스크

2020년, 우리의 안전과 직결된 가장 중요한 아이템은 바로 'KF마스크'였다. 마스크는 메르스가 확산됐던 2015년의 10대 트렌드 상품으로 이미 선정된 바 있다. 그러나 2020년의 마스크는 일반 마스크가 아닌 'KF'마스크다. KF는 'Korea Filter'의 약자로 입자 차단율을 나타내는 등급을 의미한다.[27] 바이러스를 차단하는 데는 일반 마스크나 공업용 마스크보다는 KF마스크가 효과적이기 때문에 일반 사람들도 마스크를 살 때 KF마크를 반드시 확인하곤 한다. 코로나19 사태 초기에 한꺼번에 너무 많은 사람들이 KF마스크 구매에 나서자 KF마스크는 구하기 어려운 보물이 됐고, 전국 곳곳에서 품귀 현상이 벌어졌다. 그 결과 정부는 2020년 3월부터 5월까지 약 3개월 간 요일별 마스크 할당제를 시행했고, 마스크를 사려는 사람들로 약국 앞에 긴 줄이 늘어서는 진풍경도 펼쳐졌다.

의약외품이 아닌 공산품 마스크를 KF마스크라고 허위로 표시하거나 과대광고를 한 경우도 비일비재했다.[28] 때문에 몇몇 사람들은 직접 비말 차단 테스트를 해서 KF마스크와 일반 마스크를 비교해보거나 마스크를 뜨거운 물에 삶아 소독이 되는지 실험하는 등 마치 '마스크박사'와 같은 면모를 보이기도 했다. 일각에서는 '마스크 화폐'라는 말도 등장했다. 이는 코로나19 사태의 장기화로 마스크가 생활필수품이 되어 중고물품과 마스크를 교환하는 사례가 늘어나면서 생긴 용어다. 실제로 중고거래 사이트에서는 '딱 한 번 입은 옷들인데 마음에 드는 것 있다면 KF마스크 8개와 교환하자'는 식의 글이 빈번히 올라왔다.[29] 마스크 없이는 집 밖을 나설 수도 없는 시대가 만든 웃지 못할 현상들이다.

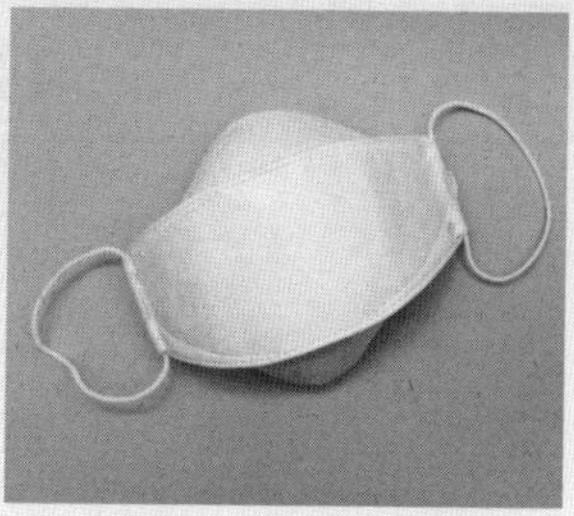

배경 트렌드 및 향후 전망

요즘 아이들은 선생님의 얼굴도, 같은 반 친구들의 얼굴도 절반만 안다고 한다. 그만큼 '마스크'는 일상 속 필수 아이템이 되어버렸다. 테드로스 아드하놈 게브레예수스 세계보건기구WHO 사무총장은 "코로나19가 종식된다 하더라도 우리는 과거로 돌아갈 수 없으며 새로운 일상을 맞이할 준비를 해야 한다"고 말했다.[30] 무엇보다 '생활 방역'의 중요성이 훨씬 커질 것으로 보인다. 아프면 쉬는 것은 기본이고, 소매로 입을 가리고 기침하는 것 등 각종 방역 수칙들이 당연한 에티켓으로 자리 잡을 것이다.

마스크 시장도 마찬가지다. 한 글로벌 시장조사 기관에 따르면, 전 세계 일회용 마스크 시장 규모는 2027년까지 연평균 53%의 성장률을 보일 것으로 예상된다.[31] 마스크 시장이 점차 확대되면서 최근에는 명품 마스크·컬러 마스크·마스크 목걸이·마스크 스트랩 등 마스크 패션 관련 시장도 성장하고 있다.[32] 아름다움에 대한 인간의 기본적인 욕망은 어느 순간에도 사라지지 않고 마스크에 가려질 수도 없으므로, 이러한 시장 또한 다양화되며 함께 성장할 전망이다.

관련 키워드: 『트렌드 코리아 2017』, 각자도생의 시대

≡ OTT 서비스 🔍

콘텐츠 소비 방식이 바뀌고 있다. 방송 시간에 맞춰 TV 앞에 앉아 기다리기보다, 내가 선택한 시간에 내가 고른 콘텐츠를 소비하는 경향이 급격히 확산되는 추세다. OTT는 'Over The Top'의 준말로, OTT 서비스란 온라인 동영상 서비스를 가리킨다. 국내 OTT 서비스 시장 규모는 지속적으로 급성장하여 최근 6년간 연평균 26.3%의 성장률을 보였다. 코로나19의 확산으로 사람들이 실내 활동을 지속하면서 OTT 서비스 시장은 더욱 빠르게 커지는 중이다.

모바일 빅데이터 플랫폼 아이지에이웍스가 발표한 〈2020 상반기 대한민국 모바일 앱 시장 분석 리포트〉에 따르면 가장 큰 폭의 성장세를 보인 분야는 OTT 서비스 애플리케이션이었다.[33] 글로벌 OTT 서비스인 '넷플릭스'는 2020년 6월 기준으로 이용자 수가 466만 명을 돌파해 전년 대비 이용자가 2.5배 급증하는 폭발적 성장세를 보이고 있으며, 국내 OTT 서비스인 '웨이브'와 '티빙'도 같은 기간 동안 이용자가 각각 2배, 0.5배가량 증가했다.[34] 하나의 OTT 서비스에만 가입하기보다 여러 OTT 서비스를 동시에 이용하는 사람들도 점차 늘어나고 있다. 이처럼 OTT 서비스 시장이 급속도로 성장함에 따라 최근에는 신생 OTT 서비스들이 연달아 도전장을 내밀었다. 2019년 디즈니에서 론칭한 OTT 서비스인 '디즈니 플러스'는 출범 5개월 만에 전 세계 가입자 수가 5천만 명을 넘어섰으며,[35] 애플도 '애플TV 플러스'를 선보이며 다양한 독점 콘텐츠를 저렴한 가격에 제공하는 등 공격적 행보를 보이고 있다.[36] 국내에서도 카카오가 '카카오TV'로 OTT 서비스 시장에 뛰어들었는데, 론칭 일주일 만에 오리지널 콘텐츠의 누적 조회

수가 1,300만 뷰를 기록하며 큰 주목을 받고 있다.[37]

배경 트렌드 및 향후 전망

OTT 서비스는 한번 이용하기 시작하면 멈추기가 쉽지 않다. 그 특성상 코로나19가 종식된 후에도 OTT 서비스의 성장세는 계속될 전망이다. 이러한 상황에서 국내 OTT 서비스들이 글로벌 공룡인 넷플릭스에 대항하기 위해서는 차별화 포인트를 찾아 매력을 끌어올리는 것이 급선무다. 한편, OTT 서비스의 발달이 구독경제의 문을 열었다고 볼 수도 있다. 지속적으로 OTT 서비스를 사용하다 보면 매월 결제되는 이용료에 대한 심리적 부담감이 점차 줄어들기 마련이다. 이는 콘텐츠에서 시작된 구독경제가 가전제품·소파·침대 등 삶의 전반으로 점차 확장될 수 있음을 시사한다.

관련 키워드: **『트렌드 코리아 2020』**, 스트리밍 라이프, **『트렌드 코리아 2020』**, 초개인화 기술

주

서문

1 "백신 나와도 코로나 종식 안 될 것"…감염병 전문가들의 경고 / 한국경제, 2020.08.25.
2 "코로나는 인류와 영원히 함께한다" 英 면역학 권위자 경고 / 조선일보, 2020.08.23.
3 빌 게이츠 "코로나로 수백만 더 사망…내년 말 종식될 것" / VOA, 2020.08.19.
4 '스톡데일 패러독스', 〈두산백과〉, 네이버 지식백과 검색.
5 짐 콜린스, 『좋은 기업을 넘어 위대한 기업으로』, 이무열 옮김, 김영사, 2002.

1 • 2020년 소비트렌드 회고

Me and Myselves 멀티 페르소나

1 직장인 4명 중 3명 "회사에서의 모습은 평상시와 다르다" / 공무원수험신문, 2020.03.23.
2 "회사가 내 인생 책임지지 않아…투잡은 미래 준비 위한 자기계발·자아실현" / 조선일보, 2020.07.05.
3 월수입 300만원 프리랜서? 성인남녀 3명 중 1명 이상 '재능거래 이용 경험' / 베리타스알파, 2020.08.06.
4 "셀카처럼 수술해주세요" 신종질환 '셀카이형증' / 한겨레, 2019.10.13.
5 신념은 커버링하고 절망은 부계정에 감추고 / 한겨레21, 2020.08.05.
6 아들에게 핑크 코트?…'성역' 깨지는 아동복 / 중앙일보, 2019.10.22.
7 빨란 립스틱 남자 아이돌, 메이크업 광고 점령하다 / 중앙일보 2020.08.25.
8 남자도 여자도 아니다…진격의 문화 코드 '그들' / 중앙SUNDAY, 2020.03.07.
9 펭수에게 성별을 물어보지 말라 / 중앙일보, 2019.12.05.
10 "확 싸야" 생필품 소비는 '광클'…"확 비싸도" 취향 소비는 '몰빵' / 매일경제, 2019.11.08.

Immediate Satisfaction: the 'Last Fit Economy' 라스트핏 이코노미

1 美 월마트, 냉장고 안까지 식료품 배송 / 조선비즈, 2019.06.08.
2 차별화로 진화하는 유통업계 '배송전쟁 2라운' / 서울신문, 2020.07.29.
3 어제까진 배송 경쟁…이제부턴 반품 전쟁 / 조선일보, 2019.12.30.
4 홈 어라운드 소비…동네상점만 카드결제 8% 늘었다 / 조선일보, 2020.04.24.
5 車 빌리고 세탁 맡기고…기발한 서비스 다 갖춘 '슬기로운 편의점' / 매일경제, 2020.05.14.
6 "코로나19에 인기, 재난지원금 받아 삽니다"…자전거의 재발견 / 머니투데이, 2020.04.25.
7 삼성TV 박스로 고양이 집…쓰레기 안 되는 포장혁명에 '심쿵' / 중앙일보, 2020.06.21.
8 "니로EV로 새벽배송"…기아차 물류용 전기차 개발 박차 / UPI뉴스, 2020.06.16.
9 로봇의 시대가 온다…유통업계, 배달로봇 도입 가속 / 이데일리, 2020.08.10.
10 '이동'을 넘어 '연결'로 향해 가는 미래 모빌리티 서비스 / 한경비즈니스, 2020.07.28.
11 SK텔레콤·롯데쇼핑이 만든 '거점 오피스'…이동 시간 줄이고 효율 높인다 / 한경비즈니스, 2020.07.14.
12 서울 송파구, '지역공유카' 사업 확대 / 서울경제, 2020.08.06.

Goodness and Fairness 페어 플레이어

1 '돈쭐', 네이버 오픈사전 검색.
2 NH농협카드 "착한가게 '돈쭐' 내주겠다"…착한가맹점 3호점 선정 / 세계비즈, 2020.07.28.
3 키다리 정용진, 이번엔 백종원 레시피로 '바다장어 조림' 밀키트 출시 / 조선비즈, 2020.08.07.
4 CJ오쇼핑, 코로나19 피해 입은 지역 특산물 판매 / 아이뉴스24, 2020.06.17.
5 신한카드·신세계백화점, 고령 '깨'·완도 멸'치'…'함깨가치' 신신당부 / 서울경제, 2020.06.25.
6 "더 공정하고 투명하게"…NS홈쇼핑, 상품선정 프로세스 강화 / 월요신문, 2020.08.06.
7 코로나가 바꾼 근무환경…대기업 4곳 중 3곳은 '유연근무' / 스페셜경제, 2020.07.20.
8 현대百 파격…밀레니얼 직원에 매장 맡긴다 / 매일경제, 2019.04.08.
9 '연공서열' 깨부수는 2030세대…"일한 만큼 받을래요" / 조선일보, 2020.01.12.
10 교보생명, 연공서열 타파 위해 직무급제 실험 시작 / 아주경제, 2020.01.02.
11 전력연구원, 직무급제 도입 추진…설계용역 완료 / CEO스코어데일리, 2020.06.30.
12 美도 코로나19로 엄마만 더 바빠졌다 / 한국일보, 2020.05.07.
13 여성 하루 가사노동 3시간 10분…남성은 48분 / MBC, 2020.07.30.
14 코로나가 뒤흔든 '부부의 세계', 그러나 이혼 떠올리기 전에 / 헬스조선, 2020.05.22.
15 지도층 반칙·특권에 분노…한국사회 '행복의 노화' 진단했다 / 문화일보, 2020.06.01.
16 코로나로 집안일 많아지자…편리미엄 가전 매출↑ / 뉴시스, 2020.04.07.
17 알고리즘·인공지능, 공정하지 않았다간 큰 코 다친다 / 한겨레, 2020.08.03.
18 비즈니스 성공을 위해 '사회적 대의' 추구해야 하는 시대가 왔다 / 사례뉴스, 2020.02.06.

Here and Now: the 'Streaming Life' 스트리밍 라이프

1 국내 첫 공유미용실 등장…미용사 16명 모두 사업자/ 매일경제, 2020.08.24.
2 집 근처 1인을 위한 사무실, '집무실(執務室)'/ 얼리어답터, 2020.08.11.
3 올인홈·가변 설계·높은 층고…포스트 코로나 '하우스의 진화' / 매경이코노미, 2020.07.17.
4 꾸까, 월 매출 10억 원 기록…일상에서 즐기는 꽃 문화 창출 / 플래텀, 2020.06.16.
5 꾸까, 월 매출 10억 원 기록…일상에서 즐기는 꽃 문화 창출 / 플래텀, 2020.06.16.
6 전통주부터 그림까지 '구독'…"다양함·편리함이 핵심" / 연합뉴스, 2020.08.02.
7 언택트·경험소비 트렌드 타고 '먹거리 구독' 뜬다 / 글로벌이코노믹, 2020.07.22.
8 자동차 구독 시대…현대차 하루 신규가입자 18배 늘었다 / 중앙일보, 2020.08.12.
9 Technavio, 〈Automotive Subscription Services Market by Distribution Channel and Geography – Forecast and Analysis 2020–2024〉, 2020.03.
10 공유 배터리 아잉, 누적 대여 10만 시간의 비결은? / 이코노믹리뷰, 2020.06.23.
11 CJ ENM 오쇼핑부문, 오는 21일 삼성 생활가전 '묶음렌탈' 판매방송 / 스페셜경제, 2019.08.19.
12 닛케이 크로스 트렌드, 『구독경제는 어떻게 비즈니스가 되는가』, 조사연 옮김, 한스미디어, 2020.

Technology of Hyper-personalization 초개인화 기술

1 교육사업 에듀테크가 돌파구다 / 주간경향, 2020.02.03.
2 코로나가 앞당긴 교육 혁신, 디지털 체계 건설해야 / ZDNet Korea, 2020.05.27.
3 "구직부터 아기울음 분석까지"…AI 기반 '초개인화 서비스 시대' 주목 / 시사위크, 2020.04.21.
4 AI·빅데이터·디지털로 무장한 패셔놀로지 기업…소비 주축 떠오른 개성 강한 MZ세대 취향 저격 / 이코노미조선, 2020.09.07.
5 넥스트 노멀 시대, 개인화가 성패 가른다 / 위클리포스트, 2020.09.03.
6 'AI 2.0 시대' 벤처스타트업계, '개인화 서비스'에 초점 / 파이낸셜뉴스, 2020.08.27.
7 AI가 만드는 뉴스앱 개인화 시대 나만의 뉴스비서 '로제우스'서비스 출시 / 헤럴드경제, 2020.08.27.

8 "앱으로 발 사진 찰칵하면 AI가 딱 맞는 신발 추천해요" / 매일경제, 2020.08.26.
9 이제는 화장품도 '초개인화' 시대…'테일러드 뷰티'가 대세 / 데일리팝, 2020.06.12.
10 이용자 중심의 시각에서 서비스를 제공하라 / 월간 디자인, 2020.08.28.
11 초개인화 데이터 유통 시대 개막…데이터3법 발효 / 전자뉴스, 2020.08.04.
12 '데이터 댐' 사업 출발…2만8000개 일자리 창출 기대 / 경향신문, 2020.09.02.
13 조용호, 『당신이 알던 모든 경계가 사라진다』, 미래의창, 2013.
14 "금융 산업, 디지털 기술로 언택트 환경에 적극 대응해야" / 데이터넷, 2020.08.17.

You're with Us, 'Fansumer' 팬슈머

1 이것은 시리얼인가 조미료인가…파맛첵스로 요리해봤다 / 머니투데이, 2020.09.05.
2 '닭껍질튀김'이 한국에 오게 된 사연 / 중앙일보, 2020.06.18.
3 팬슈머에 귀 기울이는 식품업계…"고객이 답이다" / 뉴시스, 2020.06.29.
4 "소비자가 왕" 식품·유통업계, '팬슈머' 힘으로 제품 재출시 잇따라 / 아시아경제, 2020.07.11.
5 기획부터 제작까지…'MZ세대 팬슈머' 훈수에 귀 기울이는 패션기업들 / 이투데이, 2020.07.19.
6 꼼꼼해진 '팬슈머' 힌트에…히트친 브랜드 / 매일경제, 2020.05.14.
7 유통도 크라우드펀딩 바람…독특한 신상품 싸게 산다 / 동아일보, 2020.06.17.
8 요즘 잘 나가는 IT스타트업 트렌드는 '선주문 후생산' / 서울파이낸스, 2020.04.17.
9 "B급 감성 빙그레우스, MZ세대와 기성세대 모두에게 통했죠" / 아시아경제, 2020.09.18.
10 답답한 코로나 뚫는 '재미 향연'…펀슈머 잡는 도른자 마케팅 / 서울신문, 2020.09.09.
11 ①가요계 쥐락펴락…중장년팬덤, 메가히트 중심에 / 이데일리, 2020.09.11.
12 "중년 덕후, 문화 시장 큰손 되다", 〈한경머니〉, 2020년 4월, 제179호.
13 복고를 즐기고 소비한다…'뉴트로' 열풍 / 시사매거진, 2020.08.05.

Make or Break, Specialize or Die 특화생존

1 집콕족 잡아라…불붙은 배달 특화 카드 경쟁 / IT조선, 2020.09.04.
2 올 여름 리커버리 샌들이 뜬다 / 어패럴뉴스, 2020.08.04.
3 '슈탠다드 러닝화', 한국인 발에 특화 / 포쓰저널, 2020.09.10.
4 신세계 '엘라코닉', 골프·웨딩 위한 용도맞춤형 속옷 출시 / 이데일리, 2019.04.10.
5 장인성, 『마케터의 일』, 북스톤, 2018.
6 CU, MZ세대 겨냥 신세대 차 음료 인기 / 전자신문, 2020.09.02.
7 옷잘러들 성지…'무신사 테라스'가 '말차라떼 맛집'? / 머니S, 2020.08.22.
8 "스타벅스 제주한정 특화상품 구입 및 시식후기", 와니드림 블로그(blog.naver.com/seungwan79/222054404388), 2020.08.08.
9 궁금해서 가봤다…서울의 새 '힙플'된 '고메이494 한남' / 한경비즈니스, 2020.05.19.
10 노브랜드 버거 1주년…'코로나19'에도 가성비 전략 먹혔다 / 아시아경제, 2020.08.28.
11 팬데믹 기간, 美 월마트·아마존·타깃 '더 강해졌다' / 어패럴뉴스, 2020.08.27.
12 미국 리테일러 몰락 속에 살아남은 '그들' / 한경비즈니스, 2020.07.21.

Iridescent OPAL: the New 5060 Generation 오팔세대

1 [아웃도어 업계 몸부림] '밀레니얼 잡아라' / 시사위크, 2019.11.07.
2 일흔에도 짱짱한 터미네이터, 람보…"우리 아니면 누가 하리" / 조선일보, 2019.10.28.
3 통계청, 〈2019년 가계금융·복지 조사 결과〉, 2019.12.17.
4 한국고용정보원, 〈한눈에 보는 신중년(5060) 경력설계 안내서〉, 2020.07.09.
5 농림축산식품부, 〈제3차(2020~2024년) 식생활 교육 기본 계획〉, 2020.01.30.

6 "난 쑥 라테가 좋더라" 할메니얼 세대 입맛 아시나요 / 조선일보, 2020.05.17.
7 "난 쑥 라테가 좋더라" 할메니얼 세대 입맛 아시나요 / 조선일보, 2020.05.17.
8 "도전! 1500 대 1 시니어 모델"…숨겨온 열정이 불붙었다 / 동아일보, 2019.09.30.
9 포커스미디어, 중년모델 콘테스트 '나는 모델이다' 톱7 선정/ 뉴스1, 2020.07.29.
10 시니어모델 지망생들은 '열린 지갑'인가? / 한국섬유신문, 2020.08.21.
11 젊은 취향의 시니어, 소비 트렌드를 이끌다 / 브라보마이라이프, 2020.04.16.
12 "2020년 사망연령은 90세로 추정! 100세 인구에 관한 소고", 한화생명 블로그 '라이프앤톡'(www.lifentalk.com/2044), 2019.11.15.
13 오픈서베이, 〈사진으로 살펴보는 OPAL 세대의 라이프 트렌드〉, 2020.08.
14 큰손의 변화, 5060 아닌 '오팔세대'입니다 / 노컷뉴스, 2020.05.26.
15 '큰손' 오팔세대를 잡아라! / 메트로신문, 2020.05.31.
16 "내년이면 16조 시장"…실버푸드 돈 된다 / 한국경제, 2019.03.19.
17 오팔(OPAL)세대, 소비의 중심에 서다 / 인터브랜드, 2020.03.12.
18 국민건강보험공단, 〈2019년 건강보험 주요통계〉, 2020.05.18.
19 한국노동연구원, 〈2019년 노동시장 평가와 2020년 전망〉, 2019.12.16.
20 일자리 찾아 제주 간 55년생 "애들 키울 때보다 저축 많이 해" / 중앙일보, 2020.01.10.
21 오팔세대 연결하는 '긱워커' 플랫폼이 뜬다 / 매일경제, 2020.01.12.
22 60대, 코로나19 이후 유튜브·넷플릭스에 눈떴다 / 한겨레, 2020.07.23.
23 올해도 1위 유튜브, 작년 데이터와 무엇이 달라졌을까 / 오픈서베이, 2020.03.12.
24 큰손의 변화, 5060 아닌 '오팔세대'입니다 / 노컷뉴스, 2020.05.26.
25 '임영웅 덕질'부터 포레스텔라까지…오팔(OPAL)세대의 열정 / 신동아, 2020.07.14.
26 비장함 감돈 미스터트롯 공연…떼창 없어도 마스크 사이 함성이 / 중앙일보, 2020.08.08.
27 '오팔', 〈e뮤지엄〉, 네이버 지식백과 검색.

Convenience as a Premium 편리미엄

1 코로나19에 식기세척기 판매량 459%↑ / 매일경제, 2020.07.28.
2 '혜자로운' 도시락은 옛말, '편리미엄'에 꽂힌 편의점 / 이코노미스트, 2020.07.13.
3 "올해는 일반 간편식보다 레스토랑 간편식(RMR)이 대세" / 파이낸셜뉴스, 2020.06.24.
4 50대 이상 중장년층도 '언택트' 구매 / ZDNet코리아, 2020.04.15.
5 2030은 '욜로', 4050은 '편리미엄' 중시 / 뉴시스, 2020.01.16.
6 도미노피자, 비대면 안전 배달 서비스 강화 / 전자신문, 2020.03.11.
7 코로나에 백화점까지 '즉시배송'…프리미엄 전략으로 차별화 / 데일리한국, 2020.08.27.
8 코로나 재확산에 판 커진 유통街 배송 전쟁 / 에너지경제, 2020.08.27.
9 1시간에 100명씩 가입하는 스타벅스 '사이렌 오더'의 비결은 / 한국경제, 2020.03.31.
10 "내 아이를 맡아줘"…'아이돌봄 O2O' 서비스 급성장 / MTN, 2020.05.26.
11 돌봄·교육 스타트업 폭풍성장…코로나로 비대면 수요 폭증 / 머니투데이, 2020.08.31.
12 김희정 째깍악어 대표 "보육 질 높이자 모두 만족" / 뉴스핌, 2020.07.24.
13 김집사 서비스, 코로나19로 인한 배달어플 호황에 사용건수 25% 상승 / 브릿지경제, 2020.03.30.
14 배달과 밀키트…'편리미엄' 속 환경 역습 / 그린포스트코리아, 2020.06.16.
15 코로나가 키운 택배, 배달…쓰레기도 1년 새 15% 늘었다 / 조선일보, 2020.09.01.

Elevate Yourself 업글인간

1 무한경쟁에 지친 韓 사회…업글인간이 뜬다 / 파이낸셜뉴스, 2020.04.15.
2 81년생 100명에게 물었다…"40대는 중년 아냐" / 이데일리, 2020.01.01.

3 "왠지 불안해…직무능력 키우자" 직장인 온라인 열공 중 / 중앙일보, 2020.05.11.
4 근무시간에 열공하는 SK 직원들…최태원 회장이 찍어준 과목은? / 머니투데이, 2020.08.17.
5 욜로는 가라, 업글인간이 온다…자기성장 관련 용품 판매 급증 / 서울경제, 2019.12.21.
6 '언택트 열공족'이 뜬다 / 아시아경제, 2020.08.24.
7 '인강'으로 입시 공부만? 전문가에게 음악 · 요리 · 사진까지 배운다 / 조선일보, 2020.03.09.
8 클래스 101, '농심 너구리' 코바늘 인형 클래스 출시 / 조선비즈, 2020.02.24.
9 사회적 거리두기에 헬스장 대신 '로우스펙' 식단 관리 / 스포츠서울, 2020.08.26.
10 푸드 스타트업 마이노멀푸드, 코로나에도 매출액 2배 성장 / 매일경제, 2020.05.24.
11 메인 메뉴로 당당해졌다, 샐러드 매출 폭증 / 조선일보, 2020.06.05.
12 메인 메뉴로 당당해졌다, 샐러드 매출 폭증 / 조선일보, 2020.06.05.
13 코로나19에 커지는 건강기능식품 시장…H&B스토어 사업 강화 / 연합뉴스, 2020.08.30.
14 "올 세계경제 4.9% 역성장…한국도 −2.1%" IMF의 우울한 전망 / 경향신문, 2020.06.24.
15 '업글인간' 의욕 꺾는 내일배움카드의 변심 / 헤럴드경제, 2020.01.22.

2 • 2021년 소비트렌드 전망

Coming of 'V-nomics' 브이노믹스

1 '코로나 바이러스 감염증–19', 나무위키 검색.
2 영국 면역학 권위자 "코로나, 인류와 영원히 함께 할 것" / 조선일보, 2020.08.24.
3 The 90% Economy: Life after Lockdowns / The Economist, 2020.04.30.
4 "한국 OECD 경제성장률 1위"…정말 못 믿을 지표인가 / 더스쿠프, 2020.08.25.
5 소비 · 투자하라고 돈 풀었지만…예금만 109조 늘어 / 매일경제, 2020.07.28.
6 Sadly, One Letter Perfectly Captures the Recovery / Bloomberg, 2020.09.03.
7 코로나타격 입은 한국 경제, 극단적인 K자형 회복추세 / 세계비즈, 2020.09.07.
8 '풀뿌리 경제' 골목상권, 코로나 재확산에 모든 지표 하락 / 매일일보, 2020.09.17.
9 "코로나19 위기, 강한 기업 더 강하게" / 내일신문, 2020.03.31.
10 코로나19 스타 줌은 왜 보안 문제아 취급을 받나 / ZDNet Korea, 2020.04.10.
11 通通한 재택근무에 '업무 군살' 쏙~ / 서울경제 2020.03.27.
12 아기상어는 재택상어 뚜루루뚜루~ 5년 만에 매출 11배 비결은 / 조선일보, 2020.09.22.
13 교사 70%, 포스트코로나 시대 새로운 수업 방식 기대 / 에듀동아 / 2020.08.19.
14 '혼합형 학습', 위키백과 검색.
15 전염병 · 불황이 휩쓴 그 자리에 셀프계산대…캐셔가 사라진다 / 중앙일보, 2020.04.08.
16 모든 삶이 '디지털'로 옮겨 온 시대…'라이프 플랫폼' 성장 공식은 / 테크M, 2020.07.03.
17 "백화점급 고객 감동을 온라인과 배송경험으로 풀다", 김철민 브런치(brunch.co.kr/@beyondx/28), 2020.05.16.
18 코로나19에 미래형 매장 봇물 '언택트' 기반으로 '콘택트' 붙였더니 '훨훨' / 매경이코노미, 2020.08.21.
19 맥킨지 "코로나19가 美 전자상거래 10년 앞당겼다" / 오피니언뉴스, 2020.08.10.
20 정지선 회장 "코로나 피해 협력사 · 매니저 지원해라"…현대百 30억 지원 / 조선일보, 2020.03.15.
21 대세가 된 ESG투자…모르면 돈 못 법니다 / 조선일보, 2020.09.20.
22 대세가 된 ESG투자…모르면 돈 못 법니다 / 조선일보, 2020.09.20.
23 〈위축된 삶, 지속될 영향, 실용적 적응: 코로나19 시대, 소비자 생활과 소비 활동에 대한 영향과 전망〉, 한국리서치, 2020.06.12.
24 〈위축된 삶, 지속될 영향, 실용적 적응: 코로나19 시대, 소비자 생활과 소비 활동에 대한 영향과 전망〉, 한국리서치, 2020.06.12.
25 코로나19 영향? 화장품 할인행사에 '코어 소비'가 트렌드로 / 그라피, 2020.06.03.

26 명품 쇼핑, 휴양지 피신…코로나로 드러난 '新카스트' / 동아일보, 2020.04.18.
27 선생님 10명 중 8명 "원격수업으로 학습격차 커졌다" / 조선일보, 2020.09.22.
28 박찬욱에게 영화를, 커리에게 농구를 배운다고? / 조선일보, 2020.09.12.
29 "승자독식 강화되는 언택트 경제…사업 속도·타이밍이 생명" / 서울경제, 2020.05.11.
30 코로나19 이후 강해진 혐오…10명 중 9명 "나도 혐오 대상 될 수 있어" / 서울경제, 2020.06.23.
31 불안의 시대 이겨내는 힘은 이타적 행동 나누면서 생겨 / 매일경제, 2020.04.16.
32 코로나 번지자 고개 드는 빅브러더 감시기술 / 조선일보, 2020.03.26.
33 공간이 만드는 세상, 공간이 만드는 미래 / 대학신문, 2020.09.13.

Omni-Layered Homes 레이어드 홈

1 코로나發 침체에도 위생 가전은 날았다 / 서울신문, 2020.03.13.
2 #랜선집들이, #홈스타그램…2030에게 '집 꾸미기'는 무엇일까요 / 한겨레, 2020.07.31.
3 가구업계, 온라인 매출 36% 늘었다 / 한국경제, 2020.08.23.
4 SK건설, 창문형 태양광 발전시스템 개발 / 조선비즈, 2020.08.18.
5 인테리어 플랫폼 '오늘의집', 누적 앱 다운로드 '1000만' 돌파 / 플래텀 / 2020.05.19.
6 "오래 살아온 공간에는 상처가 있다"…듣는 순간 격공하는 김영하 작가 현실어록 4 / 인사이트, 2018.12.07.
7 미술작품 구독 서비스 스타트업 '오픈갤러리', 상반기 매출 71% 증가 / IT비즈뉴스, 2020.08.15.
8 '홈요가'를 넘어 '홈짐'까지…각양각색 홈트세계 / 한국일보, 2020.07.16.
9 자주, 집에서도 피부 관리 돕는 '홈뷰티 기기' 첫 선 / 매일경제, 2020.04.03.
10 가족과 함께, 화면이 커야 제 맛…콘솔게임의 귀환 / 조선일보, 2020.09.18.
11 1.6조 홈뷰티기기 시장 잡아라…LG전자, '피부과학 자문단' 운영 / 한국경제, 2020.04.21.
12 세종시 '싱싱장터' 로컬푸드 매장 새 모델로 떠올라 / 동아일보, 2020.08.20.
13 '코로나19' 기승인데…전남 로컬푸드 인기 껑충 / 전남일보, 2020.08.17.
14 "해외여행 못 가도, 퇴근 후 남의 집이 이탈리아 돼요" / 조선비즈, 2020.08.11.
15 손세관, 『집의 시대』, 집, 2019.
16 "이러니 서울 집값 오르나"…서울 출퇴근 길바닥에 1시간 31분 / 서울경제, 2020.07.30.
17 코로나19로 시간·장소 자유로워진 유연근무제 정착…대기업 4곳 중 3곳 탄력적 근무 현재 실시 중, 근무시간보다 성과 중심의 평가제도 정착 필요 / 매일경제, 2020.08.28.
18 재택근무는 장거리 연애와 같다 / 조선일보, 2020.09.11.

We Are the Money-friendly Generation 자본주의 키즈

1 (마케터 머리 꼭대기에 있는)Z세대가 광고 보는 법 / Careet, 2020.04.08.
2 '텔레그나' 김정욱 PD "논산 딸기 일시품절 감사, 선한 영향력 보여줬다" / 스포츠조선, 2020.04.27.
3 (마케터 머리 꼭대기에 있는)Z세대가 광고 보는 법 / Careet, 2020.04.08.
4 빈곤의 역설, '플렉스'가 뜬다 / 조선일보, 2019.12.20.
5 알바비로, 용돈으로 flex…명품 사러 무신사 가는 10대들 / 아시아경제, 2020.03.23.
6 한정판에 열광하는 소비자들…'드롭"래플'을 아십니까 / 조선일보, 2020.03.07.
7 "요즘 이 주식 좋지 말입니다" 군 내무반 병정개미들 출현 / 조선일보, 2020.08.12.
8 카카오뱅크 '저금통' 13일 만에 100만 좌 돌파 / 파이낸셜뉴스, 2019.12.24.
9 처치 곤란한 잔돈이라고요?…천만에! 이젠 '투자'하세요 / 매일경제, 2020.07.27.
10 청년들 빚투 광풍… 주식 신규계좌·金투자 절반 이상이 2030 / 조선일보, 2020.07.27.
11 MZ세대의 요즘 재테크 / 일간스포츠, 2020.06.17.
12 FIRE족, JOMO…미국 신조어 vs 한국 신조어 / 더스쿠프, 2020.02.01.

13 '카톡! 270만 원짜리 구찌 백 쐈어' / 중앙일보, 2020.02.11.
14 맬컴 해리스, 『밀레니얼 선언』, 노정태 옮김, 생각정원, 2019.
15 "티끌 모아 티끌도 힘들어" 현재를 즐기는 게 남는 장사 / 한국일보, 2020.08.05.
16 필립 짐바르도 · 존 보이드, 『나는 왜 시간에 쫓기는가』, 오정아 옮김, 프런티어, 2016.
17 윤소정 · 김정섭, "한국형 Zimbardo 시간관 척도 타당화", 〈교육심리연구〉, 26(2), 2012, 587~606쪽.
이고은 · 김비아 · 신현정, "부산, 경남지역 직장인을 대상으로 살펴본 한국인의 시간조망과 행복", 〈인문과학〉, 64, 2017, 225~262쪽.
탁진국 · 장성배 · 김수연 · 이병걸 · 남동엽, "짐바르도 시간관 척도 타당화: 직장인을 대상으로", 〈한국심리학회지: 산업 및 조직〉, 29(3), 2016, 367~383쪽.
18 홍춘욱 · 박종훈, 『밀레니얼 이코노미』, 인플루엔셜, 2019.
19 인플루언서블 세대가 온다! 협찬 받고 이벤트 여는 요즘 Z세대 / Careet, 2020.05.11.
20 "돈의 흐름, 회사 세워보면 알아요"…선진국의 교육법 / 조선비즈, 2020.03.18.

Best We Pivot 거침없이 피보팅

1 너 그거 알아? 유튜브는 원래 온라인 데이트 서비스였어 / IT동아, 2014.06.19.
2 성공을 바라는가? 플랜A, 플랜B…플랜Z까지 계속 수정하라 / 조선비즈, 2011.11.19.
3 넷플릭스 유튜브 인스타그램의 공통점은 '피봇' / 시사저널, 2020.05.06.
4 에릭 리스, 『린 스타트업』, 이창수 · 송우일 옮김, 인사이트, 2012.
5 '이노베이션', 〈시사경제용어사전〉, 네이버 지식백과 검색.
6 재계 게임 체인저는 신기술 아닌 '소비자 행동 훔치기' / 중앙SUNDAY, 2019.12.07.
7 '스핀오프', 〈시사상식사전〉, 네이버 지식백과 검색.
8 경영 전략? '전략'부터 이해하자 / 머니투데이, 2011.11.14.
9 변화되는 소비자 행태, 피버팅도 고려하자 / 스타트업투데이, 2020.06.19.
10 "안 되면 바꿔라" 피버팅 성공학 / 매일경제, 2017.03.05.
11 [미국이 주목하는 '코리안 파워'] 정세주 눔 대표 / 포브스코리아, 2020.03.02.
12 돌풍 일으킨 미니 마사지기 '클럭'의 3가지 성공 비결 / 한경비즈니스, 2019.09.03.
13 돌돌 말아서 집 앞까지 택배로…'롤팩 매트리스'가 온다 / 아주경제, 2020.07.26.
14 공유車서 배달서비스로…고용 지켜내 / 매일경제, 2020.08.10.
15 해외 못가도 비행기 타볼까…코로나에 '체험 비행'까지 등장 / 뉴시스, 2020.08.27.
16 추억이 돼버린 여행…식당 차린 항공사의 '눈물 젖은 기내식' / 중앙일보, 2020.09.03.
17 빅2 화장품제조사도 '귀하신 몸' 손소독제 생산 가세 / 서울경제, 2020.02.19.
18 BYC vs 쌍방울, 속옷 아니라 마스크 얘기다 / 한겨레, 2020.06.19.
19 코로나 시대의 생존법…페루 최대 게이클럽, 슈퍼마켓으로 변신 / 연합뉴스, 2020.07.01.
20 얼어붙은 극장가 생존전략 '얼터콘텐츠' 메탈리카 콘서트 열기를 스크린서 그대로 / 매경이코노미, 2020.06.04.
21 메탈리카 팬들이 뭉쳤다…영화관 CGV서 / 매일경제, 2020.05.25.
22 "호텔 룸을 나만의 오피스로"…호텔 '재택근무 패키지' 나왔다 / 이데일리, 2020.09.04.
23 호텔의 변신, 방으로 밖으로 / 한겨레, 2020.05.02.
24 서울 동묘앞역 베니키아호텔, 청년주택 탈바꿈 / 서울신문, 2019.05.08.
25 '팝업시티(Pop-Up City)'를 허하라 / 인터비즈, 2020.07.22.
26 이동건 마이리얼트립 대표 "코로나가 서비스 다양화 기회 됐어요" / 한국경제, 2020.08.18.
27 크러쉬 울린 음악의 진심, '비긴어게인' 역대급 감성에 빠지다 / 엔터미디어, 2020.07.27.
28 크리에이트립, '한국직구 방송' 오픈 / ZDNet Korea, 2020.04.14.
29 '해외여행 가는 척' 비행하다 되돌아오는 상품이 요즘 인기? / 한국경제, 2020.09.05.

30 호텔의 변신, 방으로 밖으로 / 한겨레, 2020.05.02.
31 이렇게 서로 돕는다…美식당들 식품점 변신 '호평' / 머니투데이, 2020.04.10.
32 SNS 올리고 간편식 만들고…코로나로 막힌 농산물 판매 안간힘 / 연합뉴스, 2020.09.13.
33 코웨이, '나노직수 정수기 모노' 출시 / 파이낸셜뉴스, 2020.07.09.
34 지능형 기업으로 거듭나기 / CIO Korea, 2020.08.10.
35 "철저한 계획 대신 재빠른 실험…그게 구글이 일하는 법" / 매일경제, 2018.07.06.
36 아웃소싱의 시대, 이제는 영업도 대행한다 / 인터비즈, 2020.07.07.
37 포스트 코로나의 글로벌 비즈니스 환경, 적자생존일까 구조변화일까? / 뉴스페퍼민트(원문: The Economist), 2020.04.06.
38 韓 대표그룹 주력 계열사 15개중 11곳 상반기에 매출 줄었다 / 중앙일보, 2020.08.18.
39 할리우드식 집단 창작 통했다 / 중앙일보, 2020.07.22.
40 '에이비 테스팅', 〈IT용어사전〉, 네이버 지식백과 검색.
41 대기업이 스타트업보다 잘할 수 있는 것들 / 뉴스페퍼민트(원문: Harvard Business Review), 2013.02.01.
42 무등록 업체 '불법 모객' 극성 / 세계여행신문, 2020.07.23.
43 '샤워실의 바보', 〈한경 경제용어사전〉, 네이버 지식백과 검색.
44 "피벗을 해야 할 때, 당신의 스토리는 무엇인가?", 〈하버드비즈니스리뷰〉, HBR, 2020년 9-10월호.
45 스피드 경영-위즈에어(헝가리 저가항공)·스타십테크(영국 로봇 배달 기업)…코로나를 기회로 / 매경이코노미, 2020.07.03.

On This Rollercoaster Life **롤코라이프**

1 움짤 보는 재미 줄어들었다면?…콘텐츠 보며 '댓글 맛집'투어 하세요 / 동아일보, 2020.06.21.
2 스타도 인기도 권력도 '짤'에서 나온다 / 중앙일보, 2020.01.31.
3 지코 '아무노래'열풍으로 본 '밈 컬처'의 시대 / 한국경제, 2020.02.21.
4 "2020년 상반기 틱톡 인기 챌린지 총정리, 틱톡커들 제일 많이 참여한 챌린지는?", T-Trend 유튜브(www.youtube.com/watch?v=i3MyU5TGJV8), 2020.06.25.
5 동아오츠카, '오로나민C볼단' 모집에 소비자 관심 / 글로벌이코노믹, 2020.07.26.
6 MZ세대 잡아라…식품업계, 소비자와 논다 / 머니투데이, 2020.07.22.
7 오늘 몇 깡했니?…유통가 뒤흔든 '밈노믹스' / 매일신문, 2020.06.18.
8 '깡' 열풍 뜨겁네…농심 '깡' 시리즈 한달 매출 100억 돌파 / 조선비즈, 2020.08.12.
9 러마, 웨이브, 키트…어른은 모르는 10대들의 놀이터 / 조선일보, 2020.07.08.
10 '지금은 생방송 중'…라이브 커머스 폭풍 성장 / 국민일보, 2020.08.02.
11 MZ세대는 왜 '곰표'에 열광할까 / 더스쿠프, 2020.08.10.
12 푸드 패션에 꽂힌 밀레니얼…'먹지 않고 입다' / 조선일보, 2020.05.22.
13 화려한 조명이 감싸는 1일 7깡…'밈'도 유효기간이 있다는데 / 조선일보, 2020.06.06.
14 '동백꽃 필 무렵' 마지막회, 연장說 '가짜뉴스'…질적 하락 우려 '해프닝' / 이투데이, 2019.11.08.
15 MZ세대, 무질서의 커리어에서 '질서'를 찾다 / 더스쿠프, 2020.07.30.
16 박지혜·설경옥·김지혜, "아동기 부정적 부모양육 경험과 대학생의 문제음주의 관계에서 충동성과 대학생활 음주 중요성 인식의 매개효과", 〈한국심리학회지: 발달〉, 31(2), 2018, 125~144쪽.
17 코로나19 '뉴노멀'시대의 적정 불안감 / 시사IN, 2020.03.23.
18 농심 '앵그리 RtA' 화끈한 출발…2주 만에 400만 개 팔려 / 매일경제, 2020.02.04.
19 교양 프로그램에 홈쇼핑까지…폭 넓게 진출한 가수들의 신곡 홍보 / 뉴스핌, 2020.07.09.
20 "의식의 흐름대로"…CU의 대충 이벤트, B급 감성으로 매출↑ / CNB저널, 2020.08.19.
21 무신사·지그재그·29CM…"백화점 안 가는 MZ세대 공략해 떴어요" / 조선비즈, 2020.01.25.

Your Daily Sporty Life #오하운, 오늘하루운동

1 서핑에 빠진 한국 5년새 400% 성장! 클룩, 서핑·수상 카테고리 오픈 / 투어코리아, 2020.06.04.
2 골프장, 90년생 '큰 고객'으로 급부상 / 이뉴스투데이, 2020.05.23.
3 룰루레몬, BMW 시총 제쳐…코로나가 바꾼 세계 주식시장 / 한국경제, 2020.08.09.
4 부장님만 등산을 좋아하는 건 아니랍니다 / 경향신문, 2020.06.14.
5 "등산도 힙하게"…레깅스·크롭톱 입고 인증샷 찍는 MZ세대, BAC에 꽂히다 / 뉴데일리경제, 2020.06.25.
6 코로나 시대 언택트 운동 주목, 자전거·골프용품 매출↑ / 파이낸셜뉴스, 2020.07.14.
7 골프장, 90년생 '큰 고객'으로 급부상 / 이뉴스투데이, 2020.05.23.
8 골프장, 90년생 '큰 고객'으로 급부상 / 이뉴스투데이, 2020.05.23.
9 달리면서 쓰레기 줍는 '플로깅'을 아시나요? / 세계일보, 2020.02.18.
10 스포츠·아웃도어 업계 "레깅스 덕에 살았네"…혼산족·러닝문화 덕에 매출↑ / 브릿지경제, 2020.07.14.
11 코로나블루 우울함 확 날려줄 명상앱 / 매경이코노미, 2020.04.17.
12 '기능성에서 일상복으로'…트렌드가 가른 아웃도어 시장 / 데일리안, 2020.08.11.
13 男女 일상복 영역 들어온 레깅스 / 아시아투데이, 2020.07.30.
14 '애슬레저', 〈시사상식사전〉, 네이버 지식백과 검색.
15 젊을 때 내 몸을 기록한다! 바디프로필 촬영 인기 / 조선일보, 2020.08.06.
16 앱으로 기록 공유…슬기로운 운동생활 / 동아일보, 2020.06.01.
17 '환경 챙기는 게 우선이다'…컨셔스 트레킹족 주목 / 매일경제, 2020.06.01.
18 아웃도어, 친환경에서 지속가능경영으로 재편 / 한국섬유신문, 2020.07.24.
19 스포츠·아웃도어 업계 "레깅스 덕에 살았네"…혼산족·러닝문화 덕에 매출↑ / 브릿지경제, 2020.07.14.
20 앱으로 만난 사람들…수영반 회원들…서로 응원하며 달렸다 / 조선일보, 2019.04.29.
21 함께하는 운동의 맛, 주목할 만한 스포츠 크루 / 노블레스, 2020.02.18.
22 '불목' 한강은 '#러닝크루'가 접수한다 / 머니투데이, 2019.06.24.
23 화장지, 고기…다음 사재기 타깃은 펠로톤? / 이코노믹리뷰, 2020.05.07.
24 집에 갇혀 운동 못한다고? 미국선 '홈트레이닝 서비스'가 뜬다 / 중앙일보, 2020.03.27.
25 운동을 살 빼려고 해? 인심 나는 '체력 곳간'을 위한 책 / 한겨레, 2019.12.05.
26 "압구정 달리면 뉴욕인 듯…경복궁 뛰면 역사 속에 들어간 듯" / 국민일보, 2020.02.22.
27 룰루레몬, 스마트 피트니스 거울 스타트업 '미러' 인수 / 아주경제, 2020.06.30.
28 해외여행 애호가는 이제 '한국 캠린이'가 되었습니다 / 뉴스1, 2020.06.18.
29 "사회적 거리는 멀어졌지만, 자연과 거리는 좁혔어요" / 조선일보, 2020.08.06.
30 "근무할 때도 추리닝 입어요" 방구석 패션으로 뜬 '애슬레저' / 조선비즈, 2020.04.15.
31 김다영, 『여행의 미래』, 미래의 창, 2020.
32 '웰니스 투어리즘', 위키백과 검색.
33 '마인드풀니스', 위키백과 검색.

Heading to the Resell Market N차 신상

1 "중고거래를 선호하는 이유 | 중고거래 어디가 좋을까?", 유튜브 채널 'Miner마이너'(www.youtube.com/watch?v=mu2o-wy01SQ)
2 중고거래 앱 당근마켓…'직거래'로 여성 사로잡다 / 여성신문, 2020.05.14.
3 'resell/resale', 쿼라(www.quora.com) 검색.
4 BTS도 '쿨거래'…일상의 놀이 된 중고 거래 / 조선일보, 2020.01.18.

5 한정판 상품 열광하는 MZ세대…중고 거래로 1020 취향 잡았죠 / 매일경제, 2020.08.17.
6 "안 쓰는 물건 새 주인 찾아주는 '당근 맛'에 900만 명이 중독됐죠" / 주간동아, 2020.08.16.
7 피규어 · 바이크 · 낚싯배…없는 게 없네 '취향저격' 중고거래 시장 / 매경이코노미, 2020.09.07.
8 민트급 · 풀박? 거래 용어 쫙 꿰고 중고 거상 되어보자 / 한겨레, 2020.07.30.
9 "요즘 누가 카페에서 알바해요"…'진격의 중고앱', 코로나로 잃은 알바 자리 대체한다 / 한경잡앤조이, 2020.08.04.
10 "24만 원에 사 240만 원에 판다"…젊은 봉이 김선달 '리셀러' 성황 / 한국경제, 2019.12.21.
11 1020세대 '리셀' 수익 쏠쏠…중고거래 플랫폼 진화 / 매일경제, 2020.06.19.
12 중고거래 최고 인기 굿즈…스타벅스 '서머레디백' / 스카이데일리, 2020.08.25.
13 "먹다 남은 피자 사실분~"…별걸 다 파는 중고거래 시장 / 매일경제, 2020.08.12.
14 중고시장 리셀바람…"저렴한 가격? 핵심은 유니크야" / 국민일보, 2020.06.27.
15 "스니커즈는 어떻게 최고의 투자 아이템이 되었나", 〈폴인트렌드〉, 2020년 02월호.
16 '래플', 〈한경 경제용어사전〉, 네이버 지식백과 검색.
17 "당근마켓 매너온도 끝판왕 만났습니다", 유튜브 채널 '서울경제썸 Thumb'(www.youtube.com/watch?v=E-YxEATDcyM)
18 MZ세대는 왜, 중고거래에 열광하나 / 아주경제, 2020.07.07.
19 중고거래 빠져드는 이유 '돈'이 아니다 / 머니투데이, 2020.06.05.
20 "밀레니얼 세대를 타겟팅하는 마케팅 전략 8가지/2", HelloDigital 블로그(www.hellodigital.kr/blog/dmkt-general-8-modern-tips-millennials-02/), 2020.07.29.
21 2020년식 아나바다 / allure, 2020.05.09.
22 중고시장 리셀바람…"저렴한 가격? 핵심은 유니크야" / 국민일보, 2020.06.27.
23 FLEX라더니, 중고로 기프티콘까지 판다? 신박한 1020식 절약법 / Careet, 2020.06.12.
24 "먹다 남은 피자 사실분~"…별걸 다 파는 중고거래 시장 / 매일경제, 2020.08.12.
25 불황이 더 좋은 중고거래…당근마켓 vs 번개장터 / 조선비즈, 2020.09.10.
26 신발 샀는데 쓰레기가…공정위, 중고거래 앱 상반기 중 조사 / 조선비즈, 2020.05.03.
27 21만 원 GD 신발이 1300만 원…'세상에 단 하나' 61배 웃돈 / 중앙SUNDAY, 2020.07.25.
28 신발 덕질하다 '프로그' CEO로…유튜브에선 '개구리 누나' / 조선비즈, 2020.08.23.
29 ⑤모바일 중고시장 혁신한 당근마켓 "AI로 이웃 간 신뢰 회복" / IT조선, 2019.10.06.
30 모바일 중고마켓 '번개장터', 빅데이터 스타트업 '부스트' 인수 / 플래텀, 2019.08.22.
31 '리테크'에 빠진 MZ세대…"스니커즈는 가장 핫한 돈" / THE PR, 2020.08.12.
32 '리테크'에 빠진 MZ세대…"스니커즈는 가장 핫한 돈" / THE PR, 2020.08.12.
33 리셀러 마켓 진출 붐 / 패션비즈, 2019.07.29.
34 "스니커즈는 어떻게 최고의 투자 아이템이 되었나", 〈폴인트렌드〉, 2020년 02월호.
35 이케아서 산 가구, 이케아에 되판다…'바이백 서비스' 시작 / 중앙일보, 2020.08.25.
36 기업이 리셀러가 되는 법 / THE PR, 2020.08.14.

Everyone Matters in the 'CX Universe' **CX 유니버스**

1 스타벅스 '마이 디티 패스' 가입자 50만 명 돌파 / 연합뉴스, 2019.03.18.
2 질 그리핀, 『충성고객 이렇게 만든다』, 코리아리서치센터 옮김, 세종서적, 1997.
3 구글도 가세…90초 미만 영상으로 Z세대 쇼핑객 사로잡다 / 중앙일보, 2020.08.14.
4 인천공항 주차장 헤맬 일 없어지나…주차로봇 추진 / 연합뉴스, 2020.08.13.
5 '4억 주방' 체험해보자…삼성전자, 명품 가전 '데이코' 쇼룸 공개 / 조선비즈, 2019.10.29.
6 '도미노피자' 주가상승률 왜 애플, 아마존보다 더 높을까? / 조선일보, 2020.08.28.
7 롯데홈쇼핑, 가상 체험 서비스 '리얼 피팅' 론칭 / FETV, 2020.07.13.

8 "Enterprises Struggling to Derive Maximum Value from Big Data(빅데이터 가치 극대화의 어려움)", Wikibon, 2013.09.19.
9 꾸미는 것을 멈추고, 쇄신이 필요한 'CX' 개선 / 블로터, 2020.06.17.
10 마이클 르뵈프, 『착한 고객』, 김승억 · 이미숙 옮김, 교보문고, 2010.

'Real Me': Searching for My Own Label 레이블링 게임

1 色, 찾아드립니다 / 조선일보 / 2020.08.13.
2 갑자기 실검 1위? 심리테스트 '나만의 꽃 심기'는 어디서 등장한 걸까? / 서울경제, 2020.03.28.
3 'label', 옥스퍼드 영어사전 검색.
4 이동귀, 『너 이런 심리법칙 알아?』, 21세기북스, 2016.
5 권보연, 『게이미피케이션』, 커뮤니케이션북스, 2015.
6 '게이미피케이션', 위키백과 검색.
7 "넌 무슨 유형이야?"…'진부한' MBTI 검사는 왜 2030을 사로잡았나 / 이데일리, 2020.06.21.
8 "꼰대 테스트로 알아보는 꼰대力, 당신의 꼰대력은 몇 점? "제 점수는요~"", 네이버 포스트 '마음건강길'(m.post.naver.com/viewer/postView.nhn?volumeNo=28253154&memberNo=45564485), 2020.05.17.
9 장 보드리야르, 『소비의 사회』, 이상률 옮김, 문예출판사, 1992.
10 알랭 드 보통, 『불안』, 정영목 옮김, 은행나무, 2011.
11 AI가 말했다 "삐빅, 당신은 배 나온 아이언맨이군요" / 조선일보, 2020.09.18.
12 네이버는 국내용?…해외 이용자 1억 명 넘는 서비스만 4개 / 한국경제, 2020.01.21.

'Ontact', 'Untact', with a Human Touch 휴먼터치

1 존 나이스비트, 『하이테크 하이터치』, 안진환 옮김, 한국경제신문사, 2000.
2 미국이 주목하는 '코리안 파워' 정세주 눔 대표 / 〈포브스코리아〉, 202003호, 2020.
3 "포기하자 말라"는 인간 코치의 위로 AI 기술과 정서적 교감 만나 감동이 되다 / 〈동아비즈니스리뷰〉, 277호.
4 이호수, 『넷플릭스 인사이트』, 21세기북스, 2020.
5 이호수, 『넷플릭스 인사이트』, 21세기북스, 2020.
6 이준영, 『코로나가 시장을 바꾼다』, 21세기북스, 2020.
7 "언택트 시대의 콜센터, 기술&감성 융합한 '하이터치'로 대응", 한국능률협회컨설팅 블로그(blog.naver.com/kmacforever/221989506838), 2020.06.04.
8 '휴먼+디지털 전략'을 추구하는 움프쿠아 은행 / 투이톡, 2018.10.23.
9 이성적 공간을 감성적으로, '클리블랜드 클리닉' / WK마케팅그룹, 2020.03.02.
10 제임스 메를리노,『환자의 경험이 혁신이다』, 박재영 · 김인수 옮김, 청년의사, 2015.
11 언택트 시대, 온택트 마케팅이 뜬다!/ 부자비즈 창업, 2020.06.18.
12 스포츠 브랜드 언택트 마케팅 나서…'랜선 스킨십' 박차 / 뉴스타운, 2020.04.24.
13 전문가와 함께 운동도 집에서…'언택트' 마케팅 활발 / 디지틀조선일보, 2020.04.24.
14 "코로나19 이후 SNS 사용 급증…양방향 마케팅이 대세" / 이데일리, 2020.07.09.
15 AI 스피커 '목소리' 전쟁…내 일정 셀럽이 알려준다. / 조선비즈, 2019.11.12.
16 "어르신 코로나 고독감 달래주자"…뉴욕주 등 반려동물 로봇 보급 / 한겨레, 2020.08.12.
17 흔들리는 직원 멘탈/ CIEF EXECUTIVE, 2020.07.23.
18 이야기하고 위로하고…휴먼터치가 최고의 인사관리 /〈동아비즈니스리뷰〉, 137호.
19 비벡 H. 머시, (2020), 『우리는 다시 연결되어야 한다』, 이주영 옮김, 한국경제신문, 2020.
20 'MAU', 〈게임용어사전: 기관/용어〉, 네이버 지식백과 검색.

21 "포스트 코로나 시대 '라이프 플랫폼' 선점한 기업이 살아남는다" / 테크M, 2020.06.25.
22 "스타벅스 AI '딥 브루', 생각과 다른 기술일세", 데일리트렌드 웹진, 2020.01.22.

〈트렌드 코리아〉 선정 2020년 대한민국 10대 트렌드 상품

1 '뉴트로 열풍' 90년대 패션 따라 90년대 헤어스타일도 해볼까? / 서울신문, 2020.08.11.
2 추억의 장난감·옛날 통닭…이마트, '뉴트로 기획전' / 연합뉴스, 2020.04.15.
3 코로나 시대 날개 단 '차박'…"안전한 나만의 쉘터" / 지피코리아, 2020.09.08.
4 신혼여행지로 제주도 각광…"허니문 패키지 6월까지 연장" / 연합뉴스, 2020.04.07.
5 한국인 77% "올해 안으로 국내여행, 극성수기 피해 떠날 것"/ 파이낸셜뉴스, 2020.05.27.
6 '아카데미 4관왕' 영화 기생충이 유행시킨 사소한 것들 총정리 / 한국일보, 2020.02.15.
7 무선 이어폰, IT기기 시장서 '나홀로 기세등등' / 문화일보, 2020.06.15.
8 '애플 에어팟 우리가 잡겠다' 삼성·LG전자가 출시하는 무선 이어폰 / 위키트리, 2020.07.16.
9 페이스 팝콘, 『클릭! 미래 속으로』, 조은정 옮김, 21세기북스, 1999.
10 7월 배달음식 거래액 1.4조…전년 比 5500억 늘었다 / 조선비즈, 2020.09.03.
11 "커피도 배달로"…안방 두드리는 프랜차이즈 / 일간스포츠, 2019.10.30.
12 "전통시장서도 온라인 주문하고 배달 상품 받아보세요" / 한겨레, 2020.08.30.
13 거리두기 틈 메우며 쑥쑥 자라는 '배달' 시장 / 서울경제, 2020.09.02.
14 지역화폐 전성시대…지속 가능성은? / KBS, 2020.07.20.
15 온통대전 고액 사용처 쏠림…골목상권 활성화 미흡 / 대전일보, 2020.07.06.
16 지역화폐 캐시백, 지속가능하지 않다 / 경향비즈, 2020.07.26.
17 한계 없는 트로트 열풍…미스터트롯 영화화 된다 / 스포츠Q, 2020.08.14.
18 상반기 가요계 키워드 세 가지는?…트로트·비대면·OST / 한겨레, 2020.07.01.
19 넘쳐나는 트로트 예능, '독이 든 성배'? / 한겨레, 2020.06.17.
20 'SBS스페셜' 송가인X트로트 열풍 분석…'송가인의 2020 젊은 트롯' 24일 방송 / 스포츠조선, 2020.05.22.
21 잎새주↑ 그 어려운 걸 해낸 '송가인 마케팅' / 광주드림, 2020.02.12.
22 코로나19 확산에 '화상회의' 인기…몸값 높아진 '줌(Zoom)' / 데일리팝, 2020.04.01.
23 美 화상회의 플랫폼 줌, 2분기 매출 급증…전년 대비 355%↑ / 한국경제, 2020.09.01.
24 재택근무의 명암 / 아주경제, 2020.08.31.
25 "하객 없어도 결혼해요" 코로나19 여파…국내외 '온라인 결혼식' 확산 / 아시아경제, 2020.04.06.
26 대한민국은 재택근무 중 / 매경이코노미, 2020.03.16.
27 마스크 구매할 때 의약외품 표시 확인하세요 / 환경일보, 2020.09.01.
28 마스크 특허 허위표시, 과대광고 무더기 적발 / 파이낸셜뉴스, 2020.09.04.
29 "스벅 서머 레디백, 60매로 맞교환" 중고장터 화폐 된 마스크 / 중앙일보, 2020.06.15.
30 의자클럽, 캡슐식당, 전화예배…위드 코로나(With Corona) 시대, 변화하는 일상 / 뉴스톱, 2020.09.02.
31 "장갑·마스크, 코로나 끝나도 성장사업으로" / 조선일보, 2020.09.03.
32 코로나 시대, 화장·패션 대신 마스크 꾸미기가 뜬다 / 쿠키뉴스, 2020.09.04.
33 모바일 앱, 코로나19 불황 無, 넷플릭스→카뱅 분야별 1위 / 싱글리스트, 2020.07.22.
34 모바일 앱, 코로나19 불황 無, 넷플릭스→카뱅 분야별 1위 / 싱글리스트, 2020.07.22.
35 "넷플릭스 잡아라"…'디즈니 플러스' 가입자 5000만 명 돌파 / 텐아시아, 2020.04.09.
36 6000원짜리 애플TV+가 촉발한 OTT 무한경쟁 / IT조선, 2020.09.14.
37 "카카오TV 1주일만 1300만뷰, 이제 시작일뿐" / 파이낸셜뉴스, 2020.09.08.

『트렌드 코리아 2021』 집필진

트렌더스 날 2021

간호민 CTC, 강민수 (주)알체라, 강민지 스타벅스커피코리아, 강상훈 교촌에프앤비(주), 강애영 국민연금공단, 강정룡 부산국제영화제, 고경태 삼성엔지니어링, 고윤지 AB InBev, 곽피어나 GS리테일, 권도형 아모레퍼시픽, 권선향 아워홈, 김규영 VNTG, 김기홍 KTH, 김다영 오비맥주, 김동우 한국재정정보원, 김만재 이베이코리아, 김민석 마스턴투자운용, 김민주 CTC, 김민지 교보핫트랙스, 김보미 락앤락, 김봉겸 CTC, 김선영 CTC, 김세광 코오롱인더스트리FnC, 김수연 롯데e커머스, 김수연 LG전자, 김수진 코스맥스, 김승호 SK D&D, 김아람 서울충무초등학교, 김영현 파라다이스시티호텔, 김예진 이랜드월드, 김용범 삼성SDS, 김원호 롯데백화점, 김윤철 전북현대모터스FC, 김이현 LG전자, 김인진 (주)웰코스, 김재은 KTH, 김정원 삼성SDS, 김정현 LG유플러스, 김준수 현대시티아울렛, 김지연 이랜드시스템스, 김지은 CTC, 김지현 DRAWWORDS, 김충환 풀무원기술원, 김태근 하나투어, 김태이 GS리테일, 김태인 아모레퍼시픽, 김하연 코오롱글로벌, 김현웅 (주)11번가, 김혜영 AK몰, 김효겸 홍도초등학교, 김훈재 롯데자산개발, 노병욱 미디언스, 류지희 LVHM Perfumes & Cosmetics, 문소정 롯데쇼핑 e커머스, 문유진 코웨이, 문희경 롯데자산개발, 박경호 LS일렉트릭, 박도경 롯데홈쇼핑, 박미소 (주)레인보우커뮤니케이션, 박민아 Companoid Labs, 박상은 앤트팩토리, 박성석 하이트진로(주), 박승태 한국민속촌, 박지혜 롯데정보통신, 박해림 신세계푸드, 박현아 Dbase&, 배영국 SK이노베이션, 배은지 월곡주얼리산업연구소, 배지현 그럼에도, 변성업 아모레퍼시픽, 석은희 CTC, 송나리 하나투어, 송정한 CJ제일제당, 송지은 kt ds, 송현아 한국전력공사, 송혜진 동원F&B, 신윤영 우리은행, 신윤주 더 차움, 안계형 (주)신세계, 안지예 (주)락앤락, 안치영 이화여자대학교, 엄소연 삼성카드, 엄인영 성균관대학교, 오동석 롯데글로벌로지스, 오세훈 (재)전라북도생물산업진흥원, 오신애 아성다이소, 오지나 엔씨소프트, 유지영 이베이코리아, 유총명 차움, 윤소영 GS리테일, 윤수린 롯데컬처웍스, 윤진호 서울대학교, 이경준 한국로봇산업협회, 이기우 Always Food, 이나래 CTC, 이다윗 교촌에프앤비(주), 이대건 현대백화점, 이미래 유원전자, 이민아 CTC, 이상기 삼성전자, 이상언 서울대학교, 이승호 한국인터넷진흥원, 이영륜 NAVER, 이영인 아디다스 코리아, 이예지 질경이, 이유리 (주)한화, 이유정 인디펜던트워커, 이유진 (주)새로피엔엘, 이재상 dh&company, 이재현 웅진씽크빅, 이정희 한샘, 이주왕 분당서울대학교병원, 이지민 더에스엠씨, 이진 롯데쇼핑, 이찬웅 KT, 이충림 CTC, 이태수 한살림, 이한샘 (주)오뚜기, 이현엽 한국콘텐츠진흥원, 이현준 현대백화점, 이희자 롯데건설(주), 이희정 CTC, 임도연 건강보험심사평가원, 임애령 (주)DR Corporation, 임희은 카카오커머스, 장복기 팀윙크(주), 장수범 국방부 합동군사대학교, 전윤하 (주)까뮤이앤씨, 전현수 KT 융합기술원 인프라연구소, 정다울 CTC, 정미경 삼성SDS, 정배경 아난티, 정석원 홈플러스(주), 정세연 삼성바이오로직스, 정수정 삼성증권, 정영돈 코니카미놀타프로프린트솔루션스코리아, 정주현 현대카드/캐피탈, 정지영 환인제약(주), 정탁중 한화갤러리아, 정필재 GS홈쇼핑, 정화영 AK PLAZA, 조동주 써브웨이, 조민주 CTC, 조성훈 에이플러스에셋, 조언주 키출판사, 조옥희 VIA24, 주소현 바바패션, 주힘찬 CTC, 지순곤 서비스탑, 천기훈 삼성자산운용, 천지영 동양생명보험(주), 최병엽 한결P&P 부동산트렌드연구소, 최윤주 행정안전부, 최정규 이랜드리테일, 최정운 키친밸리, 최현종 한국전력공사, 최희경 LG전자 하이프라자, 추연우 BGF리테일, 하서연 NEW, 하정수 삼성전자, 한동헌 스튜디오 나무, 한미선 LG전자 하이프라자, 한주형 KT, 허석훈 쿠팡, 허재훈 현대L&C 디자인센터, 허주연 (주)스톤아이, 현승철 신도리코, 홍초롱 경상북도문화관광공사, 황지희 해브앤비(닥터자르트), 황혜린 LG전자

진행(서울대학교 생활과학연구소 소비트렌드분석센터)

총괄 전미영 **윤문** 조미선 **행정·교정** 김영미 **프레젠테이션 제작** 황선기
10대 트렌드 상품 조사 추예린 **중국 자료 조사** 임은주
영문 키워드 감수 미셸 램블린Michel Lamblin **자료 조사** 고정, 이혜원

공저자 소개

전미영 서울대학교 소비트렌드분석센터 연구위원으로 재직하고 있다. 서울대학교 소비자학과에서 학사·석사·박사 학위를 받았으며, 삼성경제연구소 리서치애널리스트, 서울대학교 소비자학과 연구교수 등을 역임했다. 『트렌드 코리아』(2010~2021)와 『트렌드 차이나』(2013) 공저, 중앙이코노미스트 칼럼리스트, KBS라디오 〈김난도의 트렌드 플러스〉, 〈경제를 배웁시다〉 고정 출연 등으로 활동했으며, 다수의 기업과 한국·중국·일본의 소비트렌드 기반 신제품 개발 업무를 수행하고 있다.

최지혜 서울대학교 소비트렌드분석센터 연구위원으로 재직하고 있다. 서울대학교 소비자학과에서 석사 학위를 받았으며 동 대학원에서 〈소비자의 사용하지 않는 제품의 보유행동 연구〉라는 논문으로 박사 학위를 받았다. 『트렌드 코리아』(2014~2021) 공저, 기업 강연 및 다수의 소비자 조사, 트렌드 분석, 신제품 개발 프로젝트를 수행했으며 소비자의 신제품 수용에 관한 행태, 제품과 사용자 간의 관계, 소비자 처분 행동에 관한 주제를 연구하고 있다.

이향은 성신여자대학교 서비스디자인공학과 교수로 재직하고 있다. 주요 연구 분야는 CX트렌드와 BM혁신이다. 2007년 런던 Central Saint Martins에서 디자인경영으로 석사 학위를 받으며 본격적으로 트렌드 연구를 시작했다. 이후 서울대학교에서 〈디자인트렌드예측을 위한 경험중심의 프로세스 모델연구: 직관적 통찰력으로 환원되는 디자이너의 경험을 중심으로〉라는 논문으로 디자인학 박사 학위를 취득했다. 디자인경영 및 서비스디자인 관련 주제로 다수의 기업 컨설팅 프로젝트를 수행하고 있다.

이준영 상명대학교 경제금융학부 소비자학 전공 교수로 재직하고 있다. 서울대학교 소비자학과에서 학사·석사·박사 학위를 받았다. 2017년 한국소비자학회 최우수논문상을 수상했으며, 저서 『1코노미』가 2018년 세종도서에 선정됐다. LG전자 LSR연구소에서 근무했으며 현재 상명대학교에서 소비자분석연구소 소장을 맡고 있다. 저서로는 『코로나가 시장을 바꾼다』, 『케미컬 라이프』, 『소비트렌드의 이해와 분석』이 있다.

이수진 서울대학교 생활과학대학 소비자학과 석·박사 통합 과정을 수료했다. 동 대학에서 학사 학위를 받고, 2018년 한국FP학회에서 〈우리나라 은퇴자의 은퇴적응 유형과 영향요인에 관한 연구〉라는 논문으로 최우수상을 수상했다. 매일경제TV에서 증권 방송 리포터로 활동했으며, 현재는 서울대학교 생활과학연구소 소비트렌드분석센터 책임연구원으로 재직 중이다. 가계 경제 및 소비트렌드 분석에 관한 주제를 연구하고 있다.

서유현 현재 서울대학교 생활과학연구소 소비트렌드분석센터 책임연구원이자, 성신여자대학교에서 '웹프로그래밍기초' 수업을 진행하고 있다. 서울대학교 생활과학대학 소비자학과 박사 과정을 수료했다. 런던 Central Saint Martins에서 텍스타일 디자인 전공으로 학부를 졸업하고, 한국과학기술원 KAIST 문화기술대학원에서 〈온라인 쇼핑에서 시각적 촉감(햅틱) 이미지 제공방식이 소비자 구매의도에 미치는 영향〉이라는 논문으로 공학 석사 학위를 받았다. 소비자에 대한 정량적·정성적 분석을 통한 소비트렌드 분석과 예측, 그리고 빅데이터를 활용한 온라인 쇼핑에 대한 소비자 행태 분석이 주된 연구 주제다.

권정윤 서울대학교 생활과학대학 소비자학과 박사 과정을 수료했다. 동 대학에서 학사를 마치고 〈물질소비와 경험소비에서 SNS상의 사회적 비교가 소비자행복에 미치는 영향〉이라는 논문으로 석사 학위를 받았다. 현재 서울대학교 생활과학연구소 소비트렌드분석센터 책임연구원으로 소비자 조사와 관련된 여러 연구 과제에 참여했으며, 현대사회와 변화하는 소비문화, 그리고 이를 포착하기 위한 다양한 연구방법론에 관심이 많다.

한다혜 서울대학교 생활과학대학 소비자학과 박사 과정에 재학 중이다. 서울대학교 사회과학대학 심리학과에서 학사를 마치고, 서울대학교 생활과학대학 소비자학과에서 〈온라인 의류 구매과정의 소비자감정 변화 연구〉라는 논문으로 석사 학위를 받았다. 현재 서울대학교 생활과학연구소 소비트렌드분석센터 책임연구원으로 근무하며 유튜브 채널 '트렌드코리아TV'를 총괄·기획하고 있다. 다양한 소비자 조사 및 소비트렌드 분석 프로젝트를 수행하고 있으며, 데이터 분석을 바탕으로 한 소비자 심리 탐구에 관심이 많다.

〈Trenders 날 2022〉 모집

서울대학교 생활과학연구소 소비트렌드분석센터CTC는 2022년 소비트렌드 예측을 위한 트렌드헌터그룹 '트렌더스 날 2022'를 모집합니다. 소비트렌드에 관심 있는 분이라면 누구나 '트렌더스 날'이 될 수 있습니다. '트렌더스 날'의 멤버로 활동하면서 소비트렌드 예측의 생생한 경험과 개인적인 경력뿐만 아니라 트렌드헌터 간의 즐겁고 따뜻한 인간관계까지 덤으로 얻을 수 있습니다. 아래의 요령에 따라 응모하시면, 소정의 심사와 절차를 거쳐 활동 가능 여부를 개별적으로 알려드립니다.

1. 모집개요

가. 모집대상 우리 사회의 최신 트렌드에 관심 있는 분(자격 제한 없음)

나. 모집분야 정치, 경제, 대중문화, 라이프스타일, 과학 기술, 패션, 뉴스, 소비문화, 유통, 건강, 통계, 해외 DB 조사 등 사회 전반

다. 모집기간 2021년 1월 31일까지

라. 지원방법 이름과 소속이 포함된 간단한 자기소개서를 pdf 또는 doc 파일로 첨부하여 trendersnal@gmail.com으로 보내주십시오.

마. 전형 및 발표 선정되신 분에 한하여 2021년 2월 28일까지 이메일로 개별 통지해드립니다.

2. 활동내용

가. 활동기간 2021년 3월 ~ 2021년 9월

나. 활동내용 트렌드 및 트렌다이어리 작성법 관련 교육 이수, 트렌다이어리 제출, 트렌드 예측 관련 세미나 및 단합대회 참석(본인 희망 시)

다. 활동조건 센터 소정의 훈련 과정 이수 후, 센터가 요구하는 분량의 트렌다이어리 및 과제 제출

라. 혜　　택 각종 정보 제공
CTC 주최 트렌드 관련 세미나·워크숍 무료 참여
『트렌드 코리아 2022』에 트렌드헌터로 이름 등재
『트렌드 코리아 2022』 트렌드 발표회에 우선 초청
활동증명서 발급 등
(위의 활동내용은 사회적 거리두기 상황과 소비트렌드분석센터 사정에 따라 추후 조정될 수 있습니다.)

『트렌드 코리아 2022』 사례 모집

2022년 한국의 소비트렌드를 전망하게 될 책, 『트렌드 코리아 2022』에 게재될 사례에 대한 제보를 받습니다. 본서 『트렌드 코리아 2021』의 10대 키워드인 'COWBOY HERO'에서 아이디어를 얻었거나 해당 키워드에 부합하는 상품 · 정책 · 서비스 등을 알고 계신 분은 간략한 내용을 보내주시면 감사하겠습니다. 특히 본인이 속해 있는 기업이나 조직에서 선보인 새로운 상품, 마케팅, 홍보, PR, 캠페인, 정책, 서비스, 프로그램 등이 『트렌드 코리아 2022』에 소개됐으면 좋겠다고 생각하시면 해당 자료를 첨부하여 보내주셔도 좋습니다.

1. 제보내용

- 『트렌드 코리아 2021』의 'COWBOY HERO' 키워드와 관련 있는 새로운 사례
- 2022년의 트렌드를 선도하게 될 것이라고 여겨지는 새로운 사례
- 위의 사례는 상품뿐만 아니라 마케팅, 홍보, PR, 캠페인, 정책, 서비스, 대중매체의 프로그램, 영화, 도서, 음반 등 모든 산출물을 포함합니다.

2. 제보방법 example.ctc@gmail.com으로 이메일을 보내주십시오.

3. 제보기간 2021년 8월 31일까지

4. 혜 택 채택되신 제보자 중에서 추첨을 통해 『트렌드 코리아 2021』 도서를 보내드립니다.

5. 제보해주신 내용은 소비트렌드분석센터의 세미나와 집필진의 회의를 거쳐 채택 여부를 결정하며, 제보해주신 내용이 책에 게재되지 않거나 수정될 수 있습니다.

트렌드 코리아 2021

초판 1쇄 발행 2020년 10월 12일
초판 30쇄 발행 2021년 1월 12일

지은이 김난도 · 전미영 · 최지혜 · 이향은 · 이준영 · 이수진 · 서유현 · 권정윤 · 한다혜
펴낸이 성의현
펴낸곳 미래의창

편집 김성옥 · 김윤하
디자인 공미향

등록 제10-1962호(2000년 5월 3일)
주소 서울시 마포구 잔다리로 62-1 미래의창빌딩(서교동 376-15, 5층)
전화 02-338-6064(편집), 02-338-5175(영업) **팩스** 02-338-5140
ISBN 978-89-5989-683-7 13320

※ 책값은 뒤표지에 있습니다. 잘못된 책은 바꿔 드립니다.

이 도서의 국립중앙도서관 출판예정도서목록(CIP)은 서지정보유통지원시스템 홈페이지(http://seoji.nl.go.kr)와 국가자료공동목록시스템(http://www.nl.go.kr/kolisnet)에서 이용하실 수 있습니다.(CIP제어번호: CIP2020037879)

미래의창은 여러분의 소중한 원고를 기다리고 있습니다. 원고 투고는 미래의창 블로그와 이메일을 이용해주세요. 책을 통해 여러분의 소중한 생각을 많은 사람들과 나누시기 바랍니다.
블로그 miraebookjoa.blog.me 이메일 mbookjoa@naver.com